# Perfectionnement italien

par Federico BENEDETTI

Illustrations de J.-L. GOUSSÉ

Le don des langues

P. 25
431 Chennevières-sur-Marne Cedex
FRANCE

© ASSIMIL 2012
ISBN 978-2-7005-0440-8

# Sommaire

# Introduction

Autrefois, les personnes qui décidaient d'apprendre l'italien, le faisaient essentiellement pour leur plaisir ; il s'agissait tantôt d'érudits voulant se cultiver (et la culture italienne est en effet si riche !), tantôt de touristes amoureux de la péninsule ! Pour tout le monde, c'était la facilité de contact des Italiens, leur hospitalité, leur sympathie et leur savoir vivre qui poussaient à vouloir apprendre leur langue pour communiquer plus facilement – même si les Italiens parlent avec les mains !

Les temps ont bien changé depuis, et les passionnés de l'Italie que vous êtes le savent bien : l'Italie est aujourd'hui, et depuis plusieurs décennies, une puissance économique et industrielle, et la langue italienne prend de plus en plus d'importance en Europe et dans le monde. Le succès du "style italien" aussi bien dans la mode, dans la technologie, dans l'automobile, que dans la science et bien sûr dans la culture, ont fait que l'italien est devenu une des langues indispensables, et en tout cas un "plus" indéniable dans les compétences professionnelles de chacun.

La place de l'Italie dans l'Europe de la libre circulation des biens et des personnes et dans le monde globalisé est d'une telle importance que de nombreux étudiants des pays voisins, et même de plus loin, décident d'aller se former ou se spécialiser dans les universités de la péninsule, et là encore, ils ont besoin d'outils simples et efficaces pour apprendre la langue.

Une connaissance de "dilettante" n'est plus suffisante : d'où la nécessité d'un *Perfectionnement Italien* qui réponde aux besoins de tous ceux qui, ayant déjà étudié l'italien au collège, au lycée ou ailleurs, désirent un recyclage et, bien sûr, un perfectionnement. Si, de plus, vous venez de terminer *L'Italien*, dans la collection *Sans Peine*, vous trouverez dans le *Perfectionnement Italien* sa suite logique : votre fidélité à la méthode quotidienne ASSIMIL sera ainsi récompensée !

Peut-être quelques uns de nos lecteurs ont-ils déjà pratiqué Le *Perfectionnement Italien* dans son ancienne édition ; ASSIMIL tenant toujours à actualiser ses méthodes, cet ouvrage en est une nouvelle entièrement inédite, où nous avons apporté un soin particulier aux aspects de la société italienne qui ont vécu une grande transformation dans les dernières décennies : vous trouverez ainsi des leçons consacrées au système politique et administratif, aux sciences et aux technologies, ainsi qu'aux institutions accompagnant les citoyens dans leur vie quotidienne : la santé, le travail, les études, etc.

Vous êtes déjà un italianiste chevronné, nous n'insisterons donc pas sur les difficultés et sur les charmes de la langue italienne. Vous trouverez assez peu de grammaire de base et de morphologie dans ce *Perfectionnement* : si vous vous apercevez que vous avez des lacunes importantes dans ces domaines, une bibliographie vous est proposée à la fin de ce volume, où vous pourrez trouver des précis de grammaire qui complèteront votre étude.

La morphologie n'a donc été abordée que dans ses aspects "exceptionnels" : les féminins ou les pluriels particuliers, les noms altérés (diminutifs, augmentatifs, péjoratifs), comparatifs et superlatifs, et autres "finesses"…

Par contre, nous avons accordé beaucoup d'importance à la syntaxe, donc à l'organisation de la phrase, à la concordance des temps et des modes verbaux, à l'emploi du subjonctif, du conditionnel, en somme à toutes ces subtilités qui font la différence entre une capacité de communication "sommaire" et la faculté de s'exprimer de façon précise et argumentée même au niveau de ses opinions, ses sentiments, etc.

Nous n'avons pas négligé non plus, bien sûr, tout l'aspect "vivant" de la langue – l'emploi particulier des prépositions et des verbes dans toute la panoplie d'expressions idiomatiques qui font la richesse et … la couleur de l'italien !

Le dialogue de chaque leçon étant centré sur un sujet lié à la vie quotidienne ou à la société italienne, vous enrichirez votre vocabulaire dans des domaines très variés : l'école, la cuisine, le bricolage, la nourriture, mais aussi l'informatique, la photo, la maison, la vie politique.

Nous avons tenu à vous présenter des échantillons le plus possible authentiques de typologies également très variées de registres linguistiques : vous aurez ainsi l'article de journal sur l'actualité politique, l'interview avec le réalisateur cinématographique, la critique littéraire, l'annonce de travail, la correspondance, la conversation argotique entre jeunes, la moquerie de bistrot, et ainsi de suite.

Les dernières leçons seront consacrées à la langue littéraire : nous vous proposons des extraits d'œuvres particulièrement représentatives et agréables, qui vous donneront envie – nous l'espérons – d'aborder vous même la lecture d'ouvrages italiens, une fois que vous aurez achevé l'étude de la méthode.

À la fin de presque chaque leçon, vous trouverez une note culturelle qui vous permettra d'acquérir davantage de connaissances sur la langue, l'histoire et la société italiennes.
Cela fait beaucoup de choses à apprendre, mais… n'ayez pas peur !
Ce livre est plein de conversations vivantes et – nous l'espérons – amusantes, de façon à ce que vous "ASSIMILiez" tout… "sans peine" !

## Comment utiliser cette méthode

## Mode d'emploi des leçons

L'apprentissage se fera tout naturellement, à condition que vous vous serviez correctement de la *Méthode* ASSIMIL ; si vous avez déjà travaillé avec *L'Italien, collection Sans Peine*, vous connaissez déjà son fonctionnement : tous les jours, vous écouterez l'enregistrement du dialogue qui commence chacune de nos leçons ; sans le lire, écoutez-le autant de fois que vous l'estimez nécessaire pour comprendre au moins le sens général (il n'est pas nécessaire de tout comprendre tout de suite !) ; ensuite répétez chaque phrase, en cherchant à imiter non seulement la phonétique, mais l'intonation même. Après cette écoute intensive, ouvrez votre livre et lisez à haute voix chaque phrase du dialogue : au besoin, jetez un œil sur la traduction en face pour vérifier vos hypothèses. Lisez attentivement les notes repérées dans le dialogue par un appel de note : c'est ici que vous trouverez les explications de grammaire indispensables pour pouvoir faire dans les meilleures conditions les exercices qui suivent. Les deux exercices proposés sont une étape importante pour pouvoir contrôler vos acquis.

Toutes les sept leçons, vous trouverez une révision, où les notions abordées pendant la semaine seront vues davantage dans le détail et de façon systématique. Pour retrouver toujours dans laquelle de ces leçons de révision se trouve une règle de grammaire, un index grammatical à la fin de l'ouvrage les répertorie par ordre alphabétique.

À partir de la moitié environ de la méthode, vous pouvez pratiquer ce que nous appelons, dans nos ouvrages pour débutants "sans peine", la "deuxième vague" : reprenez chaque jour des passages des premières leçons ("côté" texte français) et traduisez-les en italien. Même si ce travail de "thème" est déjà prévu systématiquement dans nos exercices à compléter au cours des leçons, il s'agit d'un très bon entraînement à l'expression en italien.
Nous n'insisterons jamais assez sur le caractère indispensable d'un travail quotidien : il vaut mieux étudier une demi-heure (ou un peu plus...) par jour que plusieurs heures une fois par semaine ! C'est ainsi que vous pourrez tirer le meilleur profit de la Méthode quotidienne ASSIMIL.


## Une fois la méthode terminée...

À la fin de cette étude, vous serez en mesure d'affronter des ouvrages et des situations d'un niveau bien plus difficile qu'avant ! Profitez de ce plaisir nouveau pour rester en contact avec la langue italienne – une langue, comme toute connaissance, ça s'entretient ! – en lisant des livres (vous en trouverez une liste dans notre bibliographie), des journaux et des revues, en surfant sur des sites internet en italien, en regardant des films en V.O. et, bien sûr, en allant en Italie et en bavardant avec des Italiens !

Cet ouvrage, malgré la grande quantité de notions qu'il contient, a été conçu pour être un parcours d'apprentissage agréable et même amusant. Nous avons fait un effort pour que l'humour et la boutade pointent toujours leur nez le long du chemin, et nous espérons que cela soit ainsi perçu par nos lecteurs.

Il ne nous reste plus qu'à vous souhaiter une bonne étude et à vous dire, à l'italienne, **in bocca al lupo!** ce qui signifie "dans la gueule du loup" et que les Italiens utilisent pour souhaiter bonne chance, comme les Français disent…

# 1    Prima lezione

## Conversazione in treno

**1 –** Scusi, mi saprebbe ① dire che ore sono?
**2 –** Sì, un attimo: guardo sul cellulare, perché non ho l'orologio.
**3**    Sa, da quando ci sono i telefonini ②, l'orologio non ce l'ha ③ più nessuno! È mezzogiorno in punto.
**4**    Alla mezza dovremmo essere a Milano, stiamo per arrivare ④.
**5**    Mi pare che il treno sia ⑤ in orario, una volta tanto!

## Notes

① L'emploi du conditionnel est très fréquent dans les expressions de politesse, l'usage de l'indicatif paraissant parfois trop direct : **Mi potrebbe fare un piacere?** *Pourriez-vous me rendre un service* (littéralement : "me pourriez-vous faire un plaisir") ? Avec ce genre d'expression, vous aurez l'air très élégant pour vos amis italiens !

② **il telefonino**, *le téléphone portable*, est en réalité le diminutif de **il telefono**, à cause, bien sûr, de la taille réduite des portables (les italiens l'appellent aussi **il cellulare**). Les diminutifs se font en italien en ajoutant le suffixe **-ino** à la fin du mot. Par ex. : **il fratello**, *le frère*, **il fratellino**, *le petit frère*.

③ Dans la langue parlée, le verbe **avere**, *avoir*, est souvent précédé par la particule **ci**, qui devient **ce** devant les pronoms **lo**,

### Conversation dans un train

**1 –** Excusez[-moi], sauriez-vous me dire quelle heure*(s)* il est *(sont)* ?

**2 –** Oui, un instant : [je] regarde mon *(sur-le)* portable, parce que je n'ai pas [de] *(la)* montre.

**3** [Vous] savez, depuis *(quand)* [qu'] il y a les portables *(les petits-téléphones)* plus personne n'a [de] *(la)* montre ! [Il] est midi pile *(en point)*.

**4** À la demie nous devrions être à Milan, nous serons bientôt arrivés.

**5** [Il] me semble que le train est *(soit)* à l'heure, pour une fois *(une fois tant)* !

---

**la, li, le, l'. Hai le chiavi? No, non ce le ho,** *As-tu les clés ? Non je ne les ai pas.* **Hai l'orologio? No, non ce l'ho,** *As-tu la montre ? Non, je ne l'ai pas.* En absence de ces pronoms, l'emploi de **ci** précédant directement **avere** reste cependant très populaire, ou d'usage régional : **Non c'ho** (prononcez *[tcho]*) **un centesimo,** *je n'ai pas un centime.*

④ Le verbe **stare** suivi de la préposition **per** + l'infinif signifie *être sur le point de*, dans le sens d'un futur très imminent : **sta per piovere,** *il va bientôt pleuvoir.*

⑤ Après des verbes indiquant l'incertitude l'italien utilise volontiers le subjonctif : **Credo che sia la mezza, ma non ne sono sicuro,** *Je crois qu'il est* ("soit") *midi et demie, mais je n'en suis pas sûr.* Il est donc indispensable d'en connaître les formes : vous les trouverez dans l'appendice grammatical à la fin de ce livre.

6 – Grazie mille; ma scusi, che cosa significa "la mezza"? Abbia ⑥ pazienza, non sono italiano.

7 – Ah, mi scusi tanto! Mezzogiorno e mezza, le dodici e trenta!

8   Non mi ero accorto che fosse ⑦ straniero; complimenti, lei non ha un filo di accento!

9 – Lei è troppo gentile! Diciamo che me la cavo, faccio del mio meglio.

10   Ho studiato l'italiano a scuola, da ragazzo, ed ora sto facendo ⑧ questo viaggio in Italia per perfezionarmi.

11   Sono americano, di Boston, mi chiamo Tom Gordon. Piacere!

12 – Piacere mio, Pasquale Morisco. Io sto ⑨ a Milano, ma sono di Napoli. Conosce Napoli?

13 – Certo! Sono un vero appassionato dell'Italia. I vostri capolavori d'arte, i vostri monumenti, il vostro cinema, la letteratura, Dante, Petrarca, Boccaccio!

## Notes

⑥ Vous vous souvenez certainement que la forme de politesse **Lei** est la 3ᵉ personne du singulier ; l'impératif n'existe pas pour cette personne, on utilise alors le subjonctif : **Venga, signore**, *Venez, monsieur*, tournure qui pourrait se traduire littéralement par "que votre seigneurie vienne !".

⑦ L'emploi du subjonctif est ici rendu nécessaire par la forme négative, qui fait pencher la phrase du côté de l'erreur de jugement, donc du "subjectif" (voir la note 5 ci-dessus). Si le verbe de la proposition principale est à la forme affirmative, on revient alors à l'indicatif : **Mi ero accorto che era straniero**, *Je m'étais aperçu que vous étiez étranger*.

**6 –** Merci beaucoup *(mille [fois])* ; mais excusez [-moi], que *(chose)* signifie "la demie" ? Soyez patient *(ayez patience)*, je ne suis pas italien.

**7 –** Ah, excusez[-moi] *(tant)* ! Midi et demi, *(les)* douze [heures] *(et)* trente !

**8** Je ne m'étais pas aperçu que vous étiez *(fussiez)* étranger ; félicitations, vous n'avez pas un brin *(fil)* d'accent !

**9 –** Vous êtes trop aimable *(gentil)* ! *(Disons que)* Je me débrouille, je fais de mon mieux.

**10** J'ai étudié l'italien à [l']école, quand j'étais jeune *(de garçon)*, et maintenant je fais *(je-suis faisant)* ce voyage en Italie pour me perfectionner.

**11** Je suis américain, de Boston ; je m'appelle Tom Gordon. Enchanté *(plaisir)* !

**12 –** Enchanté *(plaisir mien)*, [je m'appelle] Pasquale Morisco. J'habite *(Je suis)* à Milan, mais je suis [né à] *(de)* Naples. [Vous] connaissez Naples ?

**13 –** Certainement ! Je suis un véritable passionné de l'Italie. Vos *(chefs-d')*œuvres d'art, vos monuments, votre cinéma, la littérature, Dante, Pétrarque, [le] Boccace !

⑧ Le verbe **stare** + le gérondif est le présent progressif, et correspond à "être en train de" : il exprime une action en cours. **Sto cercando un lavoro**, *Je suis en train de chercher du travail*, ou plus simplement *Je cherche du travail*.

⑨ Le verbe **stare** a de nombreuses utilisations idiomatiques, que nous verrons résumées à la leçon de révision 7, § 6. Ici, il a le sens de *habiter*.

**1**  **14** –  Sì, il nostro passato glorioso, insomma!
  **15**  Ma c'è anche l'Italia di oggi, un paese moderno, sempre più al passo coi tempi, con le nuove tecnologie, con l'economia del mondo globalizzato.
  **16**  Un paese di gente ⑩ che si muove, che gira il mondo per studiare, per espandere il proprio mercato.
  **17** –  Ma… che succede? Il treno si è fermato.
  **18** –  Accidenti! Siamo fermi in aperta campagna. Avremo sicuramente del ritardo!
  **19**  Eh sì, l'Italia è anche questo: ritardi e compagnia bella…
  **20** –  Sì, ma è una bellissima giornata: godiamoci il panorama! □

## Note

⑩ **la gente**, *les gens*, est singulier, de même qu'en français "le monde" : **Molta gente lavora lontano da casa**, *Beaucoup de gens travaillent* ("travaille") *loin de chez eux*.

## Esercizio 1 – Traducete
## Exercice 1 – Traduisez

❶ Scusi, mi potrebbe dire a che ora arriva il treno per Milano? ❷ Credo che stia per arrivare, ma non ne sono sicuro. ❸ Non sapevo che fosse in ritardo. ❹ Ha le chiavi o non ce le ha, signorina? ❺ Abbia pazienza, le sto cercando!

**14** –  Oui, notre passé glorieux, en somme !

**15**     Mais il y a aussi l'Italie d'aujourd'hui, un
           pays moderne, de plus en plus *(toujours plus)*
           au pas avec notre temps *(les temps)*, avec les
           nouvelles technologies, avec l'économie de la
           mondialisation *(du monde globalisé)*.

**16**     [C'est] un pays de gens qui bougent *(se bouge)*,
           qui voyagent *(tourne)* [dans] le monde pour
           étudier, pour élargir leur marché…

**17** –  Mais… Que se passe-t-il ? Le train s'est arrêté.

**18** –  Zut ! Nous [nous] sommes arrêtés en rase
           *(ouverte)* campagne. Nous aurons sûrement du
           retard !

**19**     Et oui, l'Italie, [c']est cela aussi : [les] retards et
           compagnie *(belle)*…

**20** –  Oui, mais [c']est une très belle journée :
           profitons *(jouissons-nous)* [du] *(le)* paysage !

## Corrigé de l'exercice 1

❶ Excusez-moi, pourriez-vous me dire à quelle heure arrive le
train pour Milan ? ❷ Je crois qu'il est sur le point d'arriver, mais je
n'en suis pas sûr. ❸ Je ne savais pas qu'il était en retard. ❹ Avez-
vous les clés ou vous ne les avez pas, Mademoiselle ? ❺ Ayez
patience, je suis en train de les chercher !

**Esercizio 2 – Completate con le parole che mancano**
**Exercice 2 – Complétez avec les mots qui manquent**
*(Chaque point équivaut à une lettre / un caractère.)*

❶ Venez, Monsieur ; j'étais en train de parler de vous !
. . . . . , signore; . . . . . . . . . . . . di . . . !

❷ Tu as ton portable? Non, je ne l'ai pas.
Hai il tuo . . . . . . . . . ? No, non . . . . . . .

❸ Je me débrouille, je fais de mon mieux.
Me la . . . . , . . . . . del mio . . . . . . .

❹ Je m'appelle Luigi Rossi et j'habite à Milan. Enchanté !
. . . . . . . . Luigi Rossi e . . . a Milano.
. . . . . . . !

❺ L'Italie est en train de changer : les gens bougent de plus en plus.
L'Italia . . . . . . . . . . . . ; la gente . . . . . . . .
sempre più.

---

*Les italianistes chevronnés que vous devenez peu à peu le savent bien : la forme de politesse est en italien la 3ᵉ personne du singulier au féminin **lei**, et correspond à un ancien **Voi** de **Vossignoria** ou **Vostra Signoria**, Votre Seigneurie qui est apparu dès le XVᵉ siècle. L'emploi de **lei** s'est généralisé et a remplacé le précédent **Voi** au XVIIᵉ siècle, selon l'usage espagnol (l'Italie était à l'époque en grande partie sous la domination espagnole). La forme **Voi** ne subsiste aujourd'hui que dans certaines langues régionales, notamment dans le sud. Cependant, le régime fasciste, dans son idée de rétablir les coutumes de la Rome ancienne, essaya en vain d'abolir l'usage de **Lei** et de rétablir **Voi**, par décret du 14 avril 1938. Le célèbre acteur comique Ettore Petrolini se moqua de cette nouvelle lubie du "Duce" en proposant de rebaptiser **Galivoi** le philosophe du XVIIᵉ siècle Galileo Galilei !*

# Corrigé de l'exercice 2 (Mots manquants) 1

❶ Venga – stavo parlando – lei ❷ – telefonino – ce l'ho ❸ – cavo, faccio – meglio ❹ Mi chiamo – sto – Piacere ❺ – sta cambiando – si muove –

*Vous venez de terminer votre première leçon du **Perfectionnement Italien** : peut-être votre italien s'était-il un peu "rouillé" et vous avez eu quelque peine à suivre, peut-être avez-vous tout compris et même l'avez-vous trouvée trop facile : nous avons fait exprès de commencer par quelques leçons assez simples, pour que les personnes pour qui les souvenirs d'italien sont quelque peu anciens puissent se remettre à niveau, et pour que les autres revoient rapidement les éléments de la grammaire et de la syntaxe. Mais le niveau va monter très rapidement, et vous serez bientôt en mesure, en travaillant régulièrement et à l'aide des enregistrements, de rentrer dans les nuances et dans la mélodie de la belle langue italienne, et les maîtriser parfaitement, pour que l'on vous dise :* **congratulazioni! Lei non ha un filo di accento!**

## Progetti per il weekend

**1 –** Ho guardato il meteo ① per questo fine
    settimana: dicono che farà un tempo stupendo.
**2** Che ne diresti se ci facessimo un giretto ②
    da qualche parte?
**3 –** Sempre che abbiano ③ ragione: l'ultima volta
    avevano previsto un sole che spacca le pietre,
**4** e ci siamo ritrovati sotto l'acqua per tutto il
    weekend.
**5** Comunque, visto che ci toccherà stare in
    coda in autostrada ore ed ore, speriamo
    almeno che faccia ④ fresco…
**6 –** Uffa ⑤ ma che musone, che guastafeste! E
    io ⑥ ti dico che voglio andare al mare.

### Notes

① En italien, comme en français, on utilise beaucoup d'abréviations dans le langage familier : **il bollettino meteorologico**
devient **il meteo** ; **la bicicletta → la bici** ; **la fotografia → la
foto** ; **l'automobile → l'auto**, etc.

② **-etto** est un autre suffixe qui sert à construire des diminutifs :
**un giro**, *un tour*, **un giretto**, *un petit tour*, **un vecchio**, *un
vieux*, **un vecchietto**, *un petit vieux*, **un anno**, *une année*, **un
annetto**, *une petite année* (au sens de "à peu près une année").

③ Le subjonctif est utilisé ici pour exprimer le doute, l'incertitude des prévisions météo, précédé de **sempre che** : **sempre
che sia vero**, *si toutefois cela est vrai*.

④ Les verbes qui indiquent une opinion, un point de vue, une
impression ou un sentiment personnel sont suivis du subjonctif : **Spero che arrivino presto**, *J'espère qu'ils arriveront*
("arrivent") *bientôt*. **Mi auguro che tu sappia quello che dici,** ▶

### Projets pour le week-end

**1 –** J'ai regardé la météo pour ce week-end : il paraît *(ils disent)* qu'il fera un temps splendide.

**2** Que *(en)* dirais-tu de faire *(si nous nous fissions)* un petit tour quelque part ?

**3 –** Encore faut-il *(toujours)* qu'ils aient raison : la dernière fois ils avaient prévu un soleil torride *(qui casse les pierres)*,

**4** et nous nous sommes retrouvés sous l'eau pendant *(pour)* tout le week-end.

**5** De toute façon, vu qu'il nous faudra *(que nous touchera de)* rester dans les embouteillages *(en queue)* sur l'autoroute pendant des heures, espérons au moins qu'il fera *(qu'il fasse)* frais…

**6 –** Oh là là *(ouf)*, mais quel boudeur, quel trouble-fête ! Et moi, je te dis que je veux aller à la mer.

▸ *J'espère que tu sais* (litt. "[je] me souhaite que tu saches") *ce que tu dis.* **Dubito che domani sia una bella giornata**, *Je doute que demain ce soit une belle journée.*

⑤ **Uffa** est la verbalisation du geste des Italiens lorsqu'ils soufflent en gonflant les joues, pour indiquer l'ennui ou l'impatience, du mécontentement ou de l'insatisfaction. Apprendre une langue, c'est aussi connaître la gestuelle du peuple qui la parle, surtout quand il parle… avec ses mains !

⑥ Vous savez que le sujet est sous-entendu dans la plupart des cas ; on l'exprime quand on veut lui donner une valeur particulière dans la phrase, par exemple dans une opposition. Ici, la jeune femme met l'accent sur le fait que son ami, lui, n'est pas très convaincu de son idée, mais elle, de son côté, elle tient absolument à partir. **Tu, se vuoi stare a casa, fai quello che ti pare; io me ne vado**, *Toi, si tu veux rester à la maison, fais comme bon te semble ; moi, je m'en vais.*

**7** Dopo quest'orribile inverno in città, siamo bianchi come cenci!

**8** Io voglio un'abbronzatura da capogiro!

**9** – Okay, okay. Tanto lo sai che alla fine ce l'hai sempre vinta tu ⑦.

**10** E poi, la tua idea non è mica ⑧ male:

**11** io prendo un bel libro, e me ne sto a leggere sotto l'ombrellone ⑨, spaparanzato sulla sdraio,

**12** mentre tu prendi il sole sul lettino. Ci sto ⑩, affare fatto!

**13** – Preparo la borsa con gli asciugamani e i costumi, così domattina sarà già tutto pronto.

## Notes

⑦ Le sujet se trouve après le verbe dans des expressions correspondant à *c'est moi qui…* : **chi va a fare la spesa? Ci vado io**, *Qui va faire les courses ? C'est moi* (litt. "j'y vais, moi"). **Parli sempre tu**, *C'est toujours toi qui parles.*

⑧ **mica** sert à renforcer une phrase négative ou interro-négative : **Non ho mica fatto niente**, *Je n'ai vraiment rien fait.* **(Non) hai mica dieci euro da prestarmi?** *Tu n'as pas (par hasard) dix euros à me prêter ?* **Mica male!** *Pas mal (du tout) !* Littéralement, **la mica** est *la mie de pain*, et il existait en ancien français un usage identique du mot *mie* dans les phrases négatives, à la place de *pas*. Le français et l'italien sont vraiment deux langues cousines !

⑨ Le suffixe **-one** (féminin : **-ona**) est un augmentatif. **Un libro**, *un livre*, **un librone**, *un gros livre* ; **una mano**, *une main*, **una manona**, *une grande main* ; **un riccone**, *un homme très riche*, et aussi *un richard* au sens méprisant. Il est parfois utilisé pour créer des mots ayant une signification différente du mot "neutre" : **l'ombrello**, *le parapluie* ; **l'ombrellone**, *le parasol* ▶

**7** Après cet horrible hiver en ville, nous sommes blancs comme des draps *(des chiffons)* !

**8** Je veux un bronzage à faire tourner la tête *(de tournis)* !

**9 –** Ok, ok. De toute façon *(Tant)*, tu *(le)* sais qu'à la fin tu obtiens toujours ce que tu veux *(tu l'as toujours gagnée, toi)*.

**10** Et puis, ton idée n'est pas mal :

**11** moi, je prends un bon *(beau)* livre, et je *(m'en)* reste à lire sous le parasol, vautré sur la chaise longue,

**12** pendant que toi, tu bronzes *(prends le soleil)* sur le lit de plage *(petit-lit)*. Je suis d'accord *(j'y suis)*, marché conclu *(affaire faite)* !

**13 –** Je prépare le sac avec les serviettes [de plage] et les maillots [de bain], comme ça demain matin tout sera *(déjà)* prêt.

▶ (plus grand, en effet, que le premier !) ou **il muso**, *le museau, la gueule* ; **il musone**, *le boudeur, le grognon*. D'ailleurs **fare** ou **tenere il muso** signifie *faire la tête, bouder*.

⑩ Un autre emploi idiomatique du verbe **stare** : **ci sto**, *je suis d'accord, je marche*. **Se ci stai tu, ci sto anch'io**, *Si tu marches, je marche aussi*.

**14** – Mi raccomando, sta' ⑪ attenta a non dimenticare la crema solare, se no io torno a casa rosso come un peperone!

**15** – Non so se ci starà tutto, è già strapiena!

**16** – E domani sera si va a cena alla trattoria "Da Guido": spaghetti allo scoglio e fritto misto!

**17** – Sì, e i due pezzi nuovi che mi sono comprata, chi se li mette, dopo?

**18** – Ma dai ⑫, esagerata! Hai un figurino da top-model, ti sta bene tutto!

**19** – Giulio, che disastro! C'è il bagno allagato! Non stare lì impalato, fa' qualcosa!

**20** – Mi sa che questo fine settimana lo passerò in casa a fare l'idraulico! □

## Notes

⑪ On utilise la contraction à l'aide de l'apostrophe (apocope) pour certains impératifs de verbes irréguliers : **sta' (stai) attento!**, *sois attentif !* ; **fa' (fai) attenzione!**, *fais attention !* ; **da' (dai) la mano!**, *donne la main !* ; **di' (dici) a tuo fratello…**, *dis à ton frère…* ; **va' (vai) via!**, *va t'en !*

⑫ **dai**, impératif de **dare** (litt. "donne") est une expression idiomatique employée pour exhorter ou convaincre quelqu'un, et pourrait se traduire par *Allez !* Attention, c'est une deuxième personne du singulier : ne l'utilisez pas avec quelqu'un que vous vouvoyez !

## Esercizio 1 – Traducete
## Exercice 1 – Traduisez

❶ Che ne diresti se andassimo al mare? Ci stai o non ci stai? ❷ Sempre che faccia bel tempo; le previsioni meteo si sbagliano sempre. ❸ Uffa che musone! Io non ho mica voglia di restare in città. ❹ Allora decido io: si va a cena alla trattoria! ❺ Non stare lì impalato! Fa' qualcosa!

**14** – Surtout *([je] Me recommande)* fais attention *(sois attentive)* à ne pas oublier les crèmes solaires, sinon je rentre *(à maison)* rouge comme un poivron !

**15** – Je ne sais pas si tout y rentrera *(sera)* : elle est déjà pleine à craquer !

**16** – Et demain soir, on va dîner au restaurant "Chez Guido" : spaghettis aux fruits de mer *(à l'écueil)* et friture *(mixte)* [de poisson] !

**17** – Oui, et les nouveaux deux-pièces que je me suis achetés *(achetée)*, qui va les porter *(mettre)*, après [ça] ?

**18** – Allez *(Mais donne)*, tu exagères *(éxagérée)* ! Tu as une *(petite)* silhouette de mannequin, tu peux tout porter *(te va bien tout)* !

**19** – Giulio, quel désastre ! *(Il-y-a)* La salle de bain [est] inondée ! Ne reste pas planté là *(empalé)*, fais quelque chose !

**20** – J'ai l'impression *([ça] me sait)* que ce week-end, je le passerai à la *(en)* maison, à faire de la plomberie *(le plombier)* !

## Corrigé de l'exercice 1

❶ Que dirais-tu d'aller à la mer ? Tu marches ou tu ne marches pas ? ❷ Encore faut-il qu'il fasse beau ; la météo se trompe toujours. ❸ Oh là là quel boudeur ! Moi, je n'ai pas du tout envie de rester en ville. ❹ Alors c'est moi qui décide : on va dîner à la trattoria ! ❺ Ne reste pas planté là ! Fais quelque chose !

**Esercizio 2 – Completate con le parole che mancano**
**Exercice 2 – Complétez avec les mots qui manquent**

❶ J'espère que demain il fera beau.
Mi ...... che domani ...... che ...... .

❷ Je me vautre sur le lit de plage et je reste sous le parasol tout le week-end.
Mi spaparanzo sul ...... e ... sotto l'
......... tutto il fine ......... .

❸ Allez, viens ici : ne fais pas la tête.
..., vieni ... : non fare .. ..... .

❹ Tu ne connais pas par hasard la fille en maillot deux pièces là bas ? Elle a un bronzage à faire tourner la tête !
Non ...... ... la ragazza in ... ...... laggiù? Ha un' ......... da ......! 

❺ Qui va faire les courses aujourd'hui ? C'est moi qui y vais.
... va a fare .. ..... oggi? Ci .... ... .

---

## 3  Terza lezione

### Quattro chiacchiere ① fra mamme

**1 –** Che fatica stare dietro ② ai figli!

#### Notes

① Le mot **chiacchiera**, *bavardage*, est une onomatopée inspirée des cris des oiseaux de basse-cour. Mais attention ! L'Italien adore bavarder (il est **chiacchierone**, *bavard*), donc ce mot n'a pas toujours une valeur négative : **chiacchierare**, ou **fare una chiacchierata**, ou **fare quattro chiacchiere** ou **due chiacchiere** (quatre ou deux, le sens est le même…) indique une *causerie amicale* ou informelle, et toujours agréable ! ▶

## Corrigé de l'exercice 2

❶ – auguro – faccia bel tempo ❷ – lettino – sto – ombrellone – settimana ❸ Dai – qui – il muso ❹ – conosci mica – due pezzi – abbronzatura – capogiro ❺ Chi – la spesa – vado io

---

*De nombreuses leçons de cette première partie du **Perfectionnement Italien** traitent du langage familier de tous les jours, et contiennent beaucoup d'expressions idiomatiques : écoutez attentivement les dialogues et cherchez à retenir également les intonations avec lesquelles elles sont dites. Cela rendra votre italien fluide et agréable, et impressionnera beaucoup vos amis italiens !*

---

## Troisième leçon    3

### Causerie *(quatre bavardages)* entre mamans

1 – Que c'est fatiguant *(quelle fatigue)* [de] s'occuper des *(rester derrière aux)* enfants !

▶ ② Retenez cette expression idiomatique avec le verbe **stare** : **stare dietro a qualcuno**, *s'occuper de quelqu'un* : **Gli sta dietro da quando è nato**, *Elle s'occupe de lui depuis qu'il est né.*

**3**

**2**  Per fortuna c'è questo parco giochi ③ proprio sotto casa, così stanno fra loro e noi possiamo respirare un po' ④!

**3** – Hai proprio ragione, Luisa: fare la mamma è davvero una vitaccia ⑤, oggi poi che le donne lavorano!

**4** – Eh sì: anche col part-time ⑥, ci sono giorni che non so proprio dove sbattere la testa:

**5**  metto giù il bambino al nido alle sette e mezza e corro in ufficio.

**6**  Quando stacco, faccio appena in tempo a fare la spesa e le pulizie di casa, ed è già ora di tornarlo a prendere ⑦.

### Notes

③ Il existe de nombreuses compositions lexicales où deux mots se trouvent côte à côte, reliés dans une relation de finalité ou d'affinité intuitive : **un parco giochi** est un jardin où se trouvent des *jeux* (**giochi**) pour les enfants ; **la scuola guida** est *l'école de conduite*, **la campagna acquisti**, *la campagne d'achats*.

④ **un po'** est la forme abrégée pour **un poco**, *un peu*. L'apostrophe marque souvent en italien la fin d'un mot tronqué, comme pour les impératifs irréguliers de la leçon précédente (note 11).

⑤ Le suffixe **-accio** (féminin **-accia**) donne un sens péjoratif au mot (voir, plus loin, **il monellaccio** de **il monello**, *le fripon, le polisson* ) : **una donnaccia**, *une mauvaise femme*, **un ragazzaccio**, *un mauvais garçon* ; **una parolaccia**, *un gros mot* (dans le sens qu'il est mauvais !) ; donc ici, **vitaccia**, *vie d'enfer*, *vie pénible*. ▸

**2**  Heureusement *(par chance)* il y a ce jardin
    public *(parc jeux)* juste en dessous de la
    maison, comme ça ils restent entre eux et nous,
    nous pouvons souffler *(respirer)* un peu !

**3** –  Tu as vraiment raison, Luisa : être une *(faire la)*
    maman, c'est vraiment une vie d'enfer, surtout
    à l'époque actuelle *(aujourd'hui)*, où *(que)* les
    femmes travaillent !

**4** –  Et oui : même à *(avec le)* mi-temps, il y a [des]
    jours où *(que)* je ne sais *(proprement)* pas où
    donner de *(cogner)* la tête :

**5**  je dépose mon *(l')*enfant à la chèche à sept
    heures et demie et je cours au bureau.

**6**  Quand j'arrête le travail *(je détache)*, j'ai à
    peine le temps de faire les courses et le ménage
    *(les nettoyages de maison)*, et [il] est déjà temps
    *(heure)* de retourner le chercher *(prendre)*.

▸ ⑥ **part-time**, *mi-temps*, fait partie des nombreux mots que l'italien emprunte à la langue anglaise, comme **week-end** ou **baby-sitter** ; par contre, il a créé des mots originaux que le français a emprunté dans certains cas, comme par exemple dans **il calcio**, *le foot-ball* ou **il panino**, *le sandwich*.

⑦ **tornare a prendere**, *retourner chercher* ; faites attention à ne pas utiliser dans ce cas le verbe **cercare**, qui signifie *chercher* quelque chose ou quelqu'un qui est caché ou que l'on ne trouve pas ! Ces mots très ressemblants au français mais de sens différents, ce sont les "faux amis", si fréquents dans les langues voisines, comme le français et l'italien !

**7** – Non parlarmi delle faccende ⑧! Anche il fine settimana, spesso mi tocca stare in casa a fare il bucato e a stirare.

**8** Non so come facessero le nostre madri e le nostre nonne, senza elettrodomestici, senza lavastoviglie né lavatrice.

**9** Persino i pannolini li lavavano a mano nella tinozza!

**10** – Io lo so come facevano ⑨: olio di gomito, e tanta, tanta pazienza!

**11** – Lasciamo perdere! Senza parlare poi della spesa; col carovita ⑩ io non ci sto più dentro:

**12** i figli crescono, da un mese all'altro non gli sta più niente, e nel giro di poco tempo sono da rivestire da capo a piedi.

**13** – Pierino, lascia stare il tuo fratellino che dorme nel passeggino! Ma che monellaccio! Non sta fermo un minuto!

## Notes

⑧ **le faccende** indiquent *le ménage*, mais uniquement chez soi, et *la ménagère* est **la casalinga** ; les professionnels du nettoyage chez des particuliers s'appellent **la domestica** ou **la donna di servizio** (des femmes le plus souvent) ou par l'abréviation **colf** (**collaboratrice familiare**) ; dans les entreprises, **la donna** (ou **l'uomo**) **delle pulizie**, *la femme* (ou *l'homme*) *de ménage*, ou éventuellement **l'addetto** (*attaché*) **alle pulizie**, qui correspond à *l'agent d'entretien*. Les personnes qui nettoient les rues (anciennement **gli spazzini**, *les balayeurs*) s'appellent maintenant **gli operatori ecologici**, correspondant aux *techniciens de surface*).

⑨ Remarquez la différence entre le subjonctif de **non so come facessero** (elle ne sait pas, donc on est dans le virtuel, dans l'incertain) et l'indicatif de **io lo so come facevano** (elle le sait, ▸

**7 –** Ne me parle pas du ménage ! Même le week-end, je suis souvent obligée *(il me touche)* de rester à [la] maison pour *(à)* faire la lessive et *(à)* repasser !

**8** Je ne sais pas comment faisaient *(fissent)* nos mères et nos grand-mères, sans électroménager*(s)*, sans lave-vaisselle ni lave-linge.

**9** Même les couches, elles les lavaient à [la] main dans le baquet !

**10 –** Moi, je sais comment elles faisaient : huile de coude et beaucoup, beaucoup de patience !

**11 –** Laissons tomber *(perdre)* ! Sans parler *(ensuite)* des courses : avec le coût de la vie *(la chère-vie)* je n'arrive pas à tenir [dans mon budget] *(je ne y reste plus dedans)* :

**12** les enfants *(fils)* grandissent, d'un mois sur *(à)* l'autre rien ne leur va plus, et en l'espace *(dans le tour)* de peu de temps, ils sont à rhabiller de [la] tête aux pieds.

**13 –** Pierino, laisse tranquille *(laisse rester)* ton frère qui dort dans la poussette ! Mais quel polisson ! Il ne reste pas une minute tranquille *(arrêté)* !

▶ donc il y a certitude). Vous vous habituerez vite à ces subtilités quelque peu… philosophiques de la langue italienne !

⑩ À la différence des contractions lexicales (note 2), dans les mots composés, les différents éléments (noms, verbes, adjectifs) sont attachés et forment un seul mot : **l'asciugamano**, *l'essuie-mains* ; **il capofamiglia**, *le chef de famille* ; **la cassaforte**, *le coffre-fort* ; **il lungomare**, *le bord de mer* ; **il retroterra**, *l'arrière-pays*. Leur pluriel est toujours irrégulier, concernant tantôt l'un, tantôt l'autre des mots qui les composent, parfois les deux, parfois ils sont invariables : **gli asciugamani**, **i capifamiglia**, **le casseforti**, **i lungomari**, **i retroterra**.

**14** Se poi si sveglia, non si riaddormenta più:
**15** ieri notte sono stata su fino a mezzanotte a
cantargli delle ninnenanne.
**16** Se ti ripesco a disturbarlo, stai fresco!
**17** – E in palestra, riesci ancora a trovare il
tempo per andarci? Ti piaceva tanto!
**18** – Faccio una gran fatica, ma a quello non
rinuncerei neanche per sogno!
**19** – Ah, se penso a tutti i libri sulla liberazione
della donna che leggevo da ragazza,
e adesso non ce la faccio nemmeno a
ritagliarmi un'ora per la parrucchiera!
**20** – Quelli, avremmo dovuto farli leggere ai
nostri mariti! ☐

CHE FATICA STARE DIETRO AI FIGLI!

### Esercizio 1 – Traducete

❶ Non so come tu faccia a stare dietro ai tuoi
quattro figli! ❷ Che fatica! Fare il capofamiglia
è proprio una vitaccia! ❸ A che ora stacchi? Alla
mezza. ❹ Non parlarmi delle faccende di casa!
Non so proprio dove sbattere la testa! ❺ Che
monellaccio! Non sta fermo un minuto.

**14** Après, s'il se réveille, il ne se rendort plus :
**15** la nuit dernière *(hier nuit)* je suis restée debout *(haut)* jusqu'à minuit à lui chanter des berceuses !
**16** Si je te retrouve *(repêche)* [en train de] *(à)* le déranger, tu vas voir *(tu es frais)* !
**17** – Et à la gym *(au gymnase)*, tu arrives toujours *(encore)* à trouver le temps d'*(pour)*y aller ? Tu aimais *([ça] te plaisait)* tant [cela] !
**18** – J'ai beaucoup de mal *(Je fais une grande fatigue)*, mais à ça, je n'[y] renoncerais pas pour tout l'or du monde *(même-pas par rêve)* !
**19** – Ah, quand *(si)* je pense à tous les livres sur la libération de la femme que je lisais quand j'étais jeune *(de jeune-fille)*, et maintenant je n'arrive *(ne y la fais)* même pas à me trouver *(découper)* une heure pour le coiffeur *(la coiffeuse)* !
**20** – Ceux-là, nous aurions dû les faire lire à nos maris !

## Corrigé de l'exercice 1

❶ Je ne sais pas comment tu fais pour t'occuper de tes quatre enfants ! ❷ Que c'est fatiguant ! Être chef de famille c'est vraiment une vie d'enfer ! ❸ À quelle heure tu termines le travail ? À midi et demi. ❹ Ne me parle pas du ménage ! Je ne sais vraiment pas où donner de la tête ! ❺ Quel polisson ! Il ne reste pas une minute tranquille.

### Esercizio 2 – Completate

❶ Heureusement il y a cette école de conduite juste en bas de la maison.

... ....... c'è questa ...... ....
proprio ..... .....

❷ À sept heures je dépose ma fille à la crèche, et à midi et demi je retourne la chercher.

Alle ..... .... giù ... ...... ..
...., e alla .... torno a .........

❸ Je ne sais pas comment je ferais sans électroménager, sans lave-vaisselle ni lave-linge.

Non .. come farei senza ................,
senza ............ né .........

❹ Les enfants grandissent, et en l'espace de peu de temps, ils sont à rhabiller de la tête aux pieds.

I figli ........, e nel .... di poco .....
sono da rivestire da .... . ......

❺ Quand je pense aux courses, je ne sais plus où donner de la tête : je n'arrive pas à tenir dans mon budget.

.. ..... alla ....., non so più dove
........ .. .....: non ce la ...... a
starci .......

## Corrigé de l'exercice 2

❶ Per fortuna – scuola guida – sotto casa ❷ – sette metto – mia figlia al nido – mezza – prenderla ❸ – so – elettrodomestici – lavastoviglie – lavatrice ❹ – crescono – giro – tempo – capo a piedi ❺ Se penso – spesa – sbattere la testa – faccio – dentro

*Les structures consacrées à la petite enfance étaient en grande partie religieuses et de toute façon privées jusqu'en 1971, année où l'état italien a confié aux* collectivités territoriales **(gli enti locali)** *la tâche d'organiser un réseau de* **asili nido**, crèches, *destinées aux enfants de 0 à 3 ans. Le besoin se faisait d'autant plus sentir que les femmes, jusque là majoritairement au foyer, commençaient à travailler à l'extérieur. Aujourd'hui, le nombre de* **nidi** *est toujours insuffisant pour satisfaire la demande des familles ; 15 % seulement des communes italiennes se sont dotées de ce type d'équipement (développé surtout dans les grandes villes d'Italie du Nord) et 6 % des enfants en âge d'aller en crèche sont confiés à des structures publiques. Parallèlement à ce système, il existe des* **micronidi famigliari**, *analogues aux* nourrices agréées *en France, et* **i baby parking**, les halte-garderies, *ainsi que* **i nidi privati**, les crèches privées, *et* **i nidi aziendali**, les crèches d'entreprise, *réservées aux employés. Cependant les Italiens préfèrent toujours, quand c'est possible, confier leurs petits...* **ai nonni**, aux grand-parents !

# 4    Quarta lezione

## La parola ai mariti

**1** – Marco, avrei bisogno di un consiglio in informatica; so che in questo campo tu sei più bravo di ① me.

**2** – Certo, come no! Me ne intendo abbastanza.

**3**    Anche ieri sera sono stato su fino alle due per mettere a posto il PC ② di un amico.

**4**    Tu hai piuttosto il pallino della bicicletta, vero ③?

**5** – Eh sì, è sempre stata la mia passione.

**6**    Fin da quando ero giovane passo tutti i miei fine settimana cogli amici a pedalare!

**7** – E tua moglie non dice niente quando stai via ④ tutto il weekend, neanche adesso coi due bambini?

**8** – Macché! Luisa va matta per i bimbi e adora stare in casa.

## Notes

① Le comparatif de supériorité se forme en plaçant **più**, *plus*, devant l'adjectif ; le deuxième terme de comparaison est introduit par **di**, *de*, quand c'est un nom ou un pronom ; **Carlo è più magro di Giovanni**, *Carlo est plus mince que Giovanni* ; **Io sono più ricco di te**, *Je suis plus riche que toi*. La préposition **di** peut former un article contracté : **L'Africa è più calda dell'Europa**, *L'Afrique est plus chaude que l'Europe.*

② Le vocabulaire de l'informatique est en grande partie anglais en italien, et la plupart des termes ne sont pas traduits : **il PC** ou **il computer**, *l'ordinateur*, **il software**, *le logiciel* (mais on dit aussi **il programma**), **l'hard disk**, *le disque dur*, **il floppy**, *la disquette*, **il mouse**, *la souris.*

### La parole aux maris

**1 –** Marco, j'aurais besoin d'un conseil en informatique ; je sais que tu es meilleur que *(de)* moi dans ce domaine *(champ)*.

**2 –** Bien sûr, [et] comment *(non)* ! Je m'y connais assez.

**3** Hier soir aussi, je suis resté debout jusqu'à deux [heures] pour réparer *(mettre en place)* le PC d'un ami.

**4** Toi, ta marotte c'est plutôt le *(Tu as plutôt la marotte de-la)* vélo, n'est-ce pas *(vrai)* ?

**5 –** Et oui, cela a toujours été ma passion.

**6** Depuis ma jeunesse *(Depuis quand j'étais jeune)*, je passe tous mes week-ends avec mes *(les)* amis à pédaler !

**7 –** Et ta femme ne dit rien quand tu es parti *(reste loin)* tout le week-end, même *(pas-même)* maintenant avec les deux enfants ?

**8 –** Penses-tu *(Mais-quoi)* ! Luisa est *(va)* folle des *(pour les)* enfants, et adore rester à la maison.

③ **vero?** à la fin d'une phrase correspond au français *n'est-ce pas ?* ; par cette expression, on demande une confirmation, ou on cherche l'accord de l'interlocuteur. Une formule équivalente est **no?** toujours en fin de phrase : **Sei italiano, no?**, *Tu es italien, n'est-ce pas ?*

④ Remarquez d'autres expressions idiomatiques où le verbe **stare** est suivi d'un adverbe : **stare via**, *être parti*, au sens d'*être loin* ; **stare su**, *rester debout*, au sens d'*éveillé* ; **Sta di fatto che…** ou **Fatto sta che…**, *Le fait est que…*, **Ti sta bene!**, *C'est bien fait pour toi !*

**9** Pensa che quando abbiamo deciso che lei si mettesse a part-time, due anni fa ⑤, io temevo che si annoiasse a fare la casalinga.

**10** E invece no: è sempre occupatissima e va spesso coi figli al parco giochi a chiacchierare con le amiche!

**11** Credo proprio che stia meglio di prima, quando era sempre esaurita dal lavoro.

**12** – Beato te! Mia moglie è meno amante della casa di ⑥ Luisa.

**13** Si lamenta sempre che ha troppo da fare e che non l'aiuto abbastanza.

**14** – Sì, ma sta a te organizzarti per trovare il tempo sia ⑦ per i tuoi hobby ⑧ che per darle una mano in casa.

**15** – È più facile dirlo che ⑨ farlo! Sta di fatto che in casa si sentono spesso gran discorsi sui diritti della donna,

## Notes

⑤ Une expression de temps suivie de **fa** situe un fait dans le passé : **tre minuti fa**, *il y a trois minutes* ; **molto tempo fa**, *il y a longtemps*.

⑥ Le comparatif d'infériorité est construit avec **meno**, *moins* + l'adjectif ; pour le deuxième terme de comparaison, on utilise toujours **di**, *de*, dans les cas indiqués dans la note 1 : **L'Europa è meno calda dell'Africa**.

⑦ Les particules **sia...che** ou **sia...sia** mettent en corrélation deux phrases ou deux parties de phrases, et signifient *et... et* (à ne pas confondre avec *soit... soit*, qui en français indiquent un choix alternatif, l'un excluant l'autre) : **Mi piacciono sia i fagioli sia l'insalata** (ou **...sia i fagioli che l'insalata**), *J'aime aussi bien les haricots que la salade*.

**9**    Pense que quand nous avons décidé qu'elle se
        mette à mi-temps, il y a deux ans, je craignais
        qu'elle [ne] s'ennuie, étant *(à faire la)* femme
        au foyer.

**10**   Mais pas du tout *(Et au-contraire non)* : elle est
        toujours très occupée, et va souvent avec les
        enfants *(fils)* au jardin public en bas de la maison,
        *(à)* bavarder avec ses copines *(les amies)* !

**11**   Je crois vraiment qu'elle va mieux qu'avant,
        quand elle était toujours épuisée par le travail.

**12** – Tu en as de la chance *(bienheureux toi)* ! Ma
        femme est moins passionnée *(aimante)* de la
        maison que *(de)* Luisa.

**13**   Elle se plaint toujours qu'elle a trop de travail
        *(à faire)* et que je ne l'aide pas assez.

**14** – Oui, mais c'est à toi [de] t'organiser pour trouver
        le temps et *(soit)* pour tes loisirs, et *(que)* pour lui
        donner un [coup de] main à la *(en)* maison.

**15** – C'est plus facile à dire qu'à faire *(dire-le que
        faire-le)* ! Le fait est qu'à la maison on entend
        souvent [des] grands discours sur les droits de
        la femme,

⑧ Les mots étrangers, nombreux en italien, restent invariables
   au pluriel : **il mio hobby**, **i miei hobby**. Cela est valable également pour les termes d'importation ancienne : **il caffè**, **i caffè**
   (mot arabe), **il caucciù**, **i caucciù**, *le caoutchouc* (mot français), **il camion**, **i camion** (mot français).

⑨ Dans une comparaison entre verbes, le deuxième terme est
   introduit par **che** au lieu de **di** : **È più piacevole andare a
   spasso che lavorare**, *Il est plus agréable de se promener que
   de travailler.*

**16** ed uno di questi giorni ci sarà magari ⑩ una manifestazione femminista!

**17** – Sì! "Abbasso i mariti sfruttatori!" "Vogliamo l'uguaglianza!" "Dateci più vacanze che ⑪ lavoro!"

**18** – Uno sciopero delle donne? Ci mancherebbe altro!

**19** – Boh, forse ci starebbe bene, di tanto in tanto, a noi uomini; faremmo più caso alle nostre mogli.

**20** Anzi, sai che ti dico? Questo fine settimana, niente bicicletta: chiamo la baby-sitter e porto Luisa al ristorante! □

## Notes

⑩ **magari** est employé ici comme adverbe, avec le sens de *peut-être* : **Magari non sarà possibile, ma è sempre meglio chiedere**, *Ce ne sera peut-être pas possible, mais il vaut toujours mieux demander.* Parfois il est utilisé comme exclamation exprimant un souhait, un fort désir : **Ti piacerebbe andare in Italia? Magari!**, *Ça te plairait d'aller en Italie ?* ▶

## Esercizio 1 – Traducete

❶ Te ne intendi abbastanza di computer, sei più bravo di me in questo campo. ❷ Due anni fa mia moglie si è messa a part-time. ❸ Fin da quando ero giovane, tutte le sere sto su fino a tardi per imparare ad usare nuovi software. ❹ La bicicletta è la mia passione: magari potessi passare tutti i fine settimana a pedalare cogli amici! ❺ Mia moglie si lamenta sempre che non l'aiuto abbastanza. – Ti sta bene, sei sempre via!

**16** et un de ces jours il y aura peut-être une manifestation féministe !

**17 –** Oui ! "À bas les maris exploiteurs !" "Nous voulons l'égalité !" "Donnez-nous plus de vacances que de travail !"

**18 –** Une grève des femmes ? Il ne manquerait plus que ça !

**19 –** Bof, peut-être que cela nous ferait [du] bien, de temps en temps, à nous [les] hommes ; nous ferions plus attention *(cas)* à nos femmes.

**20** Et même *(au-contraire)*, tu sais quoi *(ce-que je te dis)* ? Ce week-end, pas de *(rien)* vélo : j'appelle la baby-sitter et j'emmène *(je porte)* Luisa au restaurant !

▸ *Et comment !* ; **Magari potessi andare a Roma!**, *Ah, si seulement je pouvais aller à Rome !* (Remarquez, dans ce dernier cas, l'emploi de l'imparfait du subjonctif).

⑪ Quand on compare deux quantités, le deuxième terme de comparaison est introduit par **che** : **Mangio più carne che pesce**, *Je mange plus de viande que de poisson* ; **Ti procurerà più guai che vantaggi**, *Cela t'amènera plus d'ennuis que d'avantages*.

## Corrigé de l'exercice 1

❶ Tu t'y connais assez en ordinateurs, tu es meilleur que moi dans ce domaine. ❷ Il y a deux ans ma femme s'est mise à mi-temps. ❸ Depuis ma jeunesse, tous les soirs je veille tard pour apprendre à utiliser de nouveaux logiciels. ❹ Le vélo est ma passion : ah, si seulement je pouvais passer tous mes week-ends à pédaler avec mes amis ! ❺ Ma femme se plaint toujours que je ne l'aide pas assez. – C'est bien fait pour toi, tu es toujours parti !

## 4    **Esercizio 2 – Completate**

❶ Tu es plus chanceux que moi, tu es parti tout l'été.

Sei ... fortunato .. .. , sei stato ... tutta
l' ...... .

❷ Je crois qu'elle va mieux qu'avant, quand elle était épuisée par le travail.

Credo che .... ...... di prima, quando era
........ dal ...... .

❸ Depuis sa jeunesse, Luigi est fou d'ordinateurs.

Da ...... era ......., Luigi va ..... per
i ........ .

❹ C'est plus fatiguant d'être ménagère que de travailler au bureau.

. ... faticoso fare .. ......... ...
lavorare in ufficio.

❺ J'aime et rester à la maison, et sortir avec les amis.

Mi piace ... ..... .. casa ... uscire cogli
..... .

❶ – più – di me – via – estate ❷ – stia meglio – esaurita – lavoro
❸ – quando – giovane – matto – computer ❹ È più – la casalinga
che – ❺ – sia stare in – che – amici

*Vous voici à la fin de votre quatrième leçon du **Perfectionnement Italien** : votre italien commence-t-il à se réveiller ? Si le
démarrage est encore un peu difficile, ne vous en faites pas,*
**abbia pazienza**, *patientez encore quelques jours et surtout
travaillez régulièrement et écoutez bien les enregistrements ;
l'aisance viendra toute seule, "sans peine" !*

# 5    Quinta lezione

## Parentele

**1** – Mamma, chi sono i due bambini con la faccia da scemi in questa vecchia foto?
**2** – Ma cosa dici, Pierino? Siamo io e lo zio Filippo da piccoli, in riva al mare!
**3**    Eravamo in vacanza a Riccione, nella villetta dei nonni dove siamo stati anche l'estate scorsa.
**4** – E che cosa ci facevate voi dai ① miei nonni?
**5** – Pierino, ti ho già spiegato che i tuoi nonni sono i miei genitori, e tuo zio Filippo è mio fratello ②.

## Notes

① Parmi les nombreux emplois de la préposition **da** il y a aussi le sens de *chez* : **dai nonni**, *chez les grands-parents*. Il est possible de dire également **a casa dei nonni**, de même que **da me**, *chez moi*, est équivalent à **a casa mia**. **Sono andato da Giovanni, ma non era in casa**, *Je suis allé chez Giovanni mais il n'était pas chez lui*. **Da** est utilisé avec des noms de magasins, cafés, restaurants aussi : **Stasera si mangia alla trattoria "Da Massimo"**, *Ce soir on mange à la trattoria "chez Massimo"* ; **Sono andato dal barbiere**, *Je suis allé chez le coiffeur*.

② Devant les noms de relations de parenté, les adjectifs possessifs ne sont pas précédés de l'article simple ou contracté (alors qu'ils le sont devant les autres noms : **la mia casa**, *ma maison*) : **mio padre**, *mon père*, **la casa di mio padre**, *la maison de mon père*. Cependant, cela n'est valable qu'au singulier ; au pluriel l'article est obligatoire : **i miei zii**, *mes oncles*, ainsi qu'avec les diminutifs, augmentatifs, etc. : **il mio fratellino**,

## Parenté

**1 –** Maman, qui sont ces *(les)* deux enfants avec
une *(la)* tête *(visage)* d'idiots dans cette vieille
photo ?

**2 –** Mais que *(chose)* dis-tu, Pierino ? C'est *(nous-sommes)* ton oncle Filippo et moi *(d')*enfants,
au bord de la mer !

**3** Nous étions en vacances à Riccione, dans le
pavillon des grands-parents où nous avons été
l'été dernier aussi.

**4 –** Et que faisiez-vous chez mes grands-parents ?

**5 –** Pierino, je t'ai déjà expliqué que tes grands-parents sont mes parents *(géniteurs)*, et [que]
ton oncle Filippo est mon frère.

*mon petit frère*, **il mio zione** (**zione** est un mot affectif, comme
**zietto**, qui n'est pas lié aux… dimensions de la personne !).
L'article est nécessaire également quand le nom de parenté est
accompagné par une épithète (**mia moglie**, mais **la mia cara
moglie**). Avec les mots **mamma** et **papà** on met également
l'article : **la mia mamma**, **il mio papà**, car ils sont considérés
moins des noms de relations de parenté que des "diminutifs
grâcieux" (**vezzeggiativi** en italien).

**6** – Ah sì? Come me e il mio fratellino Andrea?

**7** – Sì, io sono più giovane di mio fratello di tre anni, proprio come Andrea rispetto a te: Filippo è il mio fratello maggiore.

**8** – Ah! Ah! Lo zio si dà tante arie ③ da giovincello ed è più vecchio di te.

**9** – Vedi la signora dietro di noi, sullo sfondo? È nostra nonna, cioè tua bisnonna.

**10** – Mia bisnonna? E la mamma della bisnonna come si chiama?

**11** – Trisavola. Ma di lei non ho neanche una foto ④. Mi pare che si chiamasse Adolfina ⑤.

**12** – E i miei nonni sono anche i nonni del mio papà?

**13** – No, per tuo padre sono i suoi suoceri, e lui per loro è il loro genero;

**14** io, invece, per la nonna Sandra, la mamma del papà, sono sua nuora.

**15** – Mi piacerebbe vedere più spesso la nonna Sandra; perché non andiamo mai a trovarla ⑥?

## Notes

③ **darsi delle arie** signifie *prendre de grands airs*, au sens de *se vanter, frimer*. **Darsi** est conjugué comme un verbe réfléchi : **mi do delle arie, ti dai delle arie, si dà delle arie, ci diamo delle arie, vi date delle arie, si danno delle arie**.

④ **Di lei non ho neanche una foto** : remarquez la construction de cette phrase, où le complément du nom est placé au début ; cela est fait encore une fois pour marquer une opposition, une différence : elle a des photos d'autres membres de la famille, mais pas d'elle.

**6** – Ah oui ? Comme moi et mon petit frère Andrea ? 5

**7** – Oui, je suis plus jeune que mon frère de trois ans, exactement comme Andrea par rapport à toi : Filippo est mon frère aîné.

**8** – Ah ! Ah ! Mon *(l')*oncle se vante tant d'être un *(se donne tant d'airs de)* jeunot, et il est plus vieux que toi !

**9** – Tu vois la dame derrière nous, en arrière-plan ? C'est notre grand-mère, c'est-à-dire ton arrière-grand-mère.

**10** – Mon arrière-grand-mère ? Et la maman de l'arrière-grand-mère, comment s'appelle[-t-elle] ?

**11** – Trisaïeule. Mais je n'ai aucune *(pas-même une)* photo d'elle. Je crois qu'elle s'appelait Adolfina.

**12** – Et mes grands-parents sont également les grands-parents de mon papa ?

**13** – Non, pour ton père [ce] sont ses beaux-parents, et lui, pour eux, c'est leur gendre ;

**14** moi, par contre, pour grand-mère Sandra, la maman de papa, je suis sa belle-fille.

**15** – J'aimerais voir plus souvent *(la)* grand-mère Sandra ; pourquoi n'allons-nous jamais la voir *(trouver)* ?

⑤ On peut obtenir des diminutifs, augmentatifs, etc. à partir de noms propres également : **Piero** → **Pierino**, *petit Piero* ; **Carlo** → **Carlone**, *le grand Carlo* ; **Michele** → **Michelaccio**, *Michele "le méchant"*. Enrico Corradini, écrivain nationaliste proche du fascisme, créa en 1910 l'expression volontairement provocatrice l'**Italietta** (au sens de l'*Italie médiocre*), pour critiquer le gouvernement pacifiste de Giolitti et pousser l'opinion publique à réclamer la guerre.

⑥ L'expression **andare a trovare** signifie *aller voir* [quelqu'un], au sens de lui rendre visite : **Cappuccetto Rosso va a trovare sua nonna**, *Le Petit Chaperon Rouge va rendre visite à sa grand-mère*.

**5**    **16** –  Nonna Sandra è molto vecchia e come tante persone anziane ha una badante ⑦ che sta sempre lì con lei.

**17**    Temo che le faccia ⑧ più male che ⑨ bene vedere tanta gente, alla sua età.

**18** –  E io che cosa sono per i nonni? E per zio Filippo? E per i suoi figli?

**19** –  Allora, tu sei il nipote dei tuoi nonni, ma anche dei tuoi zii: la parola è la stessa; ed il cugino dei figli dei tuoi zii.

**20** –  Com'è complicato! Meglio dire che sono tutti parenti e basta!     ☐

### Notes

⑦ **La badante** (du verbe **badare**, *garder*, *s'occuper de*, *faire attention à*…) est une femme qui s'occupe, moyennant salaire, d'une personne âgé, malade ou non autonome (nous pourrions le traduire par *auxiliaire de vie*). La plupart de ces femmes viennent aujourd'hui d'Europe de l'Est.

⑧ La demi-négation, qui impose en français de placer la particule *ne* après des verbes tels que *craindre* , n'existe pas en italien : **Temo che arriviate in ritardo**, *Je crains que vous n'arriviez* ▮

### Esercizio 1 – Traducete

❶ I due ragazzi nella foto sono i miei genitori da giovani, in riva al mare. ❷ La signora dietro di loro, sullo sfondo, è mia bisnonna. ❸ Mia suocera è molto anziana ed ha una badante che le sta dietro. ❹ È la mezza: temo che sia troppo tardi per andare a trovarlo. ❺ Si danno tante arie da ricconi, ma sono più ridicoli che ricchi.

**16 –** Grand-mère Sandra est très vieille, et comme de nombreuses personnes âgées, elle a une personne qui s'occupe d'elle et qui est toujours chez elle.

**17** Je crains que [ça ne] lui fasse plus [de] mal que [de] bien [de] voir autant de gens, à son âge.

**18 –** Et moi, qu'est-ce que je suis pour mes *(les)* grands-parents ? Et pour [l']oncle Filippo ? Et pour ses enfants ?

**19 –** Alors : tu es le petit-fils de tes grands-parents, mais aussi de tes oncles : le mot est le même ; et le cousin des enfants de tes oncles.

**20 –** Comme [c']est compliqué ! [Il vaut] mieux dire que [ce] sont tous [des] parents et c'est tout !

5

▶   *en retard*. Attention : si l'on utilise le **non** , la négation est bien réelle : **Temo che non arriviate puntuali**, *Je crains que vous n'arriviez pas à l'heure.*

⑨ Dans une comparaison entre deux adverbes ou deux adjectifs, le deuxième terme de comparaison est introduit par **che** : **Lavora più in fretta che bene**, *Il travaille plus vite que bien* ; **È più furbo che intelligente**, *Il est plus malin qu'intelligent.*

## Corrigé de l'exercice 1

❶ Les deux jeunes sur la photo sont mes parents quand ils étaient jeunes, au bord de la mer. ❷ La dame derrière eux, en arrière-plan, est mon arrière-grand-mère. ❸ Me belle-mère est très âgée et a une auxiliaire de vie qui s'occupe d'elle. ❹ Il est midi et demi : je crains qu'il ne soit trop tard pour aller le voir. ❺ Ils prennent des airs de richards, mais ils sont plus ridicules que riches.

## Esercizio 2 – Completate

**❶** Il y a deux ans nous avons été en vacances chez mes oncles.

Due . . . . . . . . . . . . . . . . in vacanza . . .
. . . . . . . . . .

**❷** Je t'ai déjà expliqué que tes grands-parents sont mes parents, et que ton oncle est mon frère.

Ti ho . . . . . . . . . . . che . . . . . . . . . sono
. . . . . . . . . . . . . , e che . . . . . . . . . . .
. . . . . . . .

**❸** Mon oncle prend des airs de jeunot, mais *(et)* il est plus vieux que sa sœur.

. . . zio . . . . delle arie . . . . . . . . . . . . ed
. . . . vecchio . . . . . . . . . . . . .

**❹** Je crains qu'il ne soit trop tard pour prendre le train de douze heures trente.

. . . . che . . . troppo tardi . . . prendere il
treno . . . . . . . . . . . . . . . . . . .

**❺** J'aimerais aller voir plus souvent mes cousins.

Mi . . . . . . . . . . andare . . . . . . . . più
spesso . . . . . . . . . . . .

❶ – anni fa siamo stati – dai nostri zii ❷ – già spiegato – i tuoi nonni – i miei genitori – tuo zio è mio fratello ❸ Mio – si dà – da giovincello – è più – di sua sorella ❹ Temo – sia – per – delle dodici e trenta ❺ – piacerebbe – a trovare – i miei cugini

*Le veillissement de la population italienne (plus de 10 millions de personnes au-dessus de 65 ans d'âge, soit plus de 15 % du total !) et le nombre aujourd'hui insuffisant de structures collectives et publiques d'accueil des personnes âgées (tels* **i pensionati**, *maisons de retraite ou* **le case di riposo**, *maisons de repos), ainsi que la récente disponibilité d'une abondante main d'œuvre féminine venant des pays d'Europe de l'Est, ont fait que de nombreuses familles ont fait appel à des* **badanti** *pour s'occuper des parents très vieux, malades ou en perte d'autonomie. Les collectivités territoriales organisent parfois des formations, à la fois d'apprentissage de la langue et de nature médicale, pour ces nouvelles professionnelles de la santé. Loin de poser des problèmes d'intégration, la présence de ces jeunes femmes aux côtés de leurs "vieux" a été très bien accueillie par les Italiens, et* **le badanti** *font désormais partie de la famille, elles-mêmes ravies de vivre au pays des pâtes et du ciel bleu ! Ça vous étonne ?*

# 6 Sesta Lezione

## Capufficio e segretaria

**1** Il signor ① Guido Bruni, dirigente presso la ditta "Cartoni&C.", arriva in ufficio alla mattina e si rivolge alla segretaria:

**2** – Buondì, Signorina Eleonora, come andiamo stamane ②?

**3** – Non c'è male, nonostante quest'afa! Meno male ③ che in ufficio c'è l'aria condizionata.

**4** Si sta meglio qui che ④ a casa mia!

**5** Di grazia se sono riuscita a dormire qualche ⑤ ora stanotte! Ma lasciamo stare: al lavoro, adesso!

## Notes

① Remarquez que le mot **signore**, *monsieur*, est privé du **e** final devant le nom propre : **buonasera, signore!** mais **buonasera, signor Rossi!** La même règle est valable pour les autres titres et appellations, tantôt honorifiques, tantôt correspondant à des diplômes : **il dottore**, **il dottor Santini** ; **il professore**, **il professor Pantani** ; **il commendatore**, **il commendator Carlini** (*le commandeur*, titre assez ancien issu de la chevalerie, mais que les Italiens utilisent volontiers… pour flatter leur interlocuteur !).

② **Buondì** pour **buongiorno**, **stamane** pour **stamattina**, sont des expressions un petit peu "vieux jeu", qui dénotent que **il signor Bruni** n'est pas tout jeune ; au niveau perfectionnement, il est tout de même important de connaître des variantes de l'italien le plus courant : vous pourriez avoir à faire à des **capi ufficio** dans son genre… ▶

### Chef de bureau et secrétaire

**1** Monsieur Guido Bruni, cadre auprès de l'entreprise "Cartoni&Company", arrive au *(en)* bureau le matin, et s'adresse à sa *(la)* secrétaire :

**2** – Bonjour, Mademoiselle Eleonora, comment allons-nous ce matin ?

**3** – Pas *(Non il-y-a)* mal, malgré cette chaleur étouffante ! Heureusement *(Moins mal)* qu'au bureau il y a l'air conditionné.

**4** On est mieux ici que chez moi !

**5** C'est une chance *(de grâce)* si j'ai pu *(réussi à)* dormir quelques heures, cette nuit ! Mais laissons tomber *(rester)* : au travail, maintenant !

▶ ③ **Meno male** (litt. "moins mal") signifie *heureusement*, et équivaut à **per fortuna**, *fortunatamente*. Retenez aussi l'expression **non c'è male**, *pas trop mal*, toujours en réponse à la question **Come sta?** ou **Come va?**, etc., *Comment allez-vous ?* **Una ragazza niente male** ou **…mica male**, *une fille pas mal* (au sens, bien sûr, qu'elle est très bien !)

④ Le deuxième terme d'une comparaison est introduit par **che** s'il est lui-même précédé d'une préposition : **Fa più caldo a Roma che a Milano**, *Il fait plus chaud à Rome qu'à Milan.*

⑤ L'adjectif indéfini **qualche** a une signification plurielle, et s'accorde toujours au singulier : **qualche bambino**, *quelques enfants* ; **qualche volta**, *quelques fois*. Une forme équivalente, mais accordée au pluriel, est formée avec **alcuni** (féminin **alcune**) : **alcuni bambini**, *quelques enfants* ; **alcune volte**, *quelques fois*. Au singulier, **alcuno** veut dire *aucun* : **Non ha alcun amico, alcuna amica**, *Il n'a aucun ami, aucune amie.* Cette forme est un peu littéraire ; dans la langue parlée, on lui préfère **nessuno** : **Non ha nessun amico / nessuna amica**.

**6** – Benissimo: mi porti, per cortesia, il tabulato coi cedolini delle buste paga del mese scorso.

**7** Credo che sia sull'armadietto ⑥ di metallo di fianco alla sua scrivania ⑦.

**8** Anzi, sono sicuro che è lì, perché ci ho lavorato su ieri sera sino a tardi.

**9** – Anche ieri fino a tardi, signor Bruni! Non va mica bene, il dottore gliel'ha sconsigliato.

**10** – Già, il dottor Santini, brava persona. Oltretutto è più faticoso che utile lavorare fino a notte tarda, lo so.

**11** Ma cosa vuole, signorina; io sono un tipo ansioso, e non posso farci niente.

**12** È appena ⑧ uscita una nuova normativa riguardante il calcolo dei contributi per le assunzioni recenti e dobbiamo metterci in regola anche noi ⑨.

**Notes**

⑥ Le suffixe **-etto** sert à la formation des noms "diminutifs-grâcieux" (que vous avez découverts en leçon 5, note 2 et qui s'appellent en italien **vezzeggiativi**, du verbe **vezzeggiare**, *cajoler* ; des mots câlins, en somme !) ; souvent, il s'agit simplement de diminutifs comme ici **l'armadietto**, *la petite armoire*, mais parfois le sens est plus affectueux, comme dans **l'amichetto**, *le petit ami* (se dit aussi bien pour les enfants que ironiquement pour des flirts) ou **il mio zietto**, *mon petit oncle chéri*. On utilise également le suffixe **-uccio**, ayant la même valeur : **il mio ziuccio**.

⑦ Remarquez que le mot français *bureau* correspond en italien à **l'ufficio** au sens du lieu de travail, et à **la scrivania** au sens de la table de travail. Dans une habitation, la pièce consacrée à l'étude et la lecture est **lo studio**, qui est également *le cabinet d'un notaire* (**lo studio notarile**) ou *le cabinet d'un avocat* (**lo studio legale**), à ne pas confondre, bien sûr, avec *le studio*, qui est **il miniappartamento** ou **il monolocale**.

**6** – Très bien : apportez-moi, s'il vous plaît, le tableau avec les coupons des fiches *(enveloppes)* [de] paye du mois dernier.

**7** Je crois qu'il est *(soit)* dans la petite armoire en *(de)* métal à côté de votre bureau.

**8** [Et] même, je suis sûr qu'il est là, parce que j'y ai travaillé *(dessus)* tard hier soir *(hier soir jusqu'à tard)*.

**9** – Hier aussi *(jusqu'à)* tard, Monsieur Bruni ! [Ça] ne va pas *(bien)*, le docteur vous l'a déconseillé.

**10** – Oui *(déjà)*, le docteur Santini, [un] brave type *(personne)* ; de plus, il est plus fatiguant qu'utile [de] travailler tard la nuit *(jusqu'à nuit tardive)*, [je] le sais.

**11** Mais que voulez-vous, mademoiselle ; je suis quelqu'un d'*(un type)* anxieux, et je n['y] peux rien *(faire)*.

**12** Une nouvelle réglementation vient de sortir, concernant le calcul des retenues pour les embauches récentes, et nous aussi, nous devons nous mettre en règle.

⑧ L'adverbe **appena** est utilisé avec les temps composés pour exprimer un passé immédiat, équivalent au français *venir de* : **Ho appena fatto colazione**, *Je viens de prendre mon petit déjeuner* (et non pas, bien sûr, *j'ai à peine déjeuné*, qui se dit **ho fatto colazione appena** ou, mieux **...a malapena**) ; **Il treno era appena partito**, *Le train venait de partir* ; **Credo che il treno sia appena partito**, *Je crois que le train vient* ("vienne") *de partir*, etc. Si **appena** se trouve avant le verbe, il signifie *dès que* : **Appena ho finito, faccia entrare il signor Bianchi**, *Dès que j'ai fini, faites entrer monsieur Bianchi* (alors que **ho appena finito**, *je viens de finir*).

⑨ Rappelez-vous que **anche** précède toujours le mot auquel il se réfère, contrairement à *aussi* en français : **anche tu**, *toi aussi* ; **Viene anche Giacomo?**, *Giacomo vient aussi ?* La même chose est valable pour sa négation **neanche** : **neanch'io**, *moi non plus*.

**13** – Signor Bruni, sono appena arrivati i due rappresentanti della ditta "Saponaro", quella dei condizionatori.

**14** – Entrino ⑩ pure, cari signori; mi avete portato il preventivo per il rinnovo dell'impianto?

**15** Accidenti! Non mi aspettavo un conto così salato!

**16** Signorina, coi tagli drastici che ci raccomanda la direzione, ho paura che si debba rinunciare all'aria condizionata.

**17** Forse rincaseremo tutti prima alla sera! □

**Note**

⑩ Nous avons vu dans la première leçon (note 6) que l'impératif de la personne de politesse est la 3ᵉ personne du singulier du présent du subjonctif : **Entri, signore!**, *Entrez, monsieur !* Quand on s'adresse à plusieurs personnes, on utilise la 3ᵉ personne du pluriel du même temps et mode verbal : **Entrino, signori!**, *Entrez, messieurs !* pour "que Vos Seigneuries entrent". Et pas de révérence, tout de même !

**Esercizio 1 – Traducete**

❶ Come sta? Non c'è male, nonostante quest'afa. ❷ Meno male che sono riuscita a dormire qualche ora. ❸ Dov'è il tabulato coi cedolini delle buste paga del mese scorso? ❹ Credo che sia sulla sua scrivania. ❺ Ho appena letto il preventivo per il rinnovo dell'impianto: è molto salato!

**13** – Monsieur Bruni, les deux représentants de la société "Saponaro" viennent d'arriver : ce sont ceux des climatiseurs.

**14** – Entrez donc, *(chers)* Messieurs ; vous m'avez apporté le devis pour la rénovation de l'installation ?

**15** Zut ! Je ne m'attendais pas à une note si salée !

**16** Mademoiselle, avec les coupes [budgétaires] draconiennes *(drastiques)* que nous recommande la direction, j'ai peur que l'on doive renoncer à l'air conditionné.

**17** Peut-être rentrerons-nous tous [à la maison] plus tôt, le soir !

### Corrigé de l'exercice 1

❶ Comment allez-vous ? Pas trop mal, malgré cette chaleur étouffante. ❷ Heureusement, j'ai réussi à dormir quelques heures. ❸ Où est le tableau avec les coupons des fiches de paye du mois dernier ? ❹ Je crois qu'il est sur votre bureau. ❺ Je viens de lire le devis pour la rénovation de l'installation ; il est très salé !

**Esercizio 2 – Completate**

**❶** Avec cette chaleur étouffante, on est mieux au bureau qu'à la maison !

Con . . . . . . . . . , . . . . . meglio . . ufficio
. . . . . . . . !

**❷** Je n'ai pas pu dormir, même pas quelques heures.

Non . . . . riuscito . . . . . . . . , neanche
. . . . . . . . . . .

**❸** Je crois qu'il est dans la petite armoire ; même, je suis sûr qu'il est là.

Credo che . . . . . . . . . . . . . . . . . ; . . . . ,
sono sicuro che . . . . .

**❹** Je viens d'aller chez le docteur : il m'a déconseillé de travailler tard.

Sono . . . . . . andato . . . dottore: mi ha
. . . . . . . . . . . di lavorare . . . . . . . . . . .

---

# 7 Settima lezione

## Revisione – Révision

### 1 Emploi du subjonctif

Remarquez ces deux expressions, tirées de la sixième leçon :

**Credo che sia nell'armadietto.**
*Je crois qu'il est dans la petite armoire.*

**Anzi, sono sicuro che è lì.**
*Je suis même sûr qu'il est là.*

Dans la première, où l'on exprime un doute, une possibilité, mais pas une certitude, le verbe est au subjonctif ; dans la seconde, où il y a certitude, il est à l'indicatif. En règle générale, le subjonctif

⑤ La direction nous recommande le renouveau de l'installation,   7
malgré le devis très salé.

La direzione .. .......... il ....... dell'
........, nonostante il ......... molto
salato.

## Corrigé de l'exercice 2

❶ – quest'afa, si sta – in – che a casa ❷ – sono – a dormire –
qualche ora ❸ – sia nell'armadietto; anzi – è lì ❹ – appena – dal –
sconsigliato – fino a tardi ❺ – ci raccomanda – rinnovo – impianto –
preventivo –

Septième leçon   7

est le mode du "virtuel" et du subjectif, de ce dont la personne qui
parle n'est pas sûre, de ce qui est pour elle possible, probable ou
hypothétique. L'indicatif, lui, indique que la chose est sûre, le fait
réellement arrivé dans le passé, dans le présent, ou qu'il arrivera
certainement dans le futur : c'est le mode de l'"objectif". C'est
pour cela que l'on trouve le subjonctif après des verbes comme
**credere**, *croire*, **pensare**, *penser*, **dubitare**, *douter*, **immaginare**,
*imaginer*, etc., mais aussi exprimant un sentiment ou un point
de vue personnel, et qui sont donc du domaine du "subjectif" :
**temere**, *craindre*, **rallegrarsi**, *se réjouir*, **essere contento**, *être
content*, etc.

**Sono contento che tu sia venuto.**
*Je suis content que tu sois venu.*

**7    Mi rallegro che Carlo venga domani.**
*Je me réjouis que Carlo vienne demain.*

Etudiez donc bien le subjonctif des verbes : les Italiens s'en servent
beaucoup plus souvent que les Français !

## 2 L'impératif de la forme de politesse

La forme de politesse étant à la 3ᵉ personne du singulier (**Lei**)
et l'impératif n'ayant pas de 3ᵉ personne, il se forme avec la 3ᵉ
personne du singulier du présent du subjonctif : **Venga domani!**,
*Venez demain !* (équivalent à "Que Votre Seigneurie vienne
demain"). Au pluriel, on peut utiliser la 3ᵉ personne du pluriel du
subjonctif (**vengano domani, signori**, *venez demain, messieurs*),
mais cela reste assez formel, et la forme la plus fréquente dans
ce cas est la 2ᵉ personne du pluriel du simple impératif : **venite
domani, signori**.

## 3 La place du pronom sujet dans la phrase

Le pronom personnel sujet reste le plus souvent sous-entendu :
**Parto domani**, *Je pars demain*. On l'exprime quand on veut
lui donner une importance particulière, par exemple dans une
opposition :

**Io parto domani, e tu?**
*Moi, je pars demain, et toi ?*

S'il se trouve après le verbe, son poids est encore plus fort : **domani
parto io**, *demain, c'est moi qui pars*.
Parfois on met le pronom sujet devant le subjonctif, uniquement
pour spécifier à quelle personne est conjugué le verbe, puisque
les trois premières personnes du présent et les deux premières de
l'imparfait (du subjonctif) sont identiques :

**Penso che tu faccia bene a partire.**
*Je pense que tu fais* ("fasses") *bien de partir.*

**Penso che lui faccia bene...**
*Je pense qu'il fait bien...*

**Non sapevo se io facessi bene a partire.**
*Je ne savais pas si je faisais* ("fisses") *bien de partir.*

## 4 Les comparatifs de supériorité et d'infériorité

Ils se forment avec **più** et **meno** ; le deuxième terme de comparaison peut être introduit par **di** ou bien par **che** :

### 4.1 avec *di*

**di** est employé quand la comparaison est faite autour d'un adjectif qualificatif entre deux noms ou deux pronoms :

**Tu sei più bello di lui**, *Tu es plus beau que lui.*
**Luigi è meno ricco di Paolo**, *Luigi est moins riche que Paolo.*

### 4.2 avec *che*

**Che** est employé quand la comparaison est faite :

• entre deux adjectifs :
**Questa macchina è più bella che robusta.**
*Cette voiture est plus belle que résistante.*

• entre deux verbes (propositions) :
**È meglio camminare che correre.**
*Il vaut mieux marcher que courir.*

• entre deux adverbes :
**Ti fa più male che bene.**
*Cela te fait plus de mal que de bien.*

• quand le deuxième terme de comparaison est introduit par une préposition :
**Si sta meglio in ufficio che a casa.**
*On est mieux au bureau qu'à la maison.*

• quand on compare deux quantités :
**Bevo più acqua che vino.**
*Je bois plus d'eau que de vin.*

# 5 Les mots "altérés" : augmentatifs, péjoratifs, diminutifs-grâcieux

On ajoute parfois à certains mots un suffixe qui en altère le sens original. Voici les principaux suffixes :

## 5.1 Augmentatifs *-one, -otto*

(en italien : **accrescitivi**)
**un ragazzone**, *un grand garçon*
**una ragazzotta**, *une fille robuste*

## 5.2 Péjoratifs *-accio, -astro*

(en italien : **dispregiativi**, littéralement "méprisants")
**un caratteraccio**, *un mauvais caractère*
**un poetastro**, *un mauvais poète*

## 5.3 Les diminutifs-grâcieux

En italien : **diminutivi e vezzeggiativi**, tantôt simples diminutifs, tantôt "câlins", puisque l'on sait bien, "ce qui est petit est gentil"… : **-ino**, **-etto**, **-ello**, **-uccio**, et encore **-otto** (qui aura une valeur différente selon l'usage idiomatique du mot qu'il altère) :
**un ragazzino**, *un petit garçon* ;
**un vecchietto**, *un petit vieux* ;
**un somarello**, *un petit âne* ;
**un lettuccio**, *un petit lit* ;
**un leprotto**, *un levraut*

Très utilisés, leur usage reste toutefois idiomatique (voir le cas de **–otto** ci-dessus), et il ne faut pas s'amuser à mettre des suffixes "n'importe où", d'autant plus que c'est l'usage qui détermine la valeur affective du mot ; par exemple, **un poetucolo**, qui pourrait sembler un diminutif-grâcieux de poète, signifie en réalité *un poète minable* !

Les mots altérés deviennent parfois des noms ayant une signification spécifique, comme **l'ombrello**, *le parapluie*, **l'ombrellone**, *le parasol* et **l'ombrellino**, *l'ombrelle*. Par ailleurs, les suffixes se trouvent également dans des mots n'ayant pas un sens augmentatif, diminutif ou autre : **il violino**, *le violon*, **un boccone**, *une bouchée*, **il giovanotto**, *le jeune homme*.

Réservée d'habitude à des noms et adjectifs, l'altération touche $\quad$ 7
parfois les adverbes : **sto benone**, *je vais très bien*, **sto maluccio**,
*je vais plutôt mal*.

## 6 Le verbe *stare*

Dans les leçons précédentes, nous avons vu les principaux emplois
du verbe **stare** ; résumons-les ici :

• *être sur le point de :*
**stare per** + infinitif :
**Sto per arrivare**, *Je suis sur le point d'arriver, je vais bientôt
arriver.*

• *être en train de :*
**stare** + gérondif,
**Sto mangiando**, *Je suis en train de manger, je mange.*

• *rester :*
**Stai qui e aspettami!**, *Reste ici et attends-moi !*
**Ci toccherà stare in coda**, *Il nous faudra rester dans les
embouteillages.*

• *être :*
**Sto bene**, *Je suis bien, je vais bien.*
Remarquez que le participe passé de **essere** est le même que celui
de **stare** : **stato**, et les temps composés de l'un sont aussi ceux de
l'autre :
**Sono stato al mare**, *J'ai été ou je suis resté à la mer.*

• *habiter :*
**Sto a Milano**, *J'habite ("à") Milan.*

• autres emplois :
Dans plusieurs expressions idiomatiques :
– *être d'accord, marcher, être partant* : **starci**
**Ci sto, affare fatto!**, *Je suis d'accord, marché conclu !*

ou bien encore, selon le contexte :
– *y rentrer, y tenir* (au niveau de la place) :
**In questa macchina ci si sta in quattro.**
*Dans cette voiture, on y tient à quatre.*

**7**  **La mia borsa è strapiena: non ci sta più niente.**
*Mon sac est archi-plein : on ne peut plus rien y mettre* ("n'y est plus rien").
– *tenir dans les limites* (économiques) : **starci dentro** ;
– *faire attention* : **stare attento** ;
– *ne pas bouger, rester tranquille, se calmer* : **stare fermo, stare buono, stare calmo** ;
– *aller* (au sens de la taille ou de l'esthétique) :
**Questo vestito mi sta bene / mi sta male.**
*Ce vêtement me va / ne me va pas.*
– *s'occuper de quelqu'un, le garder* : **stare dietro a qualcuno** ;
– *laisser tomber*, **lasciare stare**, mais **lasciare stare qualcuno**, *laisser tranquille quelqu'un* :
**Lascia stare il tuo fratellino**, *Laisse ton frère tranquille.*
**Lasciami stare!**, *Laisse-moi tranquille !*
– *rester éveillé* : **stare su** ;
– *être parti, être loin* : **stare via** ;
– Et encore :
**Stai fresco!**, *Tu vas voir !*
**Sta di fatto che…**, *Le fait est que…*
**Ti sta bene!**, *C'est bien fait pour toi !*

## Dialogo di revisione – Dialogue de révision (Traduisez)

**1** – Scusi, mi saprebbe dire dov'è il preventivo per il rinnovo dell'impianto dell'aria condizionata?

**2** – Credo che sia nell'armadietto di fianco alla sua scrivania; anzi, sono sicura che è lì.

**3** – Non lo trovo; abbia pazienza, me lo porti lei, per cortesia.

**4** – Quest'armadietto è strapieno: non ci sta più niente!

**5** – Con quest'afa sto male sia in ufficio che a casa: domani vado a fare un giretto al mare.

**6** Me ne sto tutto il giorno a leggere sotto l'ombrellone e alla sera mangio alla trattoria "Da Gianni": spaghetti allo scoglio e fritto misto.

**7** – Sono contenta che vada a riposarsi un po'; tutte le sere lavora fino a tardi e il dottor Santini gliel'ha sconsigliato.

**8** – I miei cugini hanno una villetta in riva al mare e saranno contenti che io vada a trovarli.

**9** – Ha appena telefonato il signor Bianchi: ha detto che sta per arrivare.

**10** – Sto lavorando sul suo preventivo; appena ho finito, lo faccia entrare.

## Traduction

**1** – Excusez-moi, pourriez-vous me dire où est le devis pour la rénovation de l'installation de l'air conditionné ? **2** – Je crois qu'il est dans la petite armoire à côté de votre bureau ; je suis même sûre qu'il est là. **3** – Je ne le trouve pas ; soyez patiente, apportez-le moi, vous. **4** – Cette petite armoire est archipleine : il n'y a plus de place ! **5** – Avec cette chaleur étouffante, je me sens mal et au bureau et à la maison : demain je vais faire un petit tour à la mer. **6** Je reste toute la journée à lire sous le parasol, et le soir je mange au restaurant "Chez Gianni" : spaghetti aux fruits de mer et friture de poisson. **7** – Je suis contente que vous alliez vous reposer un peu ; tous les soirs vous travaillez tard, et le docteur Santini vous l'a déconseillé. **8** – Mes cousins ont un pavillon au bord de la mer, et ils seront contents que j'aille les voir. **9** – Monsieur Bianchi vient d'appeler : il a dit qu'il va bientôt arriver. **10** – Je suis en train de travailler sur son devis ; dès que j'ai fini, faites-le entrer.

---

*Les notes de grammaire et de syntaxe sont faites à la fois pour introduire de nouvelles notions, et pour rafraîchir les anciennes : vous y trouverez sans doute des choses que vous connaissiez déjà ; cependant, ne passez pas trop vite sur celles-ci : même les éléments grammaticaux les plus simples sont présentés avec les exceptions et les particularités que vous n'avez peut-être jamais rencontrées. Etudiez donc soigneusement ces leçons à caractère plus "théorique" que vous rencontrez tous les sept jours de travail, même si c'est aussi un peu plus ennuyeux. Bon courage !*

# 8    Ottava lezione

*Après cette première série de leçons, vous êtes à présent dans le bain linguistique de l'italien et beaucoup de petites différences d'expression avec le français, comme les articles souvent non exprimés en italien, vous sont désormais familières. Nous ne mettrons donc plus systématiquement certains crochets ou traductions littérales dans la traduction française car ces notions sont désormais acquises.*

## Lavoretti di casa

1  Carlo, il marito di Luisa, ha deciso di fare a meno della solita gita in bicicletta cogli ① amici

2  e di invitarla al ristorante per il prossimo fine settimana.

3 – Cara, ho una cosa da ② dirti: sabato, niente bicicletta ③!

4 – Ma che bella notizia! Mi fa proprio piacere che resti a casa questo weekend.

## Notes

① Souvenez-vous que l'italien forme des *articles contractés* (**preposizioni articolate**) en associant les prépositions **a**, **di**, **da**, **su** et **con** et les articles définis : nous avons ainsi les formes **al**, **allo**, **alla**, **ai**, **agli**, **alle**, etc. Cette contraction, obligatoire avec les quatre premières prépositions, ne l'est pas avec **con**. Dans ce cas, nous aurions donc pu écrire **con gli amici** aussi bien que **cogli amici**.

② La préposition **da** est utilisée parfois devant un verbe à l'infinitif pour indiquer une finalité ou une obligation, dans des expressions comme **Ho una cosa da dirti**, *J'ai une chose à te dire* ; **Ho molto lavoro da fare**, *J'ai beaucoup de travail à faire*. Tous les Italiens ont étudié à l'école et connaissent par

### Petits travaux à la maison

**1**    Carlo, le mari de Luisa, a décidé de renoncer
à *(faire à moins de)* l'habituelle sortie en vélo
avec ses *(les)* amis

**2**    et de l'inviter au restaurant le prochain week-end.

**3** –   Chérie, j'ai quelque chose *(une chose)* à *(de)* te
dire : samedi, pas de *(rien)* vélo !

**4** –   Mais quelle bonne *(belle)* nouvelle ! Ça me fait
vraiment plaisir que tu restes à la maison ce
week-end.

cœur la phrase maintenant proverbiale, que les hommes de
main du méchant Don Rodrigo disent au début de **I promessi
sposi** de Alessandro Manzoni, le plus célèbre roman du XIXe
siècle : **Questo matrimonio non s'ha da fare**, *Ce mariage n'a
pas à être fait / ne doit pas se faire.*

③ Notez l'expression : **niente bicicletta**, *pas de vélo* ; et aussi
**Niente paura!**, *N'ayez crainte !* ; **una ragazza niente male**,
*une fille pas mal.*

**5** Ci sono un sacco di lavoretti da fare e contavo proprio su di te ④:

**6** c'è camera nostra ⑤ da tinteggiare, sia le pareti che il soffitto.

**7** Bisogna anche isolare gli infissi nel salotto, che ⑥ le finestre fanno spifferi da tutte le parti:

**8** è da ⑦ quando abbiamo comprato la casa che è da fare.

**9** Il rubinetto del lavandino del bagno perde da una settimana: ci vuole ⑧ una guarnizione nuova;

**10** è stata messa dall'idraulico ⑨ sei anni fa e poi più niente.

**11** Aveva detto che andava cambiata ⑩ un anno sì e uno no.

## Notes

④ La préposition **su** est suivie de **di** quand elle précède un pronom personnel complément : **conto su di lui**, *je compte sur lui.*

⑤ L'inversion nom-adjectif possessif (avec omission de l'article défini) est habituelle pour tout lieu familier : **Mio figlio è in camera sua**, *Mon fils est dans sa chambre* ; **Vieni a casa mia**, *Viens chez moi.* On trouve le même usage dans des expressions vocatives et exclamatives (**signori miei**, *messieurs* ; **figlio mio!**, *mon fils !*), et dans quelques expressions idiomatiques : **a modo mio**, *à ma façon* ; **di testa tua**, *de ton propre chef* ; **per colpa sua**, *par sa faute* ; **da parte vostra**, *de votre part*, etc.

⑥ Dans la langue parlée, **che** introduit souvent des propositions causales ou consécutives : **Copriti, che fa freddo**, *Couvre-toi, (parce qu')il fait froid* ; **Aspettami, che arrivo**, *Attends-moi, (parce que) j'arrive.*

⑦ **da quando abbiamo comprato la casa**, *depuis que nous avons acheté la maison* ; **da** exprime aussi la provenance, l'origine spatiale ou temporelle : **vengo da Napoli e sono partito da due giorni** : *je viens de Naples, et je suis parti depuis deux*

**5** Il y a un tas *(sac)* de petits travaux à *(de)* faire, et je comptais justement sur *(de)* toi :

**6** il y a notre chambre à *(de)* repeindre : *(soit)* les murs et *(que)* le plafond.

**7** Il faut aussi isoler les cadres des fenêtres du *(dans-le)* salon, car *(que)* les fenêtres font des courants d'air de tous les côtés :

**8** c'est depuis que *(de quand)* nous avons acheté la maison que c'est à faire.

**9** Le robinet du lavabo de la salle de bains fuit *(perd)* depuis une semaine : il faut *(y veut)* un nouveau joint ;

**10** [celui-là] a été mis par le plombier il y a six ans et c'est tout *(et puis plus rien)*.

**11** Il avait dit qu'il devait être changé *(allait changée)* tous les deux ans *(une année oui et une non)*.

8

▸ jours ; **dal ventun marzo siamo in primavera**, *à partir du 21 mars, nous sommes au printemps.*

⑧ L'expression d'une nécessité ou d'une obligation correspondant au français *il faut* se fait avec **ci vuole** (suivi d'un nom singulier) ou **ci vogliono** (suivi d'un nom pluriel) : **Ci vuole un martello**, *Il faut un marteau* ; **Ci vogliono tanti soldi**, *Il faut beaucoup d'argent* ("beaucoup de sous"). Le verbe **volere** doit être conjugué, bien sûr, au temps et au mode nécessaires : **Ci vorrà tanta pazienza**, *Il faudra beaucoup de patience* ; **Ci sarebbero voluti più soldi**, *Il aurait fallu davantage d'argent.*

⑨ Dans une phrase passive, le complément d'agent est introduit par la préposition **da** : **È stato intervistato da un giornalista**, *Il a été interviewé par un journaliste.*

⑩ **andava cambiata**, *elle devait être changée* : c'est une autre forme passive, avec un sens d'obligation ou de nécessité. Elle se forme avec le verbe **andare**, *aller* + le participe passé accordé avec le sujet, comme avec le verbe **essere** : **Questa riparazione va fatta da una persona competente**, *Cette réparation doit être faite par une personne compétente.*

**12** Sono ⑪ mesi che i bambini si lamentano che non si vede bene la tivù ⑫.

**13** Credo che l'antenna sia da aggiustare.

**14** Se ti resta tempo, potresti anche tagliare l'erba in giardino,

**15** ma prima c'è da mettere a posto la falciatrice, che non si avvia più.

**16** Volevo chiamare l'elettricista per farlo, ma visto che sei libero tu…

**17** – Oh, scusa, Luisa: avevo sbagliato data!

**18** Credevo che la gara ciclistica fosse ⑬ tra due settimane, invece è proprio questo sabato.

**19** Mi dispiace molto, ma devo partecipare per forza ⑭: sono iscritto da mesi.

**20** – Okay, come al solito! Chiamo subito il tecnico ⑮…  □

## Notes

⑪ Le verbe **essere** est utilisé dans des expressions indiquant une durée, comme ici : **Sono mesi che i bambini si lamentano**, *Cela fait des mois que les enfants se plaignent.* Le verbe doit être accordé avec le mot indiquant le temps : **È un'ora che ti aspetto**, *Ça fait une heure que je t'attends.*

⑫ *La télévision* s'appelle familièrement **la tivù**, malgré le fait que la lettre **v** s'épelle plutôt **vi** en italien ; cependant, selon un usage alphabétique ancien (la forme **vu** existe également) la forme **tivì**, qui serait pourtant plus correcte, a totalement disparu. On dit également **la tele**.

⑬ Remarquez les différents temps du subjonctif utilisés dans les deux phrases : **Credo che l'antenna sia da aggiustare** et **Credevo che la gara fosse tra due settimane**. Quand le verbe de la proposition principale est au présent, le subjonctif de la subordonnée est au présent également ; si la principale est au passé, nous avons un subjonctif imparfait dans la subordonnée. ▶

**12** Ça fait *(Sont)* des mois que les enfants se plaignent qu'on ne voit pas bien la télé.

**13** Je crois que l'antenne est à *(soit de)* réparer.

**14** S'il te reste du temps, tu pourrais aussi tondre la pelouse *(tailler l'herbe)* dans le jardin,

**15** mais d'abord il y a la tondeuse à réparer *(mettre en place)* : *(que)* elle ne démarre plus.

**16** Je voulais appeler l'électricien pour le faire, mais puisque *(vu que)* tu es libre…

**17** – Oh, excuse-moi, Luisa : je m'étais trompé [de] date.

**18** Je croyais que la compétition de vélo était *(fût)* dans deux semaines, mais elle est justement ce samedi.

**19** Je regrette *(ça me déplait)* beaucoup, mais je suis obligé d'y participer *(je dois participer par force)*, je suis inscrit depuis des mois.

**20** – Ok, comme d'habitude ! J'appelle tout de suite le réparateur *(le technicien)*…

⑭ L'expression **per forza** n'indique pas, bien sûr, que quelqu'un force le pauvre Carlo à participer à la course de vélo ; elle indique simplement une obligation, qui peut être même simplement morale (comme dans ce cas-ci…). – **Lunedì vai al lavoro? – Per forza!**, – *Tu vas au travail lundi ? – Forcément !*

⑮ **il tecnico** indique souvent de façon générique un *réparateur*, et le S.A.V. s'appelle **l'assistenza tecnica** ; **la chiamata** (*l'appel*) désigne la somme (souvent bien salée…) qu'il faut payer au réparateur pour le simple fait qu'il se rende chez quelqu'un pour donner son assistance technique. **Mi ha telefonato il negozio di elettrodomestici: l'assistenza tecnica non lavora il sabato**, *Le magasin d'électroménager a appelé : le S.A.V. ne travaille pas le samedi.*

### Esercizio 1 – Traducete

❶ La guarnizione del lavandino del bagno è stata cambiata dall'idraulico due anni fa. ❷ Questa riparazione va fatta da un tecnico competente. ❸ Credevo che camera nostra fosse da tinteggiare. ❹ Per andare da Milano a Venezia ci vogliono due ore. ❺ Mi sembra che la gara sia fra tre settimane.

———————

### Esercizio 2 – Completate

❶ J'ai décidé de renoncer à mon week-end à la mer parce qu'il y a un tas de petits travaux à faire à la maison.

Ho deciso di .... . ......  ..  ... ...
.........  ..  .... perché ci sono ..  ......
..  .........  .. fare a casa.

❷ J'ai appelé le plombier pour le robinet du lavabo de la salle de bains qui fuit, et l'électricien pour réparer l'antenne de la télé.

Ho chiamato ............ ... ..
.......... ... ... ......... ... ...
....., . ............. ... mettere a
..... l'antenna ..... ..... .

❸ Depuis que la machine à laver a été réparée par le technicien, elle démarre mieux.

.. ...... .. ......... è stata
.......... ... ......., si ..... meglio.

❹ Je regrette beaucoup, mais vous vous êtes trompé de date : la compétition est dans deux semaines.

.. ......... molto, ma lei .. .........
....: .. ......... . ... ... ........ .

## Corrigé de l'exercice 1

**❶** Le joint du lavabo de la salle de bains a été changé par le plombier il y a deux ans. **❷** Cette réparation doit être faite par un technicien compétent. **❸** Je croyais que notre chambre était à peindre. **❹** Pour aller de Milan à Venise il faut deux heures. **❺** Il me semble que la compétition est dans trois semaines.

---

**❺** Comme d'habitude, pour le déplacement d'un réparateur il faut beaucoup d'argent.

.... .. ......, per la chiamata .. ..
....... .. ........ tanti .....

## Corrigé de l'exercice 2

**❶** – fare a meno del mio fine settimana al mare – un sacco di lavoretti da – **❷** – l'idraulico per il rubinetto del lavandino del bagno che perde, e l'elettricista per – posto – della tivù **❸** Da quando la lavatrice – aggiustata dal tecnico – avvia – **❹** Mi dispiace – ha sbagliato data – la gara è fra due settimane **❺** Come al solito – di un tecnico ci vogliono – soldi

*Les Italiens sont moins friands de* bricolage, **i lavoretti di casa** *(mais on dit aussi* **il bricolage***) que leurs voisins européens (le chiffre d'affaires du marché du bricolage italien est la moitié du français et le quart de l'allemand), et ils appellent volontiers des professionnels pour s'occuper au mieux de leur maison, qu'ils veulent toujours impeccable et "dernier cri", cela grâce aussi à une main d'œuvre pas très chère (parfois non déclarée…) issue de plus en plus souvent de l'immigration. Cependant, le développement de grands magasins de bricolage dans les centres commerciaux montre que la tendance à passer une part de son temps libre à améliorer son cadre de vie est à la hausse dans la péninsule. Notre ami Carlo a de quoi s'inquiéter : il devra* **fare a meno** *de quelques sorties en vélo :* **niente bicicletta** *!*

## Al mercato

**1** – Ciao Marta, anche tu fai la spesa al mercato?

**2** – Sì, non ne posso più dei supermercati e dei centri commerciali.

**3**   La gente crede che sia più rapido andare lì, poi ci si ritrova mezz'ora in coda alla cassa.

**4** – E per quanto riguarda i prezzi, direi che la maggior parte degli articoli costa uguale ①.

**5** – Sì, il reparto ortofrutta ② del supermercato, per esempio, è caro quanto ③ un normalissimo ④ fruttivendolo.

**6**   Io poi credevo che la qualità fosse migliore ⑤ al supermercato, a causa dei controlli,

### Notes

① **uguale**, *égal*, *pareil*, *même*, le plus souvent adjectif, est ici employé comme un adverbe, il est donc invariable et ne s'accorde pas. Autre exemple : **Quei due ragazzi sono alti uguale**, *Ces deux garçons font la même taille.*

② Le mot **ortofrutta** désigne un magasin ou une entreprise de culture et/ou de vente de fruits et de légumes : c'est l'abréviation de l'adjectif **ortofrutticolo** (**il mercato ortofrutticolo**) ou du nom **ortofrutticultura** (**l'impresa di ortofrutticultura**, *l'entreprise agricole de fruits et de légumes*), composé de **l'orto**, *le potager*, **il frutto**, *le fruit* et bien sûr **la cultura**, *la culture*, qui se trouve également dans **l'agricoltura**, *l'agriculture*.

③ Le comparatif d'égalité se forme ici en plaçant **quanto** avant le deuxième terme de comparaison ; **Sei alto quanto me**, *Tu es aussi grand que moi*. Parfois, surtout dans la langue écrite, on utilise l'antécédent **tanto** devant l'adjectif : **Sei tanto alto** ▶

## Au marché

1 – Salut, Marta, toi aussi tu fais tes courses au marché ?

2 – Oui, je n'en peux plus des supermarchés et des centres commerciaux.

3 Les gens croient qu'on y gagne du temps *(qu'il soit plus rapide d'aller là-bas)*, et après on se retrouve à faire la queue *(en queue)* une demi-heure à la caisse.

4 – Et en ce qui concerne les prix, je dirais que la plupart des articles coûtent aussi cher *(égal)*.

5 – Oui, le rayon fruits du supermarché, par exemple, est [aussi] cher que n'importe quel *(est cher autant qu'un normalissime)* marchand de fruits.

6 En plus *(puis)* je croyais que la qualité était *(fût)* meilleure au supermarché, à cause des contrôles,

▸ **quanto me**. L'antécédent **tanto** devient obligatoire dans les comparaisons entre deux adjectifs : **Sei tanto furbo quanto intelligente**, *Tu es aussi malin qu'intelligent.*

④ Le superlatif absolu se forme ici en rajoutant le suffixe **-issimo** à l'adjectif. Il s'accorde comme la plupart des adjectifs en **-o** : **grandissimo, grandissima, grandissimi, grandissime**. Il est toujours possible de laisser l'adjectif dans sa forme normale et de le faire précéder par des adverbes invariables tels que **molto, assai, estremamente**, etc.

⑤ **migliore**, *meilleur*, **peggiore**, *pire*, **maggiore**, *plus grand*, **minore**, *moindre* sont des comparatifs irréguliers. **Il maggiore azionista della compagnia**, *l'actionnaire le plus important de la compagnie*. Notez qu'il est toujours possible d'utiliser les formes **più cattivo, più grande, più piccolo** et même **più buono**, alors que le correspondant de cette dernière est proscrit en français : **la frutta più buona del mondo**, *les meilleurs fruits du monde.*

7   invece i prodotti che trovo qui sono buoni
come ⑥ quelli là.

8 –   Io mi fermo qui dal ⑦ macellaio, poi vado
dal salumiere alla bancarella qui accanto.

9 –   Scusami tanto, ma a casa mia la carne
non piace a nessuno; faccio un salto dal
pescivendolo.

10 –   Buongiorno signora, desidera?

11 –   Buongiorno, vorrei quattro belle bistecche
di manzo ⑧, tre etti ⑨ di fesa di tacchino,
quattro braciole e un bell'arrosto di
maiale ⑩.

12 –   Ho questa lonza supertenera ⑪, signora,
che è anche in offerta. È ottima ⑫, gliela
consiglio proprio!

## Notes

⑥ Une autre manière de former le comparatif d'égalité : le deuxième terme de comparaison est introduit par **come** ; dans
ce cas-là aussi, l'adjectif peut être précédé (surtout dans des
formes littéraires) par **così** : **Roma fu così gloriosa come la
Grecia**, *Rome fut aussi glorieuse que la Grèce.*

⑦ La préposition **da** correspond également au *chez* français,
dans certains usages : **vado da Carlo**, *je vais chez Carlo* ;
**Vado dal barbiere**, *Je vais chez le coiffeur* ; **il ristorante "Da
Giacomo"**, *le restaurant "Chez Giacomo"* ; mais **quello che
mi piace in lei**, *ce que j'aime bien chez elle.*

⑧ L'italien marque la différence, dans le vocabulaire concernant
*le bœuf*, entre l'animal vivant (**il bue**) et l'animal comestible (**il
manzo**).

⑨ On utilise couramment le mot **etto**, abréviation de **ettogrammo**
pour indiquer les *cent grammes* et ses multiples, de même que
**chilo** (= **chilogrammmo**) pour le *kilo(gramme)*. À la différence de la plupart des mots abrégés qui restent invariables,
ces deux mots forment leur pluriel en **etti** et **chili**. Par contre, ▶

**7** et en fait *(au-contraire)* les produits que je trouve ici sont [aussi] bons que *(comme)* ceux [de] là-bas :

**8 –** Moi, je m'arrête ici chez le boucher, ensuite j'irai *(je vais)* chez le charcutier, au stand [d']à côté.

**9 –** Excuse-moi *(tant)*, mais chez moi la viande ne plaît à personne. Je fais un saut chez le poissonnier.

**10 –** Bonjour Madame. Vous désirez ?

**11 –** Bonjour, je voudrais quatre beaux steaks *(de bœuf)*, trois cents grammes *(trois hectogrammes)* de noix de dinde, quatre côtes [de porc] et un beau rôti de porc.

**12 –** J'ai cette échine super-tendre, madame, qui est en promotion. Elle est excellente, je vous la conseille vraiment.

▶ on n'utilise aucune formule particulière pour la livre : on dit **cinque etti** ou **mezzo chilo** sans article : **Vorrei mezzo chilo di salame**, *Je voudrais une livre de saucisson.*

⑩ Deux mots indiquent le *cochon* : **maiale** et **porco**, mais c'est surtout le premier qui est utilisé pour indiquer la viande, **la carne di maiale**, et l'animal de façon générique ; le deuxième étant plutôt réservé au sens injurieux, qui existe en français aussi : **Dice un sacco di parolacce, è veramente un porco**, *Il dit plein de gros mots, c'est vraiment un porc.* On peut utiliser le premier dans ce sens aussi : **Mangia come un maiale**, *Il mange comme un porc.*

⑪ Le superlatif absolu peut se faire également par le préfixe **super-** : **Sei supergentile!**, *Tu es super-gentil !*

⑫ **ottimo**, *très bon*, **pessimo**, *très mauvais*, **massimo**, *très grand*, **minimo**, *très petit*, sont des superlatifs absolus irréguliers. Là aussi, les formes **molto buono**, **buonissimo**, **molto cattivo**, **cattivissimo**, etc. sont possibles et équivalentes, quoique plus fréquentes dans l'usage courant.

**13** – Buongiorno, mi dà sei etti di pancetta, quattro di prosciutto crudo e un cotechino, per favore?

**14** – Il prosciutto sono quattro etti e mezzo: lascio?

**15** – Sì sì, va bene, tanto va sempre mangiato ⑬.

**16** – Scusi, come sono le sue fragole? Mi sembra un po' presto come stagione…

**17** – Come sono le mie fragole, signora? Io ho la frutta ⑭ più buona del mondo! E la meno ⑮ cara!

**18** Guardi che mele da ⑯ sogno, e le pere, le ciliege, i mandarini; e la verdura, poi!

**19** – Hai finito le tue compere, Marta? Sei stracarica ⑰, vuoi che ti aiuti?

**20** – No, devo ancora passare a comprare qualche ⑱ vestito per i figli ⑲.
Alla prossima! ☐

## Notes

⑬ **va sempre mangiato**, *il sera mangé* : encore une forme passive avec le verbe **andare**, mais ici il n'y a pas le sens d'obligation ou de nécessité que nous avons vu dans la leçon précédente ; nous avons ici plutôt la volonté de laisser le complément d'agent inexprimé et générique ("il y aura bien quelqu'un pour le manger"). **I bagagli sono andati perduti all'aeroporto**, *Les bagages ont été égarés à l'aéroport.*

⑭ **la frutta**, au singulier, indique *les fruits* en général : **La frutta fa bene ai bambini**, *Les fruits font du bien aux enfants*. **Frutti** reste utilisé comme pluriel de **frutto** : **Ho mangiato due frutti**, *J'ai mangé deux fruits* ; **La mela e la banana sono frutti**, *La pomme et la banane sont des fruits.*

⑮ Dans le superlatif relatif l'adjectif est précédé par **il più** ou **il meno**, avec l'article accordé en genre et en nombre ; le terme de référence (quand il est exprimé) est introduit par **di**, **tra**, **fra** : **Secondo me questo giornale è il più obbiettivo di tutti**, *À mon avis, ce journal est le plus objectif de tous* ; **Tra tutti, il più bravo è lui**, *Parmi tous, c'est lui le meilleur.*

▶

**13 –** Bonjour, pouvez-vous me donner *(vous me donnez)* six cents grammes *(six hectogrammes)* de lard, quatre [cents grammes] de jambon cru et un saucisson à cuire, s'il vous plaît ?

**14 –** Le jambon fait *(sont)* quatre-cent cinquante grammes *(quatre hectogrammes et demi)* : je laisse [comme ça] ?

**15 –** Oui, oui, ça va, de toute façon il sera mangé *(il va toujours mangé)*.

**16 –** Excusez-moi, comment sont vos fraises ? Il me semble [que c'est] un peu tôt [pour les fraises] *(un peu tôt comme saison)*…

**17 –** Comment sont mes fraises, madame ? J'ai les meilleurs fruits *(fruit plus bonne)* du monde, moi ! Et les moins chers !

**18** Regardez ces *(quelles)* pommes de rêve, et les poires, les cerises, les mandarines ; et les légumes, alors !

**19 –** As-tu fini tes courses, Marta ? Tu es super-chargée, tu veux que je t'aide ?

**20 –** Non, je dois encore passer acheter quelque*(s)* vêtement*(s)* pour les enfants *(fils)*. À la prochaine !

9

▸ ⑯ La préposition **da** indique parfois une qualité, dans des expressions telles que **È bello da morire**, *Il est beau à mourir* ; **Canta da dio**, *Il chante comme un dieu* ; **Mi piace da matti**, *J'aime à la folie* ; **Roba da pazzi!**, *C'est fou !*, etc.

⑰ Le préfixe **stra-** (dérivé du latin *extra*) sert lui aussi à former le superlatif absolu d'un adjectif : **È una donna straricca**, *C'est une femme ultra-riche.*

⑱ **qualche** est toujours singulier mais a une signification plurielle : **qualche amico**, *quelques amis* ; la forme plurielle tout à fait équivalente est **alcuni amici**. Par contre, **alcuno** ne s'utilise au singulier qu'avec une signification négative, et se comporte comme l'article indéfini : **Non ho alcun amico**, *Je n'ai aucun ami.*

⑲ **i figli** (littéralement : "les fils") indique la progéniture en général, des deux sexes : **Ho tre figli, due maschi e una femmina**, *J'ai trois enfants, deux garçons et une fille.*

## 9 Esercizio 1 – Traducete

❶ Non ti posso accompagnare, ho la macchina stracarica. ❷ Mi dà quattro etti e mezzo di prosciutto crudo, per favore? ❸ Tutti i bagagli sono andati perduti: è roba da pazzi! ❹ È un pessimo macellaio, non ha alcun cliente. ❺ Credevo che la bancarella del fruttivendolo fosse accanto a quella del salumiere, invece è assai lontana.

## Esercizio 2 – Completate

❶ Je n'en peux plus des supermarchés, alors je vais au marché chez le boucher, chez le charcutier et chez le poissonnier.

. . . . . . . . . . . . . . . . . . . . . . . . . . . . . . . . . ,
allora vado al mercato . . . . . . . . . . . . , . . .
. . . . . . . . . e . . . . . . . . . . . . . . .

❷ En ce qui concerne la qualité, je dirais que chez le marchand de fruits elle est meilleure qu'au rayon fruits du supermarché.

. . . . . . . . . . . . . . . la qualità, . . . . . . . . .
. . . . . . . . . . . . . . . è . . . . . . . . che . .
. . . . . . . . . . . . . . . del supermercato.

❸ Je voudrais un rôti de bœuf, trois côtes de porc et quatre cent cinquante grammes de noix de dinde.

. . . . . . . . . . . . . . . . . . . . . . . , . . .
. . . . . . . . . e . . . . . . . . . . . . . . . . .
. . . . . . . . . . . . . . . .

❹ Ces fraises sont excellentes, les meilleures que j'ai mangées.

. . . . . . . . . . . . . . . . . . . . . . . . , le . . .
. . . . . che io abbia mangiato.

❺ Ma sœur a trois enfants, un garçon et deux filles.

. . . . . . . . . . . . . . . . . . . . . . . . , . . . . . . . . . . .
. . . . . . . . . . . .

## Corrigé de l'exercice 1

❶ Je ne peux pas t'accompagner, ma voiture est très chargée.
❷ [Pouvez-vous] me donner quatre-cent cinquante grammes de jambon cru, s'il vous plaît ? ❸ Tous les bagages ont été égarés : c'est fou ! ❹ C'est un très mauvais boucher, il n'a aucun client. ❺ Je croyais que le stand du marchand de fruits était à côté de celui du charcutier, mais il est très loin.

## Corrigé de l'exercice 2

❶ Non ne posso più dei supermercati – dal macellaio, dal salumiere – dal pescivendolo ❷ Per quanto riguarda – direi che dal fruttivendolo – migliore – al reparto ortofrutta – ❸ Vorrei un arrosto di manzo, tre braciole – quattro etti e mezzo di fesa di tacchino ❹ Queste fragole sono ottime – più buone – ❺ Mia sorella ha tre figli, un maschio e due femmine

*Apprenez bien tous les noms des commerçants et de leurs marchandises et dès que vous arriverez en Italie, allez pratiquer dans un marché. Peu de choses sont aussi agréables dans ce pays que d'aller faire son marché sur une place inondée de soleil, souvent entourée de beautés artistiques !*

## 10 Decima lezione

### Centro storico

**1** – Buongiorno. Scusi, mi saprebbe dire come si fa per andare in via Garibaldi ①?

**2** – Guardi, in macchina da qui è un po' complicato, sono tutti sensi unici.

**3** Direi che le conviene parcheggiare la macchina e andarci a piedi: sa, è in pieno centro storico.

**4** – Il fatto è che devo andare proprio dal meccanico, quindi mi ci vuole ② la macchina.

**5** – Allora si armi di tanta pazienza, adesso glielo spiego ③.

**6** – Eh sì, nell'ora di punta qui è tutto un ingorgo, vero?

### Notes

① Les noms des rues ne sont pas en général précédés de l'article ; **Abito in via Campania**, *J'habite rue Campania* ; **Passeggiamo lungo corso Milano**, *Nous nous promenons le long de l'avenue Milano.*

② Nous avons déjà vu l'expression **ci vuole** suivie d'un nom, pour indiquer la nécessité, le besoin de quelque chose : **Ci vuole un martello**, *Il faut un marteau.* Elle peut être également précédée d'un pronom personnel : **mi ci vuole un martello**, *il me faut un marteau.* Le verbe est toujours accordé avec le nom qui le suit : **gli ci sono voluti due anni**, *il lui a fallu deux ans.*

③ La forme **adesso** (ou **ora**) + présent de l'indicatif exprime un futur très imminent : **Adesso gli telefono**, *Je vais lui téléphoner tout de suite* ; **Adesso arrivo**, *Je vais arriver tout de suite, j'arrive tout de suite.*

### Centre-ville

**1** – Bonjour. Excusez-moi, pourriez-vous *(sauriez)* me dire comment on fait pour aller *(en)* rue Garibaldi ?

**2** – Ecoutez *(Regardez)*, en voiture d'ici c'est un peu compliqué, il n'y a que des sens interdits *(sont tous sens uniques)*.

**3** Je pense *(dirais)* qu'il vaut mieux que vous gariez votre *(il vous convient garer la)* voiture et que vous y alliez *(marcher)* à pied ; vous savez, c'est en plein centre-ville *(historique)*.

**4** – Le fait est que je dois aller justement chez le garagiste, donc j'ai besoin de *(me y veut)* la voiture.

**5** – Alors armez-vous de beaucoup de patience et je vais vous l'expliquer *(maintenant je vous l'explique)*.

**6** – Ah oui, à *(dans)* l'heure de pointe ici c'est le grand *(tout un)* embouteillage, n'est-ce pas *(vrai)* ?

**7** – Sì, ma se sta attento a non sbagliare strada ce la dovrebbe fare ④ al primo colpo.

**8** Allora, vada dritto di qui fino alla rotatoria là in fondo; guardi: la si vede da qui ⑤.

**9** Arrivato alla rotatoria, giri a sinistra per la via più larga delle altre;

**10** non si può sbagliare, è la sola che non è senso vietato.

**11** Vada avanti per circa trecento metri, poi prenda la prima traversa dopo il semaforo: si chiama corso Cavour.

**12** Imboccato corso Cavour, attraversa uno stradone alberato largo largo ⑥, viale Roma.

**13** Dopo quello lì, la terza traversa che trova è via Garibaldi.

**14** Attenzione a non prendere la quarta, perché lì c'è il limite della zona a traffico limitato.

**15** Chiunque lo oltrepassi ⑦, viene subito fotografato ⑧ e una settimana dopo gli arriva a casa una multa salatissima.

## Notes

④ Le verbe **farcela** signifie *y arriver*, au sens de réussir à atteindre un objectif difficile. Il est composé du verbe **fare** et de deux suffixes (**ce** et **la**) qui "se détachent" lorsqu'il est conjugué. Ainsi, au présent de l'indicatif, cela donne **ce la faccio, ce la fai, ce la fa, ce la facciamo, ce la fate, ce la fanno**.

⑤ Dans une explication d'itinéraire comme celle-ci on utilisera beaucoup les adverbes définissant la distance d'un lieu de la personne qui parle : **qui** ou **qua**, *ici*, pour un endroit proche, **lì** ou **là**, *là-bas*, si c'est loin.

⑥ Le superlatif absolu se forme aussi en redoublant l'adjectif : **una strada lunga lunga**, *une route très longue*, **un bambino bravo bravo**, *un enfant très sage*. C'est une formule très expressive, mais cela ne fait certainement pas peur aux Italiens !

7 – Oui, mais si vous faites attention *(restez attentif)* à ne pas [vous] tromper [de] chemin, vous devriez y arriver *(y la devriez faire)* du premier coup.

8   Alors : allez [tout] droit par ici jusqu'au rond-point là[-bas] au fond ; regardez : on le voit d'ici.

9   Arrivé au rond-point, tournez à gauche dans la rue plus large que les autres ;

10  vous ne pouvez pas vous tromper, c'est la seule qui n'est pas [à] sens interdit.

11  Faites *(allez avant pour environ)* trois-cents mètres, puis prenez la première [rue] transversale après le feu : elle s'appelle avenue Cavour.

12  [Une fois] l'avenue Cavour prise *(engagée)*, vous traversez une grande route bordée d'arbres [et] très large *(large large)*, [c'est le] boulevard Roma.

13  Après celui-ci, la troisième rue transversale que vous trouvez, c'est la rue Garibaldi.

14  [Faites] attention à ne pas prendre la quatrième, parce que là-bas commence *(il y a)* la limite de la zone piétonne *(à circulation limitée)*.

15  Quiconque la dépasse est tout de suite photographié, et une semaine après il reçoit *(lui arrive)* chez lui un P.V. très salé.

⑦ Quand **chiunque** est le sujet, le verbe est toujours au subjonctif (parfois au futur), à cause de la valeur potentielle, ou indéfinie donc virtuelle, de sa désignation pronominale : **Chiunque venga, digli che non ci sono**, *Quiconque viendra, dis-lui que je ne suis pas là* ; **Chiunque fosse, il suo aspetto non mi piaceva**, *Je ne savais pas qui il était* ("quiconque ce-fût"), *mais son aspect ne me plaisait pas.*

⑧ La forme passive peut se faire également avec le verbe **venire** ; dans ce cas-là, seuls les temps simples seront utilisés (pas de temps composés) : **L'inglese viene studiato da tutti**, *L'anglais est étudié par tout le monde* ; **L'America venne scoperta da Cristoforo Colombo**, *L'Amérique fut découverte par Christophe Colomb.*

**16** – Lo so bene, da un po' di tempo in qua
fioccano ⑨ le contravvenzioni.

**17** L'altro giorno ne ho beccata una per divieto
di sosta, proprio qui nei dintorni.

**18** – Sì, le carte di parcheggio si comprano ⑩ dal
giornalaio, ma a volte si cerca un'edicola
per mezz'ora

**19** e quando si arriva alla macchina per
metterla sul cruscotto, c'è già la multa!

**20** – Sa cosa le dico? Quasi quasi ⑪ la macchina
la porto sì dal meccanico, ma per farla
rottamare!

☐

## Notes

⑨ Au sens propre, le verbe **fioccare** indique la chute des flocons
de neige (**i fiocchi di neve**) ; au sens figuré on utilise ce verbe
pour indiquer des événements arrivant en grande quantité, de
la même manière dont les flocons tombent très nombreux et
sans cesse : **Dopo il suo intervento, sono fioccate le critiche
dell'opposizione**, *Après son intervention, les critiques de l'opposition fusaient.*

⑩ Une autre tournure passive, avec **si** que les Italiens appellent
**passivante** (au sens qu'il rend le verbe passif). Dans ce type de ▶

---

## Esercizio 1 – Traducete

❶ Vattene, chiunque tu sia! ❷ Non si era mai
costruita una torre così alta. ❸ Quasi quasi domani
tinteggio camera nostra. ❹ È un po' complicato
andare in via Garibaldi, ma se sta attento a non
sbagliare strada, ce la dovrebbe fare al primo
colpo. ❺ Porto la macchina dal meccanico per
farla aggiustare.

**16** – Je *(le)* sais bien, depuis quelques temps les contraventions pleuvent. **10**

**17** L'autre jour j'en ai "chopé" une pour stationnement interdit, justement par ici *(dans les alentours)*.

**18** – Oui, les cartes *(coupons)* de stationnement s'achètent chez le marchand de journaux, mais parfois l'on cherche un kiosque à journaux pendant *(pour)* [une] demi-heure

**19** et quand on arrive à la voiture pour la mettre sur le tableau de bord, il y a déjà le P.V. !

**20** – Vous savez ce que j'en *(je vous)* dis ? J'ai presque envie d'apporter ma voiture au garage, oui, mais pour la faire démolir !

tournure le complément d'agent n'est jamais exprimé. D'autres exemples : **Roma non si è fatta in un giorno**, *Rome n'a pas été faite en en un jour* ; **Si sono dette molte cose, si sono fatti tanti progetti**, *Beaucoup de choses ont été dites, de nombreux projets ont été faits.*

⑪ Une phrase introduite par **quasi quasi** indique une tentation, une envie de faire quelque chose : **Quasi quasi faccio una siesta**, *Je ferais bien une sieste.*

---

## Corrigé de l'exercice 1

❶ Va-t-en, qui que tu sois ! ❷ Jamais une si grande tour n'avait été construite. ❸ J'ai bien envie de peindre notre chambre demain. ❹ C'est un peu compliqué d'aller rue Garibaldi, mais si vous faites attention à ne pas vous tromper de route, vous devriez y arriver du premier coup. ❺ J'apporte la voiture chez le garagiste pour la faire réparer.

## 10 **Esercizio 2 – Completate**

**①** Excusez-moi, pourriez-vous me dire comment on fait pour aller rue Garibaldi ?

. . . . . , . . . . . . . . . . . . . . . . . . . . . . . .
. . . . . . . . . Garibaldi?

**②** Il vaut mieux que vous gariez votre voiture et que vous y alliez à pied.

Le . . . . . . . . . . . . . . . . . la macchina e
. . . . . . . . . . . . . . . .

**③** Si vous faites attention à ne pas vous tromper de route, vous devriez y arriver du premier coup.

. . . . . . . . . . . . . . . . . . . . . . . . . . . ,
. . . . . . . . . . . . . . . . . . .

**④** Arrivé au rond-point, tournez à gauche et allez tout droit jusqu'au feu.

. . . . . . . . . . . . . . . . . . . . . , . . . . .
. . . . . . . . . . . . . . . . . . . . . . . . . . . .
. . . . . . . . .

**⑤** Beaucoup de choses ont été dites, je vais te les raconter.

. . . . . . . . . . . . . . . . . . . . . , adesso te le
. . . . . . . . .

❶ Scusi, mi saprebbe dire come si fa per andare in via – ❷ – conviene parcheggiare – andarci a piedi ❸ Se sta attento a non sbagliare strada, dovrebbe farcela al primo colpo ❹ Arrivato alla rotatoria, giri a sinistra e vada sempre dritto fino al semaforo ❺ Si sono dette tante cose – racconto

*La plupart des villes italiennes ont interdit leur centre à la circulation automobile, entre autres pour en préserver les richesses artistique anciennes : d'où l'expression* **centro storico***, liée à la nécessité de trouver des solutions d'urbanisme permettant la cohabitation des activités économiques, du tourisme et du goût des habitants de se promener, de prendre du bon temps et de profiter des attraits esthétiques de leurs centres-villes. On a recensé 22 000 villes italiennes possédant un noyau monumental d'origine grecque, étrusque, romaine ou médiévale. Cela n'est pas sans poser des difficultés de circulation, comme vous pouvez le constater dans le texte qui précède. Pour cela, les quartiers totalement interdits aux automobiles côtoient des* **zone a traffico limitato***, où certains véhicules autorisés peuvent pénétrer à certaines heures. Les interdictions sont rarement absolues en Italie...*

# 11 Undicesima lezione

## Amici sportivi

**1** – Che bello ritrovarsi la domenica mattina a correre fra amici!

**2** – Sì, il footing è una delle attività ① che trovo più rilassanti, dopo una settimana passata in ufficio.

**3** – A me piace correre anche da ② solo, ma lo sport è soprattutto un'occasione per stare insieme.

**4** Da ragazza ho cominciato a giocare a pallacanestro ③ proprio per farmi degli amici.

## Notes

① Les mots accentués sur la dernière voyelle sont invariables entre singulier et pluriel ; dans le cas de **attività**, il s'agit d'un groupe de mots dérivés du latin qui avaient une forme plus longue en italien ancien et qui ont perdu leur dernière syllabe (qui prenait la marque du pluriel) lors du passage à la langue moderne. Par exemple le mot latin *ciuitas, ciuitatis, la ville,* qui devint au moyen âge **la cittade**, pluriel **le cittadi**, et qui évolua en italien moderne en **la città**, invariable, au pluriel **le città**. D'autres mots semblables sont **la/le civiltà**, *la/les civilisation/s*, **la/le nobiltà**, *la/les noblesse/s*, **la/le verità**, *la/les vérité/s*, **la/le virtù**, *la/les vertu/s*, etc.

② La préposition **da** introduit souvent des expressions indiquant la modalité d'une action ou un état, comme dans **da solo**, *tout seul*, ou **comportarsi da stupido**, *se comporter de façon stupide (comme une personne stupide)* ; **travestirsi da donna**, *se déguiser en femme*, ou, dans la phrase 11 de cette leçon, **una crisi da adolescente**, *une crise d'adolescent (comme en font les adolescents)*.

## Des amis sportifs

1 – Quelle belle idée *(que beau)* [de] se retrouver le dimanche matin à courir entre amis !
2 – Oui, le footing est une des activités que je trouve les plus relaxantes, après une semaine passée au bureau.
3 – Moi, j'aime courir même tout seul, mais le sport, c'est surtout une occasion pour être ensemble.
4   Quand j'étais jeune fille *(De fille)* j'ai commencé à jouer au *(à)* basket justement pour me faire des amis.

③ Dans cette leçon vous trouverez plusieurs noms de sports ; les mots étrangers sont moins utilisés, mais fréquemment également pour certains d'entre eux. On entendra ainsi **basket** ou **pallacanestro**, **foot-ball** ou **calcio**, **boxe** ou **pugilato**. Pour les autres, l'appellation italienne est utilisée exclusivement.

**5** – Mio figlio ha cominciato da pochi mesi il calcio, ed è già affiatatissimo ④ con tutti i suoi compagni ⑤ di squadra.

**6** – Anche mia figlia si è molto affiatata con le sue amiche della pallavolo.

**7** – Credevo che tua figlia si fosse iscritta a pallamano, non a pallavolo.

**8** – Ne aveva l'intenzione, ma mi sembra che abbia cambiato ⑥ idea dopo il primo allenamento!

**9** Trovava che la pallamano fosse troppo violenta,

**10** ma in realtà credo che non si sia trovata bene nel club in cui la praticava.

**11** Sai, ha fatto una delle sue solite crisi ⑦ da adolescente.

## Notes

④ **affiatato** (adjectif et participe passé du verbe **affiatare**) est un terme très utilisé pour indiquer l'homogénéité, l'entente, l'union d'un groupe de personnes : **una coppia affiatata**, *un couple uni*, **gli allievi si sono subito affiatati col professore**, *les élèves se sont tout de suite entendus avec le professeur*. Il vient du mot **il fiato**, *le souffle* ; c'est en somme respirer tous d'un seul souffle !

⑤ **il compagno**, *le camarade*, est utilisé dans tout contexte sportif, d'école (**compagno di scuola**) ou affectif (**il mio compagno**, **la mia compagna**, *mon compagnon*, *ma compagne*). Le mot **il camerata**, de même traduction, est réservé au milieu militaire. Par extension "mystérieuse", le premier est utilisé comme appellation générique d'un militant communiste ou socialiste, alors que le deuxième en désigne un d'extrême droite ! Le mot **il cameratismo** indique par contre *la camaraderie*, sans arrière-pensées politiques…

**5 –** Mon fils a commencé le foot depuis peu de mois, et il est déjà très intégré [dans le groupe de] *(avec)* ses camarades d'équipe.

**6 –** Ma fille aussi s'est bien intégrée [dans le groupe de] *(avec)* ses amies du volley-ball.

**7 –** Je croyais que ta fille s'était *(fût)* inscrite au hand-ball, non pas au volley.

**8 –** Elle en avait l'intention, mais il me semble qu'elle a *(ait)* changé d'avis après le premier entraînement.

**9** Elle trouvait que le hand-ball était *(fût)* trop violent,

**10** mais en réalité je crois qu'elle ne s'est pas plu *(ne se soit trouvée bien)* dans le club où *(en quoi)* elle le pratiquait.

**11** Tu sais, elle a fait une de ses habituelles crises d'adolescente.

▶ ⑥ Remarquez l'accord du temps du subjonctif dans cette phrase et dans la précédente : dans les deux cas il y a une relation d'antériorité temporelle entre la proposition principale et la subordonnée. Quand la première est au présent, la deuxième est au passé du subjonctif : **Credo che abbia cambiato idea**, *Je crois qu'elle a* ("ait") *changé d'avis*. Quand la principale est au passé, la subordonnée est au subjonctif plus-que-parfait : **Credevo che si fosse iscritta…**, *Je croyais qu'elle s'était* ("fût") *inscrite…*

⑦ Les mots qui se terminent en **-i** au singulier, restent invariables au pluriel : **la crisi**, **le crisi**, **l'analisi**, **le analisi** (*l'analyse*), **la tesi**, **le tesi** (*la thèse*) **la paralisi**, **le paralisi** (*la paralysie*), etc. Ce sont des mots dérivés du grec ancien. N'oubliez pas que les grecs ont été les maîtres de la moitié de la péninsule pendant plusieurs siècles (du VIIIe au IIIe av. J.-C.) et que la culture – donc la langue – latine a subi une influence très forte du monde grec.

**12** – Sì, però i club sportivi non sono tutti uguali:
**13** l'ambiente cambia molto dall'uno all'altro.
**14** – In ogni caso fare del moto fa sempre bene
ai giovani; ed anche ai vecchi come noi…
**15** Fin da piccoli i miei figli hanno sempre
avuto delle bici ⑧ per le scampagnate in
famiglia.
**16** Alla domenica mattina, che facesse bello o
che piovesse, ci si metteva tutti la tuta e le
scarpe da ⑨ ginnastica, e via ⑩!
**17** – Scusate se vi importuno, signori, sento che
state parlando di sport.
**18** Anch'io sono un grande appassionato:
ciclismo, sci, nuoto, pallanuoto, atletica,
pugilato, arti marziali, e tutto ad un alto
livello agonistico.
**19** – È incredibile! E li pratica tutti?
**20** – Oh, no, personalmente non ne pratico
nessuno, ma sto tutto il giorno davanti alla
tivù a guardare le gare e le partite! □

**Notes**

⑧ Les mots abrégés sont également invariables entre singulier et pluriel (pour la même raison que les mots présentés dans la note 1 de cette leçon : la partie prenant la marque du pluriel a été tronquée) : on dira donc **le biciclette** mais **le bici**, **i cinematografi** mais **i cinema**, **le fotografie** mais **le foto**, etc., la forme abrégée étant, bien sûr, la plus fréquente.

⑨ **da** suivi d'un nom indique parfois la destination, l'usage d'un objet : **una macchina da corsa**, *une voiture de course*, **una scatola da scarpe**, *une boîte à chaussures*, **il costume da bagno**, *le maillot de bain*. Attention : si la destination est indiquée par un verbe, la préposition peut être aussi **per** : **la macchina da / per cucire**, *la machine à coudre*. ▶

**12** –  Oui, mais les clubs sportifs ne sont pas tous pareils,

**13**  l'ambiance change beaucoup de l'un à l'autre.

**14** –  En tout cas, faire de l'exercice ça fait toujours du bien aux jeunes, et aussi aux vieux comme nous…

**15**  *(Jusque)* Depuis tout petits, mes enfants *(fils)* ont *(toujours)* eu des vélos pour les promenades à la campagne en famille ;

**16**  le dimanche matin, qu'il fasse *(fît)* beau ou qu'il pleuve *(plût)*, on mettait tous le survêtement et les baskets et hop, [on partait] !

**17** –  Excusez-moi si je vous dérange, messieurs, j'entends que vous êtes en train de parler de sport.

**18**  Je suis, moi aussi, un grand passionné : cyclisme, ski, natation, water-polo, athlétisme, boxe, arts martiaux, et tout à un haut niveau de compétition.

**19** –  C'est incroyable ! Et vous les pratiquez tous ?

**20** –  Oh non, personnellement je n'en pratique aucun, je passe toute [ma] *(la)* journée devant la télé à regarder les compétitions et les matchs !

▶ ⑩ **via** est un adverbe qui indique l'éloignement, dans des expressions comme **andare via**, *s'en aller* : **va' via!**, *va-t-en !* ou **buttare via**, *jeter* (p. ex. à la poubelle). Tout seul, il est utilisé dans des formes exclamatives : on dira **via!**, *ouste !*, à quelqu'un pour le chasser, mais aussi **Pronti? Via!**, *Prêts ? Partez !* au départ d'une course. Dans une course, on appelle **il via**, *le départ*, en utilisant donc l'adverbe comme nom.

**11** **Esercizio 1 – Traducete**

❶ Credo che mia figlia si trovi benissimo nel club di pallamano in cui fa gli allenamenti. ❷ Fin da piccolo, mio figlio gioca a pallanuoto in una squadra affiatatissima. ❸ Che piova o che faccia bel tempo, da solo o cogli amici, io vado a correre tutti i giorni. ❹ L'ispettore della gara di atletica ha dato il via alla prima corsa della giornata. ❺ Pensavo che tu fossi un vero sportivo, invece stai tutto il giorno davanti alla tivù a guardare le partite.

**Esercizio 2 – Completate**

❶ Quelle belle chose, mon équipe de basket est très unie !

. . . . . . . . , . . . . . . . . . . . . . . .
. . . . . . . . . . . . . . . . . . . . . . . . . . . !

❷ J'aime regarder les matchs à la télé, mais je préfère aller aux entraînements de mon club de volley-ball.

Mi . . . . . . . . . . . . . . . . . . . . . .
. . . . . . . ., ma preferisco . . . . . . . . . . .
. . . . . . . . . . . . . . . . . . . . . . . . . . .

❸ Je croyais que tu t'étais inscrite au hand-ball, non pas au water-polo.

. . . . . . . . . . . . . . . . . . . . . . .
. . . . . . . . ., non a . . . . . . . . . .

❹ Je mets un survêtement et des chaussures de sport et hop, je vais faire une promenade à la campagne !

Mi metto . . . . . . . . . . . . . . . . .
. . . . . . . . . . . . . . ., . . . . . . . . . . . .
. . . . . . . . . . . !

## Corrigé de l'exercice 1

❶ Je crois que ma fille se plaît beaucoup dans le club de hand-ball où elle suit ses entraînements. ❷ Depuis tout petit, mon fils joue au water-polo dans une équipe très unie. ❸ Qu'il pleuve ou qu'il fasse beau, tout seul ou avec mes amis, je vais courir tous les jours. ❹ L'inspecteur de la compétition d'athlétisme a donné le départ à la première course de la journée. ❺ Je pensais que tu étais un vrai sportif, et en fait tu restes toute la journée devant la télé à regarder les matchs.

❺ Depuis qu'ils étaient petits *(garçons)*, mes enfants ont eu des vélos de course.

Fin da ragazzi, . . . . . . . . . . . . . . . . . . . . . .

. . . . . . . . . . . . . . . . . . .

## Corrigé de l'exercice 2

❶ Che bello, la mia squadra di pallacanestro è affiatatissima ❷ – piace guardare le partite alla tivù – andare agli allenamenti del mio club di pallavolo ❸ Credevo che tu ti fossi iscritta a pallamano – pallanuoto ❹ – la tuta e le scarpe da ginnastica e via, vado a fare una scampagnata ❺ – i miei figli hanno avuto delle bici da corsa

# 12 Dodicesima lezione

## Lezione di cucina

**1 –** Meno male che mi hai invitato a cena da te, stasera che mia moglie è andata in palestra;

**2** se no, io al martedì scendo al fast-food sotto casa e mi mangio ① un hot-dog con una bibita.

**3 –** Ah, i celeberrimi ② fast-food americani; ma va' là ③!

**4** Adesso ti insegno io come si fa a cucinare un piatto ultrasaporito ④ con poca fatica.

**5** Io ho imparato a fare tutto da me ⑤, anche in cucina: come dice il proverbio, "chi fa da sé fa per tre"…

**6** Cominciamo col preparare il soffritto di verdure:

## Notes

① Cette forme pronominale est très fréquente dans la langue parlée, analogue (mais moins "populaire") au français "*je me tape un sandwich*", voir plus loin (phrase 18) **beviamoci un aperitivo**.

② Les adjectifs en **-re** et en **-ro** font leur superlatif absolu en **-errimo** : **celebre → celeberrimo** ; **una persona integerrima** (de **integro**, *intègre*), *une personne très honnête*. Ces tournures restent toutefois assez rares, et utilisées soit ironiquement (comme ici), soit dans des contextes un peu pompeux, et l'on préfère dans les autres cas les formes avec **molto** : **molto celebre**.

③ L'expression idiomatique **ma va' là** est utilisée pour couper court amicalement à un propos que l'on trouve ridicule ou excessif. **– Mi hai pagato il caffè, ti voglio rimborsare. – Ma va là!**, – *Tu as payé le café pour moi, je veux te rembourser. – Laisse tomber !* Des expressions équivalentes : **Ma fammi il**

## Leçon de cuisine

**1 –** Heureusement *(moins mal)* que tu m'as invité à dîner chez toi, le *(ce)* soir où ma femme va *(est allée)* à la gym *(au gymnase)* ;

**2** sinon, moi le mardi je descends au fast-food en bas de chez moi *(sous maison)*, et je *(me)* mange un hot-dog et un soda.

**3 –** Ah, les très célèbres fast-foods américains ; laisse tomber *(mais va là-bas)* !

**4** Je vais t'apprendre *(maintenant je t'apprends)* comment on fait pour *(à)* cuisiner un plat hyper-savoureux avec peu d'efforts *(de fatigue)*.

**5** [Moi], j'ai appris à tout faire tout seul *(de moi)*, même en cuisine : comme dit le proverbe : "qui fait tout seul *(de soi)* fait pour trois"…

**6** Commençons par *(avec-le)* préparer les légumes rissolés *(le rissolé de légumes)* :

**piacere!**, *Mais fais moi le plaisir ! / Laisse-moi ce plaisir !*, ou **(ma) figuriamoci!** (littéralement : "mais figurons-nous !").

④ Autre forme de superlatif absolu, avec le préfixe **ultra-**, *super-*, *hyper-*, *ultra-*, etc. : **ultrabello**, *super-beau*.

⑤ Comme dans les expressions **da solo**, *tout seul*, ou **da giovane**, *étant jeune / quand j'étais jeune*, **da** suivi d'un pronom personnel complément indique également un état, une modalité, décliné selon les différentes personnes : **lo faccio da me**, *je le fais tout seul*, **lo facciamo da noi**, *nous le faisons tout seuls*. Beaucoup de magasins de bricolage s'appellent **"fai da te"** ("fais tout seul") ; sur certaines portes automatiques apparaît la mention **"si chiude da sé"**, *se ferme toute seule*. Remarquez aussi le proverbe : **Chi fa da sé, fa per tre**, *Celui qui fait tout seul* ("de soi"), *travaille pour trois*, qui correspond à *On n'est jamais aussi bien servi que par soi-même.*

**7** si tagliano a pezzettini ⑥ cipolla, sedano e carota, se ti piace anche uno spicchio d'aglio.

**8** Poi tagliamo le zucchine a fettine sottili e le melanzane e i pomodori a cubetti.

**9** Aggiungiamo questi ingredienti al soffritto di prima, e quando le verdure saranno rosolate ci metteremo la passata di pomodoro.

**10** Poi un po' di odori ⑦ a tuo piacimento, tipo basilico e alloro, o magari salvia o rosmarino o prezzemolo.

**11** Vedi? Non è difficile, senti ⑧ che profumino!

**12** A me cucinare piace da matti, e a te non piace proprio per niente?

**13** – Senti, a dire la verità non ci ⑨ ho mai provato,

## Notes

⑥ De **pezzo**, *morceau* vient **pezzetto**, *petit morceau*, puis **pezzettino**, *tout petit morceau* : les suffixes des mots altérés peuvent être juxtaposés pour former des sortes de mots-valises : les italiens aiment parler de manière expressive et colorée : **un omaccione**, *un type grand et gros*.

⑦ **gli odori** (littéralement "les odeurs"), sont les *épices* de cuisine (on peut dire également **le spezie**, **le erbe aromatiche** ou **gli aromi**). Cette extension peut paraître étrange à un Français, mais il faut savoir que le mot **odore** n'est nullement péjoratif en italien ; c'est, de manière tout à fait neutre, *la senteur*, bonne ou mauvaise. *L'odeur* est donc **il cattivo odore** ou **la puzza** (voir phrase 19), moins fort que le français *la puanteur*. Les Italiens auraient-ils l'odorat moins fin que les Français ?

**7**   on coupe en tout petits morceaux l'oignon, le   **12**
        céleri et les carotte[s], [et] même une gousse
        d'ail si tu aimes *(te plaît)*.

**8**   Ensuite coupons les courgettes en fines lamelles
        et les aubergines et les tomates en petits cubes.

**9**   Ajoutons ces ingrédients aux légumes rissolés
        de tout à l'heure, et quand les légumes seront
        dorés, nous y mettrons la purée de tomate[s].

**10**  Ensuite un peu d'épices *(odeurs)* selon ton goût
        *(à ton plaisir)*, genre *(type)* basilic et laurier,
        ou peut-être de la sauge ou du romarin ou du
        persil.

**11**  Tu vois ? Ce n'est pas difficile, sens quel
        parfum !

**12**  Moi j'aime beaucoup *(de fous)* cuisiner, et toi,
        ça ne te plaît pas du tout *(pour rien)* ?

**13** – Ecoute *(sens)*, à vrai dire *(à dire la vérité)* je
        n'*(y)* ai jamais essayé,

⑧ Le verbe **sentire** indique aussi bien un sentiment : **Sento molto affetto per te**, *Je ressens beaucoup d'affection pour toi*, que la perception auditive : **Hai sentito il tuono?**, *As-tu entendu le tonnerre ?*, ou d'une odeur ou d'un parfum, comme ici. Dans une conversation, il sera utilisé également pour inviter l'autre à écouter : **Senti, voglio dirti una cosa**, *Écoute, je veux te dire quelque chose.*

⑨ **ci** accompagne certains verbes dans des expressions idiomatiques pour en renforcer le sens, comme, ici pour **provare** : **Ci abbiamo provato, ma non ci siamo riusciti**, *Nous avons essayé (de faire cela), mais nous n'avons pas réussi* ; **È molto miope, non ci vede**, *Il est très myope, il ne voit rien* ; **È inutile parlargliene: da quell'orecchio non ci sente**, *C'est inutile de lui en parler ; il n'entend rien de cette oreille* (au propre et au figuré…).

**14** ma a vedere te ai fornelli, mi viene voglia di mettermici anch'io.

**15** – Ora dobbiamo solo aspettare che sia pronto il sugo ⑩, nel frattempo mettiamo su l'acqua per la pasta.

**16** Che cosa preferisci? Spaghetti, penne o farfalle?

**17** – Vedi un po' tu, a me va bene tutto: non sono molto difficile.

**18** – Mentre aspettiamo che sia pronto, beviamoci un aperitivo in santa pace.

**19** Ma che cos'è questa puzza? Ho fatto bruciare tutto!

**20** E io che ero tutto contento ⑪ di farti da mangiare!

**21** Sai che ti dico? Ti invito al ristorante, sarà sempre meglio del tuo fast-food! ☐

### Notes

⑩ **il sugo** indique aussi bien *le jus*, de la viande ou d'un fruit (**il sugo** ou **il succo di un'arancia**, *le jus d'une orange*), que *la sauce* cuisinée, comme dans ce cas-ci. Le mot équivalent, **la salsa**, par contre n'est utilisé que dans cette deuxième signification.

⑪ Encore une manière d'exprimer le superlatif absolu : l'adjectif est accompagné par un autre adverbe ou adjectif qui en intensifie le sens. **Tutto bagnato**, *tout mouillé*, *trempé*, et dans le même sens **bagnato fradicio**, *trempé* ; **stanco morto**, *très fatigué (mort, crevé)*, **raffreddato marcio**, *très enrhumé* ("pourri"), **innamorato pazzo**, *amoureux fou*, etc.

**14** mais en te voyant *(à voir toi)* aux fourneaux, j'ai envie *(me vient envie)* de m'y mettre, moi aussi.

**15 –** Maintenant nous devons seulement attendre que la sauce soit prête, en attendant *(dans l'entre-temps)* nous mettons *(dessus)* l'eau pour les pâtes [à chauffer].

**16** Que préfères-tu ? Des spaghettis, des "penne" *(plumes)* ou des "farfalle" *(papillons)*?

**17 –** Comme tu veux *(Vois un peu toi)*, moi tout me va *(bien)* : je ne suis pas très difficile.

**18 –** Pendant que nous attendons que ce soit prêt, buvons*(-nous)* un apéritif en *(sainte)* paix.

**19** Mais qu'est-ce que c'est que cette puanteur ? J'ai tout fait brûler !

**20** Et moi qui étais tout content de te faire à manger !

**21** Tu sais quoi *(que [je] te dis)* ? Je t'invite au restaurant, ce sera toujours mieux que ton fast-food !

**12**    **Esercizio 1 – Traducete**

❶ Senza occhiali non ci vedo. ❷ Dopo l'allenamento ero stanco morto: mi sono mangiato un panino e via, sono corso a casa a mettermi a letto. ❸ Hai sentito il tuono? – Ma va' là, non ci sente, è sordo. ❹ Scusate se vi importuno, ho sentito che stavate parlando di cucina. ❺ Metti su l'acqua per la pasta, voglio preparare delle farfalle con un sugo di melanzane.

———

**Esercizio 2 – Completate**

❶ Je n'appelle jamais ni le plombier ni l'électricien, je suis passionné de bricolage et je fais tout tout seul.

.. ... ....... ... né .......... né

............, .... ........... ..

.......... .. ..... ...... .. ...•

❷ Je vais t'apprendre comment préparer une sauce super-savoureuse avec peu d'efforts.

........ ........ .... ...... ..

.... ......... .... ... ... ......•

❸ Bonjour, vous me donnez une livre *(un demi-kilo)* de courgettes et trois cents grammes d'aubergines, s'il vous plaît ?

..........., .. .. .... .... .. .........

. ... .... .. ........, ... .....?

❹ Tu joues au basket-ball ? Non, mais de te voir toi avec ton équipe, ça me donne envie de m'y mettre, moi aussi.

...... . ............? .., .. .

...... . .... .. .. ..... ... .

....... .. ...... ... ........ ........•

❺ Ajoutons *(Mettons-y)* un peu d'épices : du basilic, de la sauge, et peut-être même une gousse d'ail.

Mettiamoci .. ... ...: ........, ......

. ...... .. ..... ... ......... ........•

## Corrigé de l'exercice 1

❶ Sans lunettes je ne vois rien. ❷ Après l'entraînement j'étais crevé : j'ai mangé un sandwich et hop, j'ai couru chez moi me mettre au lit. ❸ As-tu entendu le tonnerre ? – Laisse tomber, il n'entend rien, il est sourd. ❹ Excusez-moi si je vous dérange, j'ai entendu que vous parliez cuisine. ❺ Mets l'eau à chauffer pour les pâtes, je veux préparer des "farfalle" avec une sauce aux aubergines.

## Corrigé de l'exercice 2

❶ Io non chiamo mai – l'idraulico – l'elettricista, sono appassionato di bricolage e faccio tutto da me ❷ Adesso ti insegno come preparare un sugo ultrasaporito con poca fatica ❸ Buongiorno, mi dà mezzo chilo di melanzane e tre etti di zucchine, per favore ❹ Giochi a pallacanestro – No, ma a vedere te con la tua squadra mi viene voglia di mettermici anch'io ❺ – un po' di odori – basilico, salvia e magari anche uno spicchio d'aglio

*Des plumes et des papillons dans l'assiette ? En effet, si vous connaissez un peu la cuisine italienne, vous savez qu'il existe de très nombreuses formes et variétés de pâtes (plus de deux cents), qui prennent des noms très imagés selon leur morphologie ou leur histoire. Nous avons ainsi* **le orecchiette**, *les petites oreilles,* **le linguine**, *les petites langues,* **le reginette**, *les petites reines,* **i cavatappi**, *les tire-bouchons,* **le conchiglie**, *les coquilles,* **le creste di gallo**, *les crêtes de coq,* **le fisarmoniche**, *les accordéons,* **le lumache**, *les escargots, et même* **gli strozzapreti**, *les étrangle-curés ! L'importation des pâtes, de Chine en Italie, par Marco Polo au* xiiie *siècle n'est qu'une légende. En réalité, les deux traditions, méditerranéenne et chinoise, se sont développées de façon probablement indépendante, puisque nous avons des témoignages de l'existence probable des pâtes dans le monde étrusque dans une tombe du* ive *siècle avant J.-C., que le traité de cuisine* **De Re Coquinaria** *de l'auteur latin Apicius en parle en 230 ap. J.-C., et qu'en 1154 l'auteur arabe Al-Idrisi parle de spaghettis fabriqués en Sicile (gouvernée par les Arabes à cette époque) et exportés dans tout le monde méditerranéen. Ce qui est sûr, c'est que les pâtes ont été, depuis le Moyen Âge, un élément essentiel de l'alimentation des Italiens : leur consommation moyenne par an est aujourd'hui de 28 kilos par personne ! Quel appétit !*

# 13 Tredicesima lezione

## Alla stazione

**1** – Buongiorno, vorrei un biglietto di seconda classe per il prossimo treno per Napoli.

**2** – Guardi ① che ce ne sono due: uno alle quindici e trenta e uno un quarto d'ora dopo.

**3** Lei ha fretta di arrivare a Napoli? Ha un appuntamento?

**4** – No, vado a trovare degli amici, posso arrivare quando mi pare ②.

**5** – Allora le conviene prendere quello delle quattro meno un quarto che è un locale e costa meno.

**6** Ci mette mezz'ora di più, ma il biglietto costa meno della metà dell'altro.

**7** Sa, quello delle tre e mezza è un Eurostar con la prenotazione obbligatoria.

**8** – Ah, grazie, non ci avevo fatto caso; avrei speso un occhio della testa senza ragione.

### Notes

① Le verbe **guardare**, *regarder*, a ici valeur d'articulateur de la conversation pour attirer l'attention de l'auditeur sur la situation et peut, suivant le contexte, se traduire par *Attention*, *Prends garde*, *Écoute*, *Tu sais*, … : **Che cosa hai detto? – Guarda che io non ho detto niente**, *Qu'as-tu dit ? – Écoute, je n'ai rien dit*. D'autres verbes italiens comme **sentire**, **ascoltare**, **sapere**, **vedere** ont la même fonction pour assurer et garder le contact entre le locuteur et le destinataire du message.

## À la gare

**1** – Bonjour, je voudrais un billet de seconde classe
pour le prochain train pour Naples.
**2** – Attention *(regardez que)*, il y en a deux : un à
15 h 30 et un [autre] un quart d'heure après.
**3**  Vous êtes pressé *(avez hâte)* d'arriver à Naples ?
Vous avez un rendez-vous ?
**4** – Non, je vais voir *(trouver)* des amis, je peux
arriver quand je veux *([il] me paraît)*.
**5** – Alors il vaut mieux que vous preniez *(vous
convient prendre)* celui de quatre [heures]
moins le *(un)* quart qui est omnibus *(un local)*
et coûte moins cher.
**6**  Il *(y)* met [une] demi-heure de plus, mais le
billet coûte moins de la moitié de l'autre.
**7**  Vous savez, celui de trois heures et demie est un
Eurostar avec *(la)* réservation obligatoire.
**8** – Ah, merci, je n'*(y)* avais pas fait attention
*(cas)* ; j'aurais dépensé les yeux *(un œil)* de la
tête sans raison.

② **parere**, *paraître*, a ici le sens de "ce qui bon semble" : **Fai
come ti pare**, *Fais comme bon te semble / Fais ce que tu veux* ;
**Fa sempre quello che gli pare**, *Il fait toujours ce qu'il veut* ;
**Andiamo dove ci pare**, *Nous allons où nous voulons*. Parfois
ce sens est intensifié par l'expression **e piace** : **Andate dove vi
pare e piace**, *Allez où bon vous semble* ("vous paraît et vous
plaît").

**9** – Eh sì, bisogna sempre stare attenti ③, perché gli Eurostar e gli Intercity sono carissimi.

**10** Il confort è davvero eccezionale e sui tragitti lunghi ci si mette anche pochissimo tempo,

**11** ma se uno ④ non ha fretta, non vale la pena di spendere un sacco di soldi per mezz'ora di anticipo, non crede?

**12** – Certo, meno male che mi ha avvertito.

**13** Oltretutto io sono disoccupato e certi lussi non me li posso mica permettere.

**14** – Meglio così, allora. Sono otto euro e cinquantatré ⑤. Vuole anche il ritorno o fa solo l'andata?

**15** – Sola andata, grazie. Ecco qua. Da che binario parte?

**16** – Il regionale delle quindici e quarantacinque parte dal binario dodici.

**17** – Il regionale? Mi aveva detto che era un locale.

**18** – È la stessa cosa, cambia solo il nome; non si preoccupi.

**19** Il binario dodici è l'ultimo, là dove si vedono le due gru ⑥ gialle del cantiere di ristrutturazione della stazione.

### Notes

③ Dans les formes impersonnelles, le prédicat après le verbe **essere** ou les verbes d'état indiquant un devenir, etc. est toujours au pluriel : **quando si è giovani**, *quand on est jeune* ; **quando si diventa vecchi**, *quand on devient vieux* ; **si sta seduti**, *on reste assis*, etc. Cela accentue le sens de généralité de l'expression.

④ **uno** est un pronom indéfini qui peut être tantôt impersonnel, et remplacer, comme ici, **si**, *on* : **Quando uno ha un sacco di soldi non ha mai problemi** ou **Quando si hanno un sacco di soldi non si hanno mai problemi**, *Quand on a un tas d'argent on n'a jamais de problèmes* (remarquez que dans le premier cas le sujet est **uno** et le verbe est au singulier, alors que la deuxième tournure équivaut à une phrase passive où **i soldi** et **i problemi** sont les sujets, donc le verbe est au pluriel – voir

9 –  Et oui, il faut toujours faire attention *(être attentifs)*, parce que les Eurostar et les "intercity" sont très chers.

10   Le confort est vraiment exceptionnel, et sur les longs trajets on *(y)* met aussi très peu de temps,

11   mais si on *(un)* n'est pas pressé *(n'a hâte)* ça ne vaut pas la peine de dépenser un tas d'argent *(un sac de sous)* pour une demi-heure d'avance, vous ne croyez pas ?

12 –  Certainement, heureusement *(moins mal)* que vous m'avez prévenu !

13   De plus *(outre-tout)* je suis au chômage *(chômeur)*, je ne peux pas me permettre des *(certains)* luxes pareils.

14 –  Alors c'est mieux [ainsi]. Ça fait *(sont)* huit euros *(et)* cinquante-trois. Vous voulez aussi le retour ou vous prenez *(faites)* seulement l'aller ?

15 –  Aller simple *(seul)*, merci ; voilà *(ici)*. De quelle voie *(rail)* part-il ?

16 –  Le [train] régional de quinze [heures] *(et)* quarante-cinq part de la voie douze.

17 –  Le [train] régional ? Vous m'aviez dit que c'était un [train] local.

18 –  C'est la même chose ; [c'est] seulement le nom [qui] change, ne vous inquiétez *(préoccupez)* pas.

19   La voie douze est la dernière, là où l'on voit les deux grues jaunes du chantier de restructuration de la gare.

la note 10 de la leçon 10), tantôt désigner une personne non mieux définie : **Ho visto ieri uno che ti assomigliava**, *Hier j'ai vu quelqu'un qui te ressemblait.*

⑤  **cinquantatré** : souvenez-vous qu'à l'écrit le chiffre **tre** ne prend pas d'accent quand il est tout seul, mais il est accentué à la fin d'un nombre composé ; c'est un piège fréquent dans les dictées des petits écoliers italiens…

⑥  Les mots monosyllabiques sont invariables au pluriel : **la gru**, **le gru**, *la/les grue/s*, **lo sci**, **gli sci**, *le/les skis*, etc.

**20** – Va bene, grazie mille. È un piacere trovare allo sportello persone gentili come lei; fossero tutti così!

**21** – Si figuri: cerco solo di fare bene il mio mestiere. Arrivederci e buon viaggio! ☐

---

### Esercizio 1 – Traducete

❶ Lei ha fretta di arrivare a Napoli? ❷ Le conviene prendere il locale delle tredici e trenta. ❸ Io vado e vengo quando mi pare e piace. ❹ Lei è molto gentile; fossero tutti come lei! ❺ Ho speso un sacco di soldi per questa bici da corsa.

---

### Esercizio 2 – Completate

❶ Heureusement que tu m'as prévenu ! Je n'y avais pas fait attention !

. . . . .  . . . .  . . .  . .  . . .  . . . . . . . ;  . . . .  . .
. . . . .  . . . .  . . . .  !

❷ Je croyais que le train pour Naples partait à trois heures moins le quart, mais il partait à trois heures et demie.

. . . . . . . .  . . .  . .  . . . . .  per Napoli  . . . . . . . .
. . . .  . . .  . . . .  . .  . . . . . . ,  invece  . . . . . . .
. . . .  . . .  .  . . . . . .

❸ Nous avons dépensé les yeux de la tête sans raison.

. . . . . . . .  . . . . . . .  . .  . . . . . . . .  . . . .
. . . . .  . . . . . . . .

**20** – D'accord *(va bien)*, merci beaucoup *(mille)*.          13
C'est un plaisir [de] trouver au guichet des
personnes gentilles comme vous. S'ils étaient
*(fussent)* tous ainsi… !

**21** – Pensez *(figurez)*-vous ! J'essaye *(cherche)*
seulement de bien faire mon métier. Au revoir
et bon voyage !

⸺⸻◦◦⸻⸺

## Corrigé de l'exercice 1

❶ Vous êtes pressé d'arriver à Naples ? ❷ Il vaut mieux que vous
preniez l'omnibus de treize heures trente. ❸ Je vais et je viens
quand je veux. ❹ Vous êtes très gentil ; s'ils étaient tous comme
vous… ! ❺ J'ai dépensé un tas d'argent pour ce vélo de course.

⸺⸻◦◦⸻⸺

❹ Quand on est jeune on fait beaucoup de voyages, ensuite on
devient vieux et l'on préfère rester à la maison.

. . . . . .  . .  . . . . . . .  . .  . . . . . . . . . .
. . . . . . , poi  . .  . . . . . . .  . . . . . .  .  . .
. . . . . . . . . .  . . . . .  .  . . . . .•

❺ Quelle heure est-il ? Il est midi moins le quart.

. . .  . . . .  . ?  . . . . . . . . . . . . .  . . . .  . .
. . . . . .•

## Corrigé de l'exercice 2

❶ Meno male che mi hai avvertito; non ci avevo fatto caso
❷ Credevo che il treno – partisse alle tre meno un quarto – partiva
alle tre e mezza ❸ Abbiamo speso un occhio della testa senza
ragione ❹ Quando si è giovani si fanno tanti viaggi – si diventa
vecchi e si preferisce stare a casa ❺ Che ora è – È mezzogiorno
meno un quarto

POSSO ARRIVARE QUANDO MI PARE.

## 14   Quattordicesima lezione

### Revisione – Révision

**1 Forme passive**

Il existe trois façons de former le passif en italien :

**• avec l'auxiliaire *essere* + le participe passé du verbe**

Tous les temps d'**essere**, simples et composés, peuvent être utilisés :
**Questo palazzo è stato disegnato da un bravo architetto.**
*Cet immeuble a été dessiné par un bon architecte.*

**• avec le verbe *venire***

Les deux formes sont équivalentes, par contre **venire** ne peut être utilisé qu'aux temps simples :
**Quando un palazzo viene disegnato da un bravo architetto, si vede.**
*Quand un immeuble est dessiné par un bon architecte, ça se voit.*

Le **FS** *(le Ferrovie dello Stato)*, la compagnie des chemins de fer *italiens, aujourd'hui gérée par l'entreprise d'état* **Trenitalia***, a sensiblement renforcé son réseau ferroviaire pendant les trente dernières années, et les légendaires retards et dysfonctionnements des trains italiens sont en grande partie une histoire révolue. Des trains à grande vitesse ont été introduits : il s'agit des* **Eurostar** *et* **Intercity** *dont il est question dans cette leçon, et que les Italiens utilisent beaucoup notamment pour leurs déplacements profession-nels. Malheureusement le prix élevé des billets pour ces voyages à grande vitesse et à grand confort font que la voiture reste toujours le moyen de transport le plus utilisé pour les voyages de loisir et les vacances en famille. Ou alors on essaye de prendre un train régional, souvent omnibus (que l'on appelle souvent* **il locale***, qui est son appellation ancienne) pour éviter de dépenser* **un occhio della testa** *!*

# Quatorzième leçon    14

• **avec le verbe** *andare*

La forme prend alors un sens d'obligation, de nécessité :
**Questa riparazione va fatta da un tecnico competente.**
*Cette réparation doit être faite par un technicien compétent.*

ou alors elle marque le caractère inconnu du complément d'agent, qui restera ainsi inexprimé :

**Il segreto, tramandato a lungo da padre in figlio, andò perduto.**
*Le secret, longtemps transmis de père en fils, fut perdu.*

On peut ajouter ce que l'on appelle en italien le **si passivante**, qui est une forme impersonnelle, donc sans complément d'agent, où le verbe (et le participe passé) sont accordés avec le sujet réel :

**Il pesce si vende dal pescivendolo.**
*Le poisson est vendu* ("se vend") *chez le poissonnier.*

**Si sono fatte molte proposte.**
*On a fait* ("se sont faites = ont été faites") *beaucoup de propositions.*

Le complément d'agent, dans les formes qui le tolèrent, est toujours introduit par la préposition **da**.

## 2 L'accord des temps du subjonctif

Le choix du temps du subjonctif dans la proposition subordonnée dépend du temps utilisé dans la principale et de la relation temporelle entre les actions exprimées dans les deux : ci-dessous vous trouverez toutes les possibilités d'accord du subjonctif suivant que celui-ci exprime une action ou bien simultanée, ou bien antérieure à celle de la principale (le mode de la principale étant toujours l'indicatif) :

### 2.1 Simultanéité

L'action de la proposition principale à l'indicatif est simultanée à celle de la subordonnée au subjonctif :

• **dans le présent**

| Proposition principale | Subordonnée |
|---|---|
| **Credo** | **che tu faccia un errore.** |
| présent de l'indicatif | présent du subjonctif |
| *Je crois* | *que tu fais une erreur.* |

• **dans le passé**

| **Credevo** | **che tu facessi un errore.** |
|---|---|
| imparfait de l'indicatif (ou autre temps passé) | subjonctif imparfait |
| *Je croyais* | *que tu faisais une erreur.* |

### 2.2 Antériorité

L'action de la subordonnée a eu lieu avant celle de la proposition principale) :

| Proposition principale | Subordonnée |
|---|---|
| **Credo** | **che tu** abbia fatto **un errore.** |
| présent de l'indicatif | subjonctif passé |
| *Je crois* | *que tu as fait une erreur.* |

• **dans le passé**

| **Credevo** | **che tu** avessi fatto **un errore.** |
|---|---|
| imparfait de l'indicatif (ou autre temps passé) | subjonctif plus-que-parfait |
| *Je croyais* | *que tu avais fait une erreur.* |

## 3 Comparatif d'égalité

Le comparatif d'égalité se forme en plaçant **tanto** ou **così** devant l'adjectif, et **quanto** ou **come** devant le deuxième terme de comparaison. La forme **tanto … quanto** est la seule à être utilisée quand on compare deux adjectifs.
Dans la plupart des cas, et surtout à l'oral, on omet **così** et **tanto** et l'on ne laisse que l'élément introduisant le deuxième terme de comparaison, **come** et **così** :

**Non ho mai visto niente di (così/tanto) appassionante come/quanto questo film.**
*Je n'ai jamais rien vu d'aussi passionnant que ce film.*

**È (tanto) stupido quanto pigro.**
*Il est aussi sot que paraisseux*

## 4 Superlatif absolu et relatif

### 4.1 Formation du superlatif absolu

Ce sont généralement les formes traduites en français par *très* + adjectif. En italien, on a plusieurs manières de les exprimer :

• par le suffixe **-issimo** :
rajouté à l'adjectif qualificatif (parfois **-errimo** avec certains adjectifs se terminant par **-re** ou par **-ro**, mais c'est assez pompeux, et souvent on leur préfère la forme avec **molto**) :
**bello → bellissimo ; simpatico → simpaticissimo ; integro → integerrimo** (ou **molto integro**) ; **celebre → celeberrimo** (ou **molto celebre**) ;

• en faisant précéder l'adjectif par **molto, tanto, assai, estremamente**, etc.

• par les suffixes **super-, stra-, ultra-,** etc. :
**ricco → straricco ; caro → ultracaro ;**

• en juxtaposant deux adjectifs :
dans des expressions telles que :
**stanco morto, bagnato fradicio, tutto contento**, etc.

## 4.2 Le superlatif relatif

Il se forme en plaçant un article défini devant le nom suivi du comparatif de supériorité ou d'infériorité ; cet article n'est jamais répété une deuxième fois s'il se trouve déjà devant le nom, comme en français :

**Il film più bello dell'anno.**
*Le film le plus beau de l'année / Le plus beau film de l'année ;*

**Il piatto meno saporito del pranzo.**
*Le plat le moins savoureux du déjeuner.*

Les adjectifs **buono, cattivo, grande** et **piccolo** ont des comparatifs de supériorité et des superlatifs irréguliers :

|  | comparatif de supériorité | superlatif absolu |
|---|---|---|
| **buono** | **migliore** | **ottimo** |
| **cattivo** | **peggiore** | **pessimo** |
| **grande** | **maggiore** | **massimo** |
| **piccolo** | **minore** | **minimo** |

Pour ces adjectifs, on peut indifféremment utiliser les formes ci-dessus ou les autres (avec **-issimo**, **molto**, etc.), on peut donc dire **più buono** ou **migliore**, **buonissimo** ou **ottimo**.

## 5 La préposition *da*

Voyons les utilisations les plus fréquentes de la préposition **da** :

• éloignement, provenance dans l'espace :
**lontano da Napoli**, *loin de Naples.*
**Vengo da Milano**, *Je viens de Milan.*
**Siamo a dieci chilometri da Torino.**
*Nous sommes à dix kilomètres de Turin.*

• éloignement, provenance dans le temps :
**Sono andati via da due ore**, *Ils sont partis depuis deux heures.*

• complément d'agent :
C'est aussi la "provenance", l'origine d'une action.
**È stato notato da tutti**, *Il a été remarqué par tout le monde.*
et complément de cause :
**Non ci vedo più dalla fame**, *Je n'en peux* ("n'y vois pas") *plus de faim.*

• un but, une nécessité, la destination d'un objet :
**la macchina da corsa**, *la voiture de course.*
**È una cosa da fare**, *C'est une chose à faire.*

• un état, une modalité :
**Fanno tutto da soli**, *Ils font tout tout seuls.*
**Si diverte da matti**, *Il s'amuse comme un fou.*
et dans ce sens-là, une expression de temps également :
**Da bambino, era sempre malato.**
*Enfant (quand il était petit), il était toujours malade.*

• un complément de lieu :
**Vieni spesso da queste parti?**, *Tu viens souvent par ici ?*
**Mi fermo dal salumiere**, *Je m'arrête chez le charcutier.*

• une qualité esthétique ou morale :
**una ragazza dai capelli biondi**, *une fille aux cheveux blonds ;*
**una persona dal carattere scorbutico**, *une personne au caractère bourru.*
Vous voyez bien comme ce petit **da** est précieux : tâchez de retenir toutes ces expressions !

Certaines classes de noms ne changent pas de forme entre le singulier et le pluriel :

• les mots étrangers :
**il club / i club, lo champagne / gli champagne**

• les mots en **-i** :
**la crisi / le crisi, l'ipotesi / le ipotesi**

• les mots abrégés :
**il cinema / i cinema, la foto / le foto**

• les mots accentués sur la dernière voyelle :
**il papà / i papà, la virtù / le virtù**

• les mots monosyllabiques :
**la gru / le gru, lo sci / gli sci**

• certains mots masculins en **-a** :
**il sosia / i sosia, il boia / i boia**, (*le bourreau*)

## 7 Exprimer l'heure

Petite révision des expressions d'horaire : elles sont toujours précédées de **le** (parfois **le ore**), et il y a toujours la conjonction **e** entre le chiffre de l'heure et celui des minutes.

Comme en français, les heures de l'après-midi peuvent être exprimées par le chiffre réel :

ou en redémarrant "à zéro" à midi :
**le tre e mezza**, *trois heures et demie.*

On peut choisir entre deux formes équivalentes pour la demi-heure :
**le nove e trenta**, *neuf heures trente*
ou **le nove e mezza**, *neuf heures et demie*

le quart d'heure : **le dieci e quindici**, *dix heures quinze*
ou **le dieci e un quarto**, *dix heures et quart*

et les trois quarts d'heure : **le undici e quarantacinque**, *onze heures quarante-cinq* ou **le undici e tre quarti**, *onze heures trois quarts.*

Pour les heures de l'après-midi, les mots **mezza**, **quarto** et **tre quarti** sont réservés à la forme de un à onze (on dit **le undici e mezza** mais **le ventitré e trenta**).

On commence à dire les heures par soustraction de l'heure suivante à partir de moins vingt (pas de moins vingt-cinq) :
**È mezzogiorno meno venti**, *Il est midi moins vingt.*
**Sono le quattro meno un quarto**, *Il est quatre heures moins le quart.*
On les annonce toujours avec le verbe **essere** à la forme **sono**, sauf pour les formes particulières **è mezzogiorno**, *il est midi*, **è mezzanotte**, *il est minuit*, **è l'una**, *il est une heure.*

Pour demander l'heure, vous pouvez vous exprimer au singulier, en disant **Che ora è?**, ou au pluriel, **Che ore sono?**, *Quelle heure est-il ?* **Va bene?**, À vos montres !, **Che ora è?**

1 – Mi dà tre etti di zucchine e mezzo chilo di melanzane, per favore?

2 – Credevo che a casa sua la verdura non piacesse a nessuno.

3 – Sì, ma è per fare il sugo per la pasta; ai miei figli piace da matti.

4 – Quanti figli ha, signora?

5 – Ho tre figli, due maschi e una femmina.

6 – Mi fermo dal salumiere a comprare del prosciutto.

7 – Ti accompagno? Sei stracarica!

8 – No, vado da sola.

9 – Non ho parcheggiato la macchina da queste parti, perché nell'ora di punta il centro storico è tutto un ingorgo.

10 – Si sono fatti tanti progetti per la zona a traffico limitato, ma da quando abito qui non si è concluso niente.

11 – Sai cosa ti dico? Io la macchina la faccio rottamare e prendo il treno.

12 – Sì, ma il treno qualche volta è carissimo; si spende un occhio della testa!

13 – Io prendo il locale dell'una meno venti, che spendo meno.

## Traduction

14

**1** – Vous me donnez trois cents grammes de courgettes et une livre d'aubergines, s'il vous plaît ? **2** – Je croyais que chez vous les légumes ne plaisaient à personne. **3** – Oui, mais c'est pour faire la sauce pour les pâtes ; mes enfants en sont fous ! **4** – Combien d'enfants avez-vous, madame ? **5** – J'ai trois enfants, deux garçons et une fille. **6** – Je m'arrête chez le charcutier acheter du jambon. **7** – Je t'accompagne ? Tu es super-chargée ! **8** – Non, je vais toute seule. **9** – Je n'ai pas garé la voiture par ici, parce qu'à l'heure de pointe le centre-ville est très embouteillé. **10** – On a fait beaucoup de projets pour la zone piétonne, mais depuis que j'habite ici rien ne s'est conclu. **11** – Tu sais ce que j'en dis ? Moi, la voiture, je la fais démolir et je prends le train. **12** – Oui, mais parfois le train est très cher ; on dépense les yeux de la tête ! **13** – Je prends l'omnibus d'une heure moins vingt, je dépense moins.

# 15  Quindicesima lezione

## Telefonata al dottore

1 – Pronto, vorrei parlare con il dottor Malvani, per cortesia.
2 – Mi dispiace, ma il dottore sta facendo visite ① a domicilio;
3 credo che sarà di ritorno verso le cinque.
4 – Ah, mi scusi tanto; ieri mi aveva detto che sarebbe stato ② in ambulatorio nel primo pomeriggio.
5 – Si sarà sbagliato ③; a quest'ora non c'è ④ mai.

## Notes

① **La visita**, qu'elle soit **a domicilio** ou **ambulatoriale** (*au cabinet*), est *la consultation (médicale)*, certainement depuis l'époque où les médecins rendaient visite à leurs malades chez eux ou dans les hospices. **Il medico visita il paziente**, *Le médecin examine le patient* ; **la visita del medico fiscale** est *le contrôle de la médecine du travail*, effectué à la demande de l'employeur, pour vérifier si l'arrêt maladie demandé est justifié.

② **mi aveva detto che sarebbe stato…** : l'action de proposition subordonnée est située ultérieurement, dans le temps, par rapport à celle de proposition principale, et puisque le verbe dans celle-ci est au passé, le verbe de la subordonnée est au conditionnel passé (c'est en réalité "le futur du passé" ; remarquez qu'en français on utilise dans ce cas le conditionnel présent) : **Ti avevo avvertito che sarei arrivato oggi**, *Je t'avais prévenu que j'arriverais aujourd'hui*.

③ Le futur est souvent employé pour formuler une hypothèse : **Che ore sono? Non lo so, saranno le tre**, *Quelle heure est-il ? Je ne sais pas, il doit être trois heures* ; **Il dottore è in ritardo; avrà avuto un contrattempo**, *Le docteur est en retard ; il doit avoir eu un imprévu*. ▶

### Appel chez le docteur

**1** – Allô, je voudrais parler au *(avec le)* docteur Malvani, s'il vous plaît *(par courtoisie)*.

**2** – Désolée, le docteur consulte *(est en train de faire des visites)* à domicile ;

**3** je crois qu'il sera de retour vers cinq heures.

**4** – Oh, excusez-moi *(tant)* ; hier il m'a *(avait)* dit qu'il *(aurait été)* serait au cabinet en début d'*(dans le premier)* après-midi.

**5** – Il s'est sans doute *(il se sera)* trompé : à cette heure[-ci] il n'est jamais là *(n'y est jamais)*.

PASSO TUTTE LE MIE NOTTI IN BIANCO.

▶ ④ L'expression **c'è** est parfois utilisée pour indiquer la présence (ou, à la forme négative, l'absence) : **C'è tuo fratello? No, non c'è, è uscito un'ora fa**, *Ton frère est là ? Non, il n'est pas là, il est sorti il y a une heure* ; **Ho suonato a casa sua, ma non c'era nessuno**, *J'ai sonné chez lui, mais personne n'était là.*

6    Vuole che le fissi un appuntamento per domani?
7 –  A dire il vero, volevo venire oggi
     pomeriggio: non mi sento affatto ⑤ bene.
8 –  Purtroppo oggi siamo pieni fino a tardissimo,
9    e in ogni caso al ⑥ pomeriggio il dottore
     riceve solo su appuntamento.
10   Se si sente molto male, le consiglio di
     andare in ospedale al pronto soccorso, dove
     la visiteranno subito.
11   Di che cosa si tratta, esattamente?
12 – Mi fa male la testa ⑦; è per via delle mie
     crisi d'insonnia.
13   Sono anni che il dottore mi cura per questo,
     ma ahimè con scarsi risultati.
14   Passo tutte le mie notti in bianco: o meglio, mi
     addormento, ma mi sveglio dieci minuti dopo.
15   E le rare volte in cui riesco a chiudere
     occhio, faccio dei terribili incubi.
16 – E non è mai andato da uno specialista?

**Notes**

⑤ **affatto** renforce une forme négative : **Non mi piace affatto**,
*Je ne l'aime pas du tout* ; il est rarement utilisé pour renforcer
à la forme affirmative, mais on peut le trouver : **Sono affatto
contento**, *Je suis tout à fait content*. **Nient'affatto** signifie *pas
du tout*, de même que **affatto** quand il est tout seul : **Hai fame?
– Affatto**, *Tu as faim ? – Pas du tout*.

⑥ La préposition **a** situe l'action dans le temps : **Domani lavoro
solo alla mattina, invece al sabato lavoro anche alla sera**,
*Demain je ne travaille que le matin, alors que le samedi je
travaille le soir aussi* (l'omission de la préposition est aussi possible, comme également sa substitution par la préposition **di** : ▶

**6**    Vous voulez que je vous fixe un rendez-vous pour demain ?

**7** – À vrai dire je voulais venir cet après-midi : je ne me sens pas bien du tout.

**8** – Malheureusement aujourd'hui nous sommes pleins jusqu'à très tard,

**9**    et en tout cas *(à)* l'après-midi le docteur [ne] reçoit que *(seulement)* sur rendez-vous.

**10**    Si vous vous sentez très mal, je vous conseille d'aller à l'hôpital aux urgences *(prompt secours)*, où ils vous examineront tout de suite.

**11**    De quoi s'agit-il, exactement ?

**12** – J'ai mal à la tête *(Me fait mal la tête)* ; c'est à cause *(par voie)* de mes crises d'insomnie.

**13**    Ça fait *(sont)* des années que le docteur me soigne pour cela, mais hélas avec de médiocres résultats.

**14**    Je passe des *(toutes mes)* nuits blanches *(en blanc)* : ou plutôt *(mieux)* je m'endors, mais je me réveille dix minutes après.

**15**    Et les rares fois où j'arrive à fermer l'œil, je fais [de] terribles cauchemars.

**16** – Et vous n'êtes jamais allé chez un spécialiste ?

▶   **lavoro la/di mattina, il/di sabato lavoro la/di sera**) ; remarquez aussi les expressions **Mangio tre volte al giorno**, *Je mange trois fois par jour* ; **Viaggio a cento chilometri all'ora**, *Je voyage à cent kilomètres l'heure* ; **Siamo pagati trenta euro all'ora** (ou **l'ora**), *Nous sommes payés trente euros de l'heure*.

⑦ Dans les formes pronominales (analogues au réfléchi) le pronom fait office de possessif, et il peut y avoir un complément d'objet direct : **Si mette il cappello**, *Il met son chapeau* ; **Ti lavi i denti**, *Tu laves tes dents* ; **Si lucidano le scarpe**, *Ils cirent leurs chaussures*, **Mi fanno male i piedi**, *J'ai mal aux pieds*.

**17** – Eccome! Mi sono fatto vedere da neurologi, psicologi, cardiologi ⑧, osteopati, persino otorinolaringoiatri ed oculisti.

**18** – Oculisti? E perché mai?

**19** – Per vedere meglio i miei incubi! Da allora dormo sempre con gli occhiali! □

**Note**

⑧ Attention aux noms de personne masculins de dérivation grecque en **-logo** qui font leur pluriel en **-logi** (au lieu de la ▸

---

**Esercizio 1 – Traducete**

❶ Ho suonato a casa loro ma non c'era nessuno: saranno usciti. ❷ Mi avevano detto che sarebbero tornati a casa alle tre. ❸ Ci siamo svegliati, ci siamo lavati i denti, ci siamo lucidati le scarpe e siamo andati via. ❹ Non gli piace affatto fare visite a domicilio. ❺ Le rare volte che riesco a chiudere occhio, faccio terribili incubi.

---

**Esercizio 2 – Completate**

❶ Le docteur m'avait dit qu'il serait rentré vers trois heures.

. . . . . . . . . . . . . . . . . . che . . . . . . .

tornato . . . . . . . . . . .

❷ Il a dû se tromper : l'après-midi il n'est jamais là.

Si . . . . . . . . . . . . . . . . . . : . . . . . . . . . . . . . . . . . .

. . . mai.

❸ Malheureusement je ne me sens pas bien du tout : j'ai mal à la tête.

. . . . . . . . . . . . . . . . . . . . . . . . . . . bene:

mi . . . . . . . . . . . . .

17 – Et comment ! J'ai vu *(je me suis fait voir par)* des neurologues, des psychologues, des cardiologues, des ostéopathes, même des oto-rhino-laryngologistes et des ophtalmologues.
18 – Des ophtalmologues ? Et pourquoi donc *(jamais)* ?
19 – Pour mieux voir mes cauchemars ! Depuis *(alors)*, je dors toujours avec mes *(les)* lunettes !

▸     forme régulière en **-ghi**) : **radiologo**, *radiologue*, devient **radiologi**, mais le pluriel de **dialogo**, *dialogue* est **dialoghi**.

## Corrigé de l'exercice 1

❶ J'ai sonné chez eux mais il n'y avait personne : ils doivent être sortis. ❷ Ils m'avaient dit qu'ils seraient rentrés à trois heures. ❸ Nous nous sommes réveillés, nous avons lavé nos dents, nous avons ciré nos chaussures et nous sommes partis. ❹ Il n'aime pas du tout voir les patients à domicile. ❺ Les rares fois où j'arrive à fermer l'œil, je fais de terribles cauchemars.

❹ Vous voulez que nous vous fixions un rendez-vous pour demain matin ?

. . . . .   . . .   le . . . . . . . .   . .   . . . . . . . . . . . .
per . . . . . . . . ?

❺ Non, je préfère aller aux urgences à l'hôpital, où ils m'examineront tout de suite.

No, . . . . . . . . . . . .   . . . . . .   . . . . . .
. . . . . . . .   . . . . . . . . . . . ., dove mi
. . . . . . . . . . .   . . . . . . .

## Corrigé de l'exercice 2

❶ Il dottore mi aveva detto – sarebbe – verso le tre ❷ – sarà sbagliato – al pomeriggio non c'è – ❸ Purtroppo non mi sento affatto – fa male la testa ❹ Vuole che – fissiamo un appuntamento – domattina ❺ – preferisco andare al pronto soccorso all'ospedale – visiteranno subito

# 16   Sedicesima lezione

## Visita dal medico

**1 –** Permesso ①, posso entrare? Tocca a me ②?
     Buongiorno, dottore.
**2 –** Si accomodi, venga pure avanti.
**3 –** Che cosa c'è che non va, mio caro?
**4 –** È la mia solita insonnia, dottore, sono
     completamente esaurito.
**5 –** Mi deve assolutamente prescrivere una
     medicina ③ efficace, perché non ne posso più.
**6 –** La volta scorsa mi ha detto che la pressione
     era a posto, mi ha fatto fare i raggi e un
     sacco di analisi, ed eccomi al punto di
     prima:
**7 –** non c'è verso ④ di prendere sonno.

## Notes

① Petite révision des expressions de politesse utilisées en entrant
  dans un lieu : on dit **permesso** (litt. "permission") en fran-
  chissant la porte ; la même formule est utilisée quand on veut
  passer devant quelqu'un, par exemple dans la rue. La personne
  qui reçoit chez elle, comme ici le médecin, dit, pour faire
  entrer la personne et la mettre à l'aise, **si accomodi** (litt. "prenez vos aises, installez-vous").

② L'expression impersonnelle **tocca a me, tocca a te, tocca a
  lui, tocca a lei**, etc. correspond à *c'est à moi (c'est mon tour),
  à toi, à lui, à elle*, etc. (on peut dire aussi **sta a me, sta a te**,
  etc.). **A chi tocca?**, *À qui est-ce le tour ?* Attention à ne pas
  la confondre avec **mi tocca, ti tocca, gli tocca, le tocca**, etc.
  (donc avec la forme pronominale faible) suivi d'un verbe à
  l'infinitif, où il y a un sens d'obligation : **Mi tocca lavorare
  anche al sabato**, *Je suis obligé de travailler même le samedi.* ▸

## Consultation chez le médecin

**1 –** Pardon, je peux entrer ? C'est *(touche)* à moi ?
Bonjour, docteur.

**2 –** Entrez *(installez-vous)*, venez donc *(avant)*.

**3** Qu'est-ce *(il y a)* qui ne va pas, mon cher ?

**4 –** C'est toujours mon insomnie *(habituelle)*,
docteur, je suis complètement épuisé.

**5** Vous devez absolument me prescrire un
médicament efficace, parce que je n'en peux
plus.

**6** La dernière fois vous m'avez dit que la tension
était bonne *(à place)*, vous m'avez fait faire
une radio *(les rayons)* et un tas *(sac)* d'examens
*(analyses)*, et me revoilà au point de départ
*(d'avant)* :

**7** il n'y a pas moyen de trouver *(prendre)* le
sommeil.

③ **una medicina** est *un médicament* (synonyme : **un farmaco**)
mais **la medicina** est *la médecine*. **La medicazione** correspond
plutôt au *pansement*, souvent post-opératoire : **È stata dimessa
dall'ospedale, ma ci deve tornare la settimana prossima per
la medicazione**, *Elle est sortie de l'hôpital, mais elle doit y
retourner la semaine prochaine pour refaire le pansement.*

④ **il verso**, en plus du sens de *vers* poétique, ou *le cri* d'un homme
(**Dalle sue labbra uscì solo un verso**, *De ses lèvres ne sortit
qu'un cri.*) ou d'un animal (**Il verso del cavallo è il nitrito**, *Le
cri du cheval est le hennissement.*), est utilisé pour exprimer *la
manière* : **Non fa mai le cose nel verso giusto**, *Il ne fait jamais
les choses de la bonne façon*, ou, comme ici, dans l'expression
**non c'è verso** : **Non ci fu verso di farglielo capire**, *Il n'y eut
pas moyen de le lui faire comprendre.*

**8** Vado avanti e indietro per la casa tutta la notte e in famiglia mi danno del matto ⑤!

**9** La prego, mi faccia dormire almeno un paio di notti alla settimana!

**10** – È una parola! ⑥ Crede che io non lo conosca, lo stress?

**11** Centinaia ⑦ di pazienti che fanno la fila in sala d'aspetto,

**12** chi per una ricetta, chi per una puntura,

**13** uno che vuole l'impegnativa per una visita specialistica,

**14** un altro che si è messo in malattia e che ha bisogno del certificato,

**15** uno che è in bolletta ⑧ e chiede solo farmaci mutuabili,

## Notes

⑤ **dare del matto a qualcuno**, *traiter quelqu'un de fou*, est une expression analogue – dans sa construction (mais avec un sens bien différent !) – à **dare del lei a qualcuno**, *vouvoyer quelqu'un* : **Prima ci davamo del lei, adesso ci diamo del tu**, *Avant, nous nous vouvoyions, maintenant nous nous tutoyons* ; **Dammi del tu!**, *Tutoie-moi !*

⑥ **È una parola!** accentue la difficulté, voire l'impossibilité, de ce qui vient d'être dit : **Lavorare di più? È una parola!**, *Travailler davantage ? Pas évident !* Ne confondez pas cette expression avec *c'est une façon de parler*, qui se dit en italien **si fa per dire** : **Siamo seri (si fa per dire…)**, *Soyons sérieux (façon de parler…)*. **Tanto per dire** correspond, lui, à *histoire de parler* : **Ti ho detto la mia, tanto per dire, poi fa' quello che vuoi**, *Je t'ai dit mon opinion, histoire de parler, après fais ce que tu veux*.

**8**    Je fais les cent pas *(je vais avant et arrière)*      **16**
dans *(par)* la maison toute la nuit et chez moi
*(en famille)* ils me traitent de *(me donnent du)*
fou !

**9**    Je vous [en] prie, faites-moi dormir au moins
deux *(une paire de)* nuits par *(à la)* semaine !

**10 –** Vous parlez *(c'est un mot)* ! Vous croyez que je
ne le connais *(connaisse)* pas, le stress ?

**11**   Des centaines de patients qui font la queue dans
[ma] salle d'attente,

**12**   un *(qui)* pour une ordonnance, un autre *(qui)*
pour une piqûre,

**13**   un qui veut la prescription pour une
consultation [avec un] spécialiste,

**14**   un autre qui est *(s'est mis)* en [arrêt] maladie et
a besoin de l'attestation,

**15**   un autre qui est fauché et demande uniquement
des médicaments remboursés [par la sécurité
sociale],

⑦ **il centinaio** appartient à ce groupe de mots masculins qui
deviennent féminins au pluriel, et prennent la terminaison **-a** :
**le centinaia** ; c'est aussi le cas de **il migliaio, le migliaia**, *le
millier* ; **il paio, le paia**, *la paire* ; **l'uovo, le uova**, *l'œuf*, etc.
Donc on dit **l'uovo fresco**, pluriel **le uova fresche**, *les œufs
frais*.

⑧ **la bolletta** est aujourd'hui à la fois *le bordereau*, par exemple
pour une livraison, et *la facture* d'une consommation courante
(**la bolletta della luce**, *la facture d'électricité*), mais autrefois
c'était également la liste affichée sur la place publique des
personnes ruinées et des sociétés en faillite, d'où l'idée d'être
fauché… On dit aussi **essere al verde**, cette dernière expression se référant à la couleur verte de la base des anciennes
bougies, qui était visible quand la cire était finie : c'est donc
l'idée d'être au bout de ses ressources (financières) : rien à voir,
donc avec *se mettre au vert* !

**16**

| 16 | quello appena dimesso dall'ospedale che mi tocca andare a visitare ⑨ a casa ⑩, |
|---|---|
| **17** | l'influenza, il mal di cuore, il mal di gola ⑪, il male alle ossa ⑫, la tonsillite, le adenoidi e il raffreddore! |
| **18** | Senza contare le emergenze che mi fanno correre a destra e a manca ⑬ ad ogni ora! |
| **19** | Anche a me piacerebbe, caro mio, dormire un paio di notti alla settimana! |
| **20** – | Vuole che le consigli un buon calmante, dottore? □ |

**Notes**

⑨ Souvenez-vous qu'entre un verbe de mouvement et le verbe à l'infinitif qui le suit, il faut toujours la préposition **a** : **Sei venuto a trovarmi?**, *Tu es venu me voir ?* ; **Siamo subito corsi a vedere che cosa era successo**, *Nous avons tout de suite couru voir ce qui s'était passé.*

⑩ Dans certaines expressions de lieu, on omet l'article devant la préposition **a** : **a teatro, a casa, a letto** ; par contre, on dit **al cinema** ; de même dans certains circonstanciels de manière : **Questa macchina va a benzina**, *Cette voiture marche à l'essence* ; **imparare a memoria**, *apprendre par cœur* ; **È un lavoro fatto a mano**, *C'est un travail fait à la main.*

⑪ **Il mal di cuore** indique en italien uniquement *une maladie cardiaque* (même si dans un langage plus scientifique lui préfère d'autres expressions : **malattie cardiache, disturbi cardiaci, disturbi al cuore, patologie cardiache, cardiopatie**) ; rien à voir donc avec l'expression familière française *j'ai mal au cœur*, qui serait plutôt **ho la nausea** ("j'ai la nausée") ; quant à **la gola** c'est *la gorge* (*la gueule* d'un animal est **il muso**) ou, dans le sens latin, *la gourmandise*, **i peccati di gola**, *les péchés de gourmandise*. Attention donc aux "faux amis", ressemblances morphologiques entre les mots italiens et les mots français !

⑫ Comme les mots mentionnés dans la note 7, **l'osso**, *l'os*, fait aussi son pluriel dans la forme féminine en **-a**, **le ossa**, mais également dans la forme régulière **gli ossi**, masculin en **-i** ; les

**16**    celui qui est juste *(à peine)* sorti de l'hôpital [et] que je suis obligé *(me touche)* d'aller *(à)* examiner chez lui,    **16**

**17**    la grippe, les maladies du cœur, le mal à la gorge, le mal aux os, les amygdalites, les végétations et le rhume !

**18**    Sans compter les urgences, qui me font courir à droite et à gauche à toute heure !

**19**    Moi aussi j'aimerais, mon cher, dormir deux nuits par semaine !

**20** –    Vous voulez que je vous conseille un bon calmant, docteur ?

deux pluriels n'ont pourtant pas la même signification : **le ossa** sont en général *les os* d'un organisme vivant, **gli ossi** sont plutôt ceux des animaux comestibles morts, souvent en tant que résidus alimentaires. D'autres mots masculins ont deux formes de pluriels, avec deux significations différentes : vous en trouverez une petite liste dans la leçon de révision 21, à la section 7.

⑬ Dans l'expression idiomatique **a destra e a manca**, le mot **manca** est un synonyme de **sinistra**, *gauche* ; **manca** vient du latin ***mancus***, *défectueux, imparfait, tordu, manchot* : la main gauche était donc la main la moins habile (et donc "gauche"…). L'adjectif **sinistro** a également le sens de *lugubre, funeste, inquiétant, défavorable*, puisque l'envol des oiseaux vers la gauche était de mauvais augure dans l'antiquité, donc… sinistre !

**Esercizio 1 – Traducete**

❶ Il mio medico mi aveva promesso che mi avrebbe prescritto un farmaco efficace contro il raffreddore. ❷ La mia macchina era dal meccanico, così mi è toccato tornare a casa a piedi. ❸ Appena abbiamo ricevuto la triste notizia siamo corsi ad informarci, ma non c'è stato verso di sapere niente di più. ❹ Imparare a memoria tutta quella roba? È una parola! ❺ Centinaia di migliaia di persone soffrono d'insonnia.

---

**Esercizio 2 – Completate**

❶ C'est à qui le tour ? C'est à moi, je peux entrer ? – Entrez !

A chi . . . . . ? . . . . . . me, . . . . . . . . . . . ?
–Si . . . . . . . . !

❷ Aujourd'hui presque tous les Italiens se tutoient, alors qu'autrefois tout le monde se vouvoyait.

. . . . . . . . . . tutti . . . . . . . . . . . . . . . . . del
tu, mentre . . . . . . . tutti . . . . . . . . . . . . . .

❸ Quand j'ai une crise d'insomnie, je fais les cent pas dans la maison toute la nuit.

. . . . . . . . una crisi . . . . . . . . . . , . . . . . . .
. . . . . . . . . la casa . . . . . . . . . . . .

❹ Après avoir tant travaillé, me voici au même point qu'avant : il n'y a pas moyen de trouver une solution.

. . . . . . . . . . . . . . . . . . . . , . . . . . . . . .
al punto . . . . . . . . . : . . . . . . . . . . .
. . . . . . . . . . . . . . . . . . . . •

❺ Je t'ai dit mon opinion, histoire de parler, maintenant fais ce que tu veux.

. . . . . . . . . . la mia, . . . . . . . . . . . . ,
adesso . . . . . . . . . . . . . ti . . . . .

## Corrigé de l'exercice 1

❶ Mon médecin m'avait promis qu'il me prescrirait un médicament efficace contre le rhume. ❷ Ma voiture était chez le garagiste, j'ai donc été obligé de rentrer chez moi à pied. ❸ Dès que nous avons reçu la triste nouvelle, nous avons couru nous informer, mais il n'y a pas eu moyen d'en savoir plus. ❹ Apprendre par cœur tous ces trucs ? Pas évident ! ❺ Des centaines de milliers de personnes souffrent d'insomnie.

## Corrigé de l'exercice 2

❶ – tocca – Tocca a – posso entrare – accomodi ❷ Oggi quasi – gli italiani si danno – una volta – si davano del lei ❸ Quando ho – di insonnia, vado avanti e indietro per – tutta la notte ❹ Dopo avere tanto lavorato, eccomi – di prima – non c'è verso di trovare una soluzione ❺ Ti ho detto – tanto per dire – fa' quello che – pare

*Le système médical italien est en grande partie décentralisé et géré par* **le Aziende Sanitarie Locali** *(A.S.L.), qui ont remplacé depuis 1980* **le Mutue** *(Enti Mutualistici), organismes nationaux correspondant à la Sécurité Sociale mais divisés par catégories professionnelles. C'est un système qui garantit l'assistance médicale universelle (inscrite dans la Constitution italienne depuis 1948), qui ne dépend donc pas du statut de travailleur de l'assisté. Les Italiens choisissent un médecin traitant sur une liste proposée par l'* **A.S.L.** *dont ils dépendent, et peuvent consulter gratuitement leur docteur. S'ils souhaitent consulter un spécialiste, il vont chez lui lui demander* **un'impegnativa**, *c'est-à-dire une demande de sa part leur permettant de consulter le spécialiste gratuitement ou moyennant le paiement d'un ticket modérateur,* **il ticket**, *dont la valeur est variable. Bien sûr il est toujours possible d'aller voir n'importe quel médecin en dehors du système d'assistance publique et de payer ses honoraires. Les médicaments prescrits par le médecin traitant sont également sujet au paiement du* **ticket** *–, sauf les produits qui ne sont pas du tout remboursés* **(non mutuabili)**. *Il n'est pas inutile de dire que les Italiens, habituellement "grognons" au sujet de leur propre pays, sont dans l'ensemble satisfaits de leur système médical, quand on en discute avec eux.*

## Andiamo al cinema!

**1 –** Andiamo a vederci un film stasera?

**2 –** Sì, ma non in un multisala ①: odio quegli orribili centri commerciali in periferia.

**3** Quando ci si ② va, si gira per ore nei corridoi per trovare il cinema.

**4** A me piacciono ③ i cinemini di quartiere, o magari in centro.

**5 –** Va bene, allora guardiamo cosa danno al Ristori: è qui vicino.

**6 –** Sì, è proprio di fronte al ④ mio ufficio, così possiamo andare allo spettacolo delle sei, l'ora a cui stacco.

**7 –** Ma tu non ti muovi ⑤ mai dal tuo quartiere!

## Notes

① **un (cinema) multisala** est un complexe à plusieurs salles de cinéma qui se trouve souvent dans un grand centre commercial ; on l'appelle aussi **multiplex**. C'est un mot invariable, comme d'autres adjectifs composés de façon analogue, par exemple **monouso** (*à usage unique*) ou **salvaspazio** (*qui permet de faire des économies de place*, p. ex. **un arredo salvaspazio**, *un ameublement qui optimise la place*).

② Dans les formes impersonnelles où **si** correspond à *on* français, **si** précède toujours directement le verbe, aussi bien avec un adverbe comme ici (**ci si va**, *on y va*), avec un pronom (**lo si vede**, *on le voit*), ou dans la forme négative **non si parla d'altro**, *on ne parle de rien d'autre*. Par contre avec **ne**, **si** devient **se** et précède **ne** : **se ne parla**, *on en parle*.

③ Souvenez-vous que le verbe **piacere** s'accorde toujours avec le sujet réel, donc avec "ce qui plaît" : **Mi piace la tua**

## Allons au cinéma !

**1 –** Nous allons *(à)* voir*(-nous)* un film ce soir ?
**2 –** Oui mais pas dans un cinéma à plusieurs salles :
je déteste ces horribles centres commerciaux en
banlieue.
**3** Quand on y va, on tourne pendant des heures
dans les couloirs pour trouver le cinéma.
**4** Moi, j'aime *(me plaisent)* les petits cinémas de
quartier, ou éventuellement en centre[-ville].
**5 –** D'accord, alors voyons ce qui passe *(regardons
chose ils donnent)* au Ristori : c'est près d'ici.
**6 –** Oui, c'est juste en face de mon bureau, comme
ça nous pouvons aller à la séance *(au spectacle)*
de six heures, l'heure à laquelle j'arrête le
travail *(je décroche)*.
**7 –** Mais toi tu ne *(te)* bouges jamais de ton
quartier !

**macchina**, *J'aime ta voiture* ; **Mi piacciono le macchine
sportive**, *J'aime les voitures sportives* (litt. "me plaisent les
voitures sportives"). Avec les temps composés, l'auxiliaire est
**essere** et le participe passé s'accorde donc avec le sujet : **Ti
è piaciuta la commedia?**, *As-tu aimé la comédie ?* ; **Vi sono
sempre piaciute le canzoni italiane**, *Vous avez toujours aimé
les chansons italiennes*.

④ La préposition **a** est employée dans des expressions de lieu
telles que **di fronte a**, *en face de*, **dentro a**, *dans*, **davanti a**,
*devant*, **dietro a**, *derrière*, **accanto a**, *à côté de*, **vicino a**, *près
de*, **intorno a**, *autour de*, **in mezzo a**, *au milieu de*, etc.

⑤ Il existe plusieurs verbes réfléchis en italien qui correspondent
à des verbes qui ne le sont pas en français : **muoversi** (litt. "se
mouvoir"), *bouger*, **vergognarsi**, *avoir honte*, **innamorarsi**,
*tomber amoureux*, etc.

**8** — Io preferirei andare al Capitol, fanno "L'avventuriero senza volto" di Armando Taricco. Ne ho letto ieri un'ottima recensione.

**9** — Sì, anch'io: da qualche giorno non si parla d'altro.

**10** — Pensa che il regista da giovane faceva lo scrittore, e si è dato al cinema molto tardi, in età più che matura;

**11** ciò nonostante ⑥ ha già diretto un gran numero di film per il piccolo schermo, ma è al cinema che dà il meglio di sé.

**12** Ho visto il suo primo cortometraggio alla tivù qualche anno fa, e si capiva già che sarebbe diventato qualcuno.

**13** Allora tutti i critici davano contro a Taricco dicendo che faceva film astrusi, è stato rivalutato solo da pochi anni.

**14** — Ma tu conosci la trama di questo film?

**15** — Certo: è un film giallo ⑦, in cui il protagonista è uno a cui hanno dato l'ergastolo ingiustamente;

**Notes**

⑥ **Ciò nonostante** veut dire *malgré cela, cependant* ; on y trouve le pronom démonstratif **ciò**, *cela*. Le sens littéral est "cela ne s'opposant pas", comme dans *cela n'empêche que...* (**ciò non toglie che...**) ; on y trouve le verbe ancien **ostare**, *s'opposer* (**l'ostacolo** est *l'obstacle*), utilisé uniquement dans le mot administratif **il nulla osta**, *l'autorisation* (puisque quand on autorise, rien n'empêche...).

**8** Moi, je préfèrerais aller au Capitol, on passe **17**
*(ils font)* "L'aventurier sans visage" d'Armando
Taricco. J'en ai lu hier une excellente critique.

**9 –** Oui, moi aussi : depuis quelques jours, on ne
parle que de ça *(d'autre)*.

**10 –** Pense que le metteur en scène [quand il était]
*(de)* jeune était *(faisait l')* écrivain, et il s'est
consacré *(donné)* au cinéma très tard, à un *(en)*
âge plus que mûr ;

**11** malgré cela il a déjà dirigé un grand nombre de
films pour le petit écran, mais c'est au cinéma
qu'il donne le meilleur de lui[-même].

**12** J'ai vu son premier court-métrage à la télé il y
a quelques années, et l'on voyait *(comprenait)*
déjà qu'il deviendrait *(serait devenu)*
quelqu'un.

**13** À l'époque *(alors)* tous les critiques étaient
*(donnaient)* contre *(à)* Taricco, en disant qu'il
faisait des films incompréhensibles, il a été
réévalué seulement depuis peu d'années.

**14 –** Mais toi tu connais l'intrigue de ce film ?

**15 –** Certainement, c'est un film policier *(jaune)*,
dans lequel le protagoniste est [quelqu']un
condamné à *(à qui ils ont donné la)* perpétuité
injustement ;

⑦ **Un romanzo giallo** (litt. "un roman jaune") est *un roman policier*, puisque la première collection de "polars" parue en Italie
en 1929 était caractérisée par la couverture jaune de tous les
volumes. Depuis, la couleur jaune est synonyme de narration
policière en général : **un film giallo** est *un film policier*. Parfois
on dit simplement **un giallo** : **Ho letto un giallo**, *J'ai lu un
"polar"* ; **Ho visto un giallo**, *J'ai vu un film policier.*

**16** lui non si dà pace ⑧ finché non riesce ⑨ a scappare dando fuoco alla sua cella.

**17** Una volta fuori di prigione, una contadina gli dà rifugio nella sua fattoria;

**18** di lì a poco, questa contadina dà alla luce un bambino…

**19** – Ma che pizza ⑩, è il solito polpettone strappalacrime! Ho capito l'antifona ⑪!

**20** Speriamo almeno che al Capitol i popcorn siano buoni, se no la prossima volta vado in un multisala! ☐

## Notes

⑧ **Darsi pace** (litt. "se donner paix"), *se résigner* ; **dare** est conjugué ici à la forme réfléchie : **mi do pace**, **ti dai pace**, **si dà pace**, etc. ; en général, cette expression n'est utilisée qu'à la forme négative (**non darsi pace**, *ne pas se résigner*). Vous trouverez d'autres nombreuses expressions idiomatiques avec le verbe **dare** dans la leçon de révision 21 (section 6).

⑨ **finché non riesce…**, *jusqu'à ce qu'il arrive* : la construction à la forme négative exprime la virtualité de l'action avant son accomplissement de fait, comme en français dans *tant qu'il n'a pas réussi…*. Une construction négative analogue est **Sono mesi che non vado al mare** (avec le verbe au présent), *Je ne suis pas allé à la mer depuis des mois*. ▸

## Esercizio 1 – Traducete

❶ Il regista da giovane faceva lo scrittore e si è dato al cinema in età matura. ❷ I critici gli davano contro, dicevano che faceva film astrusi. ❸ Ho letto un'ottima recensione del suo ultimo giallo. ❹ Ho sofferto di mal di gola, finché non ho preso un farmaco efficace. ❺ Il contadino viveva in una fattoria accanto alla città.

**16** il ne se résigne pas *(ne se donne paix)* [et] *(jusqu'à ce qu'il n')* arrive à s'échapper, en mettant *(donnant)* le feu à sa cellule.

**17** Une fois hors de prison, une paysanne lui offre un abri *(donne refuge)* dans sa ferme ;

**18** peu de temps après *(de là à peu)* cette paysanne donne le jour *(à la lumière)* [à] un enfant…

**19** – Mais quel ennui *(barbe)*, c'est encore un *(l'habituel)* navet *(boulette)* [qui vous] arrache les larmes ! J'ai compris la rengaine *(antienne)* !

**20** Espérons au moins qu'au Capitol les pop-corn seront *(soient)* bons, sinon la prochaine fois j'irai *(je vais)* dans un complexe à plusieurs salles !

⑩ **La pizza** dont on parle ici n'est pas l'excellente spécialité napolitaine ! C'est au contraire une forme ancienne pour **il pizzetto** ou **il pizzo**, qui est un type de barbe *(le bouc)*. **Che pizza!** dans son sens figuré et populaire équivaut donc à l'expression française *Quelle barbe !* (on dit aussi **Che barba!**).

⑪ **L'antifona** est *l'antienne*, une partie de la messe chantée : **capire l'antifona** veut dire comprendre que c'est toujours la même histoire.

## Corrigé de l'exercice 1

❶ Dans sa jeunesse le réalisateur était écrivain et il s'est consacré au cinéma à l'âge mûr. ❷ Les critiques étaient contre lui, ils disaient qu'il faisait des films incompréhensibles. ❸ J'ai lu une excellente critique de son dernier "polar". ❹ J'ai souffert de mal à la gorge, jusqu'a ce que je prenne un médicament efficace. ❺ Le paysan vivait dans une ferme près de la ville.

**Esercizio 2 – Completate**

❶ Nous croyions que le cinéma était en face de ton bureau.

. . . . . . . . . . . . . .  . .  . . . . .  . . . . .  . .

. . . . . .  . .  . . .  . . . . . . . .•

❷ Je pensais que vous iriez à la séance de six heures et demie.

. . . . . . .  . . . . . . . . .  . . . . . .  . . . .

. . . . . . . . . . .  . . . . .  .  . . . . .•

❸ J'ai un peu honte, mais moi je ne bouge jamais de ma ville.

. . . . . . . . .  un po', ma io  . . .  . .  . . . . .

. . .  . . . . .  . . .  . . . . .•

❹ Il y a un cinéma près d'ici : quel film passe-t-on ?

. . .  . .  . . . . . .  . . .  . . . . . . . :  . . .  . . . .

. . . . . ?

❺ Je déteste ces horribles centres commerciaux en banlieue.

. . . .  . . . . . . .  . . . . . .  . . . . . .

. . . . . . . . . .  . .  . . . . . . . .•

---

## 18    Diciottesima lezione

### Televisione e videogiochi

**1 –** Ragazzi, abbassate il volume della tivù, che non ci si sente quando ci si parla ①!

**2 –** Sì, ma non troppo, papà, se no che gusto c'è ad uccidere gli zombi a volume basso?

### Note

① Les formes pronominales et réfléchies de la tournure impersonnelle avec **si** se font avec **ci si** : **ci si veste**, *on s'habille* ; **ci si**

## Corrigé de l'exercice 2

❶ Credevamo che il cinema fosse di fronte al tuo ufficio ❷ Pensavo che sareste andati allo spettacolo delle sei e mezza ❸ Mi vergogno – non mi muovo mai dalla mia città ❹ C'è un cinema qui vicino – che film danno ❺ Odio quegli orribili centri commerciali in periferia

*En écoutant les dialogues des leçons, cherchez à saisir le ton sur lequel sont dites certaines expressions très typiques, pour l'imiter de la façon la plus fidèle possible :* **capito l'antifona? Al lavoro!**

---

## Dix-huitième leçon   18

### Télévision et jeux-vidéos

1 – Les garçons, baissez le volume de la télé,
 *(qu')*on ne s'entend pas quand on se parle !
2 – Oui mais pas trop, papa, sinon quel plaisir y a-t-
 il à tuer les zombies à bas volume ?

**capisce**, *on se comprend.* Souvenez-vous toujours que le participe passé s'accorde au pluriel : **Ci si è vestiti**, *On s'est habillé.*

3 –  Voi e i vostri stramaledetti videogiochi!

4    Se fosse per me, vi avrei fatto smettere già
     da un pezzo ②.

5    Uno di questi giorni, stacco gli spinotti dal
     televisore e vi nascondo tutto: consolle,
     joystick, cavetti, e chi s'è visto s'è visto ③.

6    Dicono ④ che quando si sta incollati allo
     schermo per ore e ore come fate voi, si
     diventa epilettici!

7 –  Dai papà, non esagerare! Sarà capitato ⑤ a
     dei bambini che magari erano già malati!

8 –  In ogni caso andate almeno in camera
     vostra a giocare, invece di fare tutto quel
     baccano ⑥ in sala da pranzo.

## Notes

② **un pezzo** est employé dans un sens temporel pour dire *long-temps* : **Se vuoi dei soldi da lui, puoi aspettare un pezzo**, *Si tu veux qu'il te donne de l'argent, tu peux attendre longtemps !* ; **È un pezzo che aspetti?** *Tu attends depuis longtemps ?*

③ **chi s'è visto s'è visto** est une expression utilisée pour indiquer que l'on coupe court à toute discussion : **Io me ne vado, e chi s'è visto s'è visto**, *Je m'en vais et puis c'est tout* ; **Decido io per tutti e chi s'è visto s'è visto**, *Je décide pour tout le monde et puis c'est tout* ; parfois on l'utilise pour indiquer une solution radicale à un problème, qui ne se soucie pas des conséquences pour les autres : **Quando non voglio essere disturbato, spengo il cellulare e chi s'è visto s'è visto!**, *Quand je ne veux pas être dérangé j'éteins mon portable, un point c'est tout !*

④ Parfois on rend la forme impersonnelle par la 3ᵉ personne du pluriel, quand le sujet est vague ou sous-entendu ou que le sens est "les gens" en général : **Qui una volta fabbricavano tutto** ▸

**3** – Vous et vos *(hyper)*maudits jeux-vidéos !

**4** Si cela ne tenait qu'à moi *(Si fût pour moi)*, je vous aurais fait arrêter depuis un moment *(morceau)* déjà.

**5** Un de ces jours, je débranche les fiches du téléviseur et je vous cache tout : la console, la manette, les *(petits)* câbles, et puis c'est tout *(qui s'est vu s'est vu)*.

**6** On dit *(disent)* que quand on reste collé*(s)* à l'écran pendant *(pour)* des heures et des heures comme vous faites, on devient épileptique*(s)* !

**7** – Allez papa, n'exagère pas ! Cela doit être arrivé à des enfants qui étaient peut-être déjà malades !

**8** – En tout cas, allez au moins *(à)* jouer dans votre chambre, au lieu de faire tout ce boucan dans la salle à manger.

▸ **a mano**, *Autrefois ici on fabriquait tout à la main* ; **In Italia mangiano sempre la pasta**, *En Italie on mange toujours des pâtes.*

⑤ **capitare**, comme **succedere**, veut dire *arriver*, pour un événement ; ils peuvent être utilisés dans des tournures personnelles (le sujet est exprimé) : **Sono successe/capitate molte disgrazie**, *Bien des malheurs sont arrivés*, ou impersonnelle : **Capita di sbagliarsi**, *Il arrive de se tromper* ; **A volte capita che uno si sbagli**, *Il arrive parfois que quelqu'un se trompe.* Dans **capitare** il y a une nuance de hasard, de fait inattendu : **Proprio a me doveva capitare!**, *C'est justement sur moi que cela devait tomber !* ; **Capiti a proposito**, *Tu tombes bien !*

⑥ **baccano**, *vacarme*, vient sans doute du latin qui a donné "bacchanale" , les fêtes de Bacchus, dieu du vin et de la danse, qui devaient être bien bruyantes, car quand on a bu trop de vin, on en fait du *boucan* !

9 – Ma in camera abbiamo delle tele minuscole, qui invece con lo schermo al plasma e l'home cinema, è tutta un'altra cosa…

10 – Basta così! Adesso mi voglio vedere il telegiornale per avere un po' di notizie dal mondo:

11 stamattina ho comprato il giornale e non ho neanche avuto il tempo di dargli un'occhiata ⑦, tanto avevo da lavorare.

12 E poi il telegiornale è l'unica trasmissione che m'interessa;

13 il resto, reality show, fiction, serial, videoclip e compagnia bella, se li possono tenere!

14 – Sì, però sul terzo canale della Rai ci sono spesso delle trasmissioni culturali e dei film che ti piacciono.

15 – Sì, alle due di notte! Per far fronte alla concorrenza delle reti ⑧ private, di giorno la Rai è obbligata a mandare in onda gli stessi tipi di programmi.

16 È l'indice di gradimento che governa la televisione; e la pubblicità.

17 – E bisogna dire che ce n'è davvero troppa: un film che dovrebbe durare un'ora e mezza, a causa degli spot pubblicitari alla fine ne dura tre!

**Notes**

⑦ **un'occhiata** est *un coup d'œil*, donc **dare un'occhiata** ou aussi **dare una scorsa al giornale** signifie *lire le journal en diagonale*, le lire rapidement, et en général l'expression indique un regard rapide, mais "sûr" : **Dai un po' un'occhiata a quella macchina**, *Regarde voir cette voiture* ; **un'occhiata** peut être aussi une expression du regard : **Mi ha dato un'occhiata** ▶

**9 –** Mais dans [notre] chambre nous avons des télés minuscules, alors qu'ici avec l'écran plat *(au plasma)* et le home-cinéma, c'est une toute autre chose…

**10 –** Ça suffit comme ça *(ainsi)* ! *(Moi)* Maintenant je *(me)* veux voir le journal-télé pour avoir un peu de nouvelles du monde ;

**11** ce matin j'ai acheté le journal et je n'ai même pas eu le temps d'y jeter *(donner)* un coup d'œil, tellement j'avais de travail *(à travailler)*.

**12** D'ailleurs *(et puis)* le journal-télé est la seule émission qui m'intéresse :

**13** le reste, télé-réalité, téléfilms, séries, clips vidéo et compagnie *(belle)*, ils peuvent se les garder !

**14 –** Oui, mais sur la troisième chaîne de la Rai il y a souvent des émissions culturelles et des films qui te plaisent.

**15 –** Oui, à deux heures du matin *(de nuit)* ! Pour faire face à la concurrence des *(chaînes de-)* télévisions privées, dans la *(de)* journée la Rai est obligée de *(à)* programmer *(envoyer en onde)* les mêmes types d'émissions.

**16** C'est l'audimat *(l'index d'agrément)* qui gouverne la télévision ; et la publicité.

**17 –** Et il faut dire qu'il y en a vraiment trop ; un film qui devrait durer une heure et demie, à cause des spots publicitaires, finalement en dure trois !

▶ **cattiva**, ou **un'occhiataccia**, *Il m'a regardé méchamment*. Dans le même registre, **fare l'occhiolino** signifie *faire un clin d'œil*.

⑧ **La rete** est *le filet* (**la rete da pesca**, *le filet de pêche*), mais le mot est également rentré dans le langage des communications avec le sens de chaîne de télévision (**la terza rete** ou **il terzo canale**, *la troisième chaîne*), de réseau, **la rete telefonica**, *le réseau téléphonique* et, plus récemment, *la toile (du réseau internet)*.

**18**    18    La sigla degli intermezzi pubblicitari, la potrei cantare a memoria…

     **19** –   Adesso che ci penso, mi viene in mente ⑨ che oggi c'è sciopero dei giornalisti: niente telegiornale!

     **20**     Quasi quasi riattacco il vostro videogioco e sparo anch'io agli zombi: magari mi rilasserà un po'!     □

## Note

⑨ **La mente** est *l'esprit* en général, au sens de l'intelligence et des facultés cognitives de quelqu'un : **Tieniti in mente questa cosa**, *Garde cela dans ton esprit* ; **Mi torna in mente una frase di mio padre**, *Une phrase de mon père me revient à l'esprit*. **La mente** est utilisé aussi pour indiquer une *intelligence exceptionnelle* : **È una mente!**, *C'est "une tête" !* ; **Che mente!**, *Quel esprit !* ; **Ha una mente acuta**, *Il a l'esprit subtil* ; **Io sono il braccio e lei la mente**, *Je suis le bras et elle la tête*. Parfois il indique également l'état intellectuel : **È meglio farlo a mente fresca**, *Il vaut mieux le faire la tête reposée*.

## Esercizio 1 – Traducete

❶ Capiti a proposito, dovevo proprio parlarti. ❷ Sulla terza rete mandano in onda delle trasmissioni culturali che ti piacciono. ❸ Per fare fronte alla concorrenza delle reti private, la Rai è obbligata a preoccuparsi dell'indice di gradimento delle trasmissioni. ❹ Era un pezzo che li aspettavamo, allora siamo andati via e chi s'è visto s'è visto. ❺ Speravo che avreste tenuto il volume basso, invece avete fatto un gran baccano.

**18** Le générique des intermèdes publicitaires, je pourrais le chanter par cœur…

**19** – Maintenant que j'y pense, *(il me vient à l'esprit que)* aujourd'hui il y a grève des journalistes : pas de journal-télé !

**20** J'ai presque [envie de] rebrancher *(Presque presque je rebranche)* votre jeu-vidéo et [de] tirer moi aussi sur les zombies : peut-être ça me détendra un peu !

## Corrigé de l'exercice 1

❶ Tu tombes bien, je devais justement te parler. ❷ Sur la troisième chaîne ils programment des émissions culturelles que tu aimes. ❸ Pour faire face à la concurrence des chaînes privées, la Rai est obligée de se soucier de l'audimat des émissions. ❹ Cela faisait longtemps que nous les attendions, alors nous sommes partis, un point c'est tout. ❺ J'espérais que vous laisseriez le volume bas, et au lieu de ça vous avez fait un grand vacarme.

**18**  **Esercizio 2 – Completate**

**❶** Si cela tenait à moi, je vous aurais fait arrêter les jeux-vidéo depuis longtemps déjà.

.. ..... per me, .. ..... ........
con . ........... ... .. .. ......

**❷** Baissez le volume de la télé, on ne s'entend pas quand on se parle !

.......... .. ....... ... .. ...., che ...
.. .. ..... .. .. ..... !

**❸** Mon fils reste collé à l'écran pendant des heures et des heures.

... ...... ... ....... .... .......
... ... . ....

**❹** C'est justement sur nous que devait tomber ce malheur !

....... ... ...... ...... ......
......... !

**❺** J'ai jeté un coup d'œil au journal pour avoir un peu de nouvelles du monde.

.. .... ........... .. ........ ...
..... .. ... .. ....... ... ......

## Corrigé de l'exercice 2

❶ Se fosse – vi avrei fatto smettere – i videogiochi già da un pezzo
❷ Abbassate il volume della tivù – non ci si sente quando ci si parla
❸ Mio figlio sta incollato allo schermo per ore e ore ❹ Proprio a noi
doveva capitare questa disgrazia ❺ Ho dato un'occhiata al giornale
per avere un po' di notizie dal mondo

*Les Italiens utilisent volontiers des mots anglo-saxons pour dési-gner les genres des émissions télévisées, qui sont à peu près les mêmes dans tous les pays :* **il reality show** *se réfère à des émis-sions où des personnages parfois célèbres sont mis en condition de vivre réellement (ou du moins en apparence...) des aventures ou des situations plus ou moins spectaculaires ;* **il serial** *est un* feuille-ton à épisodes, *qui s'étale parfois sur plusieurs années ;* **la fiction** *indique toute création narrative conçue pour le petit écran (on dit aussi* **il telefilm***) ; enfin,* **il videoclip** *est, comme en français, une* vidéo musicale, *qui dure en général le temps d'une chanson.*

# 19   Diciannovesima lezione

## Una notte all'opera

**1 –** Il mese prossimo vado a vedere l'Aida ①
all'Arena di Verona;

**2** figurati che ho prenotato i biglietti su
internet due o tre mesi fa!

**3** Ed oltre tutto ci è mancato poco che
trovassi ② il tutto esaurito:

**4** anche prendendoli in prevendita così in
anticipo, ne restavano pochissimi.

**5 –** Sì, ma per comprare i biglietti on line
bisogna pagare con la carta di credito, e
mica tutti ce l'hanno, con quello che costa!

**6 –** No, non occorre ③ pagare on line, basta
anche solo prenotare e poi fare un bonifico
sul conto corrente dell'ente ④ Arena entro
una settimana.

## Notes

① L'article défini devant les noms de personnes est utilisé comme
ici quand il s'agit de titres d'œuvres, notamment d'opéras
(**l'Aida**, **la Turandot**, etc.), de personnes célèbres ou d'auteurs
(**la Callas**, **il Leopardi**), et dans certaines régions d'Italie pour
les prénoms, dans la langue parlée et sur un ton amical : **Ho
visto la Rita ieri in piazza**, *J'ai vu Rita hier sur la place.*

② Remarquez cette expression **ci è mancato poco** qui correspond
à *il s'en est fallu de peu* et qui se construit avec le subjonctif,
présent ou imparfait selon le verbe de la proposition principale : **È tanto irrispettoso che ci manca poco che dia del tu ai
professori!**, *Il est si irrespectueux qu'il tutoierait presque ses
professeurs !* ; **Ci è mancato poco che la sua macchina non** ▸

## Une nuit à l'opéra

**1** – Le mois prochain je vais voir *(l')*Aïda aux Arènes de Vérone.

**2** Figure-toi que j'ai réservé les billets par *(sur)* internet il y a deux ou trois mois !

**3** Et en plus *(outre tout)* il s'en est fallu de peu *(y est manqué peu)* que je ne trouve *(trouvasse)* tout complet *(le tout épuisé)* :

**4** même en les achetant *(prenant)* en pré-vente si [longtemps] à l'avance, il en restait *(restaient)* très peu.

**5** – Oui, mais pour acheter les billets en ligne il faut payer avec une *(la)* carte de crédit, et tout le monde ne l'a pas, avec ce que ça coûte !

**6** – Non, il n'est pas nécessaire de payer en ligne, il suffit *(même seulement)* de réserver, et ensuite de faire un virement sur le compte bancaire *(courant)* de l'organisme des Arènes une semaine avant.

▶  **uscisse di strada**, *Il s'en est fallu de peu que sa voiture ne sorte* ("sortît") *de la route*.

③ Le verbe **occorrere** est un synonyme de **bisognare**, mais il porte une nuance supplémentaire de nécessité, notamment à la forme négative : **non bisogna pagare**, *il ne faut pas payer* est presque une interdiction, **non occorre pagare**, *il n'est pas nécessaire de payer* veut dire que ce n'est pas obligatoire.

④ **ente** est le nom générique donné aux organismes et institutions publiques et privés, agissant en général dans des intérêts collectifs ; **gli enti mutualistici** sont *les mutuelles*, **gli enti locali**, *les collectivités territoriales* ; **l'ente Arena** est l'institution organisant l'ensemble de la saison d'opéra des Arènes de Vérone.

7    Oppure puoi andare in posta a fare un
     vaglia, in contanti o col bancomat.

8    In ogni caso io non rinuncerei mai alle mie
     serate operistiche: ne vado matta!

9    E poi nei teatri a volte è ancora più difficile
     trovare dei posti che all'Arena, dove la
     capienza è di ventiduemila spettatori!

10   L'anno scorso sono voluta andare ⑤ al
     San Carlo di Napoli ed era tutto esaurito:
     loggione, galleria, palchi e platea! ⑥

11 – Io è da quando ero bambino che non
     vado ⑦ all'opera:

12   mio nonno era orchestrale al Comunale
     di Bologna e a volte mi portava dietro le
     quinte ⑧ a vedere il retroscena ⑨;

## Notes

⑤ Il existe des verbes *semi-auxiliaires* ou **servili** qui utilisent
l'auxiliaire du verbe qu'ils accompagnent, tantôt **essere**, tantôt
**avere** : ce sont **volere**, **potere**, **dovere** et **sapere** : **Ho voluto
leggere quel libro**, *J'ai voulu lire ce livre* ; **È voluto venire
da te**, *Il a voulu venir chez toi* ; dans les formes composées,
si l'auxiliaire est **essere** le participe passé s'accorde normalement avec le sujet : **Non siamo potuti venire**, *Nous n'avons
pas pu* (litt. "ne sommes pas pus") *venir* ; **Sono dovuta partire
prima**, *J'ai dû* (litt. "je suis due") *partir avant*. La difficulté
de ces constructions fait que l'on entend souvent, à l'oral, les
formes moins correctes avec l'auxiliaire **avere** comme **"Ho
dovuto partire prima"**.

⑥ Dans des listes de noms, on omet souvent l'article défini ou
partitif : **Abbiamo mangiato di tutto, carne, pesce, dolci,
frutta, ed ogni ben di Dio**, *Nous avons mangé de tout : de la
viande, du poisson, des desserts, des fruits, et tout en abondance* (litt. "tout bienfait de Dieu").

▶

**7**    Ou bien tu peux aller à la poste faire un mandat, avec du liquide ou avec ta carte bancaire.

**8**    En tout cas, je ne renoncerais jamais à mes soirées d'opéra : j'en suis *(vais)* folle !

**9**    Ensuite *(et puis)* dans les théâtres il est encore plus difficile [de] trouver des places qu'aux Arènes, où la capacité est de vingt-deux mille spectateurs !

**10**    L'année dernière j'ai voulu *(je suis voulue)* aller au [théâtre] San Carlo de Naples, et tout était complet *(épuisé)* : le paradis, la galerie, les loges et [les fauteuils d']orchestre !

**11** –    Moi, ça fait depuis mon enfance *(quand j'étais enfant)* que je ne suis pas allé *(je ne vais)* à l'opéra :

**12**    mon grand-père était musicien d'orchestre au [théâtre] communal de Bologne, et parfois il m'amenait derrière les coulisses *(à)* voir l'arrière-scène ;

▸ ⑦ Dans l'expression d'une durée qui commence dans le passé mais qui continue dans le présent, le temps utilisé est le présent ou un temps verbal indiquant l'actualité dans le passé : **Non mangio da ieri**, *Je n'ai pas mangé depuis hier* ; **Non mangiavamo da giorni**, *Nous n'avions pas mangé depuis des jours.*

⑧ **le quinte**, *les coulisses*, sont les panneaux coulissants qui forment les décors de théâtre : leur nom vient peut-être du fait qu'il existait cinq faces coulissantes pour obtenir cinq images (**quinto** = *cinquième*), ou encore du mot ancien espagnol *quinta* qui signifiait *maison*, ce qui était souvent représenté dans les scènes de théâtre.

⑨ **il retroscena** est *l'arrière-scène* bien sûr, mais au figuré le mot signifie également *les dessous d'une affaire*, toujours au pluriel invariable : **Il giornale rivela tutti i retroscena della vicenda**, *Le journal révèle tous les dessous de l'affaire.*

**13** sono sempre stato impressionato dalla quantità di gente che richiede l'allestimento di uno spettacolo:

**14** comparse, coristi, trovarobe, tecnici delle luci e del suono, assistenti alla regia, truccatori, parrucchieri, costumisti,

**15** e poi tutti gli addetti ai costumi che aiutano i cantanti a vestirsi e a svestirsi.

**16** – Senza contare le decine e decine di orchestrali che stanno giù nel golfo mistico ⑩, e che dalla platea non si vedono neanche.

**17** – Avete proprio ragione: alla fine dello spettacolo, tutti gli applausi vanno agli attori e ai cantanti, gli idoli del pubblico sotto le luci della ribalta ⑪.

**18** Per tutti gli altri lavoratori del teatro come me è difficile sfondare, avere un riconoscimento da parte del pubblico.

**19** – Ma scusa, non sapevo che tu lavorassi a teatro: che cosa ci fai?

**20** – Lavoro alla biglietteria! ☐

## Notes

⑩ L'expression **il golfo mistico**, litt. "le golfe mystique", traduit librement l'allemand ***mystisches Abgrund***, *abîme mystique*, que le musicien du XIXᵉ siècle Richard Wagner utilise pour dénommer *la fosse d'orchestre* qu'il invente lui-même dans le théâtre qu'il conçu à Bayreuth pour sa propre musique. L'italien a emprunté le mot wagnérien pour désigner la même chose. ▶

**13** j'ai toujours été impressionné par la quantité de gens que demande la préparation d'un spectacle :

**14** des figurants, des choristes, des accessoiristes, des éclairagistes et des techniciens du son, des assistants à la mise en scène, des maquilleurs, des coiffeurs, des costumiers,

**15** et même *(puis)* tous ces habilleurs *(préposés aux costumes qui aident les chanteurs à s'habiller et à se déshabiller)*.

**16 –** Sans compter les dizaines et dizaines de musiciens d'orchestre qui restent en bas dans la fosse, et qu'on ne voit même pas depuis les [fauteuils d'] orchestre !

**17 –** Tu as vraiment raison : à la fin du spectacle tous les applaudissements vont aux acteurs et aux chanteurs, les idoles du public sous les feux de la rampe.

**18** Pour tous les autres travailleurs du théâtre, comme moi, il est difficile de percer *(défoncer)*, d'avoir une reconnaissance de la part du public.

**19 –** Mais excuse-moi, je ne savais pas que tu travaillais *(travaillasses)* au théâtre, qu'est-ce que tu y fais ?

**20 –** Je travaille au guichet !

▶ ⑪ **La ribalta**, *la rampe* (*l'avant-scène* au théâtre, synonyme plus "technique" **il proscenio**) est utilisé au figuré dans les expressions **essere alla ribalta**, *jouir d'une grande notoriété, être au centre de l'attention* ; **venire** ou **salire alla ribalta**, *obtenir soudain une grande popularité* (en sens positif ou négatif) ; une expression très proche (seulement en positif) est **essere sulla cresta dell'onda** (litt. "être sur la crête de la vague") *tenir la vedette* (à ne pas confondre, donc avec "le creux de la vague" !).

**19**   **Esercizio 1 – Traducete**

❶ Ci mancò poco che finissimo tutti all'ospedale!
❷ Sono tanti anni che non vado in montagna.
❸ Puoi fare un bonifico sul suo conto corrente, oppure, se preferisci, vai in posta coi contanti o col bancomat e fai un vaglia. ❹ Ho letto i retroscena di quello scandalo che lo ha portato alla ribalta su tutti i giornali. ❺ Non siamo potute andare all'opera perché era tutto esaurito.

———⟫◦⟪———

**Esercizio 2 – Completate**

❶ Mon grand-père était musicien d'orchestre et m'amenait derrière les coulisses voir l'arrière-scène de l'opéra.

. . .   . . . . .   . . .   . . . . . . . . . . .   .   . .
. . . . . . .   . . . . . . . .   . . . . . . .   .   . . . . . . .   . .
. . . . . . . . . .   . . . . . . . . . .•

❷ J'ai réservé deux places d'orchestre pour le mois prochain.

. . .   . . . . . . . . . .   . . . . . .   . . . . . .   . .   . . . . . . .   . . .
. .   . . . .   . . . . . . . . .•

❸ Ma sœur n'a pas pu venir.

. . .   . . . . . . .   . . .   . . . . . . .   . . . . . .•

❹ Nous ne renoncerions jamais à nos soirées d'opéra ; nous en sommes fous !

. . .   . . . . . . . . . . . .   . . .   . . .   . . . . . . .
. . . . . . .   . . . . . .   . . . . . . . . ; . .   . . . . . . .   . . . . . .!

❺ À la fin du spectacle, les acteurs vont sous les feux de la rampe recevoir les applaudissements du public.

. . . .   . . . .   . . . . . . . . . . . .,   . . .   . . . . . .
. . . . .   . . . .   . . .   . . . .   . . . . . . .   .
. . . . . . . .   . . .   . . . . . . . .   . . .   . . . . . . . .•

❶ Il s'en fallut de peu que nous ne finissions tous à l'hôpital !
❷ Cela fait beaucoup d'années que je ne suis pas allé à la montagne.
❸ Tu peux faire un virement sur son compte courant, ou bien si tu préfères, tu vas à la poste avec du liquide ou avec ta carte bancaire et tu fais un mandat. ❹ J'ai lu dans tous les journaux les dessous de ce scandale qui l'a amené sur le devant de la scène. ❺ Non n'avons pas pu aller à l'opéra parce que tout était complet.

# Corrigé de l'exercice 2

❶ Mio nonno era orchestrale e mi portava dietro le quinte a vedere il retroscena dell'opera ❷ Ho prenotato due posti in platea per il mese prossimo ❸ Mia sorella non è potuta venire ❹ Non rinunceremmo mai alle nostre serate operistiche; ne andiamo matti ❺ Alla fine dello spettacolo, gli attori vanno sotto le luci della ribalta a ricevere gli applausi del pubblico

*Comme vous pouvez le constater dans le dialogue, la carte de crédit est moins répandue en Italie qu'en France. En effet, les frais bancaires sont assez importants, et les Italiens préfèrent il **Bancomat**, une carte bancaire nettement moins chère et à débit immédiat pour les achats dans les magasins, utilisée aussi pour les retraits dans les guichets automatiques dans la rue, que l'on appelle également i **bancomat**, automates bancaires. **Il Bancomat** ne peut pas être utilisé pour les achats par internet ou par téléphone. Vous entendrez souvent, dans les magasins, la caissière demander au client présentant une carte bancaire : –* **Bancomat o carta?** *pour savoir de quel type de moyen de paiement il s'agit, car les appareils utilisés pour encaisser ne fonctionnent pas de la même manière selon les cas.*

## I piaceri della musica

1 – Giorgio, si può sapere perché non rispondi mai quando ti si chiama?

2   È la terza volta che ti grido di venire a tavola, che è pronto da un pezzo!

3 – Ma non vedi che ha la cuffia del lettore di MP3 sulle orecchie? Non ti sente!

4 – Ma guarda che roba ①! Mi toccherà mandargli un SMS per dirgli di venire a tavola,

5   sperando che abbia il cellulare con la vibrazione, se no non sente mica la suoneria!

6 – I giovani adesso sono tutti così, vivono con la loro musica nelle orecchie.

7 – Sì, poi diventano sordi, come quelli che vanno ai rave party e stanno ore incollati alle casse a tutto volume!

**Note**

① **La roba** est un mot au sens très large qui vient de l'ancien germanique *raub* (d'où le verbe **rubare**, *voler*) et qui indique dans la langue populaire *la marchandise (la camelote)*, *les affaires* (au sens de ce que l'on possède : **È roba mia**, *Ce sont mes affaires*), et par extension également *les trucs*, *les machins* : **Di chi è questa roba?**, *C'est à qui ce machin ?* ; **È una roba seria?**, *C'est un truc sérieux ?* On le trouve dans des expressions telles que **Che roba!** ou **Roba da matti!**, qui pourraient se traduire par *C'est fou / C'est dingue !*

## Les plaisirs de la musique

1 – Giorgio, peut-on savoir pourquoi tu ne réponds jamais quand on t'appelle ?

2 C'est la troisième fois que je te crie de venir à table, *(que)* c'est prêt depuis un moment *(morceau)* !

3 – Mais tu ne vois pas qu'il a le casque du lecteur de MP3 sur les oreilles ? Il ne t'entend pas !

4 – Mais regarde-moi ça *(quel truc)* ! Je vais être obligé *(me touchera)* [de] lui envoyer un texto pour lui dire de venir à table,

5 en espérant qu'il ait son portable en mode *(avec la)* vibration, sinon il n'entend pas *(du tout)* la sonnerie !

6 – Les jeunes maintenant sont tous ainsi, ils vivent avec leur musique dans les oreilles.

7 – Oui, et après ils deviennent sourds, comme ceux qui vont aux raves et restent des heures collés aux enceintes à plein *(tout)* volume !

**20**　**8**　A volte l'impianto audio è a un volume così alto che lo si sente a chilometri di distanza.

**9**　Ma non vi stufate ② mai di ascoltare sempre la stessa roba, la vostra techno, house o come cavolo ③ la chiamano i DJ?

**10** – Intanto non è "la stessa roba", perché ci sono stili diversissimi tra loro, come il tribal, l'electro, l'hardcore e così via.

**11**　Io poi ascolto un po' di tutto, dal rap alla techno al rock, e persino qualche cantautore di musica leggera ④.

**12**　Nel mio MP3 ho più di dieci giga di musica, tutti scaricati da internet.

**13** – Illegalmente…

**14** – No, ci sono anche dei siti di download legale.

## Notes

② **Stufare** signifie littéralement *cuire à l'étuvée*, et dans la langue populaire signifie *fatiguer* quelqu'un (le "cuisiner" en somme !), comme d'ailleurs de façon analogue **seccare** (litt. "sécher") signifie *déranger, importuner*. De ces deux verbes viennent les adjectifs **stufo** (**Ho lavorato tutt'oggi, sono proprio stufa**, *Aujourd'hui j'ai travaillé toute la journée, je suis vraiment fatiguée*), **seccato** (**Sembri seccato, c'è qualcosa che non va?**, *Tu sembles contrarié, il y a quelque chose qui ne va pas ?*), **seccatore**, *casse-pieds* (**Scusami del ritardo, ma mi ha telefonato un seccatore proprio mentre uscivo di casa**, *Excuse-moi pour le retard, mais un casse-pieds m'a appelé juste au moment où je sortais de chez moi*).

③ **Il cavolo** est *le chou*, mais dans le langage familier on l'utilise souvent en l'associant à l'idée d'une chose de peu de valeur (le chou est la nourriture populaire par excellence) : **Che discorsi del cavolo!**, *Quels discours à la noix !* ; **Che cavolo fai?**, *Qu'est-ce que tu fabriques ?* ; **Tu e la tua musica del cavolo**, *Toi et ta musique à la gomme !*

**8** Parfois la sono *(l'installation son)* est à un **20** volume si élevé qu'on l'entend depuis des kilomètres *(de distance)*.

**9** Mais vous n'en avez pas marre d'*(vous ne vous cuisez pas à)* écouter toujours la même camelote, votre techno, house ou comment diable *(chou)* l'appellent les DJ's ?

**10** – D'abord *(entre-temps)* ce n'est pas "la même camelote", puisqu'il y a des styles très différents entre *(de)* eux, comme le tribal, l'électro, le hardcore et ainsi de suite.

**11** Moi d'ailleurs *(puis)* j'écoute un peu de tout, du rap à la techno, au rock, et même quelques auteurs compositeurs interprètes de variétés *(musique légère)*.

**12** Dans mon MP3 j'ai plus de dix gigas de musique, tout téléchargé sur *(d')*internet.

**13** – Illégalement…

**14** – Non, il y a aussi des sites de téléchargement légal.

④ **La musica leggera** est la musique populaire actuelle, *les variétés*, ce que dans les langues anglo-saxonnes l'on appelle *pop music* ; il ne faut pas la confondre avec ce que l'on appelait en français "la musique légère", qui indiquait plutôt jusque dans les années 1960 la musique d'ambiance non symphonique mais d'inspiration classique, comme par exemple l'opérette. Depuis 1951 les Italiens suivent passionnément chaque année entre février et mars, **il Festival di San Remo**, **festival della canzone italiana**, qui est un peu le temple de **la musica leggera**.

**20**

**15** – Noi da ragazzi mettevamo da parte i soldi ⑤ per comprarci i dischi dei nostri gruppi preferiti.

**16** Io conoscevo a memoria tutti i nomi dei bassisti, dei chitarristi, dei batteristi, dei tastieristi e dei cantanti dei gruppi rock e pop dell'epoca.

**17** Adesso voi tirate giù da internet il file con il brano che volete, e non sapete neanche chi lo suona ⑥!

**18** – Dipende! Anche noi abbiamo i nostri idoli, e poi ci sono le riviste di musica per informarsi sui membri dei diversi gruppi.

**19** Se vuoi, posso masterizzarti un CD con un po' di musica che piace a me, così mi dici cosa ne pensi.

**20** – Ottima idea, lo ascolterò in macchina mentre vado in ufficio. Ma ti avverto: lo metterò a volume bassissimo!

**21** – Peggio per te, fai come credi: ti perderai l'effetto discoteca! □

## Notes

⑤ Pour indiquer *l'argent* en italien parlé on dit plus souvent **i soldi**, litt. "les sous" (**il soldo** était le nom d'une monnaie romaine), que **il denaro**, pourtant plus "neutre". De nombreuses expressions populaires contiennent ce mot : **Non ho un soldo**, *Je n'ai pas un sous* ; **Costa un sacco di soldi**, *Ça coûte une fortune* ("un sac de sous") ; **Non vale un soldo**, *Ça ne vaut rien* ; **È un film da quattro soldi**, *C'est un film de quatre sous*, et aussi on dit de quelqu'un de toute petite taille : **È alto un soldo di cacio**, litt. "il est aussi grand qu'un fromage d'un sou"…

**15 –** Quand nous étions jeunes *(de garçons)*, nous
mettions de l'argent *(les sous)* de côté pour nous
acheter les disques de nos groupes préférés.

**16** Je connaissais par cœur tous les noms des
bassistes, des guitaristes, des batteurs, des
claviers et des chanteurs des groupes [de] rock
et [de] pop de l'époque.

**17** Maintenant vous téléchargez sur internet le
fichier avec le morceau que vous voulez, et
vous ne savez même pas qui le joue.

**18 –** [Ça] dépend ! Nous aussi nous avons nos
idoles, *(et)* puis il y a les revues de musique
pour s'informer sur les membres des différents
groupes.

**19** Si tu veux je peux te graver un CD avec un peu
de musique qui me plaît, comme ça tu me dis ce
que tu en penses.

**20 –** Très bonne idée, je l'écouterai dans la voiture
en allant *(pendant je vais)* au *(en)* bureau. Mais
je te préviens : je le passerai *(mettrai)* à volume
très bas !

**21 –** [Tant] pis pour toi, fais comme tu veux *(crois)* :
tu perdras l'effet discothèque !

20

⑥ **Suonare** est utilisé pour la musique en général : **Suono il
pianoforte**, **suono il violino**, *Je joue du piano, je joue du violon.* Pour certains instrumentistes il existe un mot spécifique, **il
tastierista**, *le joueur de clavier* (dans les musiques modernes),
**il batterista**, *le batteur*, pour d'autres on dit, par exemple, **il
suonatore di viola**, *l'altiste*, **il suonatore di tromba**, *le trom-
pettiste* (on dit aussi **il trombettista**, mais l'usage est limité
au jazz). Et si l'on n'est pas très doué pour la musique on peut,
bien sûr se limiter à **suonare il campanello**, *tirer la sonnette*
ou **suonare alla porta**, *sonner à la porte* !

**Esercizio 1 – Traducete**

❶ Non restare incollato alle casse dell'impianto audio! ❷ Ho scaricato un brano del mio batterista preferito da internet, poi l'ho masterizzato su un CD. ❸ Che tastierista del cavolo, non vale un soldo! ❹ Speravamo che avreste messo da parte i soldi per venire in vacanza con noi, invece siete in bolletta. ❺ Quel seccatore mi ha proprio stufato; io non gli rispondo più e chi s'è visto s'è visto.

––––––➤◆◄––––––

**Esercizio 2 – Completate**

❶ Peut-on savoir pourquoi tu ne réponds jamais quand on t'appelle ?

.. ... ....... ....... ... ....... ...
...... .. .. ...... ?

❷ Quand j'étais jeune, je mettais de côté l'argent pour m'acheter les disques de mes auteurs compositeurs interprètes préférés.

.. ....... ....... .. ...... . .....
... ....... . ...... ... ....
........... •

❸ Je connaissais par cœur les noms de tous les musiciens d'orchestre qui jouaient avec mon grand-père.

........... ....... ....... .. .....
... ....... ....... ... ...
...... •

❹ Ecoute, je dois te demander quelque chose.

..... , .... ........... ... .....•

❺ Parfois j'aime écouter la musique avec le casque.

. ...... .. ...... ........... .. .....
con la .......

# Corrigé de l'exercice 1

❶ Ne reste pas collé aux enceintes de la sono ! ❷ J'ai téléchargé un morceau de mon batteur préféré sur internet, ensuite je l'ai gravé sur un CD. ❸ Quel joueur de clavier à la noix, il ne vaut rien ! ❹ Nous espérions que vous mettriez de côté l'argent pour venir en vacances avec nous, et au lieu de ça vous êtes fauchés. ❺ Ce casse-pieds m'a vraiment fatigué ; je ne lui réponds plus, un point c'est tout.

# Corrigé de l'exercice 2

❶ Si può sapere perché non rispondi mai quando ti si chiama ❷ Da ragazzo mettevo da parte i soldi per comprarmi i dischi dei miei cantautori preferiti ❸ Conoscevo a memoria i nomi di tutti gli orchestrali che suonavano con mio nonno ❹ Senti, devo chiederti una cosa ❺ A volte mi piace ascoltare la musica – cuffia

*Le débat est toujours ouvert en Italie au sujet de la légalité du téléchargement gratuit de musique, films, etc. (les Italiens utilisent le verbe* **scaricare** *pour* télécharger, *mais gardent le mot anglais* **download** *pour le substantif). Pour l'instant, le législateur considère que l'échange de fichiers dans des réseaux* **peer-to-peer** *n'est pas illégal s'il n'est pas effectué* **a scopo di lucro** *(dans le but d'un enrichissement, donc* à *des* fins commerciales*). Cela n'est pas sans faire grincer les dents, bien sûr, des maisons de disques et des sociétés des auteurs. Il existe tout de même des sites payants sur lesquels on peut télécharger sans crainte jusqu'à ce que… les juges changent d'avis !*

# 21 Ventunesima lezione

## Revisione – Révision

### 1 Forme réfléchie

La conjugaison réfléchie se forme comme en français :

• aux temps simples, on place **mi, ti, si, ci, vi, si**, devant le verbe :
**mi vesto, ti vesti, si veste, ci vestiamo, vi vestite, si vestono**.

• aux temps composés, l'auxiliaire est toujours **essere** : **mi sono vestito, ti sei vestito**, etc.

L'italien se sert de formes pronominales apparentées au réfléchi, se construisant avec un complément d'objet direct :
**Si è comprata una macchina nuova.**
*Elle a acheté* ("s'est acheté") *une nouvelle voiture* (remarquez l'accord du participe passé avec le sujet).

On peut classer parmi ces tournures celles où le réfléchi indique une action faite sur soi, ou sur ses vêtements par exemple :
**Luisa si è allacciata le scarpe**, *Luisa a lacé ses chaussures.*
**Ci siamo lavati le mani**, *Nous avons lavé nos mains.*

Attention aux verbes qui sont réfléchis en italien et pas en français : **muoversi**, *bouger* ; **vergognarsi**, *avoir honte*, **innamorarsi**, *tomber amoureux*, **ammalarsi**, *tomber malade*, **degnarsi**, *daigner*, **arrampicarsi**, *grimper*, **augurarsi**, *souhaiter (quelque chose en soi-même)* :
**Mi auguro che tutto vada bene.**
*J'espère que tout ira bien.*

mais également **raccomandarsi**, *recommander* (au sens de *conseiller*) :
**Si è raccomandato che io non uscissi.**
*Il m'a recommandé de ne pas sortir.*

ou même *recommander* au sens d'avertissement ou ordre courtois :
**Non uscire, mi raccomando!**, *Ne sors pas, je t'en prie !*

## 2  L'accord des temps et des modes : le "futur du passé"

Au cas où ce qui est exprimé par la proposition subordonnée se situe dans le temps postérieurement par rapport à la proposition principale, le verbe de la subordonnée est :
– **au futur**, si la proposition principale est au présent ;
– **au conditionnel passé**, si la proposition principale est au passé.

L'action de la subordonnée a donc lieu après celle de la proposition principale, c'est pourquoi on parle de "futur du passé". Le tableau ci-dessous représente le système de l'accord dans ce cas et complète celui de la leçon 14 (§ 2) :

• **dans le présent**

| Proposition principale | Subordonnée |
|---|---|
| **Credo** | **che tu farai un errore.** |
| présent de l'indicatif | futur indicatif |
| *Je crois* | *que tu feras une erreur.* |

• **dans le passé**

| Proposition principale | Subordonnée |
|---|---|
| **Credevo** | **che tu avresti fatto un errore.** |
| imparfait de l'indicatif (ou autre temps passé) | conditionnel passé |
| *Je croyais* | *que tu ferais* ("aurais fait") *une erreur.* |

Les tournures avec **si** correspondent, en général, aux formes françaises avec *on* :
**Si lavora molto**, *On travaille beaucoup.*

Cette forme est apparentée à une forme pronominale (avec une valeur passive), où le sujet correspond au complément d'objet direct français :
**Si compra un chilo di pane**, *On achète un kilo de pain.*

**Si comprano due chili di pane.**
*On achète deux kilos de pain* ("deux kilos de pain s'achètent / sont achetés").

Comme pour le réfléchi, l'auxiliaire pour les temps composés est **essere**, et le participe passé des temps composés s'accorde avec le sujet :
**Si sono comprati due chili di pane**, *On a acheté deux kilos de pain.*

Quand il est associé à d'autres pronoms ou adverbes, **si** est placé directement avant le verbe :
**Non si vede**, *On ne voit pas* ; **Non ci si vede**, *On n'y voit pas* ; **Lo si vede**, *On le voit.*

Exception : associé à **ne**, **si** devient **se** et c'est **ne** qui se trouve avant le verbe :
**Se ne parla**, *On en parle.*

La forme réfléchie des tournures avec **si** se fait avec **ci si** :
**Ci si pettina**, *On se coiffe.*

Les prédicats et participes passés sont toujours accordés au pluriel, notamment quand **si** prend une valeur de *nous* ou des *gens* en général :
**Quando si è giovani, quando si diventa vecchi...**
*Quand on est jeune, quand on devient vieux...*

**L'ultima volta che si è andati al mare, ci si è andati in treno.**
*La dernière fois qu'on est allé, à la mer, on y est allé en train.*

Parfois, on utilise simplement la 3ᵉ personne du pluriel pour désigner les gens en général ou un sujet vague :
**Dicono che domani farà bello,** *On dit que demain il fera beau.*

**Avevano detto che oggi avrebbe fatto bello.**
*Ils avaient dit qu'aujourd'hui il ferait* ("aurait fait") *beau.*

## 4 Expressions d'obligation ou de nécessité

Il s'agit de tournures italiennes qui correspondent plus ou moins
au *falloir* français :

• **avec *bisognare* + infinitif ou *bisognare* + *che* + subjonctif**

(sens d'obligation)
**Bisogna mangiare regolarmente.**
*Il faut manger régulièrement.*

**Bisogna che tu mangi,** *Il faut que tu manges.*

**bisognare** ne peut pas être suivi directement d'un nom, il faut toujours un verbe :
**Bisogna avere coraggio,** *Il faut du courage.*

• **avec *ci vuole* + nom**

(le verbe est accordé avec le nom qui le suit, et qui en est le sujet)
**Ci vuole coraggio,** *Il faut du courage.*

Il peut éventuellement être précédé d'un pronom personnel com-
plément qui indique à qui la chose est nécessaire :
**Ti ci vuole coraggio,** *Il te faut du courage.*
**Mi ci sono volute due ore,** *Il m'a fallu deux heures.*

Cette tournure peut être utilisée à la forme personnelle également :
**In quell'occasione ci saresti voluto tu.**
*À cette occasion, il aurait fallu que tu sois là.*

**Per questo lavoro, mi ci volete voi.**
*Pour ce travail, c'est vous qu'il me faut.*

• **avec un pronom personnel complément +** *toccare* **+ infinitif**

(obligation désagréable)
**Mi tocca andare a casa a piedi.**
*Je suis obligé de rentrer à pieds.*

**Gli è toccato pagare la multa.**
*Il a été obligé de payer la contravention.*

• **avec** *occorrere*

(utilisé comme **bisognare**, mais avec une nuance de nécessité plus
que d'obligation)
**Occorre essere prudenti,** *Il faut être prudent.*

**Occorre che tu sia coerente.**
*Il faut / Il est nécessaire que tu sois cohérent.*

**Se occorresse, verrei subito.**
*Si c'était nécessaire, je viendrais tout de suite.*

**occorre** est également utilisé comme **ci vuole**, avec un nom :
**Per andare là, occorrono due ore.**
*Pour aller là bas, il faut deux heures.*

**Che cosa ti occorre?**
*Qu'est-ce qu'il te faut / De quoi as-tu besoin ?*

• **autres tournures**

Il existe par ailleurs des tournures qui correspondent à d'autres
usages du français *falloir* qui n'expriment pas la nécessité ou
l'obligation :
**Ci mancò poco che avesse un incidente / Per poco non ebbe un
incidente / Fu lì lì per avere un incidente.**
*Il s'en fallut de peu qu'il n'ait un accident.*

ou les expressions idiomatiques :
**Comportati come si deve,** *Comporte-toi comme il faut.*

**Una persona per bene** ou **una persona a modo**.
*Une personne comme il faut.*

# 5 La préposition *a*

Voyons les utilisations les plus fréquentes de la préposition **a** :

## 5.1 Rapprochement, direction

Par opposition à **da**, qui indique éloignement et provenance dans l'espace :
**Vado da Milano a Roma**, *Je vais de Milan à Rome.*

**Abito vicino a Bergamo**, *J'habite près de Bergame.*

**Mi siedo accanto a te**, *Je m'assois à côté de toi.*

Ce sens de direction peut être élargi de l'espace au temps :
**Ho lavorato fino a mezzanotte**, *J'ai travaillé jusqu'à minuit.*

## 5.2 Pour indiquer un lieu

**Abito a Milano**, *J'habite (à) Milan.*

**Vi aspettiamo al bar**, *Nous vous attendons au café.*

et avec les expressions de lieu :
**intorno a**, *autour de* ; **dentro a**, *dans* ; **in mezzo a**, *au milieu de* ; **in cima a**, *au sommet de* ; **in fondo a**, *au fond de* ; **davanti a**, *devant* ; **dietro a**, *derrière* ; **di fronte a**, *en face de* ; **sotto a**, *sous* ; **sopra a**, *sur* (**dentro**, **dietro**, **sotto** et **sopra** peuvent être également utilisés seuls, sans **a** : **sotto al tavolo** ou **sotto il tavolo**, *sous la table*).

Avec certains mots **a** ne prend pas d'article : **a casa**, *à la maison*, **a scuola**, *à l'école*, **a letto**, *au lit*, **a teatro**, *au théâtre*.

Ce sens peut être aussi élargi, pour placer une action dans le temps :
**Mi piace studiare alla mattina**, *J'aime étudier le matin.*

## 5.3 Sens distributif

**due volte al giorno**, *deux fois par jour* ;
**cinque euro al chilo**, *cinq euros le kilo* ;
**cento chilometri all'ora**, *cent kilomètres/heure.*

**Torneremo a casa a piedi**, *Nous rentrerons chez nous à pieds* ;
**La sua macchina va a benzina**, *Sa voiture marche à l'essence* ;

Retenez que **a** est toujours placé entre un verbe de mouvement et l'infinitif qui le suit : **Vado a lavorare**, *Je vais travailler.*

Notez aussi les expressions : **tocca a me**, *c'est à moi*, **la musica che piace a me**, *la musique que j'aime.*

## 6 Le verbe *dare*

Nous présentons ici quelques expressions idiomatiques avec le verbe **dare**, que vous avez rencontrées au cours des leçons précédentes, ainsi que quelques autres :

**Cosa danno al cinema?**, *Que passe-t-on au cinéma ?*

**darsi al teatro**, *se consacrer au théâtre* ;

**dare contro a qualcuno**, *attaquer* (au figuré) *quelqu'un* ;

**dare l'ergastolo a qualcuno**, *condamner quelqu'un à perpétuité* ;

**dare fuoco a qualcosa**, *mettre le feu à quelque chose* ;

**non darsi pace**, *ne pas se résigner* ;

**dare alla luce un bambino**, *donner le jour à un enfant* ;

**dare il benvenuto**, *souhaiter la bienvenue* ;

**dare del lei, dare del tu a qualcuno**, *vouvoyer, tutoyer quelqu'un* ;

**dare dello stupido a qualcuno**, *traiter quelqu'un d'idiot* ;

**dare una scorsa al giornale**, *lire le journal en diagonale* ;

**dare un'occhiata**, *jeter un coup d'œil* ;

**darsela a gambe**, *se sauver à toutes jambes* :
**Me la do a gambe**, *Je me sauve à toutes jambes* ;

**darci dentro**, *travailler dur* (**ci do dentro**, **ci dai dentro**, etc.) ;

**darsi da fare**, *travailler beaucoup* (moins fort que le précédent) (**mi do da fare**, **ti dai da fare**, etc.) ;

**dare indietro qualcosa a qualcuno**, *rendre quelque chose à quelqu'un* ;

**dare retta a qualcuno**, *écouter*, au sens de prêter l'oreille à quelqu'un et aussi de suivre ses conseils.

# 7 Quelques pluriels irréguliers

## 7.1 Les mots masculins en *-co* et en *-go*

Ils font normalement leur pluriel en **-chi** et en **-ghi** :
**il parco**, *le parc* → **i parchi** ;
**il lago**, *le lac* → **i laghi**.

Exceptions :
**l'amico**, *l'ami* → **gli amici** ;
**il nemico**, *l'ennemi* → **i nemici** ;
**il porco**, *le porc* → **i porci** ;
**il greco**, *le grec* → **i greci**.

Si l'accent tonique est sur l'antépénultième syllabe (trois avant la fin), le pluriel est également en **-ci** et en **-gi** :
**il sindaco**, *le maire* → **i sindaci** ;
**lo stomaco**, *l'estomac* → **gli stomaci** ;
**l'asparago**, *l'asperge* → **gli asparagi**.

Exceptions :
**l'incarico**, *la charge* → **gli incarichi** ;
**l'obbligo**, *l'obligation* → **gli obblighi**, etc.

Les mots dérivés du grec finissant en **-logo** appartiennent à cette dernière classe :
**lo psicologo**, *le psychologue* → **gli psicologi** ;
exception : **il dialogo**, *le dialogue* → **i dialoghi**.

## 7.2 Les mots masculins en *-o* ayant un pluriel féminin en *-a*

**l'uovo**, *l'œuf* → **le uova** ;
**il paio**, *la paire* → **le paia** ;
**il centinaio**, *la centaine* → **le centinaia** ;
**il migliaio**, *le millier* → **le migliaia** ;
**il lenzuolo**, *le drap* → **le lenzuola**.

**21** Appartiennent à cette classe **i nomi sovrabbondanti**, *les mots surabondants*, qui ont deux formes de pluriel, une régulière en **-i** (souvent au sens figuré), l'autre féminine en **-a** (sens propre) ; en voici quelques-uns :

| singulier masculin | pluriel masculin | pluriel féminin |
|---|---|---|
| **il braccio**, *le bras* | **i bracci**, *les bras* (d'un fleuve) | **le braccia**, *les bras* (d'un homme) |
| **il ciglio**, *le cil* | **i cigli**, *les bas-côtés d'une route* | **le ciglia**, *les cils* |
| **il corno**, *la corne* et *le cor* | **i corni**, *les cors* | **le corna**, *les cornes* |
| **il filo**, *le fil* | **i fili**, *les fils* | **le fila**, *la trame* (d'un dessein secret) |
| **il fondamento**, *le fondement* | **i fondamenti**, *les fondements* | **le fondamenta**, *les fondations* (d'une construction) |
| **il grido**, *le cri* | **i gridi**, *les cris* (des animaux) | **le grida**, *les cris* (de l'homme) |
| **il membro**, *le membre* | **i membri**, *les membres* (d'une société) | **le membra**, *les membres* (du corps humain) |
| **il muro**, *le mur* | **i muri**, *les murs* | **le mura**, *les remparts* |
| **l'osso**, *l'os* | **gli ossi**, *les os* (des animaux comestibles morts) | **le ossa**, *les os* (du corps humain) |

1 – Pronto, dottore, mi aveva promesso che mi avrebbe fatto l'impegnativa per andare a fare i raggi in ospedale.

2 – Sì, ma a quest'ora non sono mai in ambulatorio; ci sarò nel primo pomeriggio.

3 Sono stufo di dare retta a tutti questi seccatori: spengo il cellulare e chi s'è visto s'è visto.

4 Figuratevi che ieri mi hanno chiamato per un'emergenza, ed era solo un raffreddore!

5 Credo che stasera andrò al cinema : mi sembra che al Capitol diano un film giallo di un regista che mi piace molto. Verreste con me?

6 – Basta che non sia il solito polpettone strappalacrime: odio quel genere di film.

7 Una volta mi è capitato di vedere un film così brutto che mi sono vergognata di essere andata a vederlo!

8 – Purtroppo io non potrò venire con voi: ho già prenotato da settimane due posti in platea per l'Aida al Teatro Comunale.

9 In ogni caso, non rinuncerei per niente al mondo alle mie serate operistiche: ne vado matta!

10 – Scusa, ma a me quella roba non piace proprio: preferisco scaricare i miei brani preferiti di rock e ascoltarmeli in cuffia col mio lettore MP3!

**Traduction**
1 – Allô docteur, vous m'aviez promis que vous me feriez la prescription pour aller faire une radio à l'hôpital. 2 – Oui, mais à cette heure-ci je ne suis jamais à mon cabinet : j'y serai en début d'après-midi. 3 J'en ai assez de prêter l'oreille à tous ces casse-pieds : j'éteins le portable, un point c'est tout. 4 Figurez-vous que hier on m'a appelé pour une urgence et ce n'était qu'un rhume ! 5 Je crois que ce soir j'irai au cinéma : il me semble qu'au Capitol on passe un film policier d'un réalisateur que j'aime beaucoup. Viendriez-vous avec moi ? 6 – Il suffit que ce ne soit pas encore

## 22 Ventiduesima lezione

### Un articolo della stampa filogovernativa

1 Cresce la tensione ① tra padronato e sindacati degli autotrasportatori nella vertenza in corso in questi giorni in merito all'aumento dell'età pensionabile per i salariati del settore.

2 Lo sciopero ② indetto lunedì è proseguito nella mattinata di ieri con il blocco di diversi tratti autostradali da parte dei camionisti,

### Notes

① Au cours de cette leçon et de la suivante nous rencontrerons plusieurs tournures caractéristiques du style journalistique, comme des inversions de l'ordre traditionnel sujet-verbe : **cresce la tensione**, l'omission de prédicats : **ispirato a chiari intenti … l'intervento del Presidente…** (phrase 16), et en général des phrases en style "télégraphique" où l'on met seulement en évidence les mots-clés de l'idée exprimée. ▸

un navet qui vous arrache les larmes : je déteste ce genre de film.
**7** Une fois il m'est arrivé de voir un film si moche que j'ai eu honte
d'être allée le voir ! **8** – Malheureusement je ne pourrai pas venir
avec vous : j'ai déjà réservé depuis des semaines deux fauteuils
d'orchestre pour "Aïda" au théâtre municipal. **9** En tout cas, je ne
renoncerais pour rien au monde à mes soirées d'opéra : j'en suis
folle ! **10** – Excuse-moi, mais moi ces trucs je ne les aime pas du
tout : je préfère télécharger mes morceaux préférés de rock et me
les écouter dans le casque avec mon lecteur mp3 !

---

## Vingt-deuxième leçon    22

## Un article de la presse pro-gouvernementale

**1**  La tension augmente entre le patronat et les
    syndicats des routiers dans le conflit en cours
    *(dans)* ces jours-ci au sujet de l'augmentation
    de l'âge de départ à la retraite *("retraitable")*
    des salariés du secteur.

**2**  La grève, proclamée lundi, s'est poursuivie
    dans la matinée d'hier [et a abouti] au *(avec)* le
    blocus de plusieurs tronçons d'autoroute par les
    *(de la part des)* camionneurs,

▶ ② **Lo sciopero**, *la grève*, est un mot qui vient du latin tardif *ex
operare* et qui signifie littéralement "cesser le travail" ; il a
pris sa signification actuelle seulement à des époques récentes,
où la cessation du travail a valeur de protestation. Par contre,
et par dérivation du sens primitif, il ne faut pas confondre
**lo scioperante**, *le gréviste*, avec **lo scioperato**, *le fainéant*,
*l'oisif* !

3  creando un notevole disagio ai milioni
   d'italiani che ③, proprio ieri, avevano preso
   la strada del ritorno dalle vacanze estive,

4  trascorrendo così diverse ore negli ingorghi
   che tali iniziative hanno inevitabilmente
   provocato ④.

5  Questo aggravamento della situazione
   è sopraggiunto dopo il fallimento
   della trattativa al vertice tra sindacati e
   Confindustria,

6  i quali ⑤, dopo un negoziato intavolato nel
   pomeriggio e durato fino a tarda notte, si
   sono lasciati domenica con un nulla di fatto.

## Notes

③ Le pronom relatif **che** a valeur tantôt de complément d'objet direct, tantôt de sujet : il correspond à la fois à *qui* et à *que*. Par exemple : **la persona che ho incontrato ieri è la stessa che è venuta da te la settimana scorsa**, *la personne que j'ai rencontrée hier est la même qui est venue chez toi la semaine dernière.*

④ **gli ingorghi che tali iniziative hanno provocato** : vous remarquerez que le participe passé n'est pas accordé au pluriel, malgré le complément d'objet direct antécédent (représenté par le pronom relatif **che**, se rapportant à **gli ingorghi**) : cet accord, rigoureusement obligatoire en français (et source de bien d'erreurs d'orthographe !), est facultatif en italien avec un pronom relatif (on peut dire aussi **gli ingorghi che tali iniziative hanno provocati**, quoi que cette dernière tournure soit assez rare). Attention : cet accord redevient obligatoire si l'antécédent est un pronom personnel complément : **li hanno provocati**, *ils les ont provoqués.*

▶

**3** en provoquant d'importants désagréments
aux *(pour les)* milliers d'Italiens qui avaient
entrepris *(pris)* juste hier le chemin du retour
des vacances d'été,

**4** et qui ont ainsi passé plusieurs heures dans les
embouteillages que ces *(telles)* initiatives ont
inévitablement provoqués.

**5** Cette aggravation de la situation est survenue
après l'échec de la négociation au sommet entre
les syndicats et la Confindustria,

**6** lesquels se sont quittés dimanche sur un échec
*(avec un rien de fait)*, après des pourparlers
*(une négociation)* entamés dans l'après-midi
et ayant duré jusqu'à tard dans la nuit *(nuit
tardive)*.

▸ ⑤ **Il quale**, **la quale**, **i quali**, **le quali**, *lequel*, *laquelle*, *lesquels*,
*lesquelles* : c'est la forme longue (donc la moins utilisée) du
pronom relatif ; quand il est précédé d'une préposition, l'article
forme normalement avec elle un article contracté : **il paese
dal quale vengo**, *le pays d'où* ("duquel") *je viens* ; **la persona
colla (con la) quale ho parlato**, *la personne avec laquelle j'ai
parlé*.

**7** L'onorevole ⑥ Cantoni, Ministro del Lavoro, ha avuto oggi colloqui con ⑦ rappresentanti di diverse forze politiche e sociali,

**8** finalizzati a coagulare il consenso sulla linea d'azione del Governo, improntata, ha affermato il Ministro, a "fermezza ed equilibrio".

**9** L'iniziativa ha fortemente indispettito i dirigenti sindacali, i quali non vedono di buon occhio una strategia governativa che tende ad accattivarsi ⑧ le diverse forze sociali.

**10** Ciò nonostante, il ministro Cantoni ha annunciato l'elaborazione di una road map ⑨ dei negoziati

**11** che lo porterà ad incontrare in tutta Italia i rappresentanti di base delle categorie coinvolte nel conflitto:

**12** una sorta di missione di peacemaker destinata a far scendere la tensione sociale nel paese.

**13** Tale decisione è stata adottata dopo la polemica tra sindacati e portavoce del Governo, a causa delle dure dichiarazioni di quest'ultimo,

### Notes

⑥ **Onorevole** (forme abrégée : **on.**) est le titre qui précède le nom des députés italiens, qui sont tous, bien sûr, "honorables" !

⑦ **colloqui con rappresentanti**, *[des] entretiens avec [des] représentants* ; l'article indéfini est souvent omis en italien, particulièrement au pluriel, et quand on ne spécifie pas davantage l'identité ou la qualité ; par exemple : **porto sempre mocassini**, *je chausse toujours [des] mocassins*, mais **Ieri ho messo dei mocassini che ho comprato a Parigi**, *Hier j'ai mis des mocassins que j'ai achetés à Paris*, puisque l'on spécifie lesquels. ▶

**7**    M. *(l'honorable)* Cantoni, ministre du travail,   **22**
a eu aujourd'hui des entretiens avec des
représentants de plusieurs organisations *(forces)*
politiques et sociales,

**8**    dans le but de trouver *(coaguler)* un *(le)* consensus
autour de *(sur)* la ligne d'action du gouvernement,
inspirée par la fermeté et l'équilibre.

**9**    L'initiative a fortement irrité les dirigeants
syndicaux, qui ne voient pas d'[un] bon œil une
stratégie gouvernementale qui tend à s'attirer
la sympathie *(se captiver)* des différents
partenaires *(forces)* sociaux.

**10**   Malgré cela, le ministre Cantoni a annoncé qu'il
est en train de définir une feuille de route [afin
d'engager] les pourparlers

**11**   qui l'amèneront à rencontrer dans toute l'Italie
les représentants de la base des catégories
engagées dans le conflit :

**12**   [c'est] une sorte de mission de pacificateur destinée
à faire baisser la tension sociale dans le pays.

**13**   Cette décision a été adoptée après la polémique,
entre les syndicats et le porte-parole du
gouvernement, [qui a éclaté] à cause des dures
déclarations de celui-ci *(ce dernier)*,

▸ ⑧ **accattivarsi**, souvent employé dans l'expression **accattivarsi
i favori, la simpatia di qualcuno**, *gagner la faveur, la sympathie de quelqu'un* : encore un mot qui vient du latin, où
***captivus*** signifie *prisonnier* (d'où le français *captiver*, que l'on
dit plutôt de l'attention, de l'intérêt d'un auditoire) : donc beaucoup de faveur, c'est beaucoup de prisonniers dans son filet !

  ⑨ **la road map**, *la feuille de route*, **il peacemaker**, *le pacificateur* : le journalisme aussi utilise beaucoup de mots anglais ;
bien sûr, on peut dire dans le premier cas **il piano d'azione /
d'intervento** et dans le deuxième **il pacificatore**, mais ça
sonne moins "dans le vent" !

**14**   che lunedì scorso ha definito lo sciopero dei camionisti "una pesante provocazione nei confronti del paese"

**15**   ed ha accusato i sindacati di essere "pericolosamente pilotati dai partiti di opposizione, che sempre mirano alla crisi di governo".

**16**   Ispirato invece a chiari intenti di pacificazione l'intervento del Presidente del Consiglio,

**17**   il quale ha dato prova, come di consueto, di fermezza e di grande senso dello Stato, affermando:

**18**   "È giunto il momento di rappacificare gli italiani, quelli che soffrono e quelli che chiedono giustizia sociale, ma anche sicurezza e serenità;

**19**   chi ⑩ è sulle strade per scioperare e chi vi è per tornare o per partire per le meritate ferie.

**20**   È giunto il momento del dialogo e dello scambio, affinché ⑪ chi ha scelto la strada della lotta fratricida scenda finalmente ⑫ a più miti consigli". □

## Notes

⑩ Le pronom relatif **chi** est toujours singulier et correspond à *celui qui/que* ou *ceux qui/que*, donc aussi quand le sens est pluriel, comme ici : **chi è sulle strade**, *ceux qui sont sur les routes*. Il condense l'antécédent **quello**, ou **colui** (*celui*), et le pronom relatif **che**, et est souvent employé dans des proverbes et des dictons : **Chi rompe, paga!**, *Celui qui casse, doit payer* (ou *Les casseurs sont les payeurs !*) ; **Chi dorme non piglia pesci**, *Celui qui dort, n'attrape pas de poissons.*

▸

**14**     qui a défini lundi dernier la grève des routiers 22
      [comme] "une lourde provocation envers le pays",

**15**     et a accusé les syndicats d'être
      "dangereusement pilotés par les partis de
      l'opposition, qui visent toujours la crise
      gouvernementale".

**16**     L'intervention du Président du Conseil [a été]
      au contraire inspirée par la claire intention de
      pacifier :

**17**     ce dernier *(lequel)* a fait *(donné)* preuve,
      comme d'habitude, de fermeté et d'[un] grand
      sens de l'état, en affirmant :

**18**     "Le moment est venu de pacifier les Italiens, ceux
      qui souffrent et ceux qui demandent de la justice
      sociale, mais aussi de la sécurité et de la sérénité,

**19**     ceux qui sont *(qui est)* sur les routes pour faire
      grève et ceux qui y sont pour rentrer ou pour
      partir pour des congés [bien] mérités.

**20**     Le moment est venu pour le dialogue et
      l'échange, afin que [ceux] qui ont *(a)* choisi
      la voie des luttes fratricides reviennent
      *(descendent)* enfin à [de] plus sages décisions.

▸ ⑪ Comme en français, les propositions de but se forment avec
**affinché** ou **perché** + le subjonctif. L'accord du temps du subjonctif suit le fonctionnement déjà illustré dans les leçons 14 et 21 : **Ti telefono perché tu venga a trovarmi**, *Je te téléphone pour que tu viennes me voir* ; **Ieri ti ho telefonato affinché tu venissi a trovarmi**, *Hier je t'ai téléphoné afin que tu viennes* ("vinsses") *me voir.*

⑫ **finalmente** veut dire *enfin* ; par exemple : – **È pronto da mangiare. – Finalmente!**, – *Il est prêt à manger. – Enfin !* Il ne faut surtout pas le confondre avec le sens de *finalement*, qui est plus neutre, et correspond à l'italien **alla fine** ou **alla fin fine** (langue parlée) : imaginez l'effet produit, si vous voulez dire à votre ami italien *Finalement tu as perdu ton travail* par la phrase **Finalmente hai perso il tuo lavoro**, *Tu as perdu ton travail, enfin !...*

**22**   **Esercizio 1 – Traducete**

❶ I sindacati degli autotrasportatori hanno indetto uno sciopero a causa dell'aumento dell'età pensionabile per la loro categoria. ❷ Il portavoce del Governo ha espresso solidarietà per chi soffre di questa situazione. ❸ Il Presidente del Consiglio è intervenuto perché gli scioperanti riprendessero il lavoro. ❹ Tale aggravamento è sopraggiunto dopo il fallimento della trattativa al vertice, al termine della quale sindacati e padronato si sono lasciati con un nulla di fatto. ❺ È giunto il momento di rappacificare le forze sociali.

**Esercizio 2 – Completate**

❶ J'étais allé le voir pour qu'il ne passe pas le week-end tout seul.
. . . . . . . . . . trovarlo . . . . . . . . .
. . . . . . . . .. . . . . . . . . . . . . da solo.

❷ Le gouvernement aidera ceux qui en ont besoin.

.. . . . . . . . . . . . . . . . . . . . . .. . . . . . . . . .

❸ Enfin vous êtes arrivés ! Je vous attends depuis des heures !
. . . . . . . . . . . . . . . . . . . . . . . . . ! .. . . . . . . . . .
.. . . . . !

❹ L'initiative du ministre a irrité ceux qui travaillent depuis des mois pour organiser la grève.

. . . . . . . . . . . . . . . . . . . . . . . . . ..
. . . . . . . . . . . . . . . . . . . . . . . . . . . .
. . . . . . . . . . . . . . . . . .

❺ Les amis avec lesquels je suis venue sont les mêmes ceux que tu as rencontrés lundi dernier.

. . . . . . . . . . . . . . . . . . . . . . . . . . . . . . . . . . . . .
. . . . . . . . . . . . . . . . . . . . . . . . . . . . . . . . . . . . .

## Corrigé de l'exercice 1

❶ Les syndicats des routiers ont proclamé une grève à cause de la hausse de l'âge du départ à la retraite pour leur catégorie. ❷ Le porte-parole du gouvernement a exprimé sa solidarité pour ceux qui souffrent de cette situation. ❸ Le Président du Conseil est intervenu pour que les grévistes reprennent le travail. ❹ Cette aggravation est survenue après l'échec des pourparlers au sommet, au terme desquels les syndicats et le patronat se sont quittés sur un résultat nul. ❺ Le moment est venu de pacifier les forces sociales.

## Corrigé de l'exercice 2

❶ Ero andato a – perché non passasse il fine settimana – ❷ Il Governo aiuterà chi ha bisogno ❸ Finalmente siete arrivati – Vi aspetto da ore ❹ L'iniziativa del Ministro ha indispettito chi da mesi lavora per organizzare lo sciopero ❺ Gli amici coi quali sono venuta sono gli stessi che hai incontrato lunedì scorso

*Il existe en Italie de nombreuses organisations syndicales, dont les principales sont* **la Confederazione Generale Italiana del Lavoro (CGIL)**, **la Confederazione Italiana Sindacati Lavoratori (CISL)**, **l'Unione Italiana del Lavoro (UIL)**, **la Confederazione Italiana Sindacati Autonomi Lavoratori (CISAL)** *ainsi que les* **COBAS (Comitati sindacali di Base)** *; la vie sociale y est toujours très mouvementée, et* **gli scioperi** *assez fréquents. L'organisation patronale s'appelle, elle,* **la Confindustria**, *et souvent les conflits sociaux se gèrent entre ces partenaires sociaux, avec l'arbitrage très actif du gouvernement, dont le chef est* **il Presidente del Consiglio**. *Depuis quelques années la vie politique et sociale italienne évolue à très grande vitesse (les partis historiques nés après la deuxième guerre mondiale ont disparu, ou ont changé de nom de nombreuses fois…), et la mise à jour régulière des vicissitudes de la péninsule demanderait des rééditions très fréquentes et un… perfectionnement bien laborieux !*

# 23 Ventitreesima lezione

## Un'occhiata alla stampa dell'opposizione...

1 Un'ennesima provocazione da parte del governo nei confronti degli scioperanti l'astiosa reazione del portavoce Binotti riguardo alle lotte dei camionisti.

2 Infastidito dalle giuste rivendicazioni categoriali degli autotrasportatori, alle quali il governo non ha alcuna intenzione di prestare ascolto,

3 Binotti ha scelto la strada dello scontro frontale, negando ai lavoratori in lotta ogni autonomia e legittimità,

4 poiché li accusa di essere strumentalizzati dai partiti dell'opposizione, con cui ① i sindacati sarebbero legati a doppio filo.

5 A tali ridicole ed infondate accuse, i capigruppo di questi ultimi, gli onorevoli Rosini e Calfani, hanno replicato che in questa vicenda l'Esecutivo ha la coda di paglia ②

## Notes

① Pour éviter la forme longue du pronom relatif **il quale**, avec les prépositions on utilise **cui** : **La ragione per cui ti ho chiamato, è che ho bisogno di un socio con cui lavorare e in cui avere fiducia**, *La raison pour laquelle je t'ai appelé, est que j'ai besoin d'un associé avec qui travailler et en qui avoir confiance*. Faites attention à ne pas confondre la prononciation de **qu**i (*ici*), où l'accent tonique est sur le **i** et de **c**u**i**, accentué sur le **u**. Pour cela, écoutez bien l'enregistrement des dialogues, et tout ira bien !

### Un coup d'œil à la presse de l'opposition…

**1**  Une énième provocation de la part du
gouvernement [a eu lieu au travers de] la
réaction hargneuse de son porte-parole, [M.]
Binotti, vis-à-vis des luttes des camionneurs.

**2**  Irrité *(agacé)* par les justes revendications
catégorielles des routiers, auxquelles le
gouvernement n'a aucune intention de prêter
attention *(écoute)*,

**3**  Binotti a choisi le chemin de l'affrontement
*(choc frontal)*, en déniant *(niant)* aux
travailleurs en lutte toute autonomie et
légitimité,

**4**  puisqu'il les accuse d'être manipulés par
les partis de l'opposition, avec lesquels les
syndicats seraient étroitement *(à fil double)* liés.

**5**  [Face] à [de] telles accusations ridicules
et infondées, les chefs des groupes
[parlementaires] de ces derniers, MM. Rosini
et Calfani, ont répondu que dans cette affaire le
gouvernement *(l'Exécutif)* n'a pas la conscience
tranquille,

▶ ② L'expression très imagée **avere la coda di paglia**, litt. "avoir
une queue en paille" indique l'attitude de quelqu'un qui, face
à une critique, réagit tout de suite violemment, parce qu'il n'a
pas la conscience tranquille, et sait qu'il peut donc facilement
être l'objet de critiques : une queue de paille s'enflamme dès
qu'elle passe près d'un feu…

**6**  quando insinua che si miri alla crisi di governo,

**7**  mentre l'onorevole Binotti sa bene che la caduta del governo Napoloni è prossima,

**8**  ma verrà causata dalle divisioni interne che sempre più logorano la maggioranza.

**9**  Giungono poi notizie contrastanti riguardo alla situazione del paese, in particolare nella rete autostradale:

**10**  stando agli ultimi comunicati stampa, emessi in tarda mattinata, lo stato del traffico sarebbe totalmente caotico secondo il Viminale ③,

**11**  secondo il quale le manifestazioni dei camionisti avrebbero paralizzato il Settentrione ④ per diverse ore,

**12**  mentre fonti sindacali di tutto rispetto e degne di fiducia garantiscono che lo sciopero si svolge in maniera assolutamente civile,

**13**  nel rispetto della libertà degli utenti, i cui ⑤ tempi di percorrenza vengono semplicemente ritardati di alcune ore.

## Notes

③ Les différents appareils de l'état sont souvent désignés par les palais romains où ils ont leurs sièges : **il Viminale** est ainsi *le ministère de l'Intérieur* (**il ministero degli interni**), **la Farnesina** celui des *Affaires étrangères* (**degli esteri**), **palazzo Chigi** est *le siège du président du Conseil* et **il Quirinale** celui du *président de la République*, **palazzo Madama** indique *le sénat* et **Montecitorio**, *la chambre des députés*.

④ Le *Nord* de l'Italie est souvent appelé **il Settentrione**, de même que le *Midi* est **il Meridione** (*les Italiens du sud* s'appellent ainsi **i Meridionali**) ; on dit aussi **il Centro** pour *l'Italie centrale* (de Florence à Rome) et **le isole** (*les îles*) pour Sicile et Sardaigne. Pour se familiariser avec ce genre d'expressions, rien de mieux que la lecture… de la météo !

**6** quand il insinue que l'on vise la crise gouvernementale,

**7** alors que M.Binotti sait bien que la chute du gouvernement est imminente,

**8** mais qu'elle sera *(viendra)* provoquée par les divisions internes qui minent *(usent)* de plus en plus *(toujours plus)* la majorité.

**9** Des informations discordantes arrivent par ailleurs au sujet de la situation dans le *(du)* pays, en particulier sur *(dans)* le réseau des autoroutes :

**10** selon *(en étant)* les derniers communiqués de presse, publiés en fin de matinée *(en matinée tardive)*, l'état du trafic serait totalement chaotique selon le ministère de l'Intérieur *(le Viminal)*,

**11** pour lequel les manifestations de routiers auraient paralysé le Nord du pays *(le Septentrion)* pendant plusieurs heures,

**12** alors que [selon des] sources syndicales respectables *(de tout respect)* et dignes de confiance *(garantissent que)*, la grève se déroule de façon absolument correcte *(civique)*,

**13** dans le respect de la liberté des usagers, dont les temps de parcours sont *(viennent)* simplement retardés de quelques heures.

▶ ⑤ Remarquez comment l'italien traduit la formule *dont* + article défini : en plaçant le pronom relatif **cui** entre l'article défini et le nom : **le persone il cui reddito è superiore alla media**, *les personnes <u>dont</u> le revenu est supérieur à la moyenne* ; **Quest'uomo, le cui qualità sono troppe per essere enumerate, è senz'altro da lodare**, *Cet homme, <u>dont</u> les qualités sont trop nombreuses pour être énumérées, est sans aucun doute à louer*. Dans les autres cas *dont* est exprimé simplement par **di cui** et **del quale, della quale, dei quali, delle quali** : **la persona di cui (della quale) sto parlando**, *la personne dont je parle*.

**14** Il segretario generale del sindacato dei camionisti si è peraltro congratulato con i manifestanti per l'ottima tenuta disciplinare dell'insieme delle azioni di lotta.

**15** Del tutto fuori luogo invece l'intervento di Palazzo Chigi, che la stampa estera ⑥ ha di nuovo preso di mira, definendolo "patetico" e "demagogico".

**16** Il presidente del consiglio Napoloni ha infatti usato tinte fosche nel descrivere l'attuale vertenza come una "lotta fratricida",

**17** scatenando così le ire dello stesso Quirinale, che in un comunicato stampa serale ha invitato entrambe ⑦ le parti a dare prova di maggior sangue freddo,

**18** e ad evitare ogni inutile polemica di natura partitica,

**19** "soprattutto – prosegue il comunicato – in un frangente difficile per tutti, ed in particolare per i lavoratori in lotta". ☐

## Notes

⑥ L'adjectif **estero**, *étranger*, est utilisé seulement pour les choses (comme nom aussi : **un viaggio all'estero**, *un voyage à l'étranger*), alors que le synonyme **straniero** est associé aussi bien à des personnes (**i turisti stranieri**, *les touristes étrangers*, et aussi comme substantif **lo straniero**, *l'étranger*) qu'à des choses (on aurait pu écrire ici **la stampa straniera**, *la presse étrangère*). Ces deux mots indiquent uniquement ce qui vient d'un autre pays, alors que **estraneo** désigne quelqu'un que l'on ne connaît pas, qui est extérieur à un groupe, etc. : **non dare confidenza agli estranei!**, *Ne fais pas confiance aux inconnus !* Quelqu'un qui est simplement *bizarre*, lui, est **strano**. **Che strano!**, *Comme c'est bizarre !* ▸

**14** Le secrétaire général du syndicat des routiers a *(s'est)* d'ailleurs félicité *(avec)* les manifestants pour l'excellente tenue disciplinaire de l'ensemble des actions de lutte.

**15** L'intervention du Président du Conseil *(palais Chigi)*, à *(de)* nouveau dans le collimateur *(a été prise de visée)* de la presse étrangère, a été, au contraire, tout à fait déplacée, et qualifiée *(définie)* de "pathétique" et "démagogique".

**16** Le président du Conseil [M.] Napoloni a en effet utilisé des termes *(tons)* sombres pour décrire *(dans le décrire)* le conflit actuel comme une "lutte fratricide",

**17** en déchaînant ainsi la colère du président de la République *(le Quirinal)*, qui dans un communiqué de presse du soir a invité l'un et l'autre bord *(les-deux-parts)* à faire preuve d'un plus grand *(majeur)* sang-froid,

**18** et à éviter toute polémique inutile de nature politicienne *(de parti)*,

**19** "surtout – poursuit le communiqué – dans un moment difficile pour tous, et en particulier pour les travailleurs en lutte".

⑦ **Entrambi**, féminin **entrambe**, est un adjectif duel (analogue à l'anglais *both*), qui signifie *tous les deux* : **Sono stati condannati entrambi**, *Ils ont été condamnés, tous les deux*.

**Esercizio 1 – Traducete**

❶ Le dichiarazioni del ministro degli esteri riguardo alla vertenza in corso costituiscono una pesante provocazione nei confronti dell'opposizione. ❷ Fonti sindacali di tutto rispetto e degne di fiducia negano che la rete autostradale sia paralizzata. ❸ Non abbiamo alcuna intenzione di prestare ascolto alle insinuazioni di un estraneo. ❹ Ti presento l'amico di cui ti ho tanto parlato e la cui moglie è tua collega. ❺ Vacanze in Italia o all'estero? Non saprei, mi piacciono entrambe le cose.

---

## Esercizio 2 – Completate

❶ La grève se déroule dans le respect de la liberté des usagers.

. . . . . . . . . . . . . . . . . . . . . .
. . . . . . . . . . . . . . . . .•

❷ Le communiqué de presse a déchaîné la colère des deux côtés.

. . . . . . . . . . . . . . . . . . . . . . . . . .
. . . . . . . . . . . . . . .•

❸ L'amie avec qui je suis allé à l'étranger pendant les vacances d'été est du Midi, mais habite en Italie du nord à cause de son travail.

. . . . . . . . . . . . . . . . . . . . . . . . . . . .
. . . . . . . . . . . . . . . . . . . .
. . . . . . . . . . ., . . . . . . . . . . . . .
per lavoro.

❹ Il les a tous deux félicités pour leur (l')excellent travail.

. . . . . . . . . . . . . . . . . . . . . . . . . . . .
. . . . . . . . . . . . . .•

## Corrigé de l'exercice 1

❶ Les déclarations du ministre des Affaires étrangères par rapport au conflit en cours constituent une lourde provocation envers l'opposition. ❷ [Selon] des sources syndicales respectables et dignes de confiance le réseau autoroutier ne serait pas *(nient que le réseau autoroutier soit)* paralysé. ❸ Nous n'avons aucune intention de prêter attention aux insinuations d'un inconnu. ❹ Je te présente l'ami dont je t'ai tant parlé et dont la femme est ta collègue. ❺ Des vacances en Italie ou à l'étranger ? Je ne sais pas, les deux choses me plaisent.

❺ M. Napoloni, dont le gouvernement est usé par les divisions internes à la majorité, est toujours dans le collimateur de la presse étrangère.

L' . . . . . . . . Napoloni, . . . . . . . . . .

. . . . . . . . . . . . . . . . . . . . . . . . . . . . . . . .

. . . . . . . . . . . , . sempre . . . . . . . . . . . .

. . . . . . . . . . . . . . . . . .

## Corrigé de l'exercice 2

❶ Lo sciopero si svolge nel rispetto della libertà degli utenti ❷ Il comunicato stampa ha scatenato le ire di entrambe le parti ❸ L'amica con cui sono andato all'estero durante le vacanze estive è meridionale, ma abita nel settentrione – ❹ Si è congratulato con entrambi per l'ottimo lavoro ❺ – onorevole – il cui governo è logorato dalle divisioni interne alla maggioranza, è – preso di mira dalla stampa estera

*Dans les deux leçons précédentes, nous avons voulu réunir une série d'expressions typiques du langage politique et journalistique (di entrambe le parti...!). Apprenez-les, et vous ne vous sentirez pas perdu en écoutant des informations ou en participant à une discussion sur des sujets politiques... et en Italie on discute très souvent politique !*

## Intervista al premio Nobel

1 – Incontriamo oggi per i nostri ascoltatori il professor Testoni, che ha appena conseguito il premio Nobel per la fisica

2    grazie alle sue scoperte nell'ambito della fisica delle particelle elementari e della meccanica quantistica,

3    discipline di cui è professore ordinario, titolare di cattedra da ormai ① vent'anni all'università di Roma.

4    Professore, come si sente uno scienziato dopo essere stato insignito del più ambìto di tutti i premi?

5 – È una bella soddisfazione! Ricevere la massima onorificenza nel proprio campo ripaga di tutti gli anni di sacrifici per arrivarci.

6    Ho cominciato appena laureato ② come ricercatore a contratto all'istituto di fisica nucleare,

## Notes

① L'adverbe **ormai** (on trouve parfois la forme **oramai**) ne correspond pas vraiment à son "cousin" étymologique français *désormais* ; il indique plutôt une attitude subjective du locuteur vis-à-vis du temps de ce qui est exprimé : ici, la longue permanence du professeur à la tête du département universitaire ; parfois il accentue l'idée du temps qui passe ou qui est passé de façon inéluctable : **Sono ormai troppo vecchio per queste cose**, *Je suis maintenant trop vieux pour ces choses* ;

### Interview du prix Nobel

1 – Aujourd'hui nous rencontrons pour nos
auditeurs le professeur Testoni, qui vient de
remporter le prix Nobel de *(pour la)* physique

2 grâce à ses découvertes dans le domaine de la
physique des particules élémentaires et de la
mécanique quantique,

3 disciplines dont il est professeur en titre,
titulaire de la chaire depuis maintenant vingt
ans, à l'université de Rome.

4 Professeur, comment se sent un savant après
avoir été décoré du plus convoité de tous les
prix ?

5 – C'est une belle satisfaction ! Recevoir le plus
haut titre d'honneur dans [son] propre domaine
récompense toutes les années de sacrifices
[faites] pour y arriver.

6 J'ai commencé, tout juste *(à peine)* diplômé,
comme chercheur sous contrat [temporaire] à
l'institut de physique nucléaire,

l'urgence d'une action qui ne peut plus attendre : **Ormai è
tempo di concludere**, *Il est grand temps de conclure* ; la certitude de ce qui va arriver : **Non c'è più niente da fare, ormai
hai vinto**, *Il n'y a plus rien à faire, tu as gagné maintenant.*

② **La laurea** est le diplôme qui s'obtient au bout de trois (**laurea
triennale**) à cinq (**laurea specialistica** ou **laurea magistrale**)
années d'études universitaires : il donne droit à l'appellation de
**dottore** (on est **dottore in legge**, *en droit*, **dottore in chimica**,
*en chimie*, etc.). Le mot vient du latin ***laurus***, qui désignait les
*lauriers* qui couronnaient les vainqueurs : on ne plaisante pas
avec les études, en Italie !

**7** dove avevo uno stipendio da morto di fame
che dovevo arrotondare con lezioni private

**8** e piazzando su settimanali della domenica
articoli di divulgazione ③ scientifica.

**9** Le mie ricerche sull'accumulazione di
elettroni e positroni e sulla polarizzazione
dei fotoni non interessavano a ④ nessuno,

**10** e soltanto quando ho ottenuto un incarico in
un'università americana, grazie all'emerita
professoressa ⑤ Martin, il mondo
improvvisamente si è accorto della mia
esistenza!

**11** – Era l'epoca così giustamente screditata
della fuga dei cervelli, in cui ⑥ le nostre
menti più brillanti emigravano per cercare
riconoscimento all'estero.

### Notes

③ **divulgazione** a la même origine latine que le mot français *vulgarisation*, ils viennent tous les deux de **vulgus**, qui était le *peuple* pour les latins : il s'agit bien de rendre accessible le savoir au plus grand nombre, donc au "peuple". De la même racine vient **volgare**, qui a pris la signification négative de *grossier*, mais qui continue à être utilisé dans le sens de *simple*, *courant*, dans certaines situations : **Non è una pietra preziosa, è un volgarissimo pezzo di vetro**, *Ce n'est pas une pierre précieuse, c'est un simple morceau de verre* ; **Il porcospino, volgarmente chiamato riccio**, *Le porc-épic, couramment appelé hérisson*.

④ Remarquez la construction du verbe **interessare** avec le complément indirect : **Queste cose non gli interessano**, *Ces choses ne l'("lui")intéressent pas*, au féminin **non le interessano** ;

7    où j'avais un salaire de misère *(mort de faim)* que je devais arrondir avec des leçons particulières

8    et en plaçant dans *(sur)* des hebdomadaires du dimanche des articles de vulgarisation scientifique.

9    Mes recherches sur l'accumulation d'électrons et positrons et sur la polarisation des photons n'intéressaient *(à)* personne,

10   et [c'est] seulement quand j'ai obtenu une place de chargé de cours *(une charge)* dans une université américaine, grâce à l'éminent professeur [Mme] Martin, [que] le monde s'est soudain aperçu de mon existence !

11 – C'était l'époque si justement décriée de la fuite des cerveaux, quand *(dans qui)* nos intelligences les plus brillantes émigraient pour chercher reconnaissance à l'étranger.

c'est la même construction que le verbe **piacere** : **A** me **non piace e a** te **non interessa: andiamocene**, *Moi, cela ne me plaît pas et toi, ça ne t'intéresse pas : allons-nous-en.*

⑤ Souvenez-vous de ces mots qui ont un féminin en **-essa**, parmi lesquels des noms d'activités et professions, comme **dottore/dottoressa**, la plupart des titres de noblesse, **duca/duchessa**, **principe/principessa**, **barone/baronessa** (mais **re/regina** et **marchese/marchesa**), et certains noms d'animaux : **leone/leonessa**, **elefante/elefantessa**, etc.

⑥ L'expression **in cui** a une valeur de lieu ou de temps, et dans les deux cas correspond à *où* (parfois à *quand*) : **la città in cui vivo**, *la ville où je vis*, **l'epoca in cui viviamo**, *l'époque où nous vivons*.

**12** Ma mi sembra che le cose siano molto cambiate e che oggi si vada di bene in meglio ⑦.

**13** – Vorrà dire sempre peggio, piuttosto! I centri di ricerca di tutto il mondo sono zeppi ⑧ di scienziati italiani di alto livello:

**14** matematici, fisici, chimici, biologi, medici stufi del precariato vanno a cercare fortuna altrove, e da noi i fondi per la ricerca sono in calo costante.

**15** – A proposito di matematica ⑨, tra i suoi lavori spicca l'elaborazione di un programma informatico che facilita i calcoli di cui la ricerca necessita sempre di più.

**16** – Sì, il calcolo quantistico mette in gioco processi via via ⑩ sempre più complessi che rendono il calcolo a mano o a mente assolutamente proibitivo.

## Notes

⑦ **di bene in meglio**, *de mieux en mieux* (littéralement "de bien en mieux"), est équivalent de **sempre meglio** ; le contraire est **di male in peggio**, ou **sempre peggio**, *de pire en pire*. Une expression semblable en langage familier est **cadere dalla padella nella brace**, littéralement "tomber de la poêle dans la braise", qui équivaut à *tomber de Charybde en Scylla* : quand tout va mal, en somme !

⑧ **zeppo**, *bondé*, souvent associé à **pieno** dans l'expression **pieno zeppo** (**un autobus pieno zeppo di gente**, *un bus bondé de gens*), dérive d'un ancien mot lombard (les Lombards étaient le peuple barbare qui a régné sur l'Italie du VIᵉ au VIIIᵉ ap. J.-C.) qui a donné **la zeppa**, morceau de bois qui servait comme cale ou comme bouchon pour construire ou pour réparer des objets en bois (meubles, tonneaux, etc.) : il s'agissait donc bien de "bonder"…

**12** Mais il me semble que les choses ont *(soient)* beaucoup changé et qu'aujourd'hui ça va *(aille)* de mieux *(de bien)* en mieux.

**13 –** Vous voulez *(voudrez)* dire de pire en pire *(toujours pire)*, plutôt ! Les centres de recherche du monde entier *(tout le monde)* sont pleins *(bondés)* de savants italiens de haut niveau :

**14** des mathématiciens, des physiciens, des chimistes, des biologistes, des médecins, fatigués du statut de vacataires *(précariat)*, vont chercher fortune ailleurs, et chez nous le budget de *(les fonds pour)* la recherche est *(sont)* en constante baisse.

**15 –** En parlant *(à propos)* de mathématique[s], parmi vos travaux se détache *(se-distingue)* l'élaboration d'un programme informatique qui facilite les calculs dont la recherche a de plus en plus *(toujours plus)* besoin.

**16 –** Oui, le calcul quantique met en œuvre *(en jeu)* des processus toujours de plus en plus complexes, qui rendent le calcul manuel *(à main)* ou mental *(à intelligence)* absolument impossible *(prohibitif)*.

⑨ **la matematica** est toujours au singulier (ce qui ne veut pas dire que les maths sont plus simples en Italie… !). Puisque **il matematico** est *le mathématicien*, au féminin **la matematica** veut dire aussi *la mathématicienne* ; même chose pour **la fisica** (*la physique* ou *la physicienne*) **la chimica** (*la chimie* ou *la chimiste*), **la tecnica** (*la technique* ou *la technicienne*), **la grammatica** (*la grammaire* ou *la grammairienne*), etc.

⑩ **via via** est une locution adverbiale qui indique une action progressive : **La situazione va via via migliorando**, *La situation s'améliore peu à peu*, **via via che cresceva…**, *au fur et à mesure qu'il grandissait…* ; une expression équivalente est **man mano** ou **a mano a mano** : **Prova a diminuire man mano la velocità** : *Essaie de diminuer la vitesse petit à petit*.

**17** Per questo abbiamo bisogno di macchine che svolgano ⑪ simulazioni di fisica teorica, confrontabili in seguito coi dati sperimentali.

**18** – Professor Testoni, lei è noto anche per le sue clamorose prese di posizione sul rapporto tra fede e scienza, e per la portata filosofica ed etica del suo pensiero epistemologico.

**19** – Certo, ho sempre affermato che per fortuna il Medioevo è finito, e che la contrapposizione tra i credenti ed il mondo scientifico non ha più senso.

**20** Grazie ad internet, viviamo in un mondo che non ha più confini, e le mentalità debbono ⑫ progredire di pari passo coi tempi. □

## Notes

⑪ **macchine che svolgano simulazioni** : le subjonctif est ici la marque d'un type de proposition "consécutive" / de conséquence (**consecutiva**) ("… [telles] qu'elles puissent développer…"), introduite par un pronom relatif suivi du verbe au subjonctif (un but n'est jamais un fait réalisé, d'où la nuance "virtuelle", voir leçon 7) : **Desidero creare un programma che allarghi le possibilità di calcolo**, *Je désire créer un programme qui élargisse les possibilités de calcul.*

⑫ **debbono** est une variante de **devono**, assez fréquente surtout à l'écrit ; la 1ʳᵉ personne du singulier de **dovere** connaît la même variante : **devo** ou **debbo**, ainsi qu'au présent du subjonctif : **che io debba**, **che loro debbano**, les autres personnes étant régulières.

**17** Pour cela nous avons besoin de machines qui développent des simulations de physique théorique, confrontables ensuite avec les données expérimentales.

**18** – Professeur Testoni, vous êtes également célèbre pour vos éclatantes prises de position sur le rapport entre la foi et la science, et pour la portée philosophique et éthique de votre pensée épistémologique.

**19** – Certainement, j'ai toujours affirmé qu'heureusement le Moyen Âge est terminé, et que l'opposition entre les croyants et le monde scientifique n'a plus de sens.

**20** Grâce à internet, nous vivons dans un monde qui n'a plus de frontières, et les mentalités doivent progresser de pair *(pas)* avec notre *(les)* temps.

**Esercizio 1 – Traducete**

❶ Le clamorose prese di posizione del giovane scienziato sono state spesso screditate, poi la sua reputazione è andata via via migliorando. ❷ Volevo scrivere un libro che facesse riflettere chi lo leggesse. ❸ Ormai giunto alla fine della propria carriera, fu insignito del titolo onorifico più ambìto nel suo campo. ❹ Ho parcheggiato la macchina a causa degli ingorghi e sono caduto dalla padella nella brace: sono capitato in un autobus pieno zeppo di gente bloccato nel traffico! ❺ Stufi del precariato e del calo costante dei fondi per la ricerca, i giovani laureati emigrano e vanno a cercare fortuna all'estero.

———※◇※———

**Esercizio 2 – Completate**

❶ Grâce à ses découvertes dans le domaine de la physique quantique, le professeur a remporté le prix Nobel.

. . . . . . . . . . . . . . . . . . . . . . . . . . . . . . . .
. . . . . . . . . . . . . . . . . . . . . . . ., . .
. . . . . . . . . . . . . . . . . . . . . . . il premio Nobel.

❷ Le savant est célèbre pour ses éclatantes déclarations à l'égard de la situation politique de son pays.

. . . . . . . . . . . . . . . . . . . . . . . . . . . . .
. . . . . . . . . . . . . . . . . . . . . . . . . . . . . . . .
. . . . . . . . . . . . . . . . . . . . . . . . . •

❸ La science a besoin de programmes informatiques qui facilitent les calculs de jour en jour toujours plus complexes.

. . . . . . . . . . . . . . . . . . . . . . . . . . . . . . .
. . . . . . . . . . . . . . . . . . . . . . . . . . . . . .
. . . . . . . . . . . . . . . . . . . . . . . . •

# Corrigé de l'exercice 1

❶ Les éclatantes prises de position du jeune savant ont été souvent décriées, ensuite sa réputation s'est améliorée peu à peu. ❷ Je voulais écrire un livre qui fasse réfléchir ceux qui l'auraient lu. ❸ Arrivé à la fin de sa carrière, il fut décoré du titre d'honneur le plus convoité dans son domaine. ❹ J'ai garé ma voiture à cause des embouteillages, et je suis allé de Charybde en Scylla : je suis tombé sur un bus bondé de gens bloqué dans la circulation ! ❺ Fatigués du statut de vacataires et de la baisse constante des crédits à la recherche, les jeunes diplômés émigrent et vont chercher fortune à l'étranger.

———————

❹ Les films de ce réalisateur n'intéressaient personne, ensuite les choses sont allées de mieux en mieux pour lui.

. . . . . . . quel . . . . . . . . . . . . . . . . . . . .
. . . . . . . . , . . . . . . . . . gli . . . . . . . . . . . .
. . . . . . . . . . . . .

❺ Des mathématiciens, des physiciens, des chimistes, des biologistes et des médecins sont en grève contre la baisse du budget pour la recherche scientifique.

. . . . . . . . . . . , . . . . . . . , . . . . . . . , . . . . . . . e
. . . . . . . . . . . . . . . . . . . . . . . . . . . . . . . . . .
. . . . . . . . . . . . . . . . . . . . .

# Corrigé de l'exercice 2

❶ Grazie alle sue scoperte nell'àmbito della fisica quantistica, il professore ha conseguito – ❷ Lo scienziato è noto per le sue clamorose dichiarazioni riguardo alla situazione politica del suo paese ❸ La scienza necessita di programmi informatici che facilitino i calcoli via via sempre più complessi ❹ I film di – regista non interessavano a nessuno, poi le cose – sono andate di bene in meglio ❺ Matematici, fisici, chimici, biologi – medici sono in sciopero contro il calo dei fondi per la ricerca scientifica

---

*Il n'arrive pas tous les jours de rencontrer un prix Nobel, mais la science, son jargon et ses problèmes font aujourd'hui partie des sujets de conversations possibles entre les gens. Ne négligez pas le vocabulaire de cette leçon, même si vous n'êtes pas un passionné de physique quantique !*

### Informatica e internet

1 – Ho appena guardato le nuove e-mail nella mia casella di posta elettronica

2 e ho trovato le foto delle vacanze a Lerici che mi ha mandato Elizabeth, la ragazza inglese che abbiamo conosciuto là.

3 – Potenza di internet! Possiamo spedire in formato digitale foto, documenti, musica o altro in qualche secondo all'altro capo del pianeta.

4 – A patto di sapere usare il computer e di riuscire ① ad avere la connessione, che in questi giorni da noi funziona malissimo; sarà un problema di modem.

5 – Mi puoi dare l'indirizzo e-mail di Elizabeth, che magari le scrivo anch'io?

6 – Sì, eccolo: "Elizabeth@Roberts.com" (Elizabeth chiocciola Roberts punto com) ②. Che strano, ha il proprio cognome come server, forse è titolare di un'azienda.

#### Notes

① Remarquez la différence d'emplois des verbes **potere, riuscire** et **sapere** : **potere** a le sens de *pouvoir faire* quelque chose, ne pas avoir d'entraves pour le faire (**possiamo spedire foto…**). Dans **riuscire** il y a la notion d'effort : **non riesco ad avere la connessione,** *je n'arrive pas à avoir la connexion* (attention : **riuscire** est un verbe intransitif avec **essere** comme auxiliaire : **non siamo riusciti ad arrivare prima,** *nous n'avons pas pu arriver plus tôt*). **Sapere** indique une maîtrise, un savoir-faire (**sapere usare il computer**).

## Vingt-cinquième leçon 25

### Informatique et internet

**1 –** Je viens de regarder mes *(les)* nouveaux e-mails dans ma boîte *(de courrier)* électronique

**2** et j'ai trouvé les photos des vacances à Lerici que m'a envoyé[es] Elizabeth, la fille anglaise que nous avons connu[e] là[-bas].

**3 –** Puissance d'internet ! Nous pouvons envoyer en format numérique des photos, des documents, de la musique ou autre [chose] en quelques secondes à l'autre bout de la planète.

**4 –** À condition *(pacte)* de savoir utiliser un *(l')*ordinateur et arriver à se connecter *(avoir la connexion)*, car cela *(qui)* fonctionne très mal chez nous ces jours-ci ; c'est peut-être *(sera)* un problème avec ton fournisseur d'accès.

**5 –** Peux-tu me donner l'adresse e-mail d'Elizabeth, *(que)* peut-être vais-je lui écrire moi aussi ?

**6 –** Oui, la voici : "Elizabeth@Roberts.com" (Elizabeth arobase Roberts point com) ; c'est *(que)* étrange, elle a son nom [de famille] comme serveur, peut-être est-elle propriétaire *(titulaire)* d'une entreprise.

② La présentation d'une adresse électronique est bien sûr la même en italien qu'en français ; par contre, les italiens ont inventé une jolie image pour désigner l'arobase, symbole d'une ancienne unité de mesure qui n'a été choisi par les informaticiens que parce qu'il était "libre", non utilisé par l'un ou l'autre alphabet, ni symbole d'autre chose. À cause de sa ressemblance avec le petit animal, ils l'ont appelé **chiocciola**, *colimaçon*, qui est également utilisé dans l'expression **la scala a chiocciola**, *l'escalier en colimaçon*.

**7 –** Io mi domando come facessero ③ una volta
a svolgere senza il computer tutte quelle
attività per cui adesso ci è indispensabile.

**8** Pensa se qualcuno avesse parlato ④ ai nostri
nonni ⑤ di una macchina grande come un
libro alla quale si impartiscono ordini tramite
un mouse o magari addirittura a voce,

**9** dotata di un sistema operativo a interfaccia
grafica in cui grazie alle icone presenti sul
desktop e sulle quali si clicca in un istante

**10** si può accedere a programmi di calcolo,
di trattamento di testi, di elaborazione di
immagini, di gestione della posta e degli
archivi,

**11** di creazione musicale e di connessione
via satellite ad altri computer attraverso il
mondo!

**12 –** E pensa che le ricerche che sono alla base
della rivoluzione informatica risalgono
proprio all'epoca dei nostri nonni:

**13** dai primi transistor al silicio ai circuiti
integrati con appena quattro o cinque
componenti elettronici,

## Notes

③ Les propositions subordonnées interrogatives indirectes
demandent le verbe au subjonctif, en suivant les règles d'accord des temps déjà vues dans les leçons précédentes : **Mi
chiedo che cosa voglia dire**, *Je me demande ce qu'il veut dire* ;
**Mi chiedo che cosa abbia voluto dire**, *Je me demande ce qu'il
a voulu dire*.

④ Le subjonctif est également obligatoire dans les phrases
hypothétiques, sur lesquelles nous reviendrons, puisque leur
fonctionnement un peu complexe met en difficulté les Italiens

**7 –** Je me demande comment ils faisaient *(fissent)* autrefois pour *(à)* mener à bien *(dérouler)* sans *(l')* ordinateur toutes ces activités pour lesquelles il nous est indispensable maintenant.

**8** Imagine *(pense)* si quelqu'un avait *(eût)* parlé à nos grands-parents *(grand-pères)* d'une machine grande comme un livre à laquelle on donne des ordres avec une souris, ou carrément vocalement *(à voix)*,

**9** dotée d'un système d'exploitation *(opérationnel)* à interface graphique où, *(en qui)* grâce aux icônes *(présentes sur)* du bureau sur lesquelles on clique en un instant,

**10** on peut accéder à des programmes de calcul, de traitement de texte, d'élaboration d'images, de gestion du courrier *(de la poste)* et des archives,

**11** de création musicale et de connexion par satellite à d'autres ordinateurs à travers le monde !

**12 –** Et pense que les recherches qui sont à la base de la révolution informatique remontent justement à l'époque de nos grands-parents :

**13** des premiers transistors au silicium aux circuits intégrés avec seulement *(à peine)* quatre ou cinq composants électroniques,

▸ eux-mêmes, qui font souvent des erreurs dans cette construction : **Se l'avessi saputo, non sarei venuto**, *Si je l'avais* ("eût") *su, je ne serais pas venu… !*

⑤ Puisqu'en italien le masculin l'emporte et que les relations de parenté sont toujours désignées par le même mot décliné au masculin ou au féminin (par exemple **nonno/nonna**, *grand-père/grand-mère*), **i nonni** indique *les grands-parents* (litt. "les grands-pères"), tout comme **i miei zii**, *mon oncle et ma tante* (litt. "mes oncles"), **i miei figli**, *mes enfants* (garçons et filles), etc.

**14** poi, grazie a una miniaturizzazione sempre più spinta, si è giunti ai microprocessori ed ai moderni chip con diversi milioni di transistor in pochi millimetri ⑥ quadrati.

**15** Questa tecnologia permette il funzionamento non soltanto dei computer, ma di autoradio, antifurto, telefoni, televisori, lettori di DVD, orologi e chi più ne ha più ne metta ⑦!

**16** Persino certi termini strani ormai di uso corrente sono stati inventati in quell'epoca pionieristica,

**17** come "bug", che indicava un vero e proprio insetto, una farfalla notturna, che era entrata in un calcolatore e l'aveva fatto inceppare!

**18** Quei ricercatori appassionati erano i predecessori degli scienziati che hanno sviluppato poi nuovi protocolli,

**19** cioè regole di trasmissione dei dati, e nuovi servizi telematici.

**Notes**

⑥ **pochi millimetri**, littéralement "peu de millimètres". Suivi d'un nom, **poco** ne prend pas de préposition, contrairement au français, et s'accorde avec lui en genre et en nombre ; **molto, tanto, parecchio, quanto, troppo** se comportent de la même manière : **Sono passati molti anni**, *Beaucoup d'années sont passées* ; **Quanti anni sono passati!**, *Que d'années sont passées !* En revanche, suivis d'un adjectif, ils sont tous invariables : **una città molto bella**, *une ville très belle* ; **Sono vacanze troppo costose**, *Ce sont des vacances trop coûteuses*. **Abbastanza**, *assez*, et **assai**, *très*, sont toujours invariables : **un prezzo abbastanza ragionevole**, *un prix assez raisonnable*. ▶

**14** ensuite, grâce à une miniaturisation de plus en *(toujours plus)* poussée, on est arrivé aux microprocesseurs et aux puces modernes avec plusieurs millions de transistors en quelques *(peu)* millimètres carrés.

**15** Cette technologie permet le fonctionnement non seulement des ordinateurs, mas des *(d')*autoradios, antivols, téléphones, téléviseurs, lecteurs de DVD, montres et ainsi de suite *(qui plus en a, plus en mette)* !

**16** On a même inventé, à cette époque de pionniers, certains termes bizarres, maintenant d'usage courant,

**17** comme "bug", qui indiquait un véritable *(vrai et propre)* insecte, un papillon de nuit *(nocturne)* qui était entré dans un calculateur et l'avait fait se bloquer.

**18** Ces chercheurs passionnés étaient les prédécesseurs des savants qui ont développé ensuite de nouveaux protocoles,

**19** c'est-à-dire des règles de transmission des données, et de nouveaux services télématiques.

▸ ⑦ **chi più ne ha, più ne metta**, littéralement "qui en a plus, qu'il en mette" (c'est un peu comme *qui dit plus ?*) ; c'est une expression de la langue parlée et indique, à la fin d'une liste, le fait que cette liste pourrait être bien plus longue, mais que l'on l'arrête là : on insiste ainsi sur l'abondance de ce que l'on énumère : **Abbiamo mangiato pesci di tutti i tipi: sgombri, merluzzi, trote, tonno e chi più ne ha più ne metta**, *Nous avons mangé des poissons de toutes sortes : des maquereaux, des morues, des truites, du thon et ainsi de suite.*

**20 –** Ed ora anche con un telefono cellulare possiamo navigare nel ciberspazio, nella blogosfera, entrare nei siti dei social network in cui la gente discute,

**21** e tramite le bacheche ⑧ elettroniche ognuno si trasforma in giornalista, reporter, organizzatore e partecipante a un dibattito mondiale tra cittadini. □

### Note

⑧ **la bacheca** est à la fois le meuble-vitrine où l'on expose, chez le bijoutier ou dans un musée, des objets précieux, et le panneau d'affichage, qui parfois a, lui aussi, une forme de vitrine à battants. Dans les blogs et les sites d'échanges dits "réseaux sociaux", c'est l'espace accessible à tous où chacun écrit ou publie ce qu'il souhaite partager avec les autres utilisateurs.

### Esercizio 1 – Traducete

❶ Mi domando come facessero gli scienziati di una volta a svolgere operazioni complesse senza gli attuali programmi di calcolo. ❷ Se avessero potuto usare un computer, avrebbero fatto molti progressi. ❸ Si possono impartire ordini al computer tramite il mouse, cliccando sulle icone del desktop. ❹ Non è riuscita a mandarmi le foto perché non sa usare il computer. ❺ Abbiamo già parecchi elettrodomestici: lavatrice, lavastoviglie, frigo, forno a micro-onde e chi più ne ha più ne metta.

**20 –** Et maintenant, *(même)* avec un [simple] 25
téléphone portable *(cellulaire)*, il est possible
de surfer *(naviguer)* dans le cyberespace, dans
la blogosphère, visiter *(entrer dans)* des sites de
réseaux sociaux où les gens discutent,

**21** et grâce aux "murs" *(panneaux-d'affichages
électroniques)* chacun se transforme en
journaliste, reporter, organisateur et participant
d'*(à)* un débat mondial entre citoyens.

### Corrigé de l'exercice 1

❶ Je me demande comment faisaient les savants d'autrefois pour développer des opérations complexes sans les actuels programmes de calcul. ❷ S'ils avaient pu utiliser les ordinateurs, ils auraient fait beaucoup de progrès. ❸ On peut donner des ordres à un ordinateur avec la souris, en cliquant sur les icônes du bureau. ❹ Elle n'a pas réussi à m'envoyer les photos parce qu'elle ne sait pas utiliser un ordinateur. ❺ Nous avons déjà de nombreux électroménagers : la machine à laver, le lave-vaisselle, le frigo, le four à micro-ondes, et ainsi de suite.

**Esercizio 2 – Completate**

❶ C'était l'époque des pionniers des premiers transistors au silicium.

. . . . . . . . . . . . . . . . . . . . . . . . . . . . . . . . . . . . . . . . . . . . . . . . . . . . . . . . . . . .

❷ Les autoradios, les antivols, les téléphones portables et les téléviseurs fonctionnent tous grâce à la miniaturisation des puces et des circuits intégrés.

. . . . . . . . . , . . . . . . . . . , . . . . . . . . . . . . . . . . . . . . . . . . . . . . . . . . . tutti . . . . . . . . . . . . . . . . . . . . . . . . . . . . . . . . . . . . . . . . . . . . . . . . . .

❸ Mon ordinateur est composé de l'unité centrale, l'écran, la souris et l'imprimante.

. . . . . . . . . . . . . . . . . . . . . . . . . dall' . . . . . . . . . . . . . , . . . . . . . . . . . . . , . . . . . . . e dalla stampante.

---

# 26   Ventiseiesima lezione

## Patente e scuola guida

**1**   Il signor Bianchi vuole prendere la patente e si rivolge alla scuola-guida che si trova proprio sotto casa sua:

**2 –**   Vorrei fare le cose alla svelta ①; posso cominciare le lezioni oggi stesso?

### Note

① L'adjectif **svelto**, *rapide*, au sens physique et intellectuel, vient du verbe **svellere**, *déraciner*, dont il est le participe passé : ▸

**4** En surfant dans le cyberespace il est possible de participer à un
débat mondial entre citoyens.

. . . . . . . . . .   . . . . . . . . .   . . . . . . . . . . . .

. . . . . . . . . .   . . .   . .   . . . . . . . . .   . . . . . . .

. . .   . . . . . . . .   •

**5** Je n'ai pas réussi à envoyer l'e-mail, il y a peut-être un problème
de connexion à internet.

. . .   . . . .   . . . . .   •   . . . . . . .   . . . . . ,

. .   . . . .   . .   . . . . . . .   . .   . . . . . . . .   •

. . . . . . . . •

## Corrigé de l'exercice 2

**1** Era l'epoca pionieristica dei primi transistor al silicio
**2** Autoradio, antifurti, telefoni cellulari e televisori funzionano –
grazie alla miniaturizzazione dei chip e dei circuiti integrati **3** Il
mio computer è composto – unità centrale, dallo schermo, dal
mouse – **4** Navigando nel ciberspazio è possibile partecipare a un
dibattito mondiale tra cittadini **5** Non sono riuscito a mandare l'e-
mail, ci sarà un problema di connessione a internet

---

## Vingt-sixième leçon    26

### Permis de conduire et auto-école

1    Monsieur Bianchi veut passer *(prendre)* le
     permis [de conduire] et s'adresse à l'auto-école
     qui se trouve juste au-dessous de chez lui :
2 –   Je voudrais faire les choses vite *(à la rapide)* :
     je peux commencer aujourd'hui même ?

▶    l'idée est que celui qui n'a pas d'attaches qui le retiennent, a la
     possibilité d'être rapide ! Il a, en somme, les ailes aux pieds…
     L'expression **alla svelta** signifie, elle, *vite*, *rapidement*.

**3** – Eccome! Ai documenti, foglio rosa e compagnia, e alla motorizzazione civile ci pensiamo noi: mettiamoci subito al lavoro.

**4** Si accomodi in macchina, allacci la cintura di sicurezza – attenzione, se si dimentica ② perde cinque punti! – e cominciamo con la messa in moto:

**5** prima di tutto si assicuri che il cambio è in folle, cioè che nessuna marcia è ingranata;

**6** poi giri la chiavetta dell'accensione del motore. Vede? C'è una spia ③ che si accende sul cruscotto.

**7** Adesso metta il piede sul pedale dell'acceleratore e prema leggermente… molto leggermente.

**8** Bene, il motore è avviato: adesso spinga sulla frizione e ingrani la prima; poi tolga piano piano il piede dalla frizione accelerando un po': perfetto!

## Notes

② **dimenticare**, *oublier*, peut avoir une construction active ou pronominale, sans que le sens en soit changé : **Ho dimenticato il nostro appuntamento** ou **Mi sono dimenticato il nostro / del nostro appuntamento**, *J'ai oublié notre rendez-vous.* D'autres verbes ont le même comportement comme **sbagliare** : **Ho sbagliato giorno** ou **Mi sono sbagliato di giorno**, *Je me suis trompé de jour*, et **ricordare** : **ricordo** ou **mi ricordo**, *je me souviens.* ▶

**3** – Et comment ! Nous nous occupons des *(nous pensons aux)* papiers *(documents)*, feuille rose et compagnie, et de la "motorisation civile" : mettons-nous tout de suite au travail.

**4** Installez-vous dans la voiture, attachez la ceinture de sécurité – attention, si vous *(vous)* oubliez, vous perdez cinq points ! – et commençons avec le démarrage *(la mise en mouvement)* :

**5** avant *(de)* tout, assurez-vous que le levier des vitesses est au point mort *(en fou)*, c'est-à-dire qu'aucune vitesse [n']est engagée ;

**6** ensuite tournez la *(petite)* clé d'allumage du moteur. Vous voyez ? Il y a un voyant *(espion)* qui s'allume sur le tableau de bord.

**7** Maintenant mettez le pied sur la pédale de l'accélérateur et appuyez légèrement… très légèrement.

**8** Bien, le moteur est en marche ; maintenant, appuyez sur la [pédale d']embrayage et passez la première ; ensuite enlevez tout doucement le pied de l'embrayage en accélérant un peu : parfait !

---

▶ ③ Un voyant nous prévient du danger éventuel que l'on ne verrait pas, exactement comme… un espion ! C'est pour cela que le mot d'origine germanique **la spia** (toujours féminin, pluriel **le spie**), *l'espion*, indique le voyant d'un appareil (**la spia dell'olio**, *le voyant de l'huile*), et aussi *un véhicule banalisé* (**un'auto spia**) ou *un avion de reconnaissance* (**un aereo spia**). Le péjoratif est **spione** (**Maledetto spione!**, *Maudit espion !*), d'où **lo spioncino**, *le judas* d'une porte. On appelle également **le spie**, *les retours*, c'est-à-dire les enceintes par lesquelles les musiciens des musiques amplifiées s'entendent eux-mêmes sur scène.

**9** E adesso che il motore è un po' su di giri ④, metta pure ⑤ la seconda e il gioco è fatto!

**10** Ora giri di là: per farlo, scali, cioè ingrani una marcia più bassa e soprattutto azioni la freccia ⑥ a sinistra.

**11** Facciamo manovra: l'inversione di marcia. Metta la freccia a destra e accosti.

**12** Ora la metta a sinistra e, in prima, vada verso la sinistra, poi metta la marcia indietro… così…; alt ⑦, si fermi qui così;

**13** metta in prima e si porti sulla destra. Ecco qui: ha visto? Uno s'immagina chissà che cosa, e invece è un giochetto da ragazzi!

**14** Le do qualche ultima spiegazione, per cui accosti a destra e metta il lampeggiante ⑧.

## Notes

④ **il motore è su di giri**, *le moteur est/marche à haut régime* (il tourne vite, **il giro** étant *le tour*) ; cette expression est passée du langage spécifiquement technique au langage courant, dans le sens de "être excité" ou même ivre ; par exemple : **Dopo tre bicchieri di vino, era talmente su di giri che non riusciva più a smettere di ridere**, *Après trois verres de vin, il était tellement excité qu'il n'arrivait plus à s'arrêter de rire.*

⑤ **pure** a de nombreuses significations, dont celle d'exhortation : **Entri pure**, *Entrez donc !* (même ironique : **Ridi pure: ride bene chi ride ultimo**, *Ris donc : rira bien qui rira le dernier* – remarquez au passage qu'en italien le verbe "rire" est au présent dans cette expression alors qu'il est au futur en français) et de concession, parfois adversative : **Il mio lavoro non mi piace, ma si deve pure vivere**, *Mon travail ne me plaît pas, mais on doit bien vivre !* ; et aussi dans l'expression **Sia pure**, *Soit !*

⑥ Dans les premières voitures, des flèches mécaniques se levaient d'un côté ou de l'autre pour indiquer dans quel sens allait tourner le véhicule : le mot **la freccia** est ainsi resté en italien pour désigner le clignotant lumineux latéral ayant la même fonction. ▸

**9** Et maintenant que le moteur est à un assez haut régime *(dessus de tours)*, passez *(donc)* la seconde, et le tour est joué *(le jeu est fait)* !

**10** Maintenant tournez par *(de)* là : pour cela *(le faire)*, rétrogradez, c'est-à-dire passez une vitesse inférieure *(plus basse)* et surtout actionnez le clignotant *(la flèche)* à gauche.

**11** Faisons [une] manœuvre : le demi-tour *(l'inversion de marche)* : mettez le clignotant *(la flèche)* à droite et rangez-vous près du trottoir *(approchez)*.

**12** Maintenant mettez le clignotant à gauche et, en première, allez vers la gauche, puis passez *(mettez)* la marche arrière… ainsi… ; stop, arrêtez-vous ici comme ça *(ainsi)* ;

**13** passez *(mettez)* la première et serrez *(portez-vous)* à *(sur la)* droite ; voilà *(ici)*: vous avez vu ? On *(un)* s'imagine Dieu *(qui)* sait quoi et en fait *(au contraire)*, c'est un *(petit)* jeu d'enfants *(garçons)* !

**14** Je vous donne quelque[s] dernière[s] explication[s] ; pour cela rangez-vous *(approchez)* à droite et mettez le feu de détresse *(clignotant)*.

▶ ⑦ On utilise **alt** pour donner l'ordre de s'arrêter (il désigne également l'ordre même : **dare l'alt**, *dire stop*) plus facilement que **stop**, qui indique le plus souvent la signalisation routière : **Non si è fermato allo stop**, *Il ne s'est pas arrêté au stop*.

⑧ **il lampeggiante** vient du verbe **lampeggiare**, *clignoter*, qui dérive lui-même de **il lampo**, *l'éclair* : le sens primitif du verbe est en effet *faire des éclairs* : **Il cielo lampeggiava**, *Le ciel était plein d'éclairs*, ou utilisé impersonnellement, comme tous les verbes qui indiquent des phénomènes météorologiques : **Ieri pioveva e lampeggiava**, *Hier il pleuvait et il y avait des éclairs*.

**15** Prima di ⑨ tutto, i fanali: questi sono gli abbaglianti ⑩ e questi gli anabbaglianti; in certe macchine ci sono anche i fari antinebbia.

**16** Con questa levetta si azionano i tergicristallo davanti e con questa quelli dietro, e qui c'è il clacson.

**17** Se adesso c'è qualcosa che non riesce a fare, se non ce la fa a capire tutto, non si preoccupi:

**18** tra un mese lei saprà guidare come un pilota di formula uno!

**19** E soprattutto si ricordi di una cosa: la strada è un luogo pieno di pericoli, quindi… occhi aperti!

**20 –** Sì, sì, tutto questo lo sapevo già; c'è una cosa però che non riesco a capire, e che mi turba un po': a cosa servono questi interruttori sulla portiera?

**21 –** Ma sono i portacenere! ☐

**Notes**

⑨ La préposition **di** accompagne toujours **prima**, sauf quand l'adverbe est suivi d'une proposition ; par exemple : **Prima di internet, le comunicazioni erano molto più lente**, *Avant internet, les communications étaient beaucoup plus lentes*, mais : **Prima che tu vada via, ti devo parlare**, *Avant que tu t'en ailles, je dois te parler*.

⑩ Le mot **gli abbaglianti** vient du verbe **abbagliare**, *éblouir*, d'où l'expression **prendere un abbaglio**, *commettre une bévue* ; le verbe n'a pas le sens figuré d'*éblouir* en français, que l'on exprime alors par **meravigliare** ou par des dérivés du verbe **splendere**, *resplendir* : **Cara, sei splendida stasera** ou **sei uno splendore**, *Chérie, tu es éblouissante ce soir*. À moins que ce ne soit une bévue…

**15**   Avant *(de)* tout, les feux : ceux-ci sont les
phares ou feux de route *(les éblouissants)* et
ceux-ci [sont] les feux de croisement *(non-
éblouissants)* ; [il existe] dans certaines voitures
*(il y a)* des phares antibrouillards *(aussi)*.

**16**   Avec ce petit levier on actionne les essuie-
glaces avant *(devant)*, et avec celui-ci ceux de
l'arrière *(derrière)*, celui-ci est *(ici il y a)* le
klaxon.

**17**   S'il y a quelque chose que vous n'arrivez pas à
faire tout de suite *(maintenant)*, ou que *(si)* vous
n'arrivez pas *(n'y la faites[ pas])* à comprendre
*(tout)*, ne vous [en] faites *(préoccupez)* pas :

**18**   dans un mois vous saurez conduire comme un
pilote de Formule 1 !

**19**   Et surtout rappelez-vous *(de)* une chose : la
route est un lieu plein de dangers, donc…
ouvrez l'œil *(yeux ouverts)* !

**20** –   Oui, oui, tout cela je le savais déjà ; il y a
cependant une chose que je n'arrive pas à
comprendre, et qui m'inquiète un peu : à quoi
servent ces interrupteurs sur la portière ?

**21** –   Mais ce sont les cendriers !

IL SIGNOR BIANCHI VUOLE PRENDERE LA PATENTE.

**Esercizio 1 – Traducete**

❶ Spinga sulla frizione, ingrani una marcia più bassa e metta la freccia a sinistra. ❷ Si accomodi pure in macchina e non dimentichi di allacciare la cintura di sicurezza. ❸ Vede? C'è una spia che si accende sul cruscotto: il motore è avviato. ❹ Vorrei prendere la patente alla svelta. ❺ Sono uscita dal cinema perché non ce la facevo più: il film era una pizza!

---

**Esercizio 2 – Completate**

❶ Si tu veux passer ton permis, tu dois t'adresser à une auto-école.

. . . . . . . . . . . . . . . . . . . . . . . . . . , ti devi

. . . . . . . . . . . . . . . . . . . . . . . . .

❷ Si vous n'arrivez pas à tout comprendre, ne vous en faites pas : je vous donnerai demain quelques dernières explications.

. . . . . . . . . . . . . . . . . . . . . . . . . . . , . . .

. . . . . . . . . . . . . . : . . . . . . . . . . . . . . . .

. . . . . . . . . . . . . . . . .

❸ Si vous faites demi-tour dans cette rue, vous perdez cinq points !

. . . . . . . . . . . . . . . . . . . . . . . . in . . . . . .

. . . . . . , . . . . . . . . . . . . . !

❹ Avant le rond-point serrez à droite et mettez le clignotant.

. . . . . . . . . . . . . . . . . . . . si . . . . . . . . .

. . . . . . . . . . . . . . . . . . . . . . .

❺ Mettons-nous tout de suite au travail et commençons la première leçon de conduite.

. . . . . . . . . . . . . . . . . . . . . . . . . . . . . .

. . . . . . . . . . . . . . . . . . . . . . .

❶ Appuyez sur l'embrayage, passez une vitesse inférieure et mettez le clignotant à gauche. ❷ Installez-vous donc dans la voiture et n'oubliez pas d'attacher la ceinture de sécurité. ❸ Vous voyez ? Il y a un voyant qui s'allume sur le tableau de bord : le moteur a démarré. ❹ Je voudrais passer mon permis rapidement. ❺ Je suis sortie du cinéma parce que je n'en pouvais plus : le film était une barbe !

## Corrigé de l'exercice 2

❶ Se vuoi prendere la patente – rivolgere a una scuola guida ❷ Se non ce la fa a capire tutto, non si preoccupi – le darò domani qualche ultima spiegazione ❸ Se fa inversione di marcia – questa strada, perde cinque punti ❹ Prima della rotatoria – porti sulla destra e metta la freccia ❺ Mettiamoci al lavoro e cominciamo la prima lezione di guida

**La motorizzazione civile** *est le bureau, dépendant du ministère des Transports, qui dans chaque ville s'occupe de tout ce qui concerne la circulation routière, les permis de conduire, les licences de transport de marchandises, etc. C'est à lui que l'on s'adresse pour obtenir* **il foglio rosa**, *le document qui permet aux personnes de conduire accompagnées d'un titulaire du permis, pendant les mois qui précèdent l'examen de conduite, soutenu devant un inspecteur appartenant à cet organisme. Depuis 2003, en Italie aussi est entré en vigueur* **la patente a punti**, *le permis à points (20 au total), avec perte de points selon la gravité de l'infraction, et possibilité de les récupérer au bout d'une certaine période sans infractions. Ce système est géré, lui aussi, par la* **motorizzazione civile**.

## Un regista cinematografico

**1 –** Siamo negli studi di Cinecittà, dove
in mezzo a un andirivieni ① di tecnici,
cameraman, truccatori, costumisti,
comparse e curiosi, siamo riusciti a
scovare ② Pino Bisi in persona,

**2** che dal set del suo ultimo film ha accettato
di rispondere ad alcune domande per i
nostri telespettatori.

**3** Maestro ③, anche questa volta il suo film
ha dei costi da capogiro, è una vera sfida ai
produttori…

**4 –** Non esageriamo! Ciò che ④ indispone
i critici retrogradi e tendenziosi che
diffondono voci diffamatorie sul mio conto,
sono gli aspetti sperimentali della mia opera.

## Notes

① **l'andirivieni** est un nom composé des racines des verbes
**andare** et **venire**, et indique un mouvement de personnes dans
tous les sens, comme il peut y avoir par exemple dans un marché… ou sur un plateau de cinéma.

② **scovare**, *débusquer* (de **il covo**, *la tanière*) ; c'est un terme qui
appartient au vocabulaire de la chasse, et qui est passé dans le
langage courant avec le sens, également, de *dénicher* : **Dove
hai scovato questo cappello?**, *Où as-tu déniché ce chapeau ?*
De même, le sens de **covo** est passé de *tanière* à *repaire* (**un
covo di falsari**, *un repaire de faussaires*), et, par extension, au
sens de *chez soi*, dans des expressions telles que **non esce mai
dal suo covo**, *il ne sort jamais de chez lui* ("de sa tanière"). ▶

## Un réalisateur

1 – Nous sommes dans les studios de "Cinecittà",
où au milieu d'allées et venues de techniciens,
cameramen, maquilleurs, costumiers, figurants
et curieux, nous avons *(sommes)* réussi à
débusquer *(dénicher)* Pino Bisi en personne,

2 qui a accepté de répondre depuis le plateau de
son dernier film à quelques questions pour nos
téléspectateurs.

3 Bonjour *(maître)*, votre film, cette fois-ci
encore, coûte les yeux de la tête *(a des coûts de
tournis)*, c'est un vrai défi aux producteurs…

4 – N'exagérons [rien] ! Ce qui dérange *(indispose)*
les critiques rétrogrades et tendancieux qui
diffusent des rumeurs *(voix)* diffamatoires à
mon égard *(sur mon compte)*, ce sont les aspects
expérimentaux de mon œuvre.

▸ ③ **maestro** indique aussi bien celui qui enseigne une discipline,
particulièrement artistique, mais également quelqu'un qui,
grâce à son excellence dans son domaine, devient un modèle
pour les autres ; pour cela, il n'est pas rare qu'un artiste soit
appelé (parfois de façon un peu flatteuse…) **maestro**. Plus
prosaïquement, on appelle **maestro** un enseignant d'école primaire ou maternelle, et un musicien titulaire d'un diplôme de
conservatoire.

④ **ciò**, pronom démonstratif neutre, signifie *cela* ; très souvent
accompagné du relatif **che**, il correspond alors à *ce qui, ce que,
la chose qui* (ou *que*) : **Ascolta ciò che ti dico**, *Écoute ce que je
te dis* ; **ciò** est plus précis (il indique toujours une chose) que le
générique **quello** (personnes et choses), mais on peut utiliser
l'un ou l'autre : **Ascolta quello che ti dico**.

5   È vero che certe sequenze richiedono un dispiegamento di mezzi tecnici fuori dal comune, come la scena della battaglia di Waterloo ne "La fuga del cavallo morto" ⑤,

6   ma quelli che amano il mio cinema sanno che lo faccio sempre a fin di bene, cioè per trasmettere con più forza il mio messaggio.

7   In realtà il cinema versa oggi in una crisi davvero epocale, da cui si risolleverà difficilmente, altro che ⑥ costi di produzione.

8   I soldi che faccio spendere io ai produttori non c'entrano niente!

9 – E per quanto riguarda questa sua ultima fatica, "Impegno e disimpegno", in che cosa consiste il suo messaggio?

10 – Si tratta di una riflessione filosofica sul ruolo dell'arte nella società contemporanea, attraverso una storia d'amore, di sesso e di politica.

11 – Di tutto un po', insomma; e crede che il pubblico di oggi sia sensibile a queste tematiche?

**Notes**

⑤ Quand un titre commence par un article défini, la préposition qui l'introduit ne forme pas obligatoirement un article contracté, surtout à l'écrit, mais **in** devient tout de même **ne** : **L'ho letto ne "La** (à la place de **nella**) **Divina Commedia"**, *Je l'ai lu dans "la Divine Comédie"*, mais : **Sono arrivato a "Il** (à la place de **al**) **Tempo Ritrovato"**, *Je suis arrivé à "Le Temps Retrouvé".*

**5** Il est vrai que certaines séquences demandent
un déploiement de moyens techniques hors
du commun, comme la scène de la bataille de
Waterloo dans "La fuite du cheval mort",

**6** mais ceux qui aiment mon cinéma savent que
je le fais toujours dans une bonne intention *(à fin de bien)*, c'est-à-dire pour transmettre mon
message avec plus de force.

**7** En réalité le cinéma se trouve *(verse)*
aujourd'hui dans une crise véritablement
historique dont il se remettra *(soulèvera)*
difficilement ; il ne s'agit pas *(autre que)* de
coûts de production.

**8** L'argent *(les sous)* que *(moi)* je fais dépenser
aux producteurs n'a rien à voir *(n'y entrent rien)* !

**9** – Et en ce qui concerne ce *(votre)* dernier travail
*(fatigue)*, "Engagement et désengagement", en
quoi *(chose)* consiste votre message ?

**10** – Il s'agit d'une réflexion philosophique sur
la fonction *(le rôle)* de l'art dans la société
contemporaine, à travers une histoire d'amour,
de sexe et de politique.

**11** – Un peu de tout, en somme ; et vous croyez que
le public d'aujourd'hui sera *(soit)* sensible à ces
thématiques ?

▸ ⑥ **altro che** est une expression utilisée dans plusieurs sens : ici,
elle indique "qu'il n'est pas du tout question de cela (cette
explication ou ce problème)" : **Questo è un bel raffreddore,
altro che allergia**, *Ça c'est un beau rhume, il ne s'agit pas du
tout d'une* ("autre que") *allergie*. Parfois il a le sens de *Et comment !, bien sûr !* : **Ti senti di farlo? Altro che!**, *Ça te dirait de
le faire ? Et comment !*

**12 –** Spero di sì ⑦: il soggettista e lo scenegggiatore con cui ho lavorato si sono sforzati di fare un film vicino alle preoccupazioni della gente, calato nella realtà attuale.

**13** Tenevamo molto a non dare l'impressione di un film fine a se stesso, di parlarci addosso ⑧ come si suol ⑨ dire.

**14 –** Ci può fare qualche anticipazione sulla trama?

**15 –** Posso dirle in anteprima che è la storia di un pittore del tutto disimpegnato che incontra una pittrice ⑩ antifascista durante la seconda guerra mondiale,

**16** e suo malgrado prende coscienza dei problemi che lo circondano in maniera drammatica,

## Notes

⑦ La préposition **di** est utilisée dans des expressions telles que **spero di sì**, *j'espère* ; **credo di no**, *je crois que non* ; **le ho detto di sì**, *je lui ai dit oui* ; **Abbiamo deciso di no**, *Nous avons décidé que non*, etc.

⑧ Des formes pronominales peuvent être associées à des adverbes dans des expressions particulières : **si parla addosso** ("il parle sur soi", "il se parle dessus", au sens de *il s'écoute parler*) ; **Si è fatto la pipì addosso**, *Il a fait pipi dans sa culotte* ; **Mi guardo attorno**, *Je regarde autour de moi* ; **Me lo sono trovato davanti**, *Je l'ai trouvé devant moi* ("je me le suis trouvé devant") ; **Guardati sempre dietro**, *Regarde toujours derrière toi*.

**12** – J'espère que *(de)* oui : l'auteur du script et le
scénariste avec qui j'ai travaillé ont fait l'effort
de faire un film proche des préoccupations des
gens, ancré dans la réalité actuelle.

**13** Nous tenions beaucoup à ne pas donner
l'impression de faire un film [qui serait] une
fin en soi *(fin à lui-même)*, de parler pour parler
*(nous parler dessus)*, comme on dit.

**14** – Vous pouvez nous dire à l'avance *(faire quelque
anticipation)* quelque chose sur l'intrigue *(la
trame)* ?

**15** – Je peux vous dire en avant-première que c'est
l'histoire d'un peintre totalement *(du tout)*
désengagé [politiquement] qui rencontre une
femme-peintre antifasciste pendant la deuxième
guerre mondiale,

**16** et qui prend conscience malgré lui *(son malgré)*
des problèmes qui l'entourent de *(en)* façon
dramatique,

▶ ⑨ le verbe **solere**, *avoir l'habitude de*, nous vient tout droit
du latin, pour former des expressions idiomatiques comme
**come si suol dire**, *comme on dit*, et plus rarement utilisé
pour accompagner un autre verbe : **La domenica solevamo
andare al mare**, *Le dimanche nous avions l'habitude d'aller
à la mer*, mais on dit plus facilement **La domenica, di solito,
andavamo al mare**. Souvenez-vous aussi de **come al solito**,
*comme d'habitude*.

⑩ Le feminin de **pittore**, *peintre*, est **pittrice** : c'est le cas de
nombreux noms se terminant par **-tore** au masculin : **scrittore**
(*écrivain*) / **scrittrice**, **traduttore** (*traducteur*) / **traduttrice**,
**suonatore** (*joueur de musique*) / **suonatrice**, etc., mais ne vous
fiez pas trop à la règle, car le féminin de **dottore**, par exemple,
est **dottoressa**…

**17** come tutti coloro che ⑪ non si sono mai guardati attorno e tutt'a un tratto aprono gli occhi e rimangono sconvolti da ciò che si trovano davanti.

**18** Costoro ⑫ sono per me come quei santi folgorati da una rivelazione che ha cambiato loro la vita, convertiti ad un nuovo credo.

**19** – Ed i suoi ammiratori che verranno a vedere il suo film ne saranno sconvolti, folgorati?

**20** – Tutti santi, anche loro! □

## Notes

⑪ **coloro** est le pluriel, masculin et féminin, de **colui** (masc.) et **colei** (fém.), pronoms démonstratifs qui précèdent le pronom relatif **che** et qui signifient *celui qui* (ou *que*), *celle qui/que* et *ceux/celles qui/que* ; c'est surtout dans la langue écrite que l'on trouve **colui**, dans la langue parlé on lui préfère **quello**.

⑫ **costoro** est le pluriel, masculin et féminin, de **costui** (masc.) et de **costei** (fém.), pronoms démonstratifs valables uniquement pour les personnes qui signifient *celui-ci*, *celle-ci*, etc. (opposé à **colui**, *celui-là*).

## Esercizio 1 – Traducete

❶ Speriamo che siate venuti perché ci tenete e non vostro malgrado. ❷ Mi sono guardato intorno e sono stato folgorato da ciò che mi sono visto davanti. ❸ Le idee non c'entrano niente ed è solo una questione di soldi, altro che impegno politico! ❹ Coloro che hanno assistito all'anteprima del film ne sono rimasti entusiasti. ❺ Quella sequenza ha richiesto un dispiegamento di mezzi tecnici fuori dal comune.

**17**      comme tous ceux qui n'ont jamais regardé
autour d'eux *(ne se sont jamais regardés
autour)*, [et qui,] tout à coup *(un trait)*, ouvrent
les yeux et restent bouleversés par ce qu'ils
trouvent devant eux *(se trouvent devant)*.

**18**      Ceux-ci sont pour moi comme ces saints
foudroyés par une révélation qui a changé leur
*(la)* vie, convertis à un nouveau credo.

**19** –    Et vos admirateurs, qui viendront voir votre
film, en seront-ils bouleversés, foudroyés ?

**20** –    Tous des saints, eux aussi !

### Corrigé de l'exercice 1

❶ Nous espérons que vous êtes venus parce que vous y tenez
et non pas malgré vous. ❷ J'ai regardé autour de moi et j'ai été
foudroyé par ce que j'ai vu devant moi. ❸ Les idées n'ont rien à
voir et ce n'est qu'une question d'argent, il ne s'agit pas du tout
d'engagement politique ! ❹ Ceux qui ont assisté à l'avant-première
du film en ont été enthousiasmés. ❺ Cette séquence a demandé un
déploiement de moyens techniques hors du commun.

**27** **Esercizio 2 – Completate**

**①** Ce qui indispose les critiques rétrogrades, ce sont ses thématiques, toujours ancrées dans la réalité politique actuelle.

. . . . . . . . . . . . . . . . . . . . . . . . . . . . . . . .
. . . . . . . . . . . . . . . . . . , . . . . . . . . . . . .
. . . . . . . . . . . . . . . . . . . . . . . . .

**②** Au milieu des allées et venues de techniciens et figurants du plateau cinématographique, nous avons débusqué le réalisateur en personne.

. . . . . . . . all' . . . . . . . . . . . . . . . . .
. . . . . . . . . . . . . . . . . . . . . . . . . . .
. . . . . . . . . . . . . . . . . . . . . . . . . . . . .

**③** En ce qui concerne le message de mon dernier film, je peux dire qu'il s'agit d'une réflexion philosophique sur l'engagement politique.

. . . . . . . . . . . . . . . . . . . . . . . . . . . .
. . . . . . . . . . . . . , . . . . . . . . . . . . . .
. . . . . . . . . . . . . . . . . . . . . . . . . . . . . .
. . . . . . . . . . . . . . . . . . . . .

**④** Le dernier travail de cette femme-écrivain est un véritable défi pour le public d'aujourd'hui.

. . . . . . . . . . . . . . . . . . . . . . . . . . . . . .
. . . . . . . . . . . . . . . . . . . . . . . . . . . .

**⑤** Si tu ne me crois pas, regarde autour de toi !

. . . . . . . . . . . . . . . . . , . . . . . . . . . . . . . . . . !

❶ Ciò che indispone i critici retrogradi sono le sue tematiche, sempre calate nella realtà politica attuale ❷ In mezzo – andirivieni di tecnici e comparse del set cinematografico abbiamo scovato il regista in persona ❸ Per quanto riguarda il messaggio del mio ultimo film, posso dire che si tratta di una riflessione filosofica sull'impegno politico ❹ L'ultima fatica di quella scrittrice è una vera sfida al pubblico di oggi ❺ Se non mi credi, guardati attorno

*Notre rencontre avec* **il regista cinematografico** *(souvenez-vous que* **regista** *tout seul peut indiquer également un* metteur en scène de théâtre*) a été une occasion de faire un détour dans le cinéma italien, qui est si important dans le pays que l'une des visites conseillées quand vous allez à Rome, est justement la* **Cinecittà** *(la ville du cinéma), grosse agglomération constituée en grande partie de studios et de sièges de productions cinématographiques.* **Cinecittà** *fut inaugurée en 1937 par les autorités fascistes, qui voulaient faire du septième art une véritable industrie nationale, également pour des objectifs de propagande. Depuis, tous les grands maîtres du cinéma du monde entier ont souhaité tourner leurs œuvres dans les immenses studios romains, où une armée de techniciens de haut niveau a l'habitude de tout construire en grandeur nature, de la pyramide d'Égypte à la ville du Far West ! Longtemps géré par l'État, cet ensemble est privé depuis 1997, alors que le capital de* **Cinecittà Holdings**, *qui s'occupe de la promotion du cinéma italien à l'étranger, est toujours détenu à 100 % par le ministère des Finances.*

# 28 Ventottesima lezione

## Revisione – Révision

## 1 La proposition circonstantielle de but

On a vu les différentes formes de propositions finales :

### 1.1 *perché, affinché* ou *acciocché*

Avec **perché** ou **affinché** ou **acciocché** (littéraire) + le subjonctif, accordé avec le temps du verbe de la proposition principale selon les règles déjà exposées de l'accord des temps :

**Ti parlo così perché tu capisca i miei sentimenti.**
*Je te parle ainsi pour que tu comprennes mes sentiments.*

**Stava sempre con lui, affinché non si sentisse solo.**
*Il restait toujours avec lui, afin qu'il ne se sentît pas seul.*

### 1.2 *per* ou *a* + infinitif

Avec **per** ou **a** + l'infinitif, le sujet de la proposition finale est le même que celui de la proposition principale :

**Ti parlo così per farti capire i miei sentimenti.**
*Je te parle ainsi pour te faire comprendre mes sentiments.*

**Sono venuto a parlarti.**
*Je suis venu te parler.*

### 1.3 avec un pronom relatif

Parfois ce sont des propositions relatives (c'est-à-dire introduites par un pronom relatif) avec le verbe au subjonctif, qui ont la valeur de propositions finales :

**Voglio dirti qualcosa che ti faccia capire i miei sentimenti.**
*Je veux te dire quelque chose qui te fasse comprendre mes sentiments.*

## 2 Les pronoms relatifs

Comme en français, il existe une forme longue, **il quale**, **la quale**, **i quali**, **le quali**, et une forme courte **che** (qui équivaut à la fois à *qui* et à *que*).

Avec les prépositions, si l'on veut utiliser la forme courte, on emploie **cui** : on dit donc **col quale** ou **con cui**, **per il quale** ou **per cui**. Utilisé tout seul, sans préposition, **cui** veut dire *à qui* : **la persona cui ho parlato**, *la personne à qui j'ai parlé*.

**Cui** est aussi utilisé pour traduire *dont* : ou bien par **di cui** (**la persona di cui ti ho parlato**, *la personne dont je t'ai parlé*), ou bien en plaçant **cui** entre l'article défini et le nom :

**Quell'uomo, il cui aspetto non mi era nuovo, se ne andò sbattendo la porta.**
*Cet homme, dont l'aspect ne m'était pas inconnu, s'en alla en claquant la porte.*

**Chi** correspond à *celui qui* (ou *celui que*), toujours au singulier ; il est souvent utilisé dans les proverbes, les sentences, les généralisations : **"Chi poco pensa, molto erra"** (Léonard de Vinci), *"Celui qui pense peu, se trompe beaucoup"*.

Il existe une série de pronoms démonstratifs qui accompagnent presque toujours les pronoms relatifs, et qui traduisent les formes *celui qui*, *celle qui*, *ceux qui*, *celles qui* et *ce qui* (et *que*) : il s'agit de **quello/quella/quelli/quelle**, pour les personnes et les choses :

**Quello che hai visto ieri è mio fratello.**
*Celui que tu as vu hier est mon frère.*

**Non si può sempre fare quello che si vuole.**
*On ne peut pas toujours faire ce qu'on veut.*

**Mi piacciono le macchine, ma quelle che preferisco sono le FIAT.**
*J'aime les voitures, mais celles que je préfère sont les FIAT.*

Une autre forme possible, mais plus fréquente à l'écrit que dans la langue orale, est **colui/colei/coloro che** pour les personnes (**colui che hai visto ieri è mio fratello**, *celui / la personne que tu as vu(e) hier est mon frère*), et la forme "neutre" **ciò che** pour les choses ou notions abstraites (*ce qui, ce que*) ; bien sûr, si l'on a besoin de spécifier le genre d'une chose (le neutre n'est pas un genre en italien), on a recours à **quello** :

**Ciò che voglio leggere, è un buon romanzo giallo.**
*Ce que je veux lire, c'est un bon roman policier.*

**Voglio leggere delle poesie: mi fai leggere quelle che hai scritto tu?**
*Je veux lire des poèmes : tu me fais lire ceux que tu as écrits ?*

## 3 La préposition *di*

Voici les principaux emplois de la préposition **di**. En général, **di** indique :

• la propriété :
**Di chi è questo libro? Questo libro è di Luigi**
*À qui est ce livre ? Ce livre est à Luigi.*

• l'argument, l'inhérence :
**un libro di storia**, *un livre d'histoire* ;
**parlare di politica**, *parler politique.*

• le temps :
**di giorno, di notte**, *(pendant) le jour, la nuit* ;
**di questa stagione**, *en cette saison.*

• la cause (dans les expressions sans article) :
**urlare di dolore**, *crier de douleur* ;
**scoppia di salute**, *il éclate de santé.*

• le passage par un lieu :
**Siamo già passati di qui.**
*Nous sommes déjà passés par là.*

• le contenu :
**una tazza di caffè** *une tasse de café*, (attention à la différence avec **una tazza da caffè**, *une tasse à café*).

• la qualité (sans article) :
**un barbiere di qualità**, *un barbier de qualité*
mais avec l'article défini il faut **da** :
**un barbiere dalle qualità eccezionali**, *un barbier aux qualités exceptionnelles*, mais on dit aussi **un barbiere della migliore qualità**.

• On emploie **di** avec plusieurs adverbes :

– **prima di**, *avant de* :
**Prima di lui, nessuno ci aveva mai pensato.**
*Avant lui, personne n'y avait jamais pensé.*

**Lavati le mani prima di mangiare.**
*Lave tes mains avant de manger.*

– **dopo di**, *après* :
**Dopo di lei, signore**, *Après vous, monsieur* ;

par contre, on aura construction directe avec le verbe à l'infinitif : **dopo avere mangiato**, *après avoir mangé*, et avec **che** devant le verbe conjugué : **dopo che ho finito**, *après que j'aie fini* ;

– **nel mezzo di**, *au milieu de* (par contre on dira **in mezzo a**, les deux expressions étant équivalentes);

– **invece di**, *au lieu de*, etc.

Retenez aussi les expressions suivantes : **arrivare di corsa**, *arriver en courant* ; **di tanto in tanto**, *de temps en temps* ; **di bene in meglio**, *de mieux en mieux* ; **ridere di gusto**, *rire de bon cœur* ; **alcuni di noi (di voi, di loro)**, *quelques-uns d'entre nous (d'entre vous, d'entre eux)* ; **malato di cuore**, *qui a le cœur malade* ; **vestita di rosso**, *habillée en rouge* ; **ricco di vitamine**, *riche en vitamines* ; **credo di sì**, *je crois que oui* ; **mi sembra di sì**, *il me semble que oui*, **dire di sì**, *dire oui*.

Comme vous voyez, l'emploi de **di** est bien plus étendu que celui de *de* en français : gardez précieusement toutes ces expressions dans votre mémoire !

Sous la forme d'article contracté (**preposizione articolata** : **del**, **delle**, **della**, **degli**, **delle**), **di** joue le rôle de l'article indéfini ; cependant, l'usage de cet article est facultatif en italien :

**Per farsi una cultura, bisogna leggere dei libri** (ou bien **bisogna leggere libri**).
*Pour se faire une culture, il faut lire des livres.*

Il y a quand même une plus ou moins grande fréquence d'emploi selon les cas. On évite de l'utiliser dans

– les propositions négatives :
**Non bevo mai vino**, *Je ne bois jamais de vin.*

– les listes de noms :
**Mangiamo pane, prosciutto e formaggio.**
*Nous mangeons du pain, du jambon et du fromage.*

– et, en général, quand on parle de quelque chose de manière générique :
**Mi piace leggere romanzi**, *J'aime lire des romans.*

tandis que l'on l'utilise presque obligatoirement quand il s'agit de quelque chose de déterminé, de spécifique :
**Ho letto dei romanzi che ho preso in prestito alla biblioteca.**
*J'ai lu les (des) romans que j'ai empruntés à la bibliothèque.*

Par contre, on ne met jamais de **di** après **molto**, **troppo**, **abbastanza**, **più**, **meno** :

**Ho letto molti libri**, *J'ai lu beaucoup de livres* ;
**Ho letto più libri di te**, *J'ai lu plus de livres que toi.*

Bien sûr, à la différence du français, on met l'article contracté devant un nom pluriel précédé d'un adjectif qualificatif :
**Ho visto delle belle città**, *J'ai vu de belles villes.*

Il n'est pas inutile de revenir sur le verbe **potere**, à cause des difficultés que son sens pose souvent aux étrangers qui étudient l'italien : sa signification est limitée à *avoir la possibilité*, au sens de *ne pas avoir d'entraves* pour faire quelque chose, tandis que très souvent on entend dire, de manière inappropriée, **"posso parlare italiano"** dans le sens de *je sais parler italien* : dans ce cas-là, en italien aussi on dit **so parlare italiano** ou même simplement **parlo italiano** : en effet, c'est le verbe **sapere** qu'on emploie quand il s'agit de savoir-faire et de maîtrise ; par contre, **riuscire** est utilisé quand il y a une notion d'effort, de difficulté à faire quelque chose, ainsi que l'expression **farcela**, *y arriver*.

En conclusion, vous pouvez dire **posso parlare italiano** quand il n'y a pas d'empêchements à le parler, parce que par exemple vous avez enfin rencontré des amis italiens ; **so parlare italiano** quand vous connaissez la langue, que vous puissiez ou non la pratiquer ; **riesco a parlare italiano** ou **ce la faccio a parlare italiano**, quand vous ne connaissez pas trop la langue, mais, avec un peu d'effort, et… avec votre *Perfectionnement Italien*, vous arriverez honorablement à vous en sortir !

## 6 Quelques féminins particuliers

• **les mots en** *-essa*

Il s'agit surtout :
– de quelques noms d'animaux :
**leone/leonessa**, **elefante/elefantessa**, etc.

– d'activités humaines :
**dottore/dottoressa**,     **poeta/poetessa**,     **profeta/profetessa**, **sacerdote/sacerdotessa**, **oste/ostessa**, *l'aubergiste*, etc.

– et de titres de noblesse :
**conte/contessa**, **duca/duchessa**, **principe/principessa**, etc. ;
Exceptions notables : **re/regina** et **marchese/marchesa**.

• **les mots en** *-trice*

Ce sont les féminins de presque tous les mots se terminant en **-tore** au masculin :
**imperatore/imperatrice**, **lavoratore/lavoratrice**, **attore/attrice**, etc.

• **les exceptions**

Comme dans toutes les exceptions, il n'y a pas de règle qui les régit… et il faut donc les apprendre au fur et à mesure de son étude,

---

**Dialogo di revisione**

1 – Signor ministro, lei pensa che il negoziato intavolato nella tarda mattinata e concluso nel primo pomeriggio di ieri tra i sindacati e la Confindustria sia stato un fallimento?

2 – L'attuale vertenza ha scatenato le ire degli utenti ed è giunto il momento del dialogo e dello scambio.

3   Per questo sto definendo una roadmap dei negoziati, affinché tutte le forze sociali coinvolte nel conflitto s'incontrino.

4 – Tale iniziativa rischia di indisporre il portavoce del Governo, che ha criticato duramente lo sciopero in un comunicato stampa.

5 – La nostra società versa in una crisi epocale fuori dal comune, e i sindacati non c'entrano niente, altro che provocazione dei camionisti!

et consulter un bon dictionnaire en cas de doute. Cela est d'autant
plus valable que certains noms ont une indépendance morpholo-
gique, totale ou partielle, entre le masculin et le féminin : c'est le
cas, par exemple, de :
**montone/pecora**, *mouton/brebis* ;
**cane/cagna**, *chien/chienne* ;
**gallo/gallina**, *coq/poule* ;
**maiale/scrofa**, *cochon/truie*, etc.

---

6 – Alcuni ricercatori di alto livello piazzano articoli
di divulgazione scientifica su settimanali della
domenica perché hanno stipendi da morti di fame.

7   Altri emigrano per cercare riconoscimento
all'estero, in centri di ricerca pieni zeppi di
giovani e brillanti laureati del nostro paese.

8 – Io sono andato via dall'Italia perché le mie
scoperte sulla miniaturizzazione potessero essere
conosciute nel mondo.

9 – Invece di andartene, saresti potuto restare e
guardarti intorno.

10 – Quando ho ottenuto il primo incarico in
un'università straniera, il mondo improvvisamente
si è accorto della mia esistenza.

**Traduction**

1 – Monsieur le ministre, pensez-vous que la négociation entreprise hier en fin de matinée et terminée en début d'après-midi entre les syndicats et la "Confindustria" a été un échec ? 2 – Le conflit actuel a déchaîné la colère des utilisateurs, et le moment est venu du dialogue et de l'échange. 3 Pour cela je suis en train de définir une feuille de route des négociations, afin que toutes les organisations sociales impliquées dans le conflit se rencontrent. 4 – Cette initiative risque d'indisposer le porte-parole du gouvernement, qui a critiqué durement la grève dans un communiqué de presse. 5 – Notre société se trouve dans une crise historique hors du commun, et les syndicats n'y sont pour rien, il

---

## 29  Ventinovesima lezione

### Sabato in discoteca

1  Quattro ragazzi davanti ad un liceo si raccontano il fine settimana a modo loro, con il linguaggio della loro generazione.

2 – Ehi raga, dove vi eravate imboscati sabato scorso? Il prof di latino era completamente sclerato ①, c'era la classe quasi vuota.

**Note**

① Cette conversation entre lycéens est bien sûr riche en vocabulaire et en expressions du langage familier et populaire ; l'adjectif **sclerato** indique quelqu'un qui sort de ses gonds ; c'est le participe passé du verbe (lui aussi du régistre familier) **sclerare**, qui vient probablement de **l'arteriosclerosi**, *l'artériosclérose*, qui diminue les facultés mentales des personnes ▶

ne s'agit pas du tout d'une provocation des routiers ! **6** – Quelques chercheurs de haut niveau placent des articles de vulgarisation scientifique dans des hebdomadaires du dimanche parce qu'ils ont des salaires de misère. **7** D'autres émigrent pour chercher une reconnaissance à l'étranger, dans des centres de recherche bondés de jeunes et brillants diplômés de notre pays. **8** – Je suis parti d'Italie pour que mes découvertes sur la miniaturisation pussent être connues dans le monde. **9** – Au lieu de t'en aller, tu aurais pu rester et regarder autour de toi. **10** – Quand j'ai obtenu ma première place de chargé de cours dans une université étrangère, le monde s'est soudain aperçu de mon existence.

---

## Vingt-neuvième leçon    29

### Samedi en discothèque

**1**    Quatre garçons devant un lycée se racontent leur week-end à leur manière, avec le langage de leur génération.

**2** –  Hé les gars, où étiez-vous planqués *(embusqués)* samedi dernier ? Le prof de latin était complètement fou de rage, la classe était presque vide.

▶    âgées qui en sont frappées. Des synonymes sont **svalvolare** (littéralement "faire sauter *les soupapes*", **le valvole**) et **sbiellare** (*couler une bielle*), tous obtenus par un **s-** privatif (construction analogue au français *débloquer*). On dit aussi **andare** (ou **essere**) **fuori di testa** (littéralement "hors de sa tête") ou **essere fulminato**, *être foudroyé*.

**3 –** E dove vuoi che fossimo? Abbiamo fatto fuoco ②; io e Arturo ce la facevamo sotto all'idea del compito in classe!

**4 –** Anch'io avevo una strizza bestiale, ma alla fine era facilissimo: stavolta il prof è stato davvero regolare ③.

**5 –** Quoto ④: era super-facile, l'ho finito in mezz'ora.

**6 –** Dite così perché voi siete due secchie ⑤: io anche se mi sbatto ⑥ tutto un pomeriggio a sgobbare ⑦ sui libri, non ci cavo ⑧ niente.

## Notes

② Il existe de nombreuses expressions pour **marinare la scuola** (qui, comme *faire l'école buissonnière* sonne un peu vieillot…), dans des variantes souvent régionales : **fare fuoco** (littéralement "faire feu"), **fare chiodo** ("faire clou"), **fare berna**, **fare sale** ("faire sel") ou **fare salina** ("faire saline"), **fare bollo** ("faire timbre"), **fare filone** ("faire malin"), **fare forca** ("faire échafaud"), **fare sega** ("faire scie"), **bigiare**, **tagliare** (*couper*) etc. mais bien sûr il vaut mieux y aller !

③ **regolare** (littéralement "régulier") indique une qualité positive générique d'une personne, et vient sans doute de l'analogue usage américain de l'anglais *regular* : **un tipo regolare** est *un type correct, "cool".*

④ **quoto** vient également de l'anglais *to quote*, *citer*, et l'usage dans le contexte du chat et des forums sur internet en a fait un synonyme de **sono d'accordo, condivido**, *je suis d'accord, je partage cette opinion.*

⑤ **Il secchio** est *le seau*, qui dans de nombreux usages régionaux est appelé **la secchia** (il existe un poème épique parodique du XVIIe siècle qui s'appelle **"La secchia rapita"** (*le seau enlevé*) d'Alessandro Tassoni) ; pourquoi ce mot depuis très longtemps, ▸

**3 –** Et où voulais-tu *(veux)* que nous soyons *(fussions)* ? Nous avons séché *(fait feu)*, Arthur et moi nous faisions dans notre froc *(y la faisions dessous)* complètement à l'idée du contrôle *(devoir en classe)* !

**4 –** Moi aussi j'avais une trouille monstre *(bestiale)*, mais finalement c'était très facile : cette fois-ci le prof a été vraiment cool *(régulier)*.

**5 –** Je suis d'accord : c'était super-facile, je l'ai fini en une demi-heure.

**6 –** Vous dites ça *(ainsi)* parce que vous êtes deux "intellos" *(seaux)* : moi, même si je me casse en deux *(me secoue)* toute l'après-midi à bosser sur les livres, je n'en tire *(enlève)* rien.

▸ désigne dans le langage des "potaches" le bosseur premier de la classe, est un des mystères de l'argot ! Dans le même sens, on dit aussi **il secchione** (littéralement "le grand seau").

⑥ **Sbattere** signifie *frapper*, ou même *claquer* : **Gli ha sbattuto la porta in faccia**, *Il lui a claqué la porte au nez* ; la forme réfléchie **sbattersi** indique *se bouger*, mais aussi faire des efforts en vue d'un objectif : **Nel gruppo c'è solo lui che si sbatte se c'è da fare**, *Dans le groupe il n'y a que lui qui se bouge s'il y a à faire*. Remarquez aussi l'expression très familière, mais aussi très courante : **me ne sbatto**, *je m'en fiche* (on dit aussi **me ne infischio**, **me ne frego**).

⑦ **La gobba** est *la bosse*, d'où, de façon analogue au français, **sgobbare**, *bosser*, et **lo sgobbone**, *le bosseur*.

⑧ **Cavare** signifie *enlever*, *arracher* (**il cavatappi** est *le tire-bouchon*, **cavare un dente**, *arracher une dent*) mais aussi *obtenir un résultat*, ou plutôt ne pas l'obtenir, dans des expressions telles que : **Non ci caverai mai niente di buono**, *Tu n'en tireras jamais rien de bien*, ou **Non ci ho cavato un ragno dal buco** (littéralement "je n'ai pas sorti une araignée du trou"), *Je ne suis venu à bout de rien*. Souvenez-vous également de **me la cavo**, *je m'en sors, je me débrouille*.

**7** – Sì, ma in compenso tu sei un manico in matematica, e io lì non ne imbrocco una.

**8** L'ultima volta mi sono fatto sgamare che copiavo da quel lecchino di Rubini, e la profe mi ha messo due sul registro.

**9** Ma dimmi piuttosto com'è andata la festa della Cosini sabato sera; ci sei stato?

**10** – Una palla ⑨! Hai presente la festa novanta per cento braga ⑩, con gli amici tamarri della Cosini che si credono dei gran fighi e si vestono in maniera indegna;

## Notes

⑨ **La palla**, *la balle*, indique quelque chose d'ennuyeux ; **L'ultimo film di Pino Bisi? Che palla!**, *Le dernier film de Pino Bisi ? Quel ennui !* Cet usage du mot vient sans doute de l'expression familière **rompere le palle**, *casser les pieds* (on dit aussi **rompere le tasche**, "casser les poches", ou **rompere le scatole**, "casser les boîtes", d'où **il rompiscatole**, *l'enquiquineur*). Ne confondez pas ce mot avec **la balla**, synonyme familier de **la bugia**, *le mensonge*, *le bobard* : **Tuo fratello racconta un sacco di balle**, *Ton frère raconte plein de bobards* ; **il ballista**, *le menteur*.

⑩ **La braga**, plus souvent utilisé au pluriel dans **le braghe** (on trouve aussi **le brache**), indique *les braies*, le vêtement ancien, ancêtre de la culotte : le mot est resté dans le langage familier comme synonyme de **i pantaloni** (toujours au pluriel), *le pan-* ▶

7 – Oui, mais en revanche toi, tu es un crack *(manche)* en maths, et moi *(là)* je n'en pige *(devine)* pas une.

**8** La dernière fois je me suis fait choper [alors] que je copiais sur *(de)* ce lèche[-bottes] de Rubini, et la prof m'a mis [un] deux sur mon *(le)* carnet de notes *(registre)*.

**9** Mais dis-moi plutôt comment ça s'est passé à *(est allée)* la fête de *(la)* Cosini samedi soir : tu y es allé *(a été)* ?

**10 –** C'était nul *(une balle)*! Tu vois *(as présent)* la fête [avec] quatre-vingt-dix pour cent [de] mecs *(pantalon)*, avec les amis ringards de *(la)* Cosini qui se croient des super-mecs et s'habillent de façon immonde ;

▶ *talon*, plus correct. Vêtement longtemps réservé à l'homme, il désigne humoristiquement la présence d'hommes, en opposition à la présence féminine, comme ici, où le jeune homme se plaint d'avoir été à une soirée avec trop de… braies ! Notez aussi l'expression : **calare le braghe**, *baisser son pantalon*, pour *se soumettre, se rendre*.

**11** passano la serata ad attaccare pezze ⑪ alle ragazze per rimorchiarle e non combinano niente,

**12** poi s'ingozzano e trincano fino ad andare fuori di testa? Figurati un po' che sballo!

**13** Alla fine me ne sono andato con un tipo losco, malavitoso ma simpatico, che era preso malissimo ⑫ di una che gli aveva dato una punta lì e poi gli ha tirato un pacco ⑬.

**14** Siamo andati allo "Spotlight", dove lui fa il PR ⑭: c'era una serata toghissima con un DJ da paura: enorme, ti assicuro!

**15** Voi ci siete mai stati, allo "Spotlight"?

**16** – Positivo! L'ultima volta mi sono spataccato una cifra con Claudio, che ci va sempre da quando si è intrippato con la techno.

## Notes

⑪ **La pezza** (à ne pas confondre avec **il pezzo**, *le morceau*) est *une pièce* de tissu, que l'on coud sur un vêtement par exemple troué ; quand on accomplit cette opération alors qu'une personne porte ledit vêtement, on l'immobilise, et l'expression **attaccare una pezza** correspond ainsi au français *tenir la jambe* ; on dit aussi **attaccare un bottone** (*un bouton*).

⑫ **Essere preso** signifie *avoir le béguin*, bien sûr avec un sens négatif (d'où **era preso malissimo**) puisque l'amour fait souffrir et perdre sa liberté… On dit aussi **essere cotto** (*cuit*) : **è cotto di lei, si è preso una cotta per lei**.

⑬ **Tirare un pacco** signifie non seulement *poser un lapin*, mais aussi *rouler, escroquer* : **Quell'auto era un pacco**, *Cette voi-* ▶

**11** ils passent la soirée à essayer d'accrocher *(attacher pièces)* les filles pour les draguer *(remorquer)* et n'y arrivent pas *(ne combinent rien)*,

**12** puis ils s'empiffrent et picolent jusqu'à être raides *(dehors de tête)* : imagine *(figure-toi)* un peu quel pied *(déballage)* !

**13** Finalement je suis parti avec un type louche [à la mine] patibulaire mais sympa, qui était complètement mordu *(pris très mal)* d'une [nana] qui lui avait donné rencart *(une pointe)* là-bas, puis lui a posé un lapin *(lancé un paquet)*.

**14** Nous sommes allés au "Spotlight", où il travaille *(fait le "Public Relations")* : il y avait une soirée géniale avec un DJ d'enfer *(de peur)* : terrible *(énorme)*, je t'assure.

**15** Vous y êtes déjà *(jamais)* allés *(été)*, au "Spotlight"?

**16** – Affirmatif *(positif)*! La dernière fois je me suis bidonné un max *(un chiffre)* avec Claudio, qui y va toujours depuis qu'il est accro à la techno.

▶ *ture était une escroquerie.* On dit aussi **fare/dare un bidone a qualcuno**, ou **fregare qualcuno** (**la fregatura**, *l'escroquerie*).

⑭ Les discothèques italiennes passent souvent des accords avec des jeunes pour leur payer une commission (en général minime) pour chaque client qui se présente en disant qu'il vient de leur part : ces jeunes sont des **PR** (prononcez *[pierre]*, de l'anglais ***public relations***), et ils se démènent toute la semaine par chat, textos etc. pour envoyer le plus grand nombre possible de copains à ladite discothèque, pour la plus grande joie du patron…

17 – Beati voi! Io mi sono abbioccato ⑮ davanti alla tele e non mi sono mosso da casa.

18  Dovevo uscire con l'Emanuela, ma quella è blindata dai suoi come pochi ⑯;

19  ero bello carico per la serata, poi mi ha mandato un messaggino alle otto e mezza che diceva più o meno:

20  "non posso uscire xké mio padre non vuole tanto per cambiare"  ☐

## Notes

⑮ **L'abbiocco** est *le coup de barre, le coup de pompe* : **Mi è venuto un abbiocco**, *J'ai eu un coup de barre*, et **abbioccarsi** signifie *s'endormir*, justement après le coup de pompe en question !  ▸

---

## Esercizio 1 – Traducete

❶ È inutile che chiedi a quel ballista di mio cugino di dirti la verità: non ci caverai un ragno dal buco! ❷ Ieri è venuto a casa mia quel rompiscatole di Guido: gli ho letteralmente sbattuto la porta in faccia! ❸ Gina è andata dal dentista a farsi cavare un dente. ❹ Gli avevo detto che non mi sarei mosso di casa, allora è uscito da solo. ❺ Avevo una strizza bestiale del compito in classe, invece è stato super-facile.

**17 –** Veinards *(bienheureux vous)* ! Moi, je eu un coup de barre devant la télé et je n'ai pas bougé de chez moi.

**18** Je devais sortir avec *(l')*Emanuela, mais celle-là est cloîtrée *(blindée)* par ses parents comme c'est pas permis *(comme peu)* ;

**19** J'étais remonté à bloc *(beau chargé)* pour la soirée, quand *(puis)* à huit heures et demie elle m'a envoyé un sms, qui disait plus ou moins :

**20** "je ne peux pas sortir parce que mon père ne veut pas *(tant)* pour changer".

▸ ⑯ Remarquez cette tournure familiale pour rendre le superlatif **come pochi** : **Mangia come pochi**, *Il mange beaucoup*, dans le sens qu'il "mange comme peu" de gens le font ! L'expression est invariable : **È brutta come pochi**, *Elle est laide à faire peur*. Voir aussi **una cifra** (phrase 16).

———◦◦◦———

## Corrigé de l'exercice 1

❶ Il est inutile que tu demandes à ce menteur de mon cousin de te dire la vérité : tu n'en tireras rien. ❷ Hier ce casse-pieds de Guido est venu chez moi : je lui ai littéralement claqué la porte au nez ! ❸ Gina est allée chez le dentiste se faire arracher une dent. ❹ Je lui avais dit que je ne bougerais pas de chez moi, alors il est sorti tout seul. ❺ J'avais une trouille monstre pour le contrôle, et en fait cela a été super-facile.

❶ Je voudrais bien savoir où tu t'étais planquée hier soir, nous t'avons cherchée partout.

...... proprio ...... .... .. ... .........
ieri sera, .. ........ ....... ............•

❷ Et où veux-tu que j'aie été ? J'ai eu un coup de barre devant la télé et je n'ai pas bougé de chez moi.

. .... ... ... .... ? Mi sono

.......... ....... ... .... . ... .. ....
..... .. .....•

❸ Avez-vous vu la nouvelle voiture de Claudio ? Il l'a payée un max, [et] c'est une vraie escroquerie !

..... ..... .. ..... ........ .. Claudio? ....
...... .. ....., ed è ... .... .........!

❹ Cet enquiquineur m'a tenu la jambe pendant une heure.

.... ......... .. .. ..... ..
....... ... .......•

❺ Au bureau il n'y a que lui qui se bouge et bosse pour tout le monde.

.. ....... c'è .... ... ... c'è ...... .
...... ... ......•

❶ Vorrei – sapere dove ti eri imboscata – ti abbiamo cercato dappertutto ❷ E dove vuoi che fossi – abbioccata davanti alla tivù e non mi sono mossa di casa ❸ Avete visto la nuova macchina di – L'ha pagata una cifra – una vera fregatura ❹ Quel rompiscatole mi ha attaccato un bottone per un'ora ❺ In ufficio – solo lui che si sbatte e sgobba per tutti

---

*Les Italiens sont sans doute moins formels dans leurs échanges que les Français, et des expressions qui peuvent paraître par trop familières en français sont tout à fait courantes en Italie ; vous les rencontrerez de toute façon dans la presse, dans le cinéma et dans les émissions télévisées, dont le ton est souvent très "détendu" ! Aussi certains mots que les adolescents utilisent pour classer les personnes en catégories, par la suite – les jeunes devenant moins jeunes…– passent-ils dans le langage commun :* **tamarro***, tout comme* **tarro***,* **coatto***,* **zauro***, sont des adjectifs qui indiquent des garçons plutôt vulgaires, qui s'habillent de façon voyante pour se faire remarquer, notamment par les filles, le genre "qui montre ses muscles" aussi. Au contraire,* **figo** *ou* **fico** *désigne quelqu'un ou quelque chose "de bien" (***togo** *pour les choses uniquement), notamment au niveau des comportements et de sa façon de s'habiller, conforme aux "valeurs" du groupe. Par contre, une attention excessive à son aspect extérieur, notamment vestimentaire, devient vite ridicule à leurs yeux, et alors* **fighetto***, comme* **pariolino** *(du quartier riche de Rome,* **Parioli***),* **paninaro** *(du nom d'un local milanais à la mode où l'on mangeait des* **panini***, sandwichs),* **chiattillo** *(à Naples) indiquent négativement des jeunes "branchés".*

# 30 Trentesima lezione

## I "vitelloni"

1 Come ogni sera da vent'anni a questa parte,
Rodolfo, Giacomo, Giuliano e Filippo
si ritrovano puntualmente al bar a bere
l'aperitivo.

2 – Cameriere, ci ① porta uno spritz, un bianco
fermo e un chinotto per favore? E tu che
cosa bevi, Rodolfo?

3 – Mi sa che per un po' dovrò rinunciare
all'aperitivo: ho messo su di quei rotoli ②…

4 – Ah, ah, ah! Non sono mica gli aperitivi
che ti fanno ingrassare, caro mio, è il
matrimonio, la vita sedentaria: televisione,
pantofole, la sera a letto presto e così via.

## Notes

① Remarquez cette forme dite "faible" ou "atone" du pronom
personnel complément d'objet indirect, 1ᵉ personne du pluriel
**ci** (nous réviserons les autres personnes dans la leçon 35) : elle
se distingue de la forme dite "forte" ou "tonique", qui marque
la volonté de spécifier la personne, par exemple par opposition
à une autre : **Lo porti a noi, non a loro!**, *Apportez-le-nous, à
nous, pas à eux !*

② **i rotoli** (littéralement "les rouleaux") indiquent ici *la brioche,
la graisse…* en excès qui se forme à partir d'un certain âge ;
on l'appelle aussi **la pancetta**, *le petit ventre* (**la pancia** étant
*le ventre*). Le mot **rotoli** (singulier : **il rotolo**) est également
utilisé dans des expressions du langage familier telles que :
**ha mandato tutto a rotoli**, *il a tout ruiné* (on peut dire aussi
**ha mandato tutto in malora**), ou **è andato tutto a rotoli**,
*tout est tombé à l'eau*, ou encore : **gli affari vanno a rotoli**,
*les affaires sont en situation désastreuse*, à ne pas confondre ▸

## Les "vitelloni"

1　Comme chaque soir depuis vingt ans *(à cette part)*, Rodolfo, Giacomo, Giuliano et Filippo se trouvent *(retrouvent)* régulièrement *(ponctuellement)* au café à boire l'apéritif.

2 – Garçon, pouvez-vous nous servir *([vous] nous apportez)* un "spritz", un vin blanc non pétillant *(arrêté)* et un "chinotto", s'il vous plaît ? Et toi, que bois-tu, Rodolfo ?

3 – Je crois *(me sait)* que pendant quelques temps *(pour un peu)* je devrai renoncer à l'apéritif : j'ai pris *(mis haut)* [une] de ces "brioches" *(rouleaux)*…

4 – Ha ! Ha ! Ha ! Ce ne sont pas les apéritifs qui font grossir, mon cher, c'est le mariage, la vie sédentaire : télévision, pantoufles, le soir au lit de bonne heure *(tôt)*, et ainsi de suite.

▸　avec **ha mandato tutto a quel paese / ha mandato tutto a farsi benedire**, *il a tout envoyé promener*, ces deux dernières locutions pouvant être utilisées aussi avec des personnes : **dopo un'accesa discussione, ha mandato il suo vicino a quel paese / a farsi benedire**.

**5** Guarda me ③, che figurino: a trentacinque anni sono ancora uno scapolone d'oro ④; i capelli brizzolati mi danno anche un aspetto più interessante…

**6** – Ma come parli, razza di dinosauro? Scapolo, nubile, zitella e tutte queste parole da paleolitico che non usa più nessuno: adesso si dice single, somaro!

**7** – Un momento: un single è uno che vive da solo, si fa il bucato, la spesa e le pulizie di casa, non uno come Filippo che vive a casa dai suoi da quando è nato

**8** ed ha sua madre che gli fa tutto e lo serve come un principino dalla mattina alla sera.

**9** – Dai, non prendertela ⑤ così, si fa per dire: sai che noi ci divertiamo sempre a prendere in giro gli amici.

**10** – Io non me la prendo, ma voi a volte esagerate un po', a sfottere sempre così la gente.

**Notes**

③ Voici un exemple de forme "forte" de pronom personnel complément d'objet direct : **guarda me**, *regarde-moi*, marque l'opposition entre lui et l'autre, qui n'a pas le "charme" (…) que l'ami s'attribue (on pourrait le traduire par *regarde-moi, au contraire*). La forme faible, sans cette nuance d'opposition, serait **guardami**, en un seul mot.

④ Dans ce dialogue vous trouverez des mots liés à la mentalité traditionnelle de certains Italiens concernant le mariage (et que l'un des personnages qualifie justement de "paléolithique", au sens de très arriérée…) : si d'une part **celibe** (au masculin) et **nubile** (au féminin), *célibataire*, et **coniuge**, *conjoint*, ▸

5   Regarde-moi, quelle silhouette ! À trente-cinq
    ans je suis encore un célibataire magnifique
    *(d'or)* ; les cheveux grisonnants me donnent
    même un air plus intéressant…

6 – Mais comment tu parles, espèce *(race)* de
    dinosaure ? Célibataire [endurci], vieille-fille et
    tous ces mots du paléolithique, personne ne les
    utilise plus : maintenant on dit "single", [espèce
    d']âne !

7 – Un instant : un "single", c'est [quelqu']un qui
    vit tout seul, *(se)* fait [sa] lessive, ses courses
    et son ménage, pas [quelqu']un comme Filippo
    qui vit chez ses parents depuis qu'il est né,

8   et qui a sa mère qui lui fait tout et le sert comme
    un petit prince du matin au soir.

9 – Allez, ne ne te fâche pas *(ne te la prends ainsi)*,
    c'est juste pour parler *(on fait pour dire)* : tu
    sais [bien] que nous nous amusons toujours à
    nous moquer *(prendre en tour)* des amis.

10 – Moi je ne m'en fais pas *(ne me la prends)*, mais
    vous, vous exagérez un peu parfois, en vous
    moquant *(à vous moquer)* toujours ainsi des
    *(les)* gens.

▸   **coniugato** ou **sposato**, *marié*, ne portent pas de nuance de sens
    particulière, d'autre part **scapolo** désigne l'homme céliba-
    taire, personnage positif parce que "libre" (d'où **lo scapolone
    d'oro**), tandis que **zitella** porte la même nuance négative que
    *vieille fille* en français. **Ammogliato** contient aussi une nuance
    moqueuse envers l'homme marié, "prisonnier" de son épouse.

⑤   **Prendersela** (littéralement "se la prendre") signifie *se fâcher*,
    *s'en faire*, *se vexer*, etc. **Te la sei presa per quello che ti ho
    detto?**, *Tu m'en veux pour ce que je t'ai dit ?* ; **Se l'è presa con
    lui per quello stupido scherzo**, *Il s'en est pris à lui à cause de
    cette blague stupide.*

11 – Va bene, facciamo la pace e decidiamo
      piuttosto che fare stasera, che è sabato.

12    Potremmo andare a mangiare alla trattoria
      "Da Duilio", oggi c'è il karaoke.

13 – Che barba! Ci sono stato con quel tonto
      di Simone la settimana scorsa, è un posto
      pieno di burini ⑥.

14 – Simone? Che zavorra ⑦, quello lì! Ma è
      ancora sposato con la Luciana?

15 – Sì, non so come fa a stare con
      quell'imbranato una donna così in gamba.

16 – Dai, non fare lo gnorri ⑧, che schiatti
      d'invidia; mi ricordo che prima che si
      sposasse con quel bradipo le facevi il filo.

17 – Sì, ma già da fidanzato la marcava ⑨ stretta,
      così la sola volta che ho tentato di portarla
      fuori, sono andato in bianco ⑩.

## Notes

⑥ Le mot **burino** désignait les paysans de la campagne de Rome
(peut-être en relation avec **il burro**, *le beurre* qu'ils produisaient), et il est devenu ensuite (le vieux racisme citadin…)
synonyme de personne grossière et inculte, comme le français
*péquenot*. C'est le même destin pour plusieurs mots indiquant à
l'origine des *paysans* (**cafone**, **villano**) ou des *éleveurs* (**bifolco**,
**bovaro** ou **boaro**), devenus ensuite de véritables insultes.

⑦ **La zavorra** est *le lest*, dont on se débarrasse quand on veut
prendre de la vitesse, ou de la hauteur : cela indique bien un
*boulet*, au sens de quelqu'un qui est un "poids mort" dans
un groupe – ou dans un couple, comme ici. **Nel suo staff c'è
molta zavorra**, *Dans son équipe, il y a beaucoup de bons à
rien*.

⑧ **lo gnorri** vient du verbe **ignorare**, c'est celui qui fait semblant
de ne pas savoir, ou de ne pas comprendre. **Fare lo gnorri**,
c'est donc *faire l'innocent*. ▶

**11 –** D'accord, faisons la paix, et décidons plutôt quoi faire ce soir, *(que)* [on] est samedi.

**12** Nous pourrions aller *(à)* manger à la trattoria "Chez Duilio", aujourd'hui il a y [du] *(le)* karaoke.

**13 –** Quelle barbe ! J'y suis allé *(été)* avec ce sot de Simone la semaine dernière, c'est un endroit plein de péquenots.

**14 –** Simone ? Quel boulet *(lest)*, celui-là! *(Mais)* il est toujours *(encore)* marié à *(avec la)* Luciana ?

**15 –** Oui, je ne sais pas comment elle fait pour *(à)* rester avec cet empoté, une femme si capable *(en jambe)*.

**16 –** Allez, ne fais pas l'innocent, *(que)* tu meurs *(éclates)* de jalousie *(envie)* ; je me souviens qu'avant qu'elle se marie *(mariât)* avec cette "momie", tu lui faisais la cour *(le fil)*.

**17 –** Oui, mais déjà quand il était son fiancé *(de fiancé)* il la "marquait" étroitement ; ainsi la seule fois où j'ai essayé de l'inviter *(la porter dehors)*, je n'ai abouti à rien *(je suis allé en blanc)*.

▸ ⑨ Le verbe **marcare** est issu du jargon sportif, où **un giocatore marca un giocatore avversario** quand il le suit pas à pas sur le terrain pour lui interdire toute action offensive ; par extension, **marcare una persona** signifie exercer sur elle une étroite surveillance, comme cela peut arriver quand on a un fiancé jaloux !

⑩ **Andare in bianco**, c'est *rater son coup*, *échouer* ; on utilise cette expression surtout dans le domaine amoureux, et l'on peut dire également **fare fiasco** (**il fiasco** est *l'échec*, dans tous les domaines). La couleur blanche, comme "absence de couleur", est liée à plusieurs expressions idiomatiques comme **mangiare in bianco**, *manger léger*, **pasta in bianco**, *pâtes sans sauce*, **una partita in bianco**, *un match zéro à zéro*. Et aussi : **di punto in bianco**, *de but en blanc*.

**18** – E se facessimo una scappata ⑪ al mare? Se poi il "Pink Panther" è già aperto, sarebbe la ciliegina sulla torta.

**19** – Ma va' là, quel postaccio: l'ultima volta ci abbiamo rimorchiato due scorfani ⑫ che non riuscivamo più a sganciare.

**20** – Okay, non se ne fa niente, non ci azzecco mai ⑬! Mi sa che farò come Rodolfo: televisione, pantofole, la sera a letto presto e così via... e al diavolo i rotoli! ☐

## Notes

⑪ **la scappata**, *le saut*, vient du verbe **scappare**, *s'échapper* (**è scappato via**, *il s'est échappé*), indique un déplacement rapide d'où l'on revient tout de suite ; on utilise souvent le diminutif **una scappatina** à ne pas confondre avec **una scappatella**, ce dernier indiquant *une infidélité sans importance* (pour celui qui la commet !). On dit aussi **un salto** : **Domani farò un salto in centro**, *Demain je ferai un saut au centre-ville*.

⑫ L'imaginaire populaire a associé **lo scorfano**, *la rascasse*, à la laideur, en particulier féminine ; le nom du poisson – pas très beau, en effet... – indique ainsi une femme laide, mais un homme aussi. Le mot **racchia**, lui, est seulement féminin, ainsi ▶

## Esercizio 1 – Traducete

❶ Ci aveva detto che i suoi affari stavano andando a rotoli, ma alla fine se l'è cavata benissimo. ❷ Che fortuna! Ho risposto a caso e ci ho azzeccato lo stesso. ❸ Per favore, guarda me, non guardare lui. ❹ Mi sa che se la sono presa con noi per ciò che abbiamo detto loro. ❺ Prima che si sposasse con quel burino, Luciana era una donna veramente in gamba.

**18 –** Et si nous faisions un saut *(une échappée)* à la    30
mer ? Si en plus *(puis)* le "Pink Panther" était
déjà ouvert, ce serait la cerise sur le gâteau.

**19 –** Mais laisse tomber *(va là)* ce "trou" *(mauvais
endroit)* : la dernière fois nous y avons dragué
deux thons *(rascasses)* dont nous n'arrivions
plus à nous débarrasser *(que nous ne
réussissions pas à décrocher)*.

**20 –** OK, laisse tomber *(on n'en fait rien)*, je ne dis
jamais ce qu'il faut *(je n'y devine jamais)* ! Je
crois *(me sait)* que je ferai comme Rodolfo :
télévision, pantoufles, le soir au lit de bonne
heure et ainsi de suite… et au diable la
"brioche" *(les rouleaux)* !

▶    que **la bruttona** et **la befana** (ce dernier désigne également *la
Vieille*, le personnage qui apporte les cadeaux aux enfants la
nuit de l'Épiphanie selon la tradition populaire…).

⑬    **Azzeccare** est un mot d'origine germanique qui, au départ,
avait le sens d'*asséner un coup*, de *centrer une cible*, d'où
l'idée de *deviner*, de dire ce qu'il faut au bon moment ou, au
contraire, de *"gaffer"* : **Non ne azzecca mai una**, *Il rate toujours tout*.

## Corrigé de l'exercice 1

❶ Il nous avait dit que ses affaires étaient en train de tourner en
débâcle, mais finalement il s'en est très bien sorti. ❷ Quelle chance !
J'ai répondu au hasard et j'ai deviné quand même. ❸ S'il te plaît,
regarde-moi, ne le regarde pas, lui. ❹ J'ai l'impression qu'ils nous en
ont voulu pour ce que nous leur avons dit. ❺ Avant qu'elle se marie
avec ce péquenot, Luciana était une femme vraiment de valeur.

**Esercizio 2 – Completate**

❶ Et si nous faisions un petit saut en ville pour voir les vitrines des magasins ?

. . . . . . . . . . . . . . . . . . . . . . . . . . .. . . . . . .
. . . . . . . . . . . . . . . . . . . . . . . ?

❷ Ne fais pas l'innocent : tu nous as donné rendez-vous et tu nous as posé un lapin.

. . . . . . . . . . . . . . . . : . . . . . . . . . .
. . . . . . . . . . . . . . . . . . . fatto il . . . . . . .

❸ Il s'est tant démené pour l'entreprise de ses parents, puis de but en blanc il a tout envoyé promener.

. . . . . . . . . . . . . . . . . . . . . . . . . . . . . . . . .
. . . . . . . . . . . . , poi . . . . . . . . .. . . . . . . .
. . . . . . . . . . . . . . . . . .

❹ Le docteur lui a prescrit de manger léger pour perdre un peu de ventre.

. . . . . . . . . . . . ordinato . . . . . . . . . .
. . . . . . . . . . . . . . . . . . . . . . . . .
. . . . . . .

❺ Emanuela est "coffrée" par ses parents comme c'est pas permis : son père la surveille étroitement.

Emanuela . . . . . . . . . . . . . . . . come
. . . . . : . . . . . . . . . . . . . . . . . . . . . .

❶ E se facessimo una scappatina in città per vedere le vetrine dei negozi ❷ Non fare lo gnorri – ci hai dato appuntamento e ci hai – bidone ❸ Si è tanto sbattuto per l'azienda dei suoi genitori – di punto in bianco ha mandato tutto a quel paese ❹ Il dottore gli ha – di mangiare in bianco per perdere un po' di pancia ❺ – è blindata dai suoi – pochi – suo padre la marca stretta

---

**"I Vitelloni"** *(littéralement : "les gros veaux") est un film de1953 réalisé par Federico Fellini : il raconte la vie oisive de jeunes qui, la trentaine sonnée, continuent à se comporter comme des adolescents, sans travailler, vivant aux crochets de leurs parents et passant leur vie au café, en faisant des blagues et somme toute en s'ennuyant ferme… Ce mot est resté dans le langage commun pour indiquer ce type d'attitude de refus de passer à la vie adulte, comme un veau qui ne s'apercevrait pas (ou ne voudrait pas s'apercevoir) qu'il est maintenant devenu un taureau !*

*La "culture" de l'apéritif se définit par une grande variété de boissons alcoolisées ou pas que les Italiens consomment en fin d'après-midi :* **lo spritz** *est un mélange de blanc mousseux, d'eau gazeuse et vermouth ; on appelle* **fermo** *le vin qui n'est pas pétillant ; enfin* **il chinotto** *est un soda à base de l'agrume chinois kumquat, bien apprécié à l'heure de "l'apéro" !*

# 31 Trentunesima lezione

## Offerte di lavoro

**1** Susanna, neodiplomata ①, è in cerca di un impiego e legge gli annunci nella pagina delle offerte di lavoro sul giornale.

**2** "Importante ditta elettrodomestici lanciatissima sul mercato cerca piazzisti ambosessi ②, età 19/30, monomandatari ③, automuniti a cui affidare la vendita di oltre 100 articoli presso i privati.

**3** Requisiti ④ indispensabili: bella presenza e ottime qualità relazionali, forte motivazione alla crescita professionale ed economica, disponibilità immediata.

## Notes

① Le préfixe **neo-** est utilisé aussi bien pour des courants ou phénomènes nouveaux, et qui reprennent des comportements ou des styles du passé (**lo stile neoclassico**, *le style néo-classique*, **la neoavanguardia**, *la nouvelle avant-garde*) que pour désigner une personne qui a atteint récemment un état ou un statut particulier : **il neolaureato**, celui qui s'est récemment diplômé à l'université, **il neodiplomato** (diplôme équivalent au bac), **il neoricco**, *le nouveau riche*, **neoeletto**, *nouvellement élu*, etc. Le contraire, mais seulement pour le premier des deux sens, est **vetero-** ou même **paleo-** : **i veteromarxisti**, *les anciens marxistes*.

② Vous remarquerez que le langage des annonces est truffé d'abréviations de type télégraphique (puisque chaque mot est payant…) : on fusionne deux termes, on élimine les prépositions, les articles etc. Ici, par exemple, le mot **ambosessi**, *des deux sexes*, est formé avec l'adjectif duel **ambo**, qui signifie justement *les deux* et du mot **sessi**, *sexes*. **Ambo** s'utilise, bien ▸

### Offres d'emploi

1   Susanna, récemment diplômée, est en quête
    d'un emploi et lit les annonces dans la page des
    offres d'emploi dans *(sur)* le journal.
2   "Importante entreprise d'electroménager
    très connue *(lancée)* sur le marché recherche
    représentants homme/femmes *(des deux sexes)*,
    âge 19/30 [ans], en mandat exclusif, motorisés
    *(munis de voiture)*, à qui confier la vente de plus
    [de] *(outre)* 100 articles auprès [des] particuliers.
3   [Qualités] requises indispensables : bonne
    présentation *(belle présence)* et d'excellentes
    qualités relationnelles, forte motivation pour
    *(à)* l'evolution *(croissance)* professionnelle et
    financière *(économique)*, disponible de suite
    *(disponibilité immédiate)*.

▶   entendu, aussi tout seul : **Mi piacciono ambe le cose**, *J'aime
    les deux* ("choses") ; **Ha forato ambi i pneumatici**, *Il a crevé
    les deux pneus*. On peut utiliser aussi **entrambi**, qui est à la
    fois adjectif et pronom : **Vorrei entrambe le cose** ou **le vorrei
    entrambe**.

③  **monomandatari** *(ayant un mandat unique*, donc travaillant
    pour une seule entreprise, cela se dit souvent pour les repré-
    sentants) est formé avec le préfixe **mono-**. Ainsi, pour dire *un
    studio* on pourra dire aussi **un monolocale** et *la trottinette* se
    dira **il monopattino**.

④  **Il requisito** (c'est un substantif) indique *la qualité requise*,
    donc *le profil souhaité*. Il s'agit en fait du participe passé
    ***requisitum*** du verbe latin ***requirere***, qui signifie *exiger*, et il
    est devenu aussi un synonyme de **qualità**, **pregio**, *qualité* en
    général : **Quel giovane ha ottimi requisiti**, *Ce jeune a d'excel-
    lentes qualités*.

**4** Offronsi ⑤ zona esclusiva, formazione, inquadramento ⑥ unico e affiancamento ⑦ iniziale, concorso spese, fisso mensile + provvigioni e premi.

**5** Inviare curriculum vitae dettagliato unitamente all'autorizzazione trattamento dati personali."

**6** "Cercasi giovane diplomato/a ⑧ possibilmente laureando/a ⑨ in scienze politiche, economia e commercio o giurisprudenza per ricerche d'archivio per conto di grosso studio notarile.

**7** Si richiedono comprovata serietà e attitudine al lavoro di ricerca documentaria.

## Notes

⑤ Parmi les nombreuses contractions et abréviations utilisées dans les annonces, remarquez l'inversion entre le **si** **"passivante"** (voir leçon 14) et le verbe dans **cercasi** (= **si cerca**, *on cherche*, au singulier) : **cercansi** (= **si cercano**, pluriel : **cercasi rappresentante**, **cercansi rappresentanti**) et **offresi** (= **si offre**) ou **offronsi** (= **si offrono**). Sur une maison en vente, vous pourrez voir une pancarte **"vendesi"** (= **si vende**) ou **"affittasi"** (= **si affitta**) sur une en location.

⑥ **l'inquadramento** est le contrat de travail avec un traitement salarial par échelons, qui est défini secteur par secteur, et qui est **unico** puisque tous les salariés d'un même secteur ont donc le même statut : il est très apprécié par les employés d'avoir cette garantie d'uniformité de traitement par rapport à tous leurs collègues à l'échelle nationale.

⑦ **affiancamento** vient de **fianco**, *le flanc*, *le côté*, et indique, dans ce contexte, le tutorat de la part d'un collègue qui assure la formation initiale d'un employé à peine embauché. **Lavorare fianco a fianco** signifie donc *travailler côte à côte*. De même, **dormire su un fianco**, c'est *dormir sur un côté*, **portare la spada al fianco**, *porter l'épée au côté*, **il fianco destro della** ▶

**4**  Nous proposons *(s'offrent)* zone en exclusivité, **31**
    formation, échelon *(encadrement)* unique
    et formation interne, participation aux frais,
    [salaire] fixe mensuel plus commissions et
    primes.

**5**  Envoyer curriculum vitae détaillé et joindre
    [l']autorisation [au] traitement [des] données
    personnelles."

**6**  "On recherche jeune diplomé/e si possible en
    maîtrise de *(en)* sciences politiques, d'économie
    et commerce ou de droit pour recherches
    d'archives pour [le] compte d'[une] importante
    *(grosse)* étude de notaire *(notariale)*.

**7**  On demande sérieux *(documenté)* et aptitude
    au travail de recherche de documentation
    *(documentaire)*.

▶  **casa**, *le côté droit de la maison*, et **Vieni a sederti di fianco a me**, *Viens t'asseoir à côté de moi* ; **la casa di fianco**, *la maison d'à côté*.

⑧ On utilise souvent cette formule à l'écrit pour associer le masculin et le féminin : le mot masculin en **-o** suivi de la barre oblique et du **-a** du féminin : dans un formulaire officiel, vous trouverez par exemple **Il/la sottoscritto/a … nato/a a …** etc., *Je* ("le/la") *soussigné ... né/née à...* etc.

⑨ **Un laureando** est un étudiant qui a **una laurea**, *une maîtrise* (voir la note 2 de la leçon 24) en cours. Faites attention : cette forme en **-ando** (**-endo** pour les verbes du 2e groupe en **-ere** et du 3e en **-ire**) n'est pas **un gerundio**, mais le résidu du *gérondif* (**gerundivo**) latin, dit aussi participe futur passif, qui n'est resté que dans certains archaïsmes, devenus des noms : **il laureando** est donc celui à qui on mettra la couronne de laurier, **il reverendo**, *le curé*, est à révérer, **l'educanda**, *la pensionnaire*, *la couventine*, est à éduquer.

**8** Si offrono ambiente ⑩ di lavoro serio e stimolante, assistenza tecnica e formazione giuridica, trattamento economico di sicuro interesse."

**9** "Azienda con ventennale esperienza in forte crescita programmata, leader regionale nel settore serramenti ⑪, cerca responsabile pianificazione e logistica.

**10** Desideriamo incontrare persone che abbiano valida e maturata esperienza gestionale in posizione analoga in contesti aziendali modernamente strutturati,

**11** unitamente ad una positiva esperienza nel coordinamento delle risorse umane.

**12** Retribuzione ed inquadramento sono in linea con esperienza e competenza acquisita.

**13** Mancanza requisiti astenersi."

**14** "Cercasi export manager per prodotti agro-alimentari per azienda operante mercati intercontinentali per gestione importatori e distributori e sviluppo nel sud-est asiatico.

## Notes

⑩ Le mot **ambiente** a plusieurs significations : si dans le dialogue il a aussi le sens d'*ambiance* (mais le plus souvent on lui préfère alors **atmosfera** ou **clima** : *un clima disteso, une ambiance détendue*), il désigne normalement le *milieu*, aussi bien humain (**frequenti un ambientaccio**, *tu fréquentes un mauvais milieu*) que naturel (**la tutela dell'ambiente**, *la protection de l'environnement*) ; *les écologistes* s'appellent aussi **gli ambientalisti**. On peut l'utiliser également pour une pièce d'une maison ou d'un appartement : **Bisogna dare aria agli ambienti della casa**, *Il faut aérer les pièces de la maison*. *"Le milieu"* au sens de la criminalité est **la malavita** (voir le mot **malavitoso**, *patibulaire*, leçon 29, phrase 13). ▶

**8** *(Nous offrons un)* Milieu de travail sérieux et stimulant, assistance technique et formation juridique, traitement financier d'[un] intérêt certain."

**9** "Entreprise avec vingt ans d'expérience, en forte croissance *(programmée)*, leader régional dans le secteur [des] portes et fenêtres *(fermetures)*, recherche [un] responsable [pour la] planification et [la] logistique.

**10** Recherchons *(désirons rencontrer)* [des] personnes qui possèdent *(aient)* [une] solide expérience dans la gestion *(valable et mûrie)* pour [un] poste *(position)* analogue dans [un] contexte d'entreprises structurées de façon moderne,

**11** ainsi qu'une expérience positive dans la coordination des ressources humaines.

**12** Salaire *(rétribution)* et échelon sont proportionnels à *(en ligne avec)* [l']expérience et [la] compétence acquise.

**13** Sans expérience s'abstenir."

**14** "On cherche un cadre Export [spécialisé en] produits agro-alimentaires pour [une] entreprise travaillant [sur les] marchés intercontinentaux afin d'[assurer la] gestion [des] importateurs, distributeurs et le développement dans l'Asie du Sud-Est *(le sud-est asiatique)*.

▸ ⑪ **I serramenti** indique l'ensemble des fermetures dans une maison, un immeuble etc., donc portes, fenêtres, volets, etc. ; le mot vient du verbe **serrare**, *fermer* (plus rarement *serrer*), d'où viennent aussi **la serratura**, *la serrure*, **la serrata**, *le lock-out*, c'est-à-dire *la grève patronale*, et **la serranda**, *le rideau de fer* (par exemple d'un magasin) : ce dernier s'appelle aussi **la saracinesca**.

**15** Requisiti: età compresa tra 30 e 35 anni, esperienze analoghe nel settore, leadership e abilità relazionali, conoscenza fluente lingua inglese, disponibilità a trasferte worldwide.

**16** Il contesto dell'azienda offre possibilità di sviluppo e rende la posizione d'interesse per candidati di già ottima professionalità o di alto potenziale.

**17** Alto fisso mensile e compenso provvigionale in grado di soddisfare le candidature più interessanti.

**18** Gli interessati, previa ⑫ consultazione delle comunicazioni inerenti la privacy (vedi nostro sito internet), possono inviare il curriculum citando il codice di riferimento."

**19** – Mamma mia, com'è difficile per un giovane districarsi in mezzo a questi annunci, soprattutto quando non si hanno tante credenziali! Forse questo fa più per me:

**20** "Cercansi giovani ambosessi per lavori a domicilio – guadagni da subito –, rispondere al più presto via mail a info@ lavocasa.com". ☐

**15** Profil souhaité *(requis)* : âge compris entre 30 et 35 ans, expérience*(s)* analogue*(s)* dans le secteur, aptitudes managériales et habileté*(s)* relationnelle*(s)*, connaissance de la langue anglaise courante, disponibilité pour des déplacements dans le monde entier.

**16** Le contexte de l'entreprise offre [des] possibilités de développement *(et rend la place intéressante)* pour [des] candidats *(de déjà excellente professionalité ou)* au *(de)* potentiel élevé.

**17** [Salaire] fixe mensuel élevé et intéressement *(récompenses en commissions)* susceptible *(en gré)* de satisfaire les candidatures [les] plus exigeantes *(intéressantes)*.

**18** Les intéressés peuvent envoyer leur CV en citant la *(le code de)* référence [de l'annonce], [après] consultation préalable de la règlementation [afférente aux données] concernant la vie privée."

**19** – Hou là là, comme c'est difficile pour un jeune de se dépatouiller au milieu de ces annonces, surtout quand on n'a pas beaucoup de références ! Celle-ci est *(fait)* peut-être davantage pour moi :

**20** "Nous recherchons *(on cherche)* jeunes des deux sexes pour travaux à domicile – gains [garantis] *(de)* tout de suite – répondre au plus vite *(tôt)* par mail à info@lavocasa.com."

## Note

⑫ **Previo**, *préalable*, est utilisé comme une sorte d'ablatif absolu latin pour indiquer, sans besoin de verbe conjugué, la nécessité de faire quelque chose antérieurement à une autre : **previo pagamento**, *contre paiement* ; **previo accordo**, *après accord* ; **Scriverò all'avvocato previo consenso del mio cliente**, *J'écrirai à l'avocat après consentement de mon client.*

**Esercizio 1 – Traducete**

❶ I candidati saranno ricevuti per un colloquio individuale previa verifica dei loro requisiti. ❷ Abitiamo di fianco alla scuola, mio figlio ci va in monopattino! ❸ Cercasi manager avente comprovata esperienza gestionale nel campo della moderna strutturazione aziendale. ❹ Cercansi piazzisti/e automuniti/e con bella presenza e ottime abilità relazionali per introdurre oltre cento prodotti sul mercato regionale. ❺ Ho lavorato per anni fianco a fianco con un giornalista legato alle associazioni per la tutela dell'ambiente.

**Esercizio 2 – Completate**

❶ Ayant dépensé toutes mes économies pour changer les fermetures de la maison, maintenant je cherche une solution vraiment bon marché pour les meubles.

...... ..... ..... . .... ........ ...
........ . ........... ....., ora .....
... ............... .......... per il mobilio.

❷ Les candidats sont priés de nous contacter par mail, après lecture sur le site de l'entreprise des informations concernant la vie privée.

. ......... ..... ....... .. ........ ...
... ....., ..... ......... ... ....
............ .. ........... ...........
.... ........ .

❸ Nous désirons rencontrer des jeunes récemment diplômés qui veulent travailler dans un milieu de travail stimulant et détendu.

............ ......... .......
........... .. ......... ......... .. ..
........ .. ...... .......... . disteso.

## Corrigé de l'exercice 1

❶ Les candidats seront reçus pour un entretien individuel après vérification de leurs références. ❷ Nous habitons à côté de l'école, mon fils y va en trottinette ! ❸ On cherche un cadre ayant une solide expérience de gestion dans le domaine de l'organisation moderne de l'entreprise. ❹ Nous recherchons des représentants hommes/femmes motorisés/-ées avec bonne présentation et d'excellentes capacités relationnelles pour introduire plus de cent produits sur le marché régional. ❺ J'ai travaillé pendant des années côte à côte avec un journaliste proche des associations pour la protection de l'environnement.

❹ Préfères-tu le cinéma ou la discothèque ? J'aime les deux, je ne saurais pas lequel choisir.

. . . . . . . . . . . . . . . . . . . . . . . . . . . . . . . . . . ?

. . . . . . . . . . . . . . . . . . , . . . . . . . .

. . . . . . . . . . . . . .

❺ J'ai lu dans le journal qu'une importante étude de notaire cherche des étudiants en maîtrise de droit pour effectuer des recherches d'archive.

. . . . . . . . . . . . . . . . . . . . . . . . . .

. . . . . . . . . . . . . . . . . . . . . . . . . . . . . . . .

. . . . . . . . . . . . . . . . . . . . . . . . . . . . .

. . . . . . . . . . . . . . .

## Corrigé de l'exercice 2

❶ Avendo speso tutti i miei risparmi per cambiare i serramenti della casa – cerco una soluzione davvero economica – ❷ I candidati sono pregati di contattarci via mail, previa lettura sul sito dell'azienda delle informazioni inerenti alla privacy ❸ Desideriamo incontrare giovani neodiplomati che vogliano lavorare in un ambiente di lavoro stimolante e – ❹ Preferisci il cinema o la discoteca – Mi piacciono entrambi, non saprei quale scegliere ❺ Ho letto sul giornale che un grosso studio notarile cerca dei laureandi in giurisprudenza per effettuare delle ricerche d'archivio

*En conformité avec les accords européens de Schengen (1985), l'Italie a créé, à partir de 1997, une série de lois sur la* **privacy**, *confidentialité (ou* vie privée*), dont la dernière en date, aujourd'hui en vigueur, est de 2003 : il s'agit du* **codice in materia di protezione dei dati personali**, *le* code en matière de protection des données personnelles, *notamment en ce qui concerne la divulgation sur le réseau informatique des informations que chacun peut communiquer, par exemple à un employeur, à un vendeur ou à un partenaire commercial, etc. C'est à cause de cette loi qu'il est demandé systématiquement*

## 32 Trentaduesima lezione

### Lettere ai datori di lavoro

1 Letti gli annunci ①, Susanna decide di rivolgersi ad alcuni datori di lavoro per candidarsi per i posti offerti e comincia con lo scrivere alla ditta Fratelli Gonzi.

2 "Spettabile ditta, vi scrivo a proposito del posto di piazzista attualmente vacante nella vostra impresa, come risulta dall'annuncio apparso sul "Corriere della Pera" del 15 u.s. ②

### Notes

① Remarquez cet emploi du participe passé (accordé avec le nom) faisant fonction d'une proposition temporelle, à la manière d'un ablatif absolu latin : **letti gli annunci**, *après avoir lu les annonces.* Ici, c'est le sujet de la proposition principale qui fait l'action de la proposition temporelle, mais il arrive que le sujet de la principale ne soit pas le même que celui exprimé dans la temporelle : **Scesa la notte, se ne andò**, *La nuit tombée, il s'en alla.* Le même type de construction peut avoir une valeur causale : **Trovatasi male in quell'ambiente di lavoro, decise di licenziarsi**, *S'étant sentie mal à l'aise dans ce milieu de travail, elle décida de démissionner.*

*de signer une autorisation à la diffusion de ces données sous cer-
taines conditions. Sans cela, l'employeur ne pourrait pas, par
exemple, examiner votre C.V. au cours d'une réunion avec d'autres
personnes. De même, on vous demandera de signer cette autorisation si au cours d'un voyage scolaire de votre enfant, la maîtresse
a pris des photos de classe et veut en faire un CD à distribuer aux
élèves, etc. Le cadre de cette loi est très strict et son respect est
généralisé en Italie, et malgré l'importante "paperasse" que cela
engendre, tout le monde s'y est bien habitué, et signe sans faire
d'histoires !*

---

## Trente-deuxième leçon   32

### Lettres aux employeurs

**1**   [Après avoir] lu*(s)* les annonces, Susanna
décide de s'adresser à quelques[-uns des]
employeurs *(donneurs de travail)* pour proposer
sa candidature pour les places proposées
*(offertes)*, et commence par *(avec l')* écrire à la
société Gonzi Frères.

**2**   "Monsieur *(respectable société)*, je vous écris à
propos de la place de représentant actuellement
vacante dans votre entreprise, comme il apparaît
*(résulte)* dans *(de)* l'annonce parue dans *(sur)*
le "Corriere della Pera" du 15 courant *(dernier
écoulé)*.

▶ ② Vous trouverez dans cette leçon plusieurs expressions typiques
de la correspondance écrite, liées à des conventions formelles
qui changent, bien sûr, d'une langue à l'autre (une liste de ces
expressions est présentée dans la leçon de révision 35). Ici,
**u.s.** est l'abréviation de **ultimo scorso**, littéralement "dernier écoulé", en français on doit préciser le mois en question.
Retenez aussi **p.v.**, **prossimo venturo**, *prochain (à venir)* et
**c.m.**, **corrente mese**, *courant (mois)*.

**3** Pur non avendo ③ esperienza nel settore,
vi garantisco l'impegno costante e duraturo
e la forte motivazione di cui ho dato prova
negli studi e nelle attività lavorative finora
effettuate.

**4** (Vedasi ④ anche il C.V. qui accluso
unitamente alla fotografia)

**5** Nell'attesa di un vostro gradito riscontro,
vi porgo i miei distinti saluti. Susanna
Dicasio."

**6** Telefona poi al suo amico Andrea per
chiedergli ⑤ un piacere:

**7** – Pronto Andrea, sono Susanna, scusa se ti
disturbo, ma tentando ⑥ di mandare una
mail per rispondere a un'offerta di lavoro,

**8** mi sono resa conto che non avevo più la
connessione ad internet.

## Notes

③ **pur non avendo**, *tout en n'ayant (pas)*, est une proposition concessive qui utilise *le gérondif* (**il gerundio**). Faites attention à ne pas confondre cette forme (marquée par la consonne **-d**) avec **il participio presente** (consonne **-t**, pour le verbe **avere** c'est **avente** : **le persone aventi diritto al sussidio di disoccupazione**, *les personnes ayant (qui ont) droit à l'indemnité de chômage*). Ce dernier a surtout la valeur d'une proposition relative ou simplement d'un adjectif (**il posto vacante**, *la place vacante / qui est vide*).

④ **vedasi**, *voir* (littéralement : "[que l']on voie") : c'est un autre exemple de fusion verbe-pronom dans le style synthétique de la correspondance, comme ceux que nous avons vus dans les textes des annonces : ne confondez pas **cercasi**, *on cherche*, où le verbe est à l'indicatif, avec **vedasi**, où il s'agit d'une invitation formulée au subjonctif. ▸

**3** Malgré mon manque *(tout n'ayant)* d'expérience dans ce secteur, je vous garantis un engagement constant et durable et la grande *(forte)* motivation dont j'ai fait *(donné)* preuve dans mes études et dans les activités professionnelles effectuées jusque là *(maintenant)*.

**4** (voir *(voie-on)* également le C.V. avec *(la)* photo ci-joint).

**5** Dans l'attente de *(une)* votre *(agréable)* réponse, je vous présente mes salutations distinguées. Susanna Dicasio."

**6** Ensuite elle téléphone à son ami Andrea pour lui demander un service *(plaisir)* :

**7** – Allô Andrea ? C'est *(suis)* Susanna. Excuse[-moi] si je te dérange, mais en essayant d'envoyer un e-mail pour répondre à une offre d'emploi,

**8** je me suis rendu compte que je n'avais plus de connexion *(à)* internet.

---

▶ ⑤ Les formes faibles des pronoms personnels compléments se placent à la fin de l'infinitif et forment un seul mot avec celui-ci : **vorrebbe vederti**, *il voudrait te voir*. C'est également le cas de l'impératif (**parlagli**, *parle-lui*), du gérondif (**parlandogli**, *en lui parlant*), du participe présent (**la persona aventene diritto**, *la personne ayant droit*), du participe passé (**dettomi questo, se ne andò**, *après m'avoir dit cela, il s'en alla*). Obligatoire avec toutes ces formes, cette contraction est facultative avec l'infinitif puisqu'on peut aussi bien dire : **ti vorrebbe vedere**.

⑥ Comme dans cette phrase, **il gerundio** a le plus souvent valeur temporelle : **Andando a Roma, siamo passate per Firenze**, *En allant (pendant que nous allions) à Rome, nous sommes passées par Florence.*

**9 –** È una bella scalogna ⑦, il PC che ti pianta in asso sul più bello, proprio quando ne hai bisogno.

**10** A dire il vero, a me non è mai capitato, il mio PC fa sempre quello che gli chiedo di fare.

**11 –** Per forza! Vuoi mettere ⑧ il tuo computer con il mio?

**12** Il tuo è una bomba ed è nuovo di zecca ⑨, mentre ⑩ il mio è un vecchio catorcio che sta insieme per miracolo!

**13 –** Te lo credo, ho messo da parte i soldi per quasi un anno per potermelo comprare.

**14** Aspettando di comprartene uno più decente, ti conviene andare da un buon tecnico per farlo mettere a posto.

**15 –** Sì, ma metti che non me lo riparino subito, la mia mail non arriverà mai in tempo.

**Notes**

⑦ **la scalogna**, **la iella**, **il malocchio**, sont des expressions populaires qui désignent *le malheur*, comme d'ailleurs **la sfortuna** : les expressions **portare sfortuna**, **portare male**, **portare iella**, **portare scalogna** signifient toutes *porter malheur* contrairement à **portare fortuna** ou aussi **portare bene**, *porter bonheur*. **Che scalogna!**, *Quelle poisse !* ; **Sono davvero scalognato** (ou **iellato**), *J'ai vraiment la guigne*.

⑧ Remarquez l'utilisation du verbe **mettere** dans le sens de *comparer* : cela est assez fréquent dans des expressions telles que **Vuoi mettere?**, *Tu ne vas pas comparer !*, ou **Non puoi mettere la tua squadra con la mia!**, *Tu ne peux pas comparer ton équipe avec la mienne !* Un autre sens du verbe **mettere** est *supposer*, *imaginer* : **Metti che lui non arrivi, che cosa faremo?**, *Imagine qu'il n'arrive pas : que ferons nous ?* (voir aussi, dans ce dialogue, la phrase 14).

⑨ **la zecca** est *l'hôtel de la monnaie*, **nuovo di zecca**, *flambant neuf*, se réfère donc à "un sou neuf", une monnaie venant d'être ▶

**9 –** C'est une belle poisse, le PC qui te laisse en carafe *(plante en as)* au [moment le plus crucial] *(sur le plus beau)*, juste quand tu en as besoin !

**10** À vrai dire, moi, ça ne m'est jamais arrivé, mon PC fait toujours ce que je lui demande *(de faire)*.

**11 –** Forcément ! Tu veux comparer *(mettre)* ton ordinateur avec le mien ?

**12** Le tien est une bombe et il est flambant neuf, alors *(pendant)* que le mien est un vieux clou *(ruine)* qui tient debout *(ensemble)* par miracle !

**13 –** Je te *(le)* crois ! J'ai mis l'argent de côté pendant presque un an pour pouvoir me l'acheter.

**14** En attendant de pouvoir t'en acheter un plus correct, tu ferais bien *(te convient)* [d']aller chez un bon technicien [informatique] pour le faire réparer *(mettre à place)*.

**15 –** Oui, mais suppose *(mets)* qu'ils ne me le réparent pas tout de suite, mon e-mail n'arrivera pas à *(en)* temps.

▸ frappée. Le mot **zecca** vient de l'arabe *sikka*, *la monnaie*, de même que **il ragazzo** (de *raqqas*, *le danseur* ou *le messager*) et l'expression **a bizzeffe** (de *bizzêf*, *beaucoup*) : **Di tempo, ne ho a bizzeffe!**, *Du temps, j'en ai plein !* Comme vous voyez, il n'y a pas que le latin qu'il faut compter parmi les ancêtres de l'italien !

⑩ La conjonction **mentre** peut introduire :
– une expression de temps : **Mi ha telefonato mentre faceva il bagno**, *Il m'a téléphoné alors qu'il prenait son bain* ; avec ce sens, on peut trouver également le gérondif seul : **Mi ha telefonato facendo il bagno**, *Il m'a téléphoné en prenant son bain*.
– une opposition, comme ici : **Il tuo computer è una bomba, mentre il mio...**
Retenez aussi l'expression **in quel mentre**, *au même moment* : **Avviai la macchina e in quel mentre mi suonò il cellulare**, *Je démarrai ma voiture, et au même moment mon portable sonna*.

**16** – Guarda, se io fossi in te, telefonerei a un vecchio amico per dettargli il testo della mail, così la spedirebbe lui…

**17** – Figurati che ti chiamavo proprio per questo: se sei davanti al computer te la detto subito, e vedi di non metterci dentro un paio dei tuoi begli strafalcioni ⑪!

**18** – Va bene, dettami il testo senza prendermi tanto in giro, non ho mica fatto le superiori come te, io!

**19** – "Pregiata società Lavocasa, in risposta al vostro annuncio pubblicato sul "Corriere della Pera" del 15 ultimo scorso, ho il piacere di presentarmi come candidata per i lavori a domicilio da voi proposti.

**20** Ringraziandovi anticipatamente, distinti saluti. Susanna Dicasio."

**21** Che ne dici, Andrea?

**22** – Ho paura che per il computer nuovo ⑫, dovrai aspettare un pezzo ⑬!  □

## Notes

⑪ Le mot **strafalcione** indique une très grosse erreur à l'oral ou à l'écrit (notamment en orthographe), une *"perle"*, et dérive du verbe aujourd'hui presque disparu **strafalciare**, *mal travailler*, à l'origine *faucher* (**falciare**) "en dehors des limites définies". On dit aussi **un errore madornale** (l'adjectif **madornale** ayant anciennement le sens de *maternel* (**materno**), et les branches d'un arbre venant directement du tronc principal ("maternel") étant les plus grosses) ou **un errore spropositato** (**dire degli spropositi**, *dire des énormités*).

⑫ Remarquez l'adjectif **nuovo** placé après le nom : cela spécifie que c'est bien de l'ordinateur nouveau qu'elle voudrait acheter que l'on parle, alors que placé devant le nom il serait plus neutre. Si je dis **guido una vecchia macchina**, la vieillesse de ▸

**16 –** Écoute *(regarde)* : si j'étais à ta place *(en toi)*,
je téléphonerais à un vieil ami pour lui dicter
le texte de l'e-mail, pour qu'il l'envoie *(ainsi il
l'enverrait)*, lui…

**17 –** Figure-toi que je t'appelais justement pour ça :
si tu es devant ton *(le)* ordinateur, je te la dicte
tout de suite, et essaie *(vois)* de ne pas y mettre
*(dedans)* une *(paire)* de tes belles perles !

**18 –** Ça va, dicte-moi le texte sans te moquer de moi
ainsi *(me prendre tant en tour)*, je n'ai pas fait
[d'études] *(les)* supérieures comme toi, moi !

**19 –** "Cher Monsieur *(prisée société Lavocasa)*,
en réponse à votre annonce publiée dans le
"Corriere della Pera" du 15 courant *(écoulé)*,
j'ai l'honneur *(le plaisir)* de me présenter
comme candidate pour les travaux à domicile
que vous proposez *(par vous proposés)*.

**20** En vous remerciant par avance, [je vous prie
d'agréer l'expression de mes] salutations
distinguées. Susanna Dicasio."

**21** Qu'en dis-tu, Andrea ?

**22 –** J'ai peur que pour un nouvel ordinateur, tu doives
*(devras)* attendre un moment *(un morceau)* !

▶ ma voiture sera moins accentuée (il pourrait s'agir d'un vieux
modèle en excellent état) que si je dis **guido una macchina
vecchia**, qui est donc probablement **un catorcio** !

⑬ **un pezzo**, *un morceau*, est aussi une expression de temps : **È
un pezzo che aspetti?**, *Ça fait longtemps que tu attends ?* Il
peut également avoir le sens de *pièce* : **un pezzo da museo**,
*une pièce de musée*, **un pezzo di Mozart**, *une pièce de Mozart*.
On l'utilise avec d'autres significations dans des expressions
idiomatiques comme : **un pezzo grosso**, *un "gros bonnet"*, ou
**un uomo tutto d'un pezzo** ("d'une seule pièce"), *un homme
intègre*.

**Esercizio 1 – Traducete**

❶ Tentando di telefonare per rispondere a un annuncio, Susanna si è accorta che il suo cellulare era scarico. ❷ Suo padre era un pezzo grosso di una ditta di elettrodomestici, poi ha fatto un errore madornale ed è stato licenziato. ❸ Vuoi mettere la mia macchina nuova di zecca col suo catorcio? ❹ Non dire spropositi! Invece di parlare di scalogna, cerca di sbatterti un po' e vedrai che ce la farai. ❺ Fattami la proposta, se ne andò prima che io potessi rispondermi.

**Esercizio 2 – Completate**

❶ Il lui dit qu'il le lui raconterait le lendemain en allant au bureau.

. . . disse . . . . . . . . . . . . . . . . . . .
. . . . . . . . . . . . . . . . . . . . . . . . ●

❷ En allant au bureau, il lui dit tant d'énormités qu'elle le laissa en plan au milieu de la route.

. . . . . . . . . . . . . . . . . . . , . . . . . . . . . . .
. . . . . . . . . . . . . . . . . . piantò . . . . . . . . .
. . . . . . . . . . . ●

❸ À vrai dire, si j'étais à sa place je ne ferais pas ce choix, qui pour moi est une grosse erreur.

. . . . . . . . . . . , . . . . . . . . . . . . . . .
. . . . . . . . . . . . . . . , . . . . . . . . . . . .
. . . . . . . . . . . ●

❹ Monsieur *(respectable société)*, je vous écris à propos de la place actuellement vacante.

. . . . . . . . . . . . . . . . . , . . . . . . . . . . . . . . . . . .
. . . . . . . . . . . . . . . . . . . . . . . . . ●

❺ Dans l'attente de votre *(agréable)* réponse, je vous présente mes salutations distinguées.

. . . . . . . . . . . . . . . . . . . . . . . . . . . . .
. . . . . . . . . . , . . . . . . . . . . . . . . . . . . . . .
. . . . . . . ●

❶ En essayant de téléphoner pour répondre à une annonce, Susanna s'est aperçue que son portable était déchargé. ❷ Son père était un gros bonnet d'une entreprise d'électroménager, ensuite il a fait une grosse faute et il a été licencié. ❸ Tu ne vas pas comparer ma voiture flambant neuve avec son vieux clou ! ❹ Ne dis pas d'énormités ! Au lieu de parler de malchance, essaie de te bouger un peu et tu verras que tu y arriveras. ❺ Après m'avoir fait la proposition, elle s'en alla avant que je puisse lui répondre.

## Corrigé de l'exercice 2

❶ Gli – che gliel'avrebbe raccontato l'indomani andando in ufficio ❷ Andando in ufficio, le disse tanti spropositi che lei lo – in asso in mezzo alla strada ❸ A dire il vero, se fossi in lui non farei quella scelta, che per me è un errore madornale ❹ Spettabile ditta, vi scrivo a proposito del posto attualmente vacante ❺ Nell'attesa di un vostro gradito riscontro, vi porgo i miei distinti saluti

**Le superiori** sont *les études après le collège, c'est-à-dire* le lycée, **le scuole superiori**. **La scuola dell'obbligo**, *école obligatoire, dure en Italie jusqu'à 16 ans comme en France, et commence à 6 ans avec* **la scuola primaria**, *anciennement* **la scuola elementare** *qui dure 5 ans (***la scuola dell'infanzia**, *anciennement* **la scuola materna**, *pour les enfants de 3 à 5 ans, n'est pas obligatoire*) ; *ensuite les trois années de* **scuola media (prima**, **seconda** *et* **terza media**, *l'appellation officielle est :* **scuola secondaria di primo grado***) sont suivies par* **le superiori** *(***scuola secondaria di secondo grado***), qui constituent une spécialisation très précoce. Le diplôme de fin d'études "supérieures", équivalant au* baccalauréat, *s'appelle* **la maturità** *: on l'obtient, sans redoublements, à 19 ans.*

### Risposte

1  Susanna riceve una lettera di risposta dalla ditta di elettrodomestici presso la quale ha inviato la propria ① candidatura, la Fratelli Gonzi.

2  "Gentile Signorina, in risposta alla Sua ② candidatura del 15 novembre,

3  ci rincresce comunicarLe che l'impiego per il quale Lei scrive non è più disponibile e che i nostri effettivi sono per ora al completo.

4  Qualora il posto si rivelasse di nuovo vacante La ricontatteremo senz'altro.

5  Per questa evenienza, conserviamo il Suo curriculum e, nell'attesa, La preghiamo di gradire i nostri distinti saluti. Ditta F.lli Gonzi."

### Notes

① L'adjectif possessif **proprio** est utilisé seul uniquement pour la 3ᵉ personne du singulier ou du pluriel pour accentuer le sens de possession ou de lien personnel avec le nom (de la même façon qu'en français on double le possessif de *propre*), et obligatoirement dans les formes impersonnelles et quand le sujet est indéfini : **Ognuno deve fare il proprio / suo dovere**, *Chacun doit faire son devoir* ; **In casa propria si fa quel che si vuole**, *Chez soi ("dans sa maison") on fait ce qu'on veut.* Pour les autres personnes, il double le possessif comme en français : (**L'ho visto con i miei propri occhi, vi siete rovinati con le vostre proprie mani**)

▸

## Réponses

1  Susanna reçoit une lettre de réponse de la société d'électroménager à laquelle *(auprès de laquelle)* elle a envoyé sa *(la propre)* candidature, *(la)* Gonzi Frères.

2  "*(Gentille)* Mademoiselle, en réponse à votre candidature du 15 novembre,

3  nous regrettons *(nous ennuie)* [de] vous faire savoir *(communiquer)* que l'emploi pour lequel vous nous écrivez n'est plus disponible et que nos effectifs sont pour l'instant au complet.

4  Si [toutefois] la place devenait *(se révélât)* de nouveau vacante, nous vous recontacterions sans aucun doute *(autre)*.

5  Dans *(pour)* cette éventualité, nous gardons votre C.V. et, dans l'attente, nous vous prions d'agréer nos salutations distinguées. Société Gonzi Frères."

▶ ② Dans la correspondance on met parfois une majuscule aux pronoms personnels et adjectifs possessifs qui indiquent la personne à laquelle on s'adresse : cette forme de politesse est un peu tombée en désuétude, mais on la rencontre encore, notamment dans la correspondance commerciale, même si dans de nombreux cas internet a balayé pas mal de bonnes manières !

**6**    In quel momento squilla ③ il telefono;
Susanna alza la cornetta e riceve la
telefonata della ditta Lavocasa.

**7** – Pronto? Buongiorno, potrei parlare con la
signorina Susanna Dicasio, per cortesia?

**8** – Sono io; chi parla, scusi?

**9** – Qui è la ditta Lavocasa; lei ha risposto al nostro
annuncio per un lavoro a domicilio, no?

**10**    Susanna dice tra sé e sé ④: "Questa è la
volta buona".

**11** – Signorina, stiamo esaminando il suo
curriculum, da cui lei risulta essere appena
diplomata in ragioneria.

**12**    Lei farebbe proprio al caso nostro, poiché
abbiamo bisogno di una persona giovane
e in gamba per il nostro servizio di
contabilità.

**13**    So che non è per questo che lei si è rivolta a
noi, ma magari le interessa ⑤ lo stesso.

## Notes

③ Le verbe **squillare** indique l'émission d'un son aigu et fort : il
est utilisé aussi bien pour *le son de la trompette* ou *du clairon*
(**lo squillare della tromba**) que pour la sonnerie d'un téléphone
ou d'un réveil, même si les sons électroniques d'aujourd'hui
ne ressemblent plus trop à **la squilla** (mot ancien dérivé du
gothique *skilla*), la clochette métallique des anciens Germains,
et que personne ne se réveille plus au son du clairon ! Le nom
qui indique le son est **lo squillo** (**lo squillo del telefono**), à ne
pas confondre avec **la squillo** qui est *la call-girl*…

④ Le pronom réfléchi de 3<sup>e</sup> personne du singulier ou du pluriel
**sé** est utilisé dans les mêmes cas que le possessif **proprio** (voir
la note 1 de cette leçon) : toujours référé au sujet de la proposition, il accentue l'intimité, la force de la relation avec soi, ▶

**6** À cet instant, le téléphone sonne ; Susanna décroche *(le combiné)* et c'est *(reçoit le coup de fil de)* la société Lavocasa [à l'appareil]. **33**

**7 –** Allô ? Bonjour, pourrais-je parler à *(avec)* Mademoiselle Susanna Dicasio, s'il vous plait ?

**8 –** C'est moi *(suis-je)* ; pardon *(excusez)*, qui est à l'appareil *(qui parle)* ?

**9 –** *(Ici)* C'est la société Lavocasa, vous avez répondu à notre annonce pour un travail à domicile, n'est-ce pas *(non)* ?

**10** Susanna se dit *(entre soi et soi)*: "Cette fois-ci, c'est la bonne".

**11 –** Mademoiselle nous sommes en train d'étudier *(examiner)* votre C.V., d'après lequel vous paraissez *(résultez)* être *(à peine)* diplômée en comptabilité depuis peu.

**12** Vous êtes vraiment la personne qu'il nous faudrait *(feriez à notre cas)*, puisque nous avons besoin d'une personne jeune et capable de [gérer] notre service de comptabilité.

**13** Je sais que ce n'est pas pour cela que vous vous êtes adressée à nous, mais peut-être ça vous intéresserait quand-*(le)* même.

▶ et il est obligatoirement employé dans les généralités, souvent avec les pronoms indéfinis : **Non bisogna pensare solo a sé**, *Il ne faut pas penser qu'à soi* ; **È sempre molto soddisfatto di sé**, *Il est toujours content de lui*. Souvent **sé** est suivi de **stesso** (accordé au féminin ou au pluriel si nécessaire) ; dans ce cas on peut omettre l'accent sur **sé** : **È molto chiusa in se stessa**, *Elle est très renfermée* ; **Tutti pensano a se stessi e non agli altri**, *Tout le monde pense à lui-même et pas aux autres*.

⑤ Le verbe **interessare** se construit avec le complément d'objet indirect : **Credo che questo libro interessi a mio figlio**, *Je crois que mon fils est intéressé par ce livre*. **Questo non gli interessa**, *Cela ne l'intéresse pas* ou **Questo non le interessa** si "l'intéressée" est au féminin ou à la forme de politesse.

**14** – Certo che mi interessa! A dire il vero, io avevo risposto all'annuncio perché ho bisogno di lavorare, ma mi piacerebbe trovare un posto fisso…

**15** – Capisco, oggi come oggi siete in molti ⑥ a cercare un lavoro stabile, ma le assicuro che l'impiego che le proponiamo può evolvere verso un contratto a tempo indeterminato, questo dipenderà da lei.

**16** – E io ce la metterò tutta per farvi contenti, glielo assicuro!

**17** – Visto il suo entusiasmo, non ne dubito affatto, signorina.

**18** Quando possiamo incontrarla nei nostri uffici per un colloquio?

**19** – Oggi pomeriggio le va bene?

**20** – Se va bene a lei ⑦, signorina, noi l'aspettiamo oggi alle 15. Arrivederci! ☐

### Notes

⑥ La préposition **in** précède les expressions indiquant la quantité de personnes qui accomplissent ou qui sont concernées par une action : **In quanti sarete? Saremo in pochi, solo in tre**, *Vous serez combien ? Nous serons peu nombreux, trois seulement.*

⑦ Remarquez encore l'utilisation de la forme forte du pronom personnel complément indirect pour marquer l'opposition entre deux personnes : **Se a lei va bene, noi…**, *Si vous, ça vous convient, nous…* (c'est d'ailleurs pour marquer la même opposition que le pronom personnel sujet **noi** est exprimé et non pas sous-entendu). Avec la forme faible, la formule serait plus "neutre" : **se le va bene**, *si cela vous convient…*

**14 –** Bien sûr *(certes)* que ça m'intéresse ! À vrai dire, j'avais répondu à l'annonce parce que j'ai besoin de travailler, mais j'aimerais trouver une place *(un travail)* fixe…

**15 –** Je comprends, au jour d'aujourd'hui *(comme aujourd'hui)* vous êtes *(en)* nombreux à chercher un travail stable, mais je vous assure que l'emploi que nous vous proposons peut évoluer vers un contrat à durée *(temps)* indéterminée, cela dépendra de vous.

**16 –** Et moi, je ferai de mon mieux *(je l'y mettrai toute)* pour vous satisfaire *(faire contents)*, je vous l'assure !

**17 –** Vu votre enthousiasme, je n'en doute pas du tout, mademoiselle.

**18** Quand pouvons-nous vous rencontrer dans nos bureaux pour un entretien ?

**19 –** Cet *(aujourd'hui)* après-midi, ça vous convient *(va bien)* ?

**20 –** Si cela vous convient, mademoiselle, nous vous attendons aujourd'hui à 15 heures. Au revoir !

**Esercizio 1 – Traducete**

❶ Qualora i nostri effettivi lo richiedessero, la ricontatteremmo senz'altro. ❷ Tu e tuo fratello fareste proprio al caso mio, ho bisogno di due neodiplomati in gamba come voi. ❸ Che egoista! Gli interessano solo i propri affari. ❹ Sarei dovuto venire da solo, invece siamo venuti in due. ❺ Signorina, lei ce l'ha messa tutta per farci contenti, e noi le proponiamo un contratto a tempo indeterminato.

---

**Esercizio 2 – Completate**

❶ Chacun pense seulement à soi et s'occupe de ses affaires.

. . . . . . . . . . . . . . . . . . . . . . . . . . . . .
. . . . . . . . . . . affari . . . . . . .

❷ Nous avons besoin d'une personne capable diplômée en comptabilité pour notre service de comptabilité.

. . . . . . . . . . . . . . . . . . . . . . . . . . . . . . .
. . . . . . . . . . . . . . . . . . . . . . . . . . . . . . . . . .
. . . . . . . . . . . . . . . . . . . . . . . .

❸ Monsieur, nous voudrions vous rencontrer dans nos bureaux pour un entretien.

. . . . . . . , . . . . . . . . . . . . . . . . . . . . . .
. . . . . . . . . . . . . . . . . . . . . .

❹ Au cas où notre société en aurait besoin, nous vous enverrions par mail notre demande.

. . . . . . . . . . . . . . . . . . . . . . . . . . . . . .
. . . . . . . . , . . . . . . . . . . . . . . . . . . .
. . . . . . richiesta.

❶ Dans le cas où nou envisagerions d'augmenter nos effectifs, nous vous recontacterions sans aucun doute. ❷ Ton frère et toi vous êtes vraiment ce qu'il me faut, j'ai besoin de deux jeunes diplômés capables comme vous. ❸ Quel égoïste ! Il n'y a que ses affaires qui l'intéressent. ❹ J'aurais dû venir tout seul, alors que nous sommes venus à deux. ❺ Mademoiselle, vous avez fait de votre mieux pour nous satisfaire, et nous vous proposons un contrat à durée indéterminée.

❺ Si cela vous convient, demain nous viendrons à deux, alors que ce soir je viendrai tout seul.

.. .. .. ... ... ...... ....... .. ..., 
...... ........ ..... .. .....

# Corrigé de l'exercice 2

❶ Ognuno pensa solo a se stesso e si occupa degli – propri ❷ Abbiamo bisogno di una persona in gamba diplomata in ragioneria per il nostro servizio di contabilità ❸ Signore, vorremmo incontrarla nei nostri uffici per un colloquio ❹ Qualora la nostra ditta ne avesse bisogno, le invieremo via mail la nostra – ❺ Se le va bene domani verremo in due, mentre stasera verrò da solo

# 34 Trentaquattresima lezione

*Le texte suivant est une critique littéraire imaginaire d'un roman qui l'est également ! Vous y trouverez le style un peu lourd et savant propre au langage spécialiste et souvent imperméable des intellectuels. Son côté caricatural est donc voulu, mais en feuilletant des revues littéraires vous découvrirez que nous avons exagéré ... à peine !*

## Una recensione letteraria

1 Tra le recenti uscite in libreria, ed in mezzo alla giungla inestricabile dei tanti best-seller di autori noti

2 e di vedette popolari giunte alla penna dopo un dubbio tirocinio ① sugli schermi televisivi,

3 volentieri segnalo uno stimolante romanzo che, pur non destinato ② a diventare il prossimo successo da leggere in ispiaggia ③,

4 costituirà per il lettore volonteroso un sostanzioso nutrimento per i nostri cervelli atrofizzati dalla scemenza mediatica imperante.

## Notes

① **Il tirocinio** est la période d'apprentissage d'un métier, souvent sous l'égide d'un formateur expérimenté ; le mot, d'origine latine, indiquait l'entraînement des recrues dans l'armée romaine ; dans le domaine professionnel, il est souvent remplacé aujourd'hui par **lo stage**.

② Dans la leçon 32 nous avons vu l'expression **pur non avendo esperienza**, *tout en n'ayant pas d'expérience*, où la conjonction concessive **pur** était utilisée avec **il gerundio** ; ici la même construction est obtenue avec le participe passé : **pur non destinato**, *tout en n'étant pas destiné*. On pourrait, bien sûr, penser à **un gerundio** sous-entendu : **pur non essendo destinato**. Cette construction est néanmoins fréquente : **Venezia, pur costruita fragilmente sull'acqua, fu per secoli** ▸

## Une critique littéraire

**1**  Parmi les sorties récentes en librairie et au milieu de la jungle inextricable des nombreux best-sellers d'auteurs célèbres

**2**  et de stars populaires arrivées à la plume *(au papier imprimé)* après un apprentissage douteux sur les écrans télévisés,

**3**  je signale volontiers un roman stimulant qui, tout en n'étant pas destiné à devenir le prochain succès à lire à la plage,

**4**  constituera pour le lecteur de bonne volonté une nourriture substantielle pour nos cerveaux atrophiés par la bêtise médiatique triomphante.

ENTRÒ NELLA CATAPECCHIA ABBANDONATA

▶  **una città fiorente**, *Venise, tout en étant fragilement bâtie sur l'eau, fut pendant des siècles une ville florissante.*

③  On peut rajouter un **i** au début d'un mot commençant par **s**, quand il est précédé de la préposition **in** : **in Ispagna**, **in Isvizzera**, **in Isvezia**, **in ispiaggia** (pour **in Spagna**, **in Svizzera**, **in Svezia**, **in spiaggia**), mais ces formes sont un peu désuètes voire affectées, ce qui n'est pas pour déplaire à notre critique littéraire hyper-cultivé !

**5** Si tratta di "Euridice", opera dell'esordiente ④ Federico Benedetti, edita per i tipi ⑤ del coraggioso "Cantini&Colli" di Treviso,

**6** già ⑥ vincitore lo scorso anno del premio Bidoni per l'editoria indipendente.

**7** Come indicato in quarta di copertina, tre sono le direttrici di lettura:

**8** quella del romanzo d'amore, poi la matrice stendhaliana, infine, il romanzo di formazione o *bildungsroman*.

**9** Tuttavia rimane, se lo si vuole, un campo inesplorato da indagare, che ha a che fare con la «simpatia» (alla greca: «soffrire insieme»).

**10** In nome di tale valore senza aggettivi, che permette l'interscambio fra l'autore ed il suo pubblico, ed anzi in qualche modo lo autorizza,

**11** scelgo una sola pagina che chiamo a testimone subito, senza perdere tempo.

**Notes**

④ **esordiente** est le participe présent du verbe **esordire** qui signifie *commencer* (par exemple un discours : **Esordì con parole di elogio**, *Il commença [son discours] avec des mots élogieux*). **Esordiente** est utilisé pour indiquer quelqu'un qui effectue sa première prestation dans un domaine tel que les arts, le sport, etc. Ce n'est pas simplement *un débutant*, c'est plutôt quelqu'un qui en est à sa première œuvre ou compétition, et pour en être là, il n'est donc pas, justement, un débutant ! **Esordire** est un composé du verbe **ordire** (en latin *ordiri*, *tisser*, et *ex-ordiri*, *commencer à tisser*), qui connaît la même utilisation au propre et au figuré que le français *ourdir* : **Ordirono la congiura**, *Ils ourdirent le complot*.

▶

**5** Il s'agit d'"Euridice", première œuvre de *(du débutant)* Federico Benedetti, publiée par *(les types du)* le courageux "Cantini&Colli" de Trévise,

**6** qui a déjà gagné *(déjà gagnant)* l'année dernière le prix Bidoni pour l'édition indépendante.

**7** Comme c'est indiqué dans la quatrième de couverture, les pistes de lecture sont au nombre de trois :

**8** celle du roman d'amour, ensuite la matrice stendhalienne, enfin le roman de formation ou *bildungsroman*.

**9** Il reste cependant, [et] si l'on *(le)* veut [aller plus loin], un champ inexploré à sonder *(pénétrer)*, qui a trait à *(avec)* la "sympathie" (au sens grec *(à la grecque)* de "souffrir ensemble").

**10** Au nom de cette valeur sans adjectifs, qui permet l'échange entre l'auteur et son public et même d'un certaine manière l'[y] autorise,

**11** je choisis une seule page que j'appelle à témoin tout de suite, sans perdre de temps.

▶ ⑤ **i tipi**, dont il s'agit ici, sont bien sûr *les types* du typographe, et l'expression indique souvent la publication par un éditeur : **È uscito per i tipi di ASSIMIL**, *Il a paru chez ASSIMIL…*

⑥ L'adverbe **già** peut prendre parfois la fonction de rappel d'un événement passé, comme ici l'obtention d'un prix l'année précédente, ou d'une condition bien antérieure, comme *ex-* : **Torino, già capitale d'Italia**, *Turin, anciennement capitale d'Italie* ; parfois vous verrez dans une plaque la nom d'une rue et le rappel de son ancienne appellation : **via della Liberazione, già corso Re d'Italia**, *rue de la Libération, autrefois avenue des Rois d'Italie.*

34 12 Ci troviamo circa a metà del racconto, allorché "il nostro eroe" – come lo chiama il narratore – decide di incontrare in appuntamento segreto la bella Euridice.

13 "Sprofondato in una poltrona sfondata, unico mobile dall'apparenza confortevole in quella catapecchia abbandonata,

14 egli aspettava Euridice, fingendo a se stesso di leggere un libro o di pensare ad altro."

15 Si legga, più sotto, tutta la descrizione dell'appartamento come "un improbabile labirinto di soffitti bassi, livelli sfasati e muri storti, approssimativamente intonacati e dipinti":

16 un luogo non-luogo, ove anche la volontà apparentemente si smarrisce in azioni non volute o senza senso, come leggere un libro laddove libri non ce ne sono.

17 Questo tratto testuale è autentica poesia, accostabile senza remora al noto carme di Catullo in cui il poeta ricorda il proprio appuntamento con Lesbia.

18 Come nel poeta latino, anche qui l'incontro tra gli amanti avviene sotto il segno della tragedia, e terribile sarà, come per l'antico, la punizione degli dei,

19 che naturalmente non anticipo per non guastarvi il piacere della lettura che vi raccomando.

20 Se è lecito aggiungere una quarta linea di lettura, allora colui che qui si firma oserebbe affermare che "Euridice" è un romanzo mitologico,

**12** Nous nous trouvons à peu près à [la] moitié du récit, quand "notre héros" – comme l'appelle le narrateur – décide de rencontrer la belle Euridice lors d'un *(en)* rendez-vous secret.

**13** "Affalé *(éffondré)* dans un fauteuil défoncé, seul meuble à l'apparence confortable dans ce taudis abandonné,

**14** il attendait Euridice, en faisant semblant pour lui-même de lire un livre ou de penser à autre [chose]."

**15** [Que] l'on lise, plus loin *(dessous)*, toute la description de l'appartement comme "un improbable labyrinthe de plafonds bas, de niveaux décalés et de murs de travers, enduits et peints approximativement" :

**16** un lieu non-lieu, où même la volonté s'égare apparemment en actions non voulues et sans signification, comme lire un livre là où de livres il n'y en a pas.

**17** Ce trait textuel est de l'authentique poésie, comparable *(rapprochable)* sans hésitation au célèbre poème de Catulle où le poète se souvient de son propre rendez-vous avec Lesbia.

**18** Comme chez *(dans)* le poète latin, ici aussi la rencontre entre les amants a lieu *(advient)* sous le signe de la tragédie, et terrible sera, comme pour l'antique [version], la punition des dieux,

**19** que bien sûr je n'anticipe pas pour ne pas vous gâcher la plaisir de la lecture, que je vous recommande.

**20** S'il est permis [de] rajouter une quatrième ligne de lecture, l'auteur de ce papier *(celui qu'ici se signe)* oserait affirmer qu'"Euridice" est un roman mythologique, laddove il mito è, pavesianamente, specchio dell'anima – di Orfeo, del Narratore, dell'Autore e, da ultimo, del Lettore. □

## Esercizio 1 – Traducete

❶ Pur essendo un esordiente, il suo romanzo costituisce un'opera stimolante per il lettore più esigente. ❷ La fisica quantistica era un campo inesplorato da indagare per numerosi neolaureati del dopoguerra. ❸ Entrò nella catapecchia abbandonata, dove il conte Rambaldi lo attendeva sprofondato in una poltrona sfondata. ❹ La descrizione dell'appartamento in rovina è accostabile senza remora alle migliori pagine di Edgar Allan Poe. ❺ L'uscita del libro di Teco per i tipi dell'editore Roditori è un evento di grande importanza negli ambienti letterari.

## Esercizio 2 – Completate

❶ Même comparable à tant d'autres films, l'œuvre du réalisateur débutant reste une exception au milieu de la bêtise médiatique triomphante.

... ........... . ..... ..... ...., .....
.. ........... . ........... ..... ......... .
in mezzo .... .......... .

❷ Le roman a paru chez un éditeur de Milan.

.. ....... .. ......... ..... .. ..
....... di Milano.

❸ Au cas où cela serait nécessaire, je pourrais collaborer à votre projet.
Ove .... .......... , .....
........... . ...... ......... .

21     là où le mythe est, à la Cesare Pavese, [le]     34
       miroir de l'âme – d'Orphée, du Narrateur, de
       l'Auteur et, en dernier [lieu], du Lecteur.

## Corrigé de l'exercice 1

❶ Tout en étant à sa première œuvre, son roman constitue une œuvre stimulante pour le lecteur le plus exigeant. ❷ La physique quantique était un domaine inexploré à creuser pour de nombreux jeunes diplômés de l'après-guerre. ❸ Il entra dans le taudis abandonné où le comte Rambaldi l'attendait affalé dans un fauteuil défoncé. ❹ La description de l'appartement en ruine est à rapprocher sans hésitation des meilleures pages d'Edgar Allan Poe. ❺ La parution du livre de Teco chez l'éditeur Roditori est un événement de grande importance dans les milieux littéraires.

❹ Cher Monsieur, je voudrais vous dire sans hésitation que votre œuvre est bien écrite et d'excellente qualité.

  . . . .  . . . . . . ,  . . . . . .  . . . . .  . . . .
  . . . . . .  . . .  . .  . . .  . . . .  .  . . .  . . . . . .
  . .  . .  . . . . . .  . . . . . . . .

❺ Ce fauteuil est d'apparence confortable, mais il est complètement défoncé.

  . . . . . .  . . . . . . .  . . .  . .  . . . . . . . . .
  . . . . . . . . . . . ,  . .  .  . . . . . . . . . . .
  . . . . . . . .

## Corrigé de l'exercice 2

❶ Pur accostabile a tanti altri film, l'opera del regista esordiente resta un'eccezione – alla scemenza mediatica imperante ❷ Il romanzo è uscito per i tipi di un editore – ❸ – fosse necessario, potrei collaborare al vostro progetto ❹ Caro signore, vorrei dirle senza remora che la sua opera è ben scritta e di ottima qualità – ❺ Quella poltrona ha l'apparenza confortevole, ma è completamente sfondata

### Revisione – Révision

## 1 Synthaxe du participe passé

On a vu deux utilisations possibles du participe passé en tant que proposition en soi :

### 1.1 Le "participe passé absolu"

Il se place toujours avant l'éventuel substantif, et a valeur de proposition causale, temporelle ou concessive :

**Arrivato in città, si mise subito a cercare un albergo.**
*Une fois arrivé en ville, il se mit tout de suite à chercher un hôtel.*

**Finito il lavoro, non gli restava altro da fare che andare a divertirsi.**
*Le travail fini, il ne lui restait rien d'autre à faire que d'aller s'amuser.*

**Pur occupato, decise di aiutarlo.**
*Même s'il était occupé, il décida de l'aider.*

### 1.2 Participe passé en apposition à un substantif

Lorsqu'il a cette valeur, le participe passé remplace une proposition relative (parfois il est relié à un pronom personnel complément) :
**Il vestito fattogli da sua madre…**
*Le costume que sa mère lui a fait…*

**La storia raccontatagli da quell'uomo non era vera.**
*L'histoire que cet homme lui avait racontée n'était pas vraie.*

## 2 Gérondif et participe présent

### 2.1 Le gérondif (*il gerundio*)

Il se forme avec les désinences suivantes :
**-ando** pour la première conjugaison (**parlare** → **parlando**),

**-endo** pour la deuxième (**correre → correndo**) et pour la troisième (**finire → finendo**).

Il correspond à la forme "en + gérondif" en français (**parlando**, *en parlant*).
**Il gerundio** est utilisé :

• dans des propositions causales :
**Correndo troppo forte (= poiché correvo troppo forte), sono caduto.**
*En courant trop vite (= puisque je courais trop vite), je suis tombé.*

• dans les propositions temporelles :
**Venendo qui (= mentre venivo qui), ho incontrato Guido.**
*En venant ici (= pendant que je venais ici), j'ai rencontré Guido.*

• dans les propositions conditionnelles :
**Facendo un altro piccolo sforzo (= a condizione che tu faccia un altro piccolo sforzo), ce la farai.**
*En faisant un autre petit effort (= à condition que tu fasses...), tu y arriveras.*

## 2.2 Le participe présent (*il participio presente*)

C'est une forme distincte du gérondif : désinences **-ante** pour le premier groupe, **-ente** pour les deux autres. **Il participio presente** est utilisé dans la langue actuelle presque uniquement sous la forme d'adjectif ou de nom (**una persona ignorante**, *une personne ignorante* ; **i meno abbienti**, *les économiquement faibles*, littéralement "les ayant moins"), et de toute façon il remplace une proposition relative (**gli aventi diritto all'indennità di disoccupazione**, *les ayant* ("qui ont") *droit à l'allocation de chômage*), souvent dans des formules de lois, règlements, etc.

Attention ! Le participe présent ne doit pas être employé en tant qu'apposition ni du sujet (ex. en français : *les personnes désirant visiter la cathédrale*) ni du complément d'objet direct (ex. *j'ai vu François sortant de l'hôpital*) : en général, sa fonction est remplie par une proposition relative : **le persone che desiderano** (ou **desiderino**) **visitare la cattedrale ; ho visto Francesco che usciva dall'ospedale**. Traduire ces formes françaises par un **gerundio** serait une erreur encore plus grave, puisque le sujet du **gerundio** est toujours celui de la proposition principale : **ho visto Francesco uscendo dall'ospedale**, *j'ai vu François en sortant de l'hôpital*.

Retenez les trois tournures formées avec **il gerundio** :
– **stare** + **gerundio** = *être en train de* :
**Sto mangiando**, *Je suis en train de manger / je mange* ;

– **andare** + **gerundio** = action en progression :
**Che cosa vai dicendo?**, *Qu'est-ce que tu vas raconter partout ?*

– **venire** + **gerundio** = action en progression :
**Il suo italiano verrà perfezionandosi a poco a poco.**
*Votre italien se perfectionnera peu à peu.*

# 3 Pronoms personnels compléments

## 3.1 Les formes forte et faible

Il existe deux formes de pronoms personnels, aussi bien pour le complément d'objet direct que pour les compléments indirects : une <u>forme faible</u> (avant le verbe) et une <u>forme forte</u> (après le verbe ou précédés d'une préposition). Cette dernière met le complément en relief par rapport à la première, plus "neutre" : **lo cerco** (forme faible), *je le cherche*, **cerco lui** (forme forte), *c'est lui que je cherche* ; **gli parlo**, *je lui parle* ; **parlo a lui**, *c'est à lui que je parle*.

| Personne | Pronom sujet correspondant | Forme faible | | Forme forte | |
|---|---|---|---|---|---|
| | | COD | COI | COD | COI |
| 1<sup>re</sup> du sing. | **io** | **mi** | **mi** | **me** | **me** |
| 2<sup>e</sup> sing. | **tu** | **ti** | **ti** | **te** | **te** |
| 3<sup>e</sup> sing. | **lui, lei (egli, ella, essa = formes littéraires)** | **lo, la** | **gli, le** | **lui, lei** | **lui, lei** |

| 1re du pl. | **noi** | **ci** | **ci** | **noi** | **noi** |
|---|---|---|---|---|---|
| 2e du pl. | **voi** | **vi** | **vi** | **voi** | **voi** |
| 3e du pl. | **loro (essi, esse** = formes littéraires) | **li, le** | **gli\*** | **loro** | **loro** |

\* l'usage du pronom **gli** pour le complément indirect de la 3e personne du pluriel est aujourd'hui courant en italien, quoi qu'incorrect : les règles de grammaire imposeraient l'utilisation de la forme forte seule, placée donc après le verbe : **parlo loro**, *je leur parle*. Cette tournure est pratiquement réservée à l'écrit, et l'on dira normalement **gli parlo**. Souvenez-vous qu'à la forme de politesse on emploie les pronoms de la 3e personne du singulier au féminin :

**Sono contento di vederla, dottore: vorrei parlare con lei.**
*Je suis content de vous voir, docteur : je voudrais parler avec vous.*

### 3.2 Place des formes faibles

Les formes faibles des pronoms compléments se placent toujours avant le verbe, sauf avec les temps suivants avec lesquels elles se rattachent à la fin du verbe, en formant un seul mot avec celui-ci :

• avec l'infinitif :
**Non può far**lo, *Il ne peut pas le faire.*

• avec le participe passé :
**Detto**gli **questo, se ne andò**, *Après lui avoir dit cela, il s'en alla.*

• avec le participe présent :
**L'ufficio spettante**gli, *Le bureau lui revenant de droit.*

• avec le gérondif :
**Dicendo**gli **questo, piangeva**, *En lui disant cela, il pleurait.*

• avec l'impératif :
**Di**lle **che venga**, *Dis-lui qu'elle vienne.*

Attention ! L'impératif de la forme de politesse étant en réalité un subjonctif (voir leçon 7, paragraphe 2), cette règle n'est donc pas valable, et les pronoms compléments se placent normalement avant le verbe : **mi dica, dottore**, *dites-moi, docteur.*

**35** Quelques verbes (**andare, dare, dire, fare** et **stare**) ont un impératif monosyllabique à la 2ᵉ personne du singulier (**va', da', di', fa', sta'**) : quand les pronoms se rattachent à ces formes, ils redoublent leur première lettre (sauf **gli**) : **fa**mmi **un piacere**, *rends-moi un service*, **di**lle **la verità**, *dis-lui (à elle) la vérité*, mais **di**gli, *dis-lui* (sans redoublement de la consonne).

Les pronoms **ne**, *en* et **ci**, *y*, se comportent de la même manière : **vacci**, *vas-y* ; **fanne di più**, *fais-en davantage*.

## 4 La préposition *in*

La préposition **in** veut dire, en règle générale, *en* ou *dans* ; quand elle fusionne avec un article défini, dans une **preposizione articolata**, elle devient **ne-** : **nel, nello, nella**, etc.

Vous trouverez ici quelques expressions et tournures particulières avec la préposition **in** :

**in seguito a**, *à la suite de* ;

**un muro in pietra**, *un mur en pierre* ;

**in piazza**, *sur la place* ;

**in casa**, *à la maison* ;

**in piedi**, *debout* ;

**sono in molti**, *ils sont nombreux* ;

**se io fossi in te…**, *si j'étais à ta place…* ;

**in fondo…**, *au fond…* (**in fondo al mare**, *au fond de la mer*) ;

**avere l'acquolina in bocca**, *avoir l'eau à la bouche* ;

**una persona in buona fede**, *une personne de bonne foi* ;

**in quattro e quattr'otto**, *en moins de deux* ;

**in fretta e furia**, *en hâte* ;

**in un baleno**, *le temps d'un éclair* ;
**in un batter d'occhio**, *en un clin d'œil* ;

**una persona in gamba**, *une personne douée/capable* ;

**in busta sigillata**, *sous enveloppe cachetée* ;

Voici quelques expressions idiomatiques avec le verbe **mettere**, dont quelques-unes étaient dans les leçons précédentes :

**Metti che domani piova.**
*Imagine que demain il pleuve.*

**Vuoi mettere la tua macchina con la mia?**
*Tu veux comparer ta voiture avec la mienne?*

**mettere su pancia**, *prendre du ventre* ;

**mettere su casa**, *se mettre en ménage* ;

**mettere il telefono**, *installer le téléphone* ;

**mettercela tutta**, *faire tout son possible* ;

**mettere a fuoco**, *mettre au point* ;

**mettere da parte del denaro**, *mettre de l'argent de côté* ;

**si mette male**, *ça tourne mal* ;

**mettere in/alla berlina**, *ridiculiser* ;

**mettere i brividi**, *donner des frissons* ;

**mettere radici**, *prendre racine* ;

**e chi più ne ha, più ne metta**, *et ainsi de suite* (après une liste).

# 6 La correspondance

Malgré le fait qu'internet et la pratique des e-mails aient mis à mal l'étiquette de la correspondance écrite, il n'est pas inutile de connaître quelques-unes des formules les plus utilisées dans les lettres, notamment dans un contexte administratif et commercial.

## 6.1 L'adresse sur l'enveloppe

Si l'on écrit à un homme : **Egr. Sig.** (**Egregio Signore**) ou **Egr. Sigg.** (**Egregi Signori**) au pluriel.

Si la correspondance est adressée à une dame, ce sera **Gent.** (**Gentile**) ou **Gent.ma** (**Gentilissima**) **Sig.ra** (**Signora**) ou **Sig.na** (**Signorina**).

Les titres honorifiques ou les diplômes, qu'on ne mentionne pas en France, sont bien appréciés par les Italiens : **Dott. (Dottore**, titre attribué à tout titulaire d'**una laurea**, *une maîtrise*), **Prof. (Professore**), **Rag. (Ragioniere**, *comptable*), **Geom. (Geometra**), **Arch. (Architetto**), **Ing. (Ingegnere**), **Proc. (Procuratore**), **Comm. (Commendatore**), **Cav. (Cavaliere**), **On. (Onorevole**, *député*), **Avv. (Avvocato**), etc.

Si l'on s'adresse à une société, on écrit : **Spett. (Spettabile**) ou **Spett.ma (Spettabilissima**), ou **Preg. (Pregiata**) ou **Preg.ma (Pregiatissima) Ditta**.

Une adresse type pourrait donc être :
**Egr. Sig. Dott. Luigi Rossi, Via Garibaldi 21, Torino**

ou pour une société :
**Spett. Ditta F.lli Guidi, Casella postale 121, Bologna (la casella postale** est *la Boîte Postale*).

Comme en France, on écrit le nom de l'expéditeur au dos de l'enveloppe, précédé du sigle **Mitt. (Mittente**).

## 6.2 Le corps de la lettre

Le texte de la lettre débute par la formule déjà écrite sur l'enveloppe :
**Egregio Dottore**, etc. (de préférence non abrégé). Si l'on s'adresse à une société, on utilise souvent la 2e personne du pluriel.

Souvent le texte commence par des formules qui évitent d'utiliser le mot **lettera**, et se servent d'abréviations :
**In possesso della V/pregiatissima in data 15 settembre…**
*En possession de votre [lettre] (estimée) du 15 septembre.*
ou
**Riferendomi alla V/gradita,** ou **stimata del 15 settembre.**
*En me référant à votre [lettre] agréée, ou estimée du…).*

**Facendo seguito alla mia del l0 c.m. (corrente mese), mi affretto a rispondervi (**ou **a risponderLe).**
*Faisant suite à ma [lettre] du 10 courant, je m'empresse de vous répondre.*

**Mi pregio**, ou **ho l'onore** (*j'ai l'honneur*), ou **ho il piacere** (*j'ai*
*le plaisir*) ou **è doveroso per me** (*il est de mon devoir*) **informarvi**
(ou **informarLa**), **farLe noto** (*de vous faire savoir*) **che...**

**Mi rincresce** (*je regrette*), **è con mio grande dispiacere che...**
*C'est à mon grand regret que...*

**A stretto giro di posta**, ou **a volta di corriere**.
*Par retour du courrier.*

**accluso** : *ci-joint.*

## 6.3 Les formules finales

Elles sont plus différenciées qu'en français ; les plus simples
d'abord :
**Distinti saluti**, *Salutations distinguées* ;

**Vi (Le) porgo i miei distinti saluti**.
*Je vous prie d'agréer* ("présente") *mes salutations distinguées* ;

**RingraziandoVi (rigraziandoLa) in anticipo**.
*En vous remerciant par avance.*

puis des formules plus complexes :

**In attesa di una risposta favorevole, vi prego di gradire i sensi
della mia perfetta stima.**
*Dans l'attente d'une réponse favorable, je vous prie d'agréer mes
sentiments respecteux* ("les sentiments de ma parfaite estime") ;

**In attesa di Vostre notizie, Vi preghiamo di gradire i nostri
sentimenti di vivo rispetto.**
*Dans l'attente de vos nouvelles, nous vous prions d'agréer* ("nos
sentiments de profond respect"), etc.

## 6.4 La date

Elle est placée parfois en début de lettre, parfois à la fin, et est
souvent précédée de **li** :
**Verona, li 29 novembre 2009**

Maintenant vous êtes en mesure d'écrire vos lettres en italien, que ce soit pour du travail, les affaires ou les voyages ; bien sûr, pour les lettres amicales ou amoureuses, cette panoplie est inutile !

———————

## Dialogo di revisione

1 Egregio Signor Professore, in risposta alla Sua proposta di candidatura del 15 u.s., mi affretto a risponderle a stretto giro di posta.

2 Innanzi tutto, è per me doveroso farLe noto che tale proposta è stata una sorpresa ed al tempo stesso un onore per la mia ditta.

3 Ci rincresce tuttavia informarLa che, pur tentati di assumerLa, le Sue esigenze a livello salariale sono per noi troppo elevate.

4 Tale retribuzione potrebbe essere eventualmente considerata come comprensiva di un fisso mensile più un compenso provvigionale.

5 Le interesserà certamente sapere che il contesto della nostra azienda offre notevoli possibilità di sviluppo,

6 il che rende la posizione di interesse per candidati ad alto potenziale come Lei.

7 Le domandiamo dunque di informarci gentilmente se è disposto a riconsiderare le Sue richieste retributive.

8 Ove questa eventualità fosse possibile, La inviteremmo senz'altro a ricontattarci.

9 Sarà un grande piacere per me proporLe una data per un colloquio nei nostri uffici.

10 In attesa della Sua gradita risposta, Le porgo da parte mia e della nostra ditta i nostri sentimenti di vivo rispetto.

**1** *(Cher)* Monsieur le Professeur, en réponse à votre candidature du 15 dernier, je m'empresse de vous répondre par retour de courrier. **2** Tout d'abord, il est de mon devoir de vous faire savoir que cette proposition a été une surprise et en même temps un honneur pour mon entreprise. **3** Cependant, nous sommes désolés de vous informer que, tout en étant tentés de vous embaucher, vos exigences au niveau salarial sont trop élevées pour nous. **4** Une telle rétribution pourrait éventuellement être considérée comme comprenant un fixe mensuel majoré de primes [sous forme de] *(compensations de)* commissions. **5** Nous tenons à porter à votre connaissance *(Il vous intéressera certainement de savoir)* que le secteur dans lequel évolue notre entreprise offre d'importantes possibilités de développement, **6** ce qui rend le poste intéressant pour des candidats au potentiel élevé tels que vous. **7** Nous vous saurions gré de bien vouloir *(Nous vous demandons donc de)* nous informer *(gentiment)* si vous êtes disposé à reconsidérer vos prétentions salariales *(demandes de rétribution)*. **8** Au cas où cette éventualité s'avérerait *(fût)* possible, nous vous inviterions sans aucun doute à nous recontacter. **9** Ce sera un grand plaisir pour moi de vous proposer une date pour un entretien dans nos bureaux. **10** Dans l'attente de votre *(agréable)* réponse, je vous présente, au nom de mon entreprise *(de ma part et de celle de notre entreprise)*, mes *(nos)* sentiments les plus respectueux *(de profond respect)*.

---

*Vous vous êtes sans doute rendu compte qu'au fur et à mesure des leçons, les difficultés augmentaient, les dialogues devenaient de plus en plus complexes et exigeaient toujours plus de concentration, mais il suffit que vous travailliez un peu quotidiennement pour que votre italien se perfectionne aussi de plus en plus : alors, au travail et* **su con la vita!**

# 36 Trentaseiesima lezione

## La geografia dell'Italia

**1** Come va con lo studio dell'italiano ①?
Tutto a posto ②? Speriamo di sì.

**2** In questa e nelle prossime lezioni, le
daremo alcuni cenni di geografia dell'Italia,

**3** con lo scopo di farle conoscere non solo la
lingua di questo bel paese, ma anche i suoi
paesaggi, le sue montagne, le sue città.

**4** Naturalmente non abbiamo la pretesa di
fornirle un trattato di geografia:

**5** ciò porterebbe troppo lontano e risulterebbe
anche noioso; sarà semplicemente un'
"infarinatura" ③ di nozioni generali.

## Notes

① Dans l'expression : **Come va con lo studio dell'italiano?**, notez que la préposition **con** ne se traduit pas. En réalité, le sens de cette tournure, très fréquente dans la langue parlée, est : "comment vas-tu avec [= en ce qui concerne] l'étude de l'italien ?" D'où l'emploi de la préposition **con**, qui indique dans ce cas le lien avec ce qui suit : **Come va con la tua influenza?**, *Comment va ta grippe ?* ; **Come va col tuo nuovo lavoro?**, *Comment va ton nouveau travail ?*

② **Tutto a posto** veut dire *tout est en place / tout est en ordre* ; on peut aussi l'utiliser pour *ça va bien*, parfois dans la forme ▶

## La géographie de l'Italie

1   Comment va *(avec)* votre étude de l'italien ? Ça va
    bien *(tout en place)* ? Espérons-le *(espérons de oui)* !

2   Dans cette leçon et les suivantes, nous vous
    donnerons quelques notions de la géographie de
    l'Italie,

3   dans *(avec)* le but de vous faire connaître non
    seulement la langue de ce beau pays, mais aussi
    ses paysages, ses montagnes, ses villes.

4   Naturellement nous n'avons pas la prétention de
    vous exposer *(fournir)* un traité de géographie,

5   cela nous entraînerait *(porterait)* trop loin, et
    deviendrait *(résulterait)* même ennuyeux : il
    s'agira *(sera)* simplement de notions générales
    *(un saupoudrage de farine)*.

▶   abrégée **a posto** (**a posto?**, *tout va bien ?*), d'où les expres-
    sions **Oggi non mi sento a posto**, *Aujourd'hui je ne me sens
    pas bien* ; **una persona a posto**, *une personne comme il faut* ;
    **Devo mettere a posto** (ou **mettere in ordine**) **la mia camera**,
    *Je dois ranger ma chambre*. **Mettere a posto** signifie égale-
    ment *réparer* (voir leçon 8, phrase 15).

③   **L'infarinatura** vient du mot **farina** : c'est la fine couche de
    farine avec laquelle on saupoudre, par exemple, le poisson à
    frire : cela rend bien l'idée d'une culture superficielle, faite de
    notions générales, où dès que l'on gratte un peu… tout s'en va !

6 Cominceremo con l'osservare ④ la geografia fisica: le montagne, le pianure, i corsi d'acqua.

7 L'Italia è una penisola dalla caratteristica forma di stivale che si stacca dall'Europa continentale per farsi bagnare dal caldo mare Mediterraneo.

8 A nord è incoronata dalla catena delle Alpi, che formano una barriera naturale con il resto dell'Europa:

9 se viene in Italia, che lei arrivi col treno o in automobile, deve dunque attraversare ⑤ lunghi tunnel e fredde montagne,

10 finché non giunge nella Pianura Padana, dove trova, con sua grande gioia, un clima molto più mite.

11 Questa ridente pianura fertile e verdeggiante è solcata da ovest a est dal Po, che è il fiume più lungo d'Italia, e dai suoi affluenti di sinistra, che scendono dalle vallate alpine,

12 e da quelli di destra, che sorgono dai monti dell'Appennino;

**Notes**

④ **cominceremo coll'osservare…** : notez l'emploi de la préposition **con**, *avec* à la place de *par* dans cette tournure où le verbe à l'infinitif est traité comme un nom et introduit par l'article défini (rattaché à la préposition en forme de **preposizione articolata**, *article contracté*). Ce type de formule est très fréquent : **Ha cominciato col dirmi che non sarebbe rimasto a lungo, e un'ora dopo era ancora qui**, *Il a commencé par me* ▸

**6** Nous commencerons par *(avec l')* observer 36
la géographie physique : les montagnes, les
plaines, les cours d'eau.

**7** L'Italie est une péninsule en *(de la
caractéristique)* forme de botte, qui se détache
de l'Europe continentale et baigne dans *(pour se
faire baigner par)* la chaude mer Méditerranée.

**8** Au *(à)* Nord, elle est couronnée par la chaîne
des Alpes, qui forme une barrière naturelle [et
la sépare du] *(avec le)* reste de l'Europe :

**9** si vous venez en Italie, que ce soit *(vous
arriviez)* en train ou en voiture, vous devez
donc traverser [de] longs tunnels et [de] froides
montagnes,

**10** jusqu'à votre arrivée *(jusque vous n'arriviez)*
dans la plaine du Pô, où vous trouvez, à votre
grande joie, un climat beaucoup plus doux.

**11** Cette riante plaine fertile et verdoyante est
sillonnée d'ouest en *(à)* est par le Pô, qui est le
fleuve le plus long d'Italie, et par ses affluents
du nord *(de gauche)* qui descendent des vallées
alpines,

**12** et par ceux du sud *(de droite)*, qui jaillissent des
montagnes de l'Apennin.

---

▸  *dire qu'il ne resterait pas longtemps, et une heure après il était
toujours là.*

⑤ **Se viene in Italia, deve attraversare…** : voilà un exemple de
phrase hypothétique formulée à l'indicatif, comme le fait le
français dans des cas analogues ; nous verrons les autres formules possibles dans les prochaines leçons et surtout dans la
leçon de révision 42.

**13** anche i fiumi Adige, Brenta, Piave e Tagliamento percorrono, a nord-est, questa pianura.

**14** Gli Appennini ⑥ attraversano longitudinalmente tutta la penisola italiana, lasciando solo poco spazio alla pianura lungo le coste:

**15** quelle sul mare Adriatico, a est, basse, sabbiose ed abbastanza rettilinee, dove sfociano ⑦ fiumi brevi e con una portata d'acqua modesta, come il Metauro, il Pescara, il Sangro e il Biferno;

**16** quelle sul Tirreno, a ovest, più frastagliate e rocciose, dove sboccano fiumi più importanti, come l'Arno, il Tevere, il Garigliano, il Volturno.

**17** Tutto sommato ⑧, si può dire che l'Italia è percorsa per tutto il suo territorio da una rete fluviale abbastanza fitta,

## Notes

⑥ On utilise toujours le pluriel **gli Appennini** pour indiquer dans son ensemble la chaîne qui traverse toute "la botte", alors que les appellations qu'elle prend selon les régions sont au singulier : **l'Appennino Tosco-emiliano** (entre la Toscane et l'Emilie-Romagne), **l'Appennino Laziale** (dans le Latium), etc. Cela n'est pas le cas des Alpes, qui sont toujours au pluriel : **le Alpi Carniche**, **le Alpi Giulie**, etc.

⑦ **La foce** indique *l'embouchure* d'un fleuve, là où il se jette dans la mer, d'où le verbe **sfociare** (on utilise aussi le verbe **sboccare**, *déboucher*, comme vous pouvez le constater en phrase 16). *La source* est **la sorgente**, et le verbe est **sorgere** (le même verbe utilisé pour *le lever du soleil* : **Il sole sorge alle** ▸

**13** Les fleuves Adige, Brenta, Piave et Tagliamento sillonnent aussi cette plaine en son nord-est.

**14** L'Apennin traverse longitudinalement toute la péninsule italienne, en laissant peu [d']espace pour la plaine le long des côtes :

**15** à l'est, sur les côtes de la mer Adriatique, basses, sablonneuses et assez rectilignes, débouchent [des] fleuves courts et au faible débit *(avec une portée d'eau modeste)*, tels le Metauro, le Pescara, le Sangro et le Biferno ;

**16** à l'ouest, sur les côtes de la mer Tyrrhénienne, plus découpées et rocheuses, débouchent [des] fleuves plus importants, comme l'Arno, le Tibre, le Garigliano, le Volturno.

**17** En résumé *(tout sommé)*, on peut dire que l'Italie est parcourue sur *(par)* tout son territoire par un réseau fluvial assez dense,

---

▶ **sei e trenta**, *Le soleil se lève à 6 heures 30*) : **Il Po sorge dal Monviso e sfocia nel Mare Adriatico**, *Le Pô jaillit du Mont Viso et débouche dans la mer Adriatique*. Au figuré, on dit plutôt **la fonte** pour *la source* : **In una tesi di laurea, bisogna sempre citare le proprie fonti**, *Dans un mémoire de maîtrise, il faut toujours citer ses sources.*

⑧ **Tutto sommato** est un exemple du "participe passé absolu" dont nous avons parlé dans la leçon 35 (paragraphe 1) : il s'agit du verbe **sommare**, *sommer*, et le sens est donc "après avoir tiré toutes les sommes", donc *somme toute / en résumé* !

36 **18** tranne in certe regioni del sud, come la
Puglia, dove i rari corsi d'acqua sono
spesso in secca ⑨ e la siccità è un serio
problema.

**19** Le isole della Sicilia e della Sardegna,
anch'esse secche, montagnose e con piccole
pianure lungo le coste, completano il
quadro geografico dell'Italia;

**20** e con questo, ci fermiamo: vedremo nelle
prossime lezioni le divisioni amministrative
e le città più importanti.          □

**Note**

⑨ **Secco** en tant qu'adjectif signifie *sec*, alors que le nom féminin
**la secca** indique un endroit dans la mer ou dans un lac où les
eaux sont particulièrement basses, par exemple à cause d'un ▸

**Esercizio 1 – Traducete**

❶ Le coste del mar Tirreno sono alte, rocciose e
frastagliate; quelle del mare Adriatico sono basse
e sabbiose. ❷ Che tu venga da me in macchina
o in autobus, devi passare dal centro storico.
❸ Fare un discorso particolareggiato sulla rete
fluviale in Italia sarebbe una pretesa eccessiva e
porterebbe troppo lontano. ❹ Ci limiteremo a
darle un'infarinatura di nozioni generali. ❺ Se le
interessa questo argomento, potrà approfondirlo in
seguito da solo, consultando ottime enciclopedie.

**18** sauf dans certaines régions du sud, comme les
Pouilles, où les rares cours d'eau sont souvent
à sec *(en sèche)*, et où la sécheresse est un
problème sérieux.

**19** Les îles de Sicile et de Sardaigne, sèches
elles aussi, montagneuses et avec de petites
plaines le long des côtes, complètent le cadre
géographique de l'Italie ;

**20** et nous en restons là *(avec ceci, nous nous
arrêtons)* ; nous verrons dans les prochaines
leçons les divisions administratives et les villes
les plus importantes.

▶ banc de sable. Par extension, **un fiume in secca** est un fleuve
dont le débit d'eau est réduit par la sécheresse. Quand on est
*fauché*, on est par contre **a secco**, ou aussi **al verde**…

---

## Corrigé de l'exercice 1

❶ Les côtes de la mer Tyrrhénienne sont élevées, rocheuses et
découpées ; celles de la mer Adriatique sont basses et sablonneuses.
❷ Que tu viennes chez moi en voiture ou en autobus, tu dois passer
par le centre-ville. ❸ Le fait de faire une description détaillée du
réseau fluvial en Italie serait prétentieux et nous entraînerait trop
loin. ❹ Nous nous bornerons à vous donner quelques notions
générales. ❺ Si cet argument vous intéresse, vous pourrez
l'approfondir tout seul par la suite, en consultant d'excellentes
encyclopédies.

❶ Que vous fassiez le voyage de nuit comme de jour, vous y mettrez le même temps.

. . . . . . . . . . . . . . . . . . . . . . . . . . . . .

. . . . . . , . . . . . . . . . . . . . . . . . . . . .•

❷ Si tu veux faire de bons légumes rissolés, tu dois commencer par couper en petits morceaux l'oignon, le céleri et une carotte, puis tu jettes le tout dans l'huile bouillante.

. . . . . . . . . . un buon . . . . . . . . . . . .

. . . . . . . , . . . . . . . . . . . . . . . . . . . . .

. . . . . . . . . . . . . . . . , . . . . . . . . . . . ,

poi . . . . . . . . . . . . . . . . . . . . . . .•

❸ La plaine du Pô est un territoire fertile et verdoyant sillonné par le fleuve Pô, dont la source se trouve dans les Alpes et l'embouchure sur la mer Adriatique.

. . . . . . . . . . . . . . . . . . . . . . . . .

. . . . . . . . . . . . . . . . . . . . . . . . . . .

. . . . . . . ., la cui . . . . . . . . . . . . . . . . .

. . . . . . . . . . . . . . . . . . . . . . . . .•

❹ En résumé, je peux dire qu'au niveau de l'étude de l'italien tout va bien, et que je m'en sors pas mal.

. . . . . . . . . . . . . ., . . . . . . . . . . . . . .

. . . . . . . . . . . . . . . . . . . . . . . . . . . .

. . . . . . . . . . . abbastanza.

❺ À notre grande joie, après un hiver très froid, nous avons eu un printemps très doux.

. . . . . . . . . . . . . . . . . . . . . ., . . . . . .

. . . . . . . . . . . . . . . . . . . . . . . . . . . .

. . . . . . . . . . . . . . . . . .•

## Corrigé de l'exercice 2

❶ Che facciate il viaggio di notte o di giorno, ci metterete lo stesso tempo ❷ Se vuoi fare – soffritto di verdure, devi cominciare col tagliare a pezzettini cipolla, sedano e carota – butti il tutto nell'olio bollente ❸ La Pianura Padana è un territorio fertile e verdeggiante solcato dal fiume Po – sorgente si trova nelle Alpi e la foce sul mare Adriatico ❹ Tutto sommato, posso dire che con lo studio dell'italiano va tutto bene e che me la cavo – ❺ Con nostra grande gioia, dopo un inverno freddissimo abbiamo avuto una primavera molto mite

LA SICCITÀ È UN SERIO PROBLEMA!

## Regioni, province e comuni

**1** – Oggi vorrei portare la vostra attenzione
sulle divisioni amministrative dell'Italia,
dove il fenomeno del decentramento è
attuato già da tempo.

**2** – Scusi, professore, che cosa si intende per
"decentramento"? Il concetto non mi è
chiaro.

**3** – Per quanto riguarda l'Italia, possiamo
dire che si tratta di una repubblica
"regionalista", nel senso che fin dalla
Costituzione del 1948 era prevista una
suddivisione in enti territoriali: regioni,
province e comuni.

**4**   Essi godono, appunto per il dettato ①
costituzionale, di un'ampia autonomia
rispetto al potere centrale, costituendo
dunque una sorta di amministrazione
indiretta dello Stato.

**5**   Alle regioni è addirittura attribuito il potere
legislativo, lo stesso potere che nei sistemi
democratici di governo, come il nostro,
viene attribuito ai parlamenti.

### Note

① **il dettato** est, littéralement, *la dictée* ; par dérivation du latin
*dictatum*, participe passé du verbe *dictare*, forme intensive du
verbe *dicere*, *dire*, *commander* ; **il dettato** indique également
ce qui est prescrit par une loi, d'où aussi **il dittatore**, *le dicta-
teur*. Voir aussi l'expression **dettare legge**, *faire la loi*.

## Régions, provinces et communes

1 – Aujourd'hui je voudrais attirer *(porter)* votre
attention sur les divisions administratives de
l'Italie, où le phénomène de la décentralisation
est en place *(réalisé)* depuis déjà [long]temps.
2 – Excusez-moi, Monsieur *(professeur)*, qu'est-ce
que l'on entend par "décentralisation" ? [C'est]
un *(le)* concept [qui] n'est pas clair pour moi
*(ne m'est pas clair)*.
3 – En ce qui concerne l'Italie, nous pouvons dire
qu'il s'agit d'une république "régionaliste", au
sens que, dès *(dans)* la Constitution de 1948,
il était prévu une subdivision en collectivités
*(organismes)* territoriales : régions, provinces et
communes.
4 Elles jouissent, justement d'après la
Constitution *(par la dictée constitutionnelle)*,
d'une ample autonomie par rapport au pouvoir
central, et constituent *(constituant)* ainsi une
sorte d'administration indirecte de l'État.
5 On attribue *(est attribué)* aux régions jusqu'au
pouvoir législatif, le même qui est *(vient)*
attribué aux Parlements dans les systèmes
démocratiques de gouvernement, comme le
nôtre.

**37**

**6** Esse possono infatti legiferare, cioè emanare leggi aventi la medesima forza (lo stesso rango) di quelle ordinarie provenienti dalle due Camere.

**7 –** È ciò che si chiama lo "statuto speciale" delle regioni italiane?

**8 –** No, delle venti regioni in cui l'Italia è suddivisa, soltanto cinque hanno uno statuto speciale:

**9** il Trentino-Alto Adige, la Valle d'Aosta ed il Friuli-Venezia Giulia (regioni di confine, con importanti minoranze linguistiche),

**10** e la Sicilia e la Sardegna (per il loro carattere insulare e le forti tendenze autonomiste nel passato).

**11** Sono regioni cosiddette "autonome", cioè godenti di particolari condizioni di autonomia rispetto alla capitale.

**12** Tali regioni trattengono per sé dal 60% (Val d'Aosta) al 100% (Sicilia) delle entrate fiscali,

**13** dovendo dunque provvedere ② al finanziamento di numerosi settori con le proprie risorse.

**14 –** Ma un tale livello di autonomia non può nuocere al potere centrale, nel senso di un suo ③ indebolimento?

### Notes

② Du verbe **provvedere**, *pourvoir*, *subvenir aux besoins de*, au sens de *s'occuper de* (**Chi provvederà ai figli?**, *Qui s'occupera des enfants ?*), vient le mot **il provvedimento**, *la mesure* : **prendere provvedimenti**, *prendre des mesures*.

**6** Elles peuvent donc légiférer, c'est-à-dire promulguer *(émaner)* des lois ayant la même force *(le même rang)* que celles ordinaires émanant *(provenant)* des deux Chambres.

**7 –** C'est ce que l'on appelle le "statut spécial" des régions italiennes ?

**8 –** Non, sur les vingt régions en lesquelles l'Italie est divisée, cinq seulement ont un statut spécial :

**9** le Trentin-Haut-Adige, la Vallée d'Aoste et le Frioul-Vénétie Julienne – régions frontalières, avec d'importantes minorités linguistiques –,

**10** et la Sicile et la Sardaigne – pour leur caractère insulaire et pour les fortes tendances autonomistes dans le passé.

**11** Ce sont des régions ainsi dites "autonomes", c'est-à-dire jouissant de conditions particulières d'autonomie par rapport à la capitale,

**12** Ces régions gardent *(retiennent)* pour elles *(soi)* de 60 % (Vallée d'Aoste) à 100 % (Sicile) des recettes *(entrées)* fiscales,

**13** et doivent *(devant)* donc pourvoir au financement de nombreux secteurs avec leurs ressources.

**14 –** Mais un tel niveau d'autonomie ne peut-il nuire au pouvoir central, dans le sens de *(un)* son affaiblissement ?

▸ ③ Remarquez que l'italien admet l'article indéfini devant un possessif : **Sono andato al cinema con un mio amico**, *Je suis allé
au cinéma avec un* ("un mien") *ami.*

**15** – In realtà il potere legislativo delle regioni si espleta, o dovrebbe espletarsi, nell'ambito delle materie di competenza indicate dalla Costituzione.

**16** Questo per controbilanciare la spiccata tendenza delle leggi regionali allo "straripamento" ④ di competenza,

**17** in quanto le regioni hanno a volte travalicato i confini delimitati dalla normativa nazionale.

**18** Ma passiamo ora agli altri due enti locali, le province e i comuni, ai quali la regione deve delegare alcune funzioni essenziali della pubblica amministrazione.

**19** Le competenze delle province riguardano così la tutela dell'ambiente, lo smaltimento dei rifiuti, alcuni servizi sanitari essenziali, la viabilità ⑤ e i trasporti,

**20** quelle dei comuni sono, tra le altre, lo stato civile e l'anagrafe ⑥ e la polizia urbana (i vigili ⑦).

**Notes**

④ **Straripare**, *déborder*, est utilisé pour un fleuve qui sortirait de son lit (*la ripa*, ancien mot pour **la riva**, indique *le rivage* ou *la berge* d'un cours d'eau) ; au figuré, il indique tout débordement, même dans le domaine de la politique !

⑤ **la viabilità** indique aussi bien *la voirie*, au sens de l'ensemble du réseau routier d'un territoire, que sa praticabilité : sur les autoroutes italiennes, vous verrez des panneaux lumineux indiquant le numéro à appeler pour **le informazioni sulla viabilità**, où l'on vous dira si la circulation sur les différentes routes est plus ou moins aisée, s'il y a des embouteillages, etc. ▸

**15** – En réalité, le pouvoir législatif des régions s'exprime, ou devrait s'exprimer, dans les limites *(des matières)* de [leurs] compétences fixées *(indiquées)* par la Constitution.

**16** Ceci pour rééquilibrer *(contrebalancer)* la tendance marquée des lois régionales au dépassement *(débordement)* de compétences,

**17** car les Régions ont souvent franchi les frontières définies par les normes nationales.

**18** Mais passons maintenant aux deux autres collectivités territoriales, les provinces et les communes, auxquelles la région doit déléguer quelques[-unes des] fonctions essentielles de l'administration publique.

**19** Les compétences des provinces concernent ainsi la protection de l'environnement, le traitement *(l'élimination)* des déchets, quelques services essentiels du domaine de la santé, la voirie et les transports,

**20** celles des communes sont, entre *(les)* autres, le registre d'état civil et la police municipale *(urbaine)* (les "vigiles").

▶ ⑥ **l'anagrafe** est *le registre d'état civil* et le bureau qui s'en charge ; le mot est distinct du **stato civile**, qui indique la position de chaque citoyen au sein de la communauté juridique. On parle également d'**anagrafe tributaria**, qui est le registre national où les déclarations des revenus sont consignées.

⑦ **il vigile** est le mot courant qui désigne *l'agent de police (municipale)* ; on utilise aussi le féminin **la vigilessa**. **Il vigile del fuoco** est un synonyme du plus courant **il pompiere**, *le sapeur-pompier*. Comme en France, dans certaines villes italiennes, les contractuels qui verbalisent pour les stationnements interdits sont appelés par le mot indiquant la couleur de leur uniforme, comme **i canarini**, *les canaris*, etc.

**21** Come di certo sapete, i comuni sono governati da una giunta ⑧, espressione del consiglio comunale, con a suo capo il sindaco;

**22** le province hanno la medesima struttura, con il Presidente della Provincia.

**23** Le centodieci province e gli ottomilacento comuni italiani rappresentano gli snodi necessari di tutta l'azione amministrativa e governativa.

**24** Possiamo dire che, se non esistesse il decentramento, ogni pratica amministrativa verrebbe tirata ⑨ per le lunghe ⑩ nei meandri dei ministeri della capitale, con conseguenze disastrose per il paese.

**25 –** Professore, negli ultimi anni si è sentito spesso parlare di federalismo: di cosa si tratta?

**26 –** Nello stato federale l'autonomia raggiunge la sua espressione estrema: gli enti territoriali esercitano tutti i poteri pubblici e godono della massima indipendenza dal potere centrale,

### Notes

⑧ **La giunta** est *une commission qui a un pouvoir exécutif* : **la giunta rivoluzionaria**, *la junte révolutionnaire* ; dans l'administration italienne, **le giunte regionali**, **provinciali** et **comunali** sont les commissions exécutives des **consigli regionali**, **provinciali** et **comunali**, formées par tous *les adjoints* (**gli assessori**, chacun à la tête de son *service*, **l'assessorato**) choisis parmi les membres des Conseils. Ces membres sont élus par la population, tandis que **gli assessori** sont, eux, nommés par **il Sindaco**, **il Presidente della Provincia** ou **il Presidente della Regione**.

⑨ **se non esistesse il decentramento, ogni pratica amministrativa verrebbe tirata in lungo / per le lunghe…** voici un autre exemple de phrase hypothétique dite "de l'irréel dans le pré- ▸

**21** Comme vous le savez certainement, les communes sont gouvernées par une commission exécutive *(junte)*, expression du conseil municipal, avec à sa tête le maire,

**22** et les provinces ont la même structure, avec le président de *(la)* province.

**23** Les cent-dix provinces et les huit-mille cent communes italiennes représentent les articulations nécessaires de toute l'action administrative gouvernementale.

**24** Nous pouvons dire que si la décentralisation n'existait pas, chaque dossier administratif traînerait *(viendrait tirée)* en longueur *(par les longues)* dans les méandres des ministères de la capitale, avec des conséquences désastreuses pour le pays.

**25** – Monsieur *(professeur)*, dans ces *(les)* dernières années on a souvent entendu parler de fédéralisme : de quoi s'agit-il?

**26** – Dans un État fédéral, l'autonomie atteint son expression extrême : les collectivités territoriales exercent tous les pouvoirs publics et jouissent de la plus grande indépendance [vis-à-vis] du pouvoir central ;

▶  sent" : dans ce cas, nous avons un imparfait du subjonctif dans la proposition subordonnée (celle avec **se**), et un conditionnel passé dans la proposition principale ; ces temps sont employés quand la supposition exprime un fait irréel et se rapporte au présent (en effet, dans ce cas-ci, la décentralisation existe de fait, et de tels longueurs n'ont pas lieu… en principe !).

⑩ **Tirare in lungo / per le lunghe una pratica**, *faire traîner en longueur un dossier* ; on dit aussi **una pratica che va per le lunghe**, *un dossier qui traîne en longueur* ; on utilise aussi le mot **le lungaggini**, pour indiquer les longueurs administratives : **Per evitare lungaggini, si può scaricare il modulo on line**, *Pour éviter des longueurs administratives, on peut télécharger le formulaire en ligne*.

**27** rimanendo ⑪ nelle mani del governo federale esclusivamente la gestione della politica estera e della difesa nazionale.

**28** La revisione della Costituzione, adottata tramite referendum popolare nel 2001, prevede un'evoluzione in senso federale dello stato italiano. □

## Note

⑪ Remarquez qu'ici le sujet du gérondif **rimanendo** n'est pas celui de la proposition principale : c'est une construction assez rare, mais que l'on peut trouver surtout à l'écrit : **I paesi sono riuniti in una confederazione, fermo restando il principio di sovranità nazionale**, *Les pays sont réunis dans une confédération, et le principe de souveraineté nationale reste inchangé.*

---

## Esercizio 1 – Traducete

❶ Se il Consiglio comunale delibera oggi pomeriggio, domani mattina saremo al corrente dei nuovi provvedimenti per la gestione dell'ufficio anagrafe. ❷ Se la giunta si riunisse più spesso, gli assessori non sarebbero pagati inutilmente. ❸ Se il decentramento amministrativo fosse attuato dappertutto, non esisterebbero più i problemi di burocrazia e di pratiche che vanno per le lunghe. ❹ Alcune regioni godono di particolari forme e condizioni di autonomia rispetto alla capitale, secondo il dettato costituzionale. ❺ Nell'espletare il loro potere legislativo, le regioni hanno una spiccata tendenza allo straripamento di competenza.

**27** seule la gestion de la politique étrangère et de la
défense nationale reste *(restant)* aux *(dans les)*
mains du Gouvernement fédéral.

**28** La révision de la Constitution, adoptée par
référendum populaire en 2001, prévoit une
évolution de l'État italien vers le fédéralisme.

### Corrigé de l'exercice 1

❶ Si le conseil municipal délibère aujourd'hui dans l'après-midi, demain matin nous serons au courant des nouvelles dispositions pour la gestion du bureau de l'état civil. ❷ Si la commission exécutive se réunissait plus souvent, les adjoints ne seraient pas payés inutilement. ❸ Si la décentralisation administrative était réalisée partout, les problèmes de bureaucratie et de dossiers qui traînent en longueur n'existeraient plus. ❹ Quelques régions profitent de conditions particulières d'autonomie par rapport à la capitale, d'après le texte de la loi constitutionnelle. ❺ En exerçant leur pouvoir législatif, les régions ont une tendance marquée au dépassement de compétences.

**Esercizio 2 – Completate**

**❶** En ce qui concerne l'Italie, on peut dire qu'il s'agit d'une république régionaliste.

... ...... ........ .........., .. ...
.... ... .. ..... .. ... ..........
............•

**❷** Pour éviter les longueurs administratives, je vous conseille de vous adresser au service des transports.

... ....... .. ..........
............, .. ......... ..
.......... ............. ai
.........•

**❸** Les collectivités territoriales représentent les articulations nécessaires à toute l'action administrative et gouvernementale.

... .... ........ ............. ...
..... ......... .. ... ........
........... . ..........•

**❹** Si le fleuve sortait de son lit, la population serait en grave danger.

.. .. ..... .........., ..
........... .. .... ......•

**❺** Quelques-uns pensent que le fédéralisme peut nuire au pouvoir central, dans le sens de son affaiblissement.

...... ....... ... .. .. ..........
..... ....... .. ...... ........, ...
..... .. .. ... ..........•

# Corrigé de l'exercice 2

❶ Per quanto riguarda l'Italia, si può dire che si tratta di una repubblica regionalista ❷ Per evitare le lungaggini amministrative, le consiglio di rivolgersi all'assessorato – trasporti ❸ Gli enti locali rappresentano gli snodi necessari di tutta l'azione amministrativa e governativa ❹ Se il fiume straripasse, la popolazione sarebbe in grave pericolo ❺ Alcuni pensano che il federalismo possa nuocere al potere centrale, nel senso di un suo indebolimento

*Ne négligez pas ces leçons concernant la société, même s'il ne s'agit pas de conversations de la vie courante : elles ne sont pas moins riches que les autres en expressions idiomatiques et en tournures fréquentes dans la langue parlée et écrite ; et elles vous apprennent tant de choses sur l'Italie !*

### L'Italia settentrionale

1   L'Italia si divide per convenzione in Italia
    settentrionale, centrale e meridionale.
2   L'Italia settentrionale è racchiusa tra le Alpi
    a nord e l'Appennino tosco-emiliano a sud.
3   Essa comprende otto regioni: la Valle
    d'Aosta, il Piemonte, la Liguria, la
    Lombardia, l'Emilia-Romagna, il Trentino-
    Alto Adige, il Veneto e il Friuli-Venezia
    Giulia.
4   La Valle d'Aosta, al confine con la Francia,
    è una piccola regione di montagna che vive
    soprattutto del turismo legato agli sport
    invernali, praticati in numerose stazioni
    sciistiche;
5   il capoluogo Aosta è una graziosa cittadina
    con alcuni bei monumenti di epoca romana.
6   Il Piemonte, dove la viticultura dà ogni
    anno vini pregiati, ha come capoluogo
    Torino, bella città dall'assetto urbanistico
    settecentesco ①,
7   la cui industria automobilistica, la FIAT,
    è assurta a simbolo dello sviluppo
    tecnologico italiano.

### Note

① Vous devez savoir que **il settecento** est le XVIII<sup>e</sup> siècle, de
même **il quattrocento** est le XV<sup>e</sup> siècle (soit les dates avec… ▶

## L'Italie du Nord

1　L'Italie se divise conventionnellement en Italie du Nord *(septentrionale)*, du Centre *(centrale)* et du Sud *(méridionale)*.

2　L'Italie du Nord se situe *(est contenue)* entre les Alpes au nord et la partie de l'Apennin qui se trouve entre la Toscane et l'Emilie *(l'Appennin toscano-émilien)* au sud.

3　Elle comprend 8 régions : la Vallée d'Aoste, le Piémont, la Ligurie, la Lombardie, l'Emilie-Romagne, le Trentin-Haut-Adige, la Vénétie et le Frioul-Vénétie Julienne.

4　La Vallée d'Aoste, à la frontière avec la France, est une petite région de montagne, qui vit surtout du tourisme lié aux sports d'hiver, pratiqués dans de nombreuses stations de ski ;

5　Aoste, le chef-lieu, est une jolie petite ville avec quelques beaux monuments d'époque romaine.

6　Le Piémont, où la viticulture donne chaque année des vins de grande qualité *(prisés)*, a comme chef-lieu Turin, belle ville à l'urbanisme *(l'organisation urbaine)* [typique] du XVIIIᵉ siècle,

7　[et] où *(dont)* l'industrie automobile, [avec] *(la)* "FIAT", est devenue *(s'est élevée à)* le symbole du développement technologique italien.

▶　**quattrocento**, *quatre-cent*) ; les adjectifs bâtis sur ces numéraux se terminent par le suffixe **-esco** : **settecentesco**, *du XVIIIᵉ siècle*, **seicentesco**, *du XVIIᵉ siècle*, etc.

**38**

8 La Liguria vive del turismo sulla Riviera dei Fiori, di cui Sanremo rappresenta la perla più preziosa, e delle attività portuali industriali e commerciali concentrate soprattutto a Genova.

9 Milano, capoluogo della Lombardia e di fatto capitale economica dell'Italia, è una metropoli di aspetto europeo

10 dove tutti gli Italiani sono obbligati ad andare continuamente per affari e lavoro, pur trovandola troppo rumorosa e inquinata ②!

11 Il Trentino-Alto Adige, con capoluogo Trento, è la meta d'obbligo per i patiti della montagna;

12 la parte settentrionale della regione è bilingue, ma vi si parla più volentieri… il tedesco!

13 Quando si parla del Veneto, si pensa subito al vino Valpolicella, alle ville palladiane di cui è costellata la splendida campagna,

14 e naturalmente a Venezia, tappa che le consigliamo con tutto il cuore.

15 Grazie ad una rete eccezionale di piccole e medie imprese, spesso a conduzione familiare, il Veneto è oggi una delle regioni più ricche del mondo,

### Note

② Le mot latin **inquinamentum** désignait littéralement *la saleté*, *les ordures*, et en italien le mot dérivé **l'inquinamento** a évolué dans le sens de *pollution*, comme le verbe **inquinare**, qui signifie aussi *contaminer*, et même *corrompre* moralement : **La sua propaganda ha inquinato gli animi**, *Sa propagande a corrompu les esprits*.

8   La Ligurie vit du tourisme sur la Côte des
    Fleurs, dont San Remo représente la perle la
    plus précieuse, et des activités portuaires et
    commerciales concentrées surtout à Gênes.

9   Milan, chef-lieu de la Lombardie et capitale
    économique de fait de l'Italie, est une
    métropole d'allure européenne,

10  où tous les Italiens sont obligés d'aller
    continuellement pour [leurs] affaires et [pour
    leur] travail, tout en la trouvant trop bruyante et
    polluée !

11  Le Trentin [et le] Haut-Adige, avec [comme]
    chef-lieu Trente, sont des étapes obligatoires
    *(est la destination d'obligation)* pour les
    passionnés de la montagne ;

12  la partie Nord *(septentrionale)* de la région
    est bilingue, mais on y parle plus volontiers…
    l'allemand !

13  Quand on parle de la Vénétie, on parle du vin
    Valpolicella, des villas de Palladio dont la
    splendide campagne est constellée,

14  et, bien sûr de Venise, une étape que nous vous
    conseillons de *(avec)* tout [notre] *(le)* cœur.

15  Grâce à un réseau exceptionnel de petites et
    de moyennes entreprises souvent familiales *(à
    gestion familiale)*, la Vénétie est aujourd'hui
    une des régions les plus riches du monde,

**16** anche a livello di reddito pro-capite ③, producendo da solo il nove per cento della ricchezza nazionale!

**17** A Trieste, capoluogo del Friuli-Venezia Giulia al confine con la Slovenia, soffia a volte la Bora, un vento che letteralmente porta via gente e cose;

**18** se ha comunque il coraggio di uscire con un tempo simile, troverà nei vecchi quartieri del porto degli angolini caratteristici e... ottime osterie!

**19** L'Emilia-Romagna è anch'essa molto ricca grazie all'agricoltura, all'allevamento, all'industria agroalimentare collegata a queste due attività (ottimi i salami, i prosciutti, il parmigiano);

**20** fiorente anche il turismo balneare sulla costa adriatica.

**21** Il capoluogo, Bologna, è detta "la dotta", per l'università di antica tradizione, e "la grassa", per la sua squisita cucina, che potrà gustare in une delle numerose trattorie,

**22** dove le porteranno in tavola le leccornie ④ prelibate della regione: tortellini, lasagne, tagliatelle, zamponi e cotechini.

### Notes

③ L'expression latine **pro capite**, *par tête*, est utilisée telle quelle en italien, comme c'est souvent le cas pour des locutions latines : **ad hoc**, *à propos* (**rispondere ad hoc**, *répondre avec à-propos*), **ad personam**, *spécifiquement pour une personne* (**un decreto ad personam** est *un décret adopté spécifiquement pour une personne précise*), **cum grano salis**, littéralement "avec un grain de sel", c'est-à-dire *avec du bon sens*. Ce sont ▶

**16** même au niveau du revenu individuel *(par tête)*,
en produisant [à elle toute] seule *(le)* 9 % de la
richesse nationale !

**17** À Trieste, chef-lieu du Frioul-Vénétie Julienne,
à la frontière avec la Slovénie, souffle parfois la
"bora", un vent qui emporte *(loin)* littéralement
les gens et les choses ;

**18** si malgré tout vous avez le courage de sortir
par *(avec)* un temps pareil, vous trouverez dans
les vieux quartiers du port des *(petits)* coins
typiques et… d'excellents bistrots !

**19** L'Emilie-Romagne est également *(elle aussi)*
très riche grâce à l'agriculture, l'élevage,
l'industrie agro-alimentaire liée à ces deux
activités – excellents *(les)* saucissons, [de même
que] les jambons [ou] le parmesan ;

**20** le tourisme balnéaire sur la côte adriatique [est]
également florissant.

**21** Le chef-lieu, Bologne, est dit "la savante", à cause
de *(pour)* l'université de tradition ancienne, et "la
grasse" pour son exquise cuisine, que vous pourrez
déguster dans une des nombreuses "trattorias",

**22** on vous y servira *(apporteront en table)* de
délicieuses gourmandises de la région : des
tortellini, des lasagnes, des tagliatelles, des
pieds de porc farcis et des saucissons cuits.

▶ des expressions très fréquentes en italien, et l'on n'a pas besoin
d'être latiniste pour les utiliser, sans craindre d'être pris pour
un "intello" !

④ Les variantes phonétiques sont importantes et nombreuses
en italien : **la leccornia**, *la gourmandise*, est accentuée tantôt
comme **leccornia**, tantôt comme **leccornia**. Ceci arrive aussi
pour **la rubrica** ou **la rubrica**, *le répertoire* ; **la diatriba** ou **la
diatriba**, *la diatribe* ; **la mollica** ou **la mollica**, *la mie du pain* ;
**cosmopolita** ou **cosmopolita**, *cosmopolite*, etc.

**23** Dopo tanto turismo, mangerà tutto con appetito e si dirà:

**24** – Se abitassi a Bologna, sarei tutto il giorno a tavola! ☐

---

### Esercizio 1 – Traducete

❶ Se ti piacessero gli sport invernali, verresti con me nella stazione sciistica dove vado di solito. ❷ Se vivessimo in una società come quella cinquecentesca, che nonostante tutto era estremamente raffinata, avremmo molta meno libertà di quanta ne abbiamo oggi. ❸ Venezia è una meta d'obbligo per i patiti d'arte e di cultura. ❹ Se vai in una trattoria a Bologna, vedrai quante leccornie ti porteranno in tavola! ❺ Che follia, uscire con un tempo simile!

---

### Esercizio 2 – Completate

❶ S'il n'y avait pas les stations de sports d'hiver, cette région serait très pauvre.

.. ... .. ...... .. ........ .......,
...... ...... ...... .

❷ Après tant de tourisme, arrêtons-nous dans un bistrot !

.... ..... ......, .......... ..
......... !

❸ À cause des activités portuaires et industrielles qui sont responsables de *(provoquent)* la pollution dans ma région, le tourisme balnéaire s'est peu développé.

. ..... ...... ..... ........
. .......... ... ........
........., ..... ... .. ...... ..
...... ...... .. . ........ .....

**23** Après tant de tourisme, vous mangerez tout
avec appétit et vous vous direz :
**24 –** Si j'habitais à Bologne, je serais toute la journée
à table !

---

## Corrigé de l'exercice 1

❶ Si tu aimais les sports d'hiver, tu viendrais avec moi dans la station de ski où je vais d'habitude. ❷ Si nous vivions dans une société comme celle du XVIᵉ siècle, qui était raffinée malgré tout, nous aurions cependant beaucoup moins de liberté que nous n'en avons aujourd'hui. ❸ Venise est une destination obligatoire pour les passionnés d'art et de culture. ❹ Si tu vas dans une trattoria à Bologne, tu verras combien de gourmandises on t'amènera à table ! ❺ Quelle folie de sortir par un temps pareil !

---

❹ Le réseau exceptionnel de petites et moyennes entreprises produit à lui tout seul cinquante pour cent de la richesse du pays.

. . . . . . . . . . . . . . . . . . . . . . . . . . . .
. . . . . . . . . . . . . . . . . . . . . . . . . . . .
. . . . . . . . . . . . . . . . . . . . . . . . •

❺ Si tu viens chez moi, je te ferai goûter aux gourmandises que prépare ma mère.

. . . . . . . . . . . . , . . . . . . . . . . . . . . .
. . . . . . . . . . . . . . . . . . . . . . . •

## Corrigé de l'exercice 2

❶ Se non ci fossero le stazioni sciistiche, questa regione sarebbe poverissima ❷ Dopo tanto turismo, fermiamoci in un'osteria ❸ A causa delle attività portuali e industriali che provocano l'inquinamento, nella mia regione il turismo balneare si è sviluppato poco ❹ La rete eccezionale di piccole e medie imprese produce da sola il cinquanta per cento della ricchezza del paese ❺ Se vieni da me, ti farò assaggiare le leccornie che prepara mia madre

GLI SPORT INVERNALI

## 39 Trentanovesima lezione

### L'Italia centrale

1 – La stiamo portando a spasso ① per l'Italia, e
quando la riporteremo a casa, avrà gli occhi
pieni di ricordi indimenticabili.

2 – Se non l'avessi visto coi miei occhi, non
avrei mai pensato ② che tante bellezze
potessero essere raggruppate tutte così
vicine le une alle altre.

3 – Ora parliamo un po' dell'Italia centrale,
che comprende sei regioni: la Toscana, le
Marche, l'Umbria, il Lazio, l'Abruzzo e il
Molise.

**Notes**

① **Lo spasso**, *l'amusement* nous vient du verbe latin ***expandere***, *détendre*, qui d'un sens matériel s'est élargi au sens de
la détente psychologique, donc du plaisir et de l'amusement.
**Quel tipo è uno spasso**, *Ce type est un vrai numéro* ; **Sono
andato a vedere quel film: che spasso!**, *Je suis allé voir ce
film : quelle rigolade !* À partir du sens de la détente, l'italien
l'utilise aussi pour indiquer *la promenade*, dans des expressions comme **andare a spasso**, *se promener*, ou **portare a
spasso**, *emmener en promenade*. Dans un tout autre registre,
**essere a spasso** signifie aussi… *être au chômage* !

▶

*Andrea Palladio (1508-1580) est le plus célèbre architecte de la Renaissance italienne. Auteur de célèbres traités qui ont inspiré plusieurs générations de bâtisseurs, ses villas et ses palais sont des modèles de rigueur et d'équilibre, remplis de références savantes aux monuments de l'antiquité romaine. Vous pourrez les visiter dans toute la Vénétie, et en particulier autour de Vicenza et à Venise. Les architectes néo-classiques anglais et américains ont largement copié les œuvres de Palladio, de sorte que vous pourrez souvent admirer, au détour d'une rue américaine, de… pâles copies des exemples vénitiens !*

## Trente-neuvième leçon     39

### L'Italie centrale

1 –  Nous sommes en train de vous emmener *(vous porter)* en balade en Italie, et quand nous vous ramènerons chez vous *(à maison)*, vous aurez les yeux pleins de souvenirs inoubliables.

2 –  Si je ne les avais *(eusses)* pas vues de *(avec)* mes [propres] yeux, je n'aurais jamais pensé que tant de beautés pouvaient *(purent)* exister en un seul lieu *(être regroupées les unes si près des autres)*.

3 –  Parlons maintenant un peu de l'Italie centrale, qui comprend six régions : la Toscane, les Marches, l'Ombrie, le Latium, les Abruzzes et le Molise.

▶ ② **se non l'avessi visto… non avrei mai pensato** : puisqu'en fait il l'a vu, et que cette hypothèse est bâtie sur un fait qui ne pourra pas avoir lieu, car le contraire est déjà arrivé, il s'agit d'une phrase hypothétique "de l'irréel dans le passé" (voir leçon 37, note 9 pour l'irréel du présent), qui se forme avec un conditionnel passé dans la proposition principale et avec un subjonctif plus-que-parfait dans la subordonnée : **Se l'avessi saputo, non sarei venuto**, *Si j'avais su, je ne serais pas venu.*

4 La Toscana, meta ambita ③ dai turisti di
tutto il mondo, è come un giardino fiorito
zeppo di pietre preziose;

5 in ogni anfratto del suo dolce paesaggio
collinoso, della sua campagna multicolore,
squadrata in tanti fazzoletti di terra,

6 si nascondono castelli, palazzi, cittadine
medioevali e rinascimentali ed ogni sorta di
capolavoro artistico.

7 – Sì, conosco Firenze, così ricca di memorie
medievali e rinascimentali, gioiello d'arte e
d'artigianato.

8 – E le altre città toscane, come Siena, Arezzo,
San Gimignano, Pisa, non sono da meno
per tesori artistici.

9 – Passiamo ora alle Marche, le quali devono
il loro nome al fatto che un tempo erano
l'estremo limite settentrionale dello Stato
della Chiesa:

10 "marca" ④ era infatti il nome dato ai
territori di confine, governati da un
marchese, naturalmente!

## Notes

③ **Ambire** signifie *rechercher avec ardeur, ambitionner, briguer, solliciter* : **La compagnia di quel poeta era ambita da tutti i salotti**, *La compagnie de ce poète était recherchée dans tous les salons* ; **Ambisco a diventare professore universitario**, *Mon ambition est de devenir professeur d'université* ; **ambire ad una carica**, *solliciter* ou aussi *convoiter une charge*. **Una meta ambita** est donc une destination que tout le monde désire atteindre.

④ **la *marca*** est un mot germanique dont le sens originaire est *le signe*, d'où le sens de *marque* comme *provenance* d'un produit à une ▸

**4**     La Toscane, destination chérie par les *(des)* touristes du monde entier *(de tout le monde)*, est comme un jardin fleuri regorgeant de pierres précieuses ;

**5**     dans chaque recoin de son doux paysage de collines, de sa campagne multicolore, partagés en de nombreux lopins de terre carrés grands comme des mouchoirs de poche *(équarrie en tant de mouchoirs de terre)*,

**6**     se cachent des châteaux, des palais, de petites villes médiévales et renaissance, et toute[s] sorte[s] de chefs-d'œuvre[s] artistique[s].

**7** –  Oui, je connais Florence, si riche en *(de)* souvenirs de l'époque médiévale *(mémoires médiévales)* et de la Renaissance, [c'est un] joyau de l'art et de l'artisanat.

**8** –  Et les autres villes toscanes, comme Sienne, Arezzo, San Gimignano, Pise, ne valent pas moins que *(ne sont pas de moins que)* Florence pour [leurs] trésors artistiques.

**9** –  Parlons *(passons)* maintenant des Marches, qui doivent leur nom au fait qu'autrefois *(un temps)*, elles marquaient *(étaient)* l'extrême limite nord de l'État de l'Église :

**10**    "marche" était en effet le nom donné aux territoires frontaliers, gouvernés par un marquis, bien sûr !

▸ société l'ayant fabriqué (et "marqué" de son logo : **Ho comprato una lavatrice di ottima marca**, *J'ai acheté une machine à laver d'une très bonne marque*) ; par extension, le mot indique aussi les marques des frontières, et ceci depuis le Moyen-Âge carolingien. Le mot est parfois employé pour des appellations anciennes de lieux et régions : **I vini della marca trevigiana**, *Les vins de la "marque" de Trévise*, donc *du territoire de Trévise*.

**11** Da visitare la bella Urbino ⑤, città rinascimentale dotata di un'università di gran fama.

**12** – Nel caso poi preferisca ⑥ il mare, ci sono anche le belle spiagge sull'Adriatico, come Fano o Senigallia, che non hanno nulla da invidiare alle non lontane località romagnole, Rimini, Riccione, etc.

**13** – Diciamo che mettere in mostra una bella tintarella ⑦ al ritorno dalle vacanze non mi dispiacerebbe affatto…

**14** – L'Umbria è un'altra perla d'arte e di storia: adagiati su un paesaggio rurale, numerosi borghi, cittadine e rocche medievali sono disposti qua e là in cima alle colline.

## Notes

⑤ **la bella Urbino** : rappelez-vous que les noms des villes sont féminins en italien : **Roma antica**, **Bologna vecchia**, **Napoli milionaria**, **Venezia misteriosa**, *la Rome antique*, *le vieux Bologne*, *le Naples millionnaire*, *la Venise mystérieuse* ; deux exceptions : **il Pireo**, **il Cairo**, *le Pirée*, *le Caire*.

⑥ **Nel caso preferisca…** : c'est une autre forme de phrase hypothétique (elle équivaut à **se preferisse**, ou même **se preferisce**), où le verbe de la proposition subordonnée est toujours au subjonctif. Nous ferons le point sur toutes les phrases hypothétiques dans la prochaine leçon de révision.

⑦ **La tintarella** est un synonyme familier pour **l'abbronzatura**, *le bronzage*. C'est un diminutif de **la tinta**, *la couleur, la teinture* (**la tinta del cielo**, *la couleur du ciel*). **Tinteggiare** signifie ▶

**11** La belle Urbino [est] à visiter, ville renaissance pourvue d'une université de grande renommée.

**12** – Mais *(puis)* au cas où vous préféreriez la mer, il y a aussi les belles plages sur l'Adriatique, comme Fano ou Senigallia, qui n'ont rien à envier aux proches *(non lointaines)* localités de Romagne, Rimini, Riccione, etc.

**13** – Disons que montrer *(mettre en exposition)* un beau bronzage au retour des vacances ne me déplairait pas du tout…

**14** – L'Ombrie est une autre perle de l'art et de l'histoire : dans un paysage rural, au sommet des collines se perchent *(sont étendus ici et là)* de nombreux bourgs, de petites cités et des châteaux du Moyen Âge.

UNA BELLA TINTARELLA.

▸ *peindre un mur*, correspondant au nom **la tinteggiatura**. Pour dire *le teint*, par contre, on dit *il colorito* : **un colorito pallido**, *un teint pâle*.

**39** **15** Perugia, il capoluogo, Gubbio, Assisi, Spoleto, sede annua di un importante festival teatrale e musicale, Orvieto, sono cittadine perfettamente conservate nel loro nucleo medievale.

**16** Assisi ed i suoi dintorni diffondono l'eco viva della storia religiosa dell'Italia medievale, tramandando la memoria del santo patrono del paese, Francesco d'Assisi, che qui ebbe i natali ⑧.

**17** – Le città umbre sono rimaste immutate nel loro aspetto a tal punto che, se si fosse capitati lì cinquecento anni fa, l'atmosfera sarebbe stata la stessa di oggi… a parte i pali della luce!

**18** L'Abruzzo e il Molise, con capoluoghi l'Aquila e Campobasso, sono due ridenti regioni di montagna, con qualche stazione balneare sulla costa adriatica.

**19** – Per concludere, tutto il Lazio orbita intorno alla "Urbs" ⑨ eterna, suo capoluogo e capitale d'Italia: Roma.

**20** In questa città memorie, monumenti, aspetti e tradizioni si sono stratificati gli uni sugli altri, secolo dopo secolo, fino a formare questa specie di Babilonia del nostro tempo,

**Notes**

⑧ **I natali**, toujours au pluriel, indique *la naissance*, dans des expressions comme **Firenze diede i natali a Dante Alighieri**, *Florence donna le jour à Dante*, ou **Dante ebbe i natali a Firenze**, de sens équivalent. **Una persona di umili natali** est *une personne d'humbles origines*.

▶

**15** Pérouse, le chef-lieu, Gubbio, Assise, Spoleto, où **39**
a lieu, tous les ans *(siège annuel d')* un important
festival de théâtre et de musique, Orvieto, sont
des petites villes dont le noyau médiéval est
parfaitement conservé *(parfaitement conservées
dans leur noyau médiéval)*.

**16** Assise et ses alentours diffusent l'écho vivant
de l'histoire religieuse de l'Italie médiévale,
en transmettant le souvenir du saint patron du
pays, François d'Assise, qui vit le jour *(eut la
naissance)* ici.

**17 –** Les villes ombriennes sont si inchangées
dans leur aspect ancien, que si l'on était passé
*(tombé)* [par] là il y a 500 ans, l'atmosphère
aurait été la même qu'*(d')*aujourd'hui, [mis] à
part les poteaux électriques *(de la lumière)* !

**18** Les Abruzzes et le Molise, avec [comme] chefs-
lieux l'Aquila et Campobasso, sont deux riantes
régions de montagne, avec quelque[s] station[s]
balnéaire[s] sur la côte adriatique.

**19 –** Et enfin *(pour conclure)*, tout le Latium gravite
*(orbite)* autour de *(à)* la ville éternelle, son
chef-lieu et la capitale de l'Italie : Rome.

**20** Dans cette ville, les souvenirs *(mémoires)*, les
monuments, les aspects et les traditions se sont
stratifiés avec les siècles *(les uns sur les autres,
siècle après siècle)*, jusqu'à former cette espèce de
Babylone des temps modernes *(de notre temps)*,

▶ ⑨ On désigne parfois la ville de *Rome* par son appellation latine,
l'**"Urbs"**, puisque pour les Romains c'était "la" *Ville*, bien sûr.
De son balcon du Vatican, le pape célèbre parfois la bénédic-
tion *"Urbi et orbi"*, *pour Rome et pour le monde entier*, que
la télévision italienne diffuse régulièrement dans son intégra-
lité, au grand bonheur du public italien, en très large majorité
catholique.

dove tutte le contraddizioni dell'Italia di ieri e di oggi sono messe insieme e fuse con lo stile inconfondibile e la simpatia del suo popolo straordinario.

☐

## Esercizio 1 – Traducete

❶ Se tu fossi venuto in Italia con noi, avresti visto dei posti bellissimi. ❷ Nel caso tu abbia bisogno di me, telefonami pure a casa o sul cellulare. ❸ Se non ci fosse il turismo, l'economia di certe regioni dell'Italia meridionale sarebbe ancora più povera di quanto non sia. ❹ L'Italia diede i natali a molti illustri personaggi, ma da questo punto di vista la Francia non è da meno. ❺ L'autobus era pieno zeppo di gente; tutti gridavano, e se non fosse intervenuto il controllore, ci sarebbe stata anche una rissa.

## Esercizio 2 – Completate

❶ Nous sommes allées en balade en Italie et nous avons visité de très belles villes médiévales et Renaissance.

. . . . . . . . . .   .   . . . . . .   . . . . . . . . .
. . . . . . . . .   . . . . . . . .   . . . . . . .   . . . . .
. . . . . . . . . .   . . . . . . . •

❷ Si je ne l'avais pas vu de mes yeux, je n'y aurais jamais cru.

. . . . . .   . . . . . . . . .   . . . . .   . . . . . . . ,
. . . . .   . . . . . .   . . . . . . . •

❸ Les châteaux médiévaux ombriens se trouvent souvent au sommet de collines.

. . . . . . . .   . . . . . . .   . . . . . .   . . . . . . . .
. . . . . .   . . . . .   .   . . . . . . . . •

**21** où toutes les contradictions de l'Italie d'hier et **39**
d'aujourd'hui sont réunies *(mises ensemble)* et
fusionnent *(fondues)* avec le caractère *(style)*
unique entre tous et la sympathie de son peuple
extraordinaire.

## Corrigé de l'exercice 1

❶ Si tu étais venu en Italie avec nous, tu aurais vu de très beaux endroits. ❷ Au cas où tu aurais besoin de moi, appelle-moi tranquillement chez moi ou sur mon portable. ❸ S'il n'y avait pas le tourisme, l'économie de certaines régions d'Italie du sud serait encore plus faible qu'elle ne l'est. ❹ L'Italie a donné le jour à de nombreux personnages illustres, mais de ce point de vue la France n'est pas en reste *(ne vaut pas moins qu'elle)*. ❺ Le bus était bondé ; tout le monde criait, et si le contrôleur n'était pas intervenu, une bagarre aurait eu lieu.

❹ Après avoir longtemps ambitionné la charge d'adjoint, il fut enfin élu.

· · · · · · · · · · · · · · · · · · · · · · · · · · · · · ·
· · où · · · · · · , · · · · · · · · · · · eletto.

❺ Au cas où tu aurais besoin de mon aide, sache que tu peux compter sur moi.

· · · · · · · · · · · · · · · · · · · · · · · · ·
· · · · · , · · · · · · · · · · · · · · · · · · su di me.

## Corrigé de l'exercice 2

❶ Siamo andate a spasso per l'Italia e abbiamo visitato bellissime città medievali e rinascimentali ❷ Se non l'avessi visto coi miei occhi, non ci avrei mai creduto ❸ Le rocche medievali umbre si trovano spesso in cima a colline ❹ Dopo avere ambito a lungo alla carica di assessore, fu finalmente – ❺ Nel caso tu avessi bisogno del mio aiuto, sappi che puoi contare –

*François d'Assise (1182-1226) est un personnage emblématique du catholicisme italien, saint patron du pays et particulièrement vénéré dans toute la péninsule. Fils de riches marchands ombriens, après une jeunesse dissipée, il quitta sa famille, renia son milieu et fit vœu de pauvreté, fondant ensuite l'ordre franciscain, pour lequel il conçut une règle très stricte basée sur les préceptes du Christ. Il prêcha un renouveau de l'Église, à laquelle il reprochait*

## 40 Quarantesima lezione

### L'Italia meridionale

**1 –** Stiamo per portare a termine il nostro viaggio in Italia:
**2** quanti ① artisti, scrittori, personaggi illustri hanno percorso questo cammino prima di noi!
**3 –** È proprio vero: sono secoli che il "grand tour", cioè il viaggio in Italia, è d'uopo ② per ogni persona di buon gusto e di cultura.
**4 –** Naturalmente, questo non era che un timido assaggio delle bellezze della penisola:

### Notes

① **Quanto**, *combien*, est employé aussi bien dans les phrases interrogatives que dans les exclamations : **Quanto costa?**, *Combien cela coûte-t-il ?* ; **Quanta gente!**, *Que de monde !* ; **Quante cose da leggere, da fare!**, *Que de choses à lire, à faire !*

*son éloignement du message évangélique. Très controversé de son* | **40**
*vivant à l'intérieur même de son ordre à cause de sa rigueur et de*
*son intransigeance morale, il fut canonisé en 1228. Les lieux où il*
*a vécu, ainsi que les églises monumentales bâties par son ordre à*
*Assise, sont visitées chaque année par des centaines de milliers de*
*touristes et de fidèles. Le jour de sa fête, le 4 novembre, a été pen-*
*dant des siècles jour férié dans tout le pays.*

## Quarantième leçon    40

### L'Italie du sud

**1 –** Nous allons bientôt mener *(porter)* à terme
notre voyage en Italie :
**2** Que *(combien)* d'écrivains, d'artistes, de
personnages illustres ont parcouru ce chemin
avant nous !
**3 –** C'est *(vraiment)* vrai : depuis *(sont)* des siècles
le "grand tour", c'est-à-dire le voyage en Italie,
est de règle pour toute personne [qui se veut]
cultivée *(de goût et de culture)*.
**4 –** Bien sûr, ce *(celui-ci)* n'était qu'un timide
avant-goût des beautés de la péninsule :

▶ ② **L'uopo**, *la nécéssité, l'obligation*, est un mot très littéraire
et assez rare, utilisé plutôt pour plaisanter : en parlant de
la nécessité de faire le voyage en Italie pour être considéré
comme une personne de culture, le locuteur de notre dialogue
emploie ironiquement l'expression un peu précieuse **è d'uopo**,
*il est nécessaire*, ou *de règle / de mise*. On apprend même à
plaisanter, avec ASSIMIL !

**5** chi volesse vedere tutto quello che c'è di notevole in Italia, avrebbe ③ il suo da fare e dieci anni non gli basterebbero.

**6** Inoltriamoci ora nel Meridione, l'Italia del Sud, che come tutti sanno è una zona molto più povera del nord.

**7** – Ma da dove viene questa povertà, questa arretratezza che si nota in certe province, pur stupende dal punto di vista naturalistico o monumentale?

**8** – Le ragioni sono molteplici e non è questa la sede per trattarle esaurientemente:

**9** non dimentichiamo che i numerosi dominatori sia stranieri che autoctoni succedutisi nei secoli

**10** hanno portato il Mezzogiorno sull'orlo della rovina, cercando spesso di arricchirsi più che potevano, sempre ai danni ④ delle popolazioni.

**11** L'ignoranza (tassi molto elevati di analfabetismo esistevano fino a tempi recentissimi),

**12** la superstizione (certe cose portavano bene, altre portavano "iella", o "scalogna", e si chiedeva aiuto ai santi per scacciare il "malocchio"),

## Notes

③ **Chi volesse vedere tutto… avrebbe il suo da fare** : voici encore une autre phrase hypothétique mais sans la conjonction **se** ; on peut en effet construire une hypothèse avec le pronom relatif **chi** (toujours avec son fonctionnement "double", où il est le sujet aussi bien de la première proposition que de la deuxième) : **Chi volesse saperlo, dovrebbe chiederlo a me**, *Celui qui voudrait le savoir, c'est à moi qu'il aurait à le demander.* ▶

**5** [celui] qui voudrait *(voulût)* voir tout ce qu'il y a **40** de remarquable en Italie, aurait beaucoup à faire *(son de faire)*, et 10 ans ne *(lui)* suffiraient pas.

**6** Avançons*(-nous)* maintenant dans le Midi, l'Italie du Sud qui est une zone, *(comme)* tout le monde [le] sait, beaucoup plus pauvre que le Nord.

**7 –** Mais d'où vient cette pauvreté, ce sous-développement que l'on remarque dans certaines provinces, [qui sont] pourtant magnifiques du point de vue de la nature et des monuments ?

**8 –** Les raisons sont nombreuses, et ce n'est pas ici le lieu *(siège)* pour les traiter de façon exhaustive.

**9** N'oublions pas que les nombreux dominateurs aussi bien étrangers qu'autochtones [qui] se [sont] succédé

**10** ont mené *(porté)* le Midi au *(sur le)* bord de la ruine, car ils ont souvent cherché à *(cherchant de)* s'enrichir le plus possible *(plus qu'ils pouvaient)*, toujours au détriment des populations.

**11** L'ignorance – des taux très élevés d'analphabétisme existaient encore très récemment –,

**12** la superstition – certaines choses portaient bonheur, d'autres portaient "la guigne", ou "la poisse", et on faisait appel aux saints *(on demandait aide aux saints)* pour chasser le "mauvais œil" –,

▶ ④ **Il danno** est *le dommage*, au sens *du dégât* : **fare danni**, *causer des dommages*, **chiedere il risarcimento danni**, *demander les dommages-intérêts*. L'expression **ai danni di qualcuno** signifie donc *au détriment de quelqu'un*, au singulier aussi : **a mio danno**, *à mon désavantage* (ou *à mes frais*). Attention : *quel dommage !* se dit **che peccato!** : **È un vero peccato**, *C'est vraiment dommage !*

**13** la chiusa mentalità tradizionale (un acuto senso della famiglia patriarcale, alla quale si deve portare rispetto assoluto),

**14** in cui i dominatori hanno mantenuto la popolazione, hanno impedito al Meridione di raggiungere lo stesso grado di sviluppo economico-industriale del Nord.

**15** – Diciamo però che nonostante questo quadro a tinte fosche, il Sud si sta tirando su notevolmente,

**16** e tali retaggi del passato sono oggi quasi irrilevanti nel quotidiano di grandi città come Napoli o Bari.

**17** – Le regioni dell'Italia del Sud, e i rispettivi capoluoghi, sono quattro: la Campania (Napoli), la Puglia (Bari), la Basilicata o Lucania (Potenza) e la Calabria (Reggio Calabria).

**18** Esse corrispondevano alla cosiddetta Magna Grecia, cioè alle colonie delle città greche dell'antichità,

**19** ragione per la quale oggi vi si possono visitare monumenti greci a volte meglio conservati che nella stessa Grecia, come i templi di Paestum.

**20** – Nella nostra rassegna delle regioni italiane, non si possono trascurare la Sicilia,

**21** dove tra aranceti, templi greci e mare pulito potrà godere del sole dodici mesi all'anno,

**22** e la Sardegna, isola aspra, selvaggia e incontaminata, popolata da fieri pastori, ma che gode oggi dello straordinario sviluppo del turismo balneare. ☐

**13** la mentalité traditionnelle *(renfermée)* [où règne] un sens aigu de la famille patriarcale à laquelle il faut porter un respect absolu,

**14** [ces trois conditions], dans lesquelles les dominateurs ont maintenu la population, ont empêché le *(au)* Midi d'atteindre le même niveau *(degré)* de développement économique et industriel [que celui] du Nord.

**15 –** Il faut dire *(disons)* tout de même que malgré ce tableau bien sombre *(à couleurs foncées)*, le Midi est en train de remonter la pente *(se tirer haut)* remarquablement,

**16** et de tels héritages du passé sont aujourd'hui presque insignifiants dans la vie quotidienne de grandes villes comme Naples ou Bari.

**17 –** Les régions de l'Italie du Sud, avec leurs chefs-lieux respectifs, sont [au nombre de] quatre : la Campanie (Naples), les Pouilles (Bari), la Basilicate ou Lucanie (Potenza) et la Calabre (Reggio-de-Calabre).

**18** Elles correspondaient à ce qu'on appelait "la Grande Grèce", c'est-à-dire aux colonies des villes grecques de l'Antiquité.

**19** [C'est pour cette] raison qu'aujourd'hui on peut y visiter des monuments grecs parfois mieux conservés qu'en Grèce même, comme les temples de Paestum.

**20 –** Dans notre tournée *(revue)* des régions italiennes, on ne peut pas négliger [d'une part] la Sicile,

**21** où parmi les orangeraies et les temples grecs, [à proximité d'une] mer limpide *(propre)*, vous pourrez jouir du soleil douze mois sur douze *(par an)*,

**22** [d'autre part] la Sardaigne, île âpre et sauvage, peuplée de fiers bergers, qui profite aujourd'hui de [son] extraordinaire développement du tourisme balnéaire.

**Esercizio 1 – Traducete**

❶ Chi volesse capire le ragioni dell'arretratezza del Meridione, dovrebbe studiare la storia delle dominazioni succedutesi nei secoli. ❷ Ha portato la ditta sull'orlo della rovina e ha dovuto pagare il risarcimento danni. ❸ Nonostante la crisi che ha attraversato, ora il paese si sta tirando su notevolmente. ❹ È un vero peccato che tu non sia potuta venire alla festa di Paolo. ❺ Se me l'aveste detto qualche giorno prima, sarei venuta di certo.

———⋙◆⋘———

**Esercizio 2 – Completate**

❶ Le célèbre réalisateur vient juste de mener à terme son dernier film de science-fiction.

.. .. ....... .. ..... .......  
. ....... .. ... ..... ... ..  
...........•

❷ Celui qui irait visiter ce musée, y découvrirait des tableaux magnifiques.

... ....... . ........ ... ....,..  
........... ...... ..........•

❸ Les superstitions ont maintenu les populations locales dans l'ignorance.

.. ......... ...... ..... ... ..  
........ ...... ...........•

❹ Dans les localités balnéaires du Midi on peut profiter du soleil douze mois sur douze.

..... ......... ... .. ...........  
.. ......... ... ..... ...... ...  
.........•

# Corrigé de l'exercice 1

❶ Celui qui voudrait comprendre les raisons du sous-développement du Midi, devrait étudier l'histoire des dominations qui se sont succédé pendant des siècles. ❷ Il a mené l'entreprise au bord de la ruine et a dû payer les dommages-intérêts. ❸ Malgré la crise qu'il a traversée, la pays est aujourd'hui en train de remonter la pente de façon remarquable. ❹ C'est vraiment dommage que tu n'aies pas pu venir à la fête de Paolo. ❺ Si vous me l'aviez dit quelques jours plus tôt, je serais sûrement venue.

❺ La mentalité traditionnelle [favorisant le repli sur soi] *(mentalité renfermée)* est un héritage du passé presque insignifiant aujourd'hui dans la vie quotidienne des gens du sud.

.. ...... mentalità ............ .

.. ......... ... ....... .......

........... ... ........... ..... .....

... ....•

# Corrigé de l'exercice 2

❶ Il noto regista ha appena portato a termine il suo ultimo film di fantascienza ❷ Chi andasse a visitare quel museo, vi scoprirebbe quadri stupendi ❸ Le superstizioni hanno mantenuto le popolazioni locali nell'ignoranza ❹ Nelle località balneari del Meridione si può godere del sole dodici mesi all'anno ❺ La chiusa – tradizionale è un retaggio del passato oggi quasi irrilevante nel quotidiano della gente del sud

**41 Quarantunesima lezione**

### Freddure e barzellette

**1 –** Ho sentito un mio amico italiano parlare di "freddure"; di cosa si tratta?

**2 –** L'umorismo all'italiana è l'erede della famosa *vis comica* latina, ed in esso la freddura occupa un posto d'importanza primaria:

**3** sono giochi di parole, "colmi", scioglilingua ① e di tutto un po' per prendersi gioco della logica e delle norme stabilite del linguaggio.

**4** Parole e suoni vengono mescolati, indipendentemente dal loro senso e significato primitivi,

**Note**

① **Lo scioglilingua** est un jeu de mots difficile à prononcer, destiné donc à **sciogliere la lingua** (littéralement : "délier la langue"). Un exemple parmi tant d'autres : **se il coniglio gli agli ti piglia, togligli gli agli e tagliagli gli artigli**, *si le lapin te vole de l'ail, prends-lui l'ail et coupe-lui les griffes* ; bien ▸

*En Italie on peut toujours se faire comprendre, mais, parler correctement... est une autre affaire ! Apprenez bien les structures grammaticales, la syntaxe et les problèmes d'accord des temps des verbes : c'est essentiel pour maîtriser les nuances expressives de la langue.*

## Quarante et unième leçon   41

## Mots d'esprit *(coups de froid)* et histoires drôles

1 – J'ai entendu un ami italien qui parlait *(parler)*
de "coups de froids" ; de quoi s'agit-il ?
2 – L'humour à l'italienne est l'héritier de la
célèbre *vis comica* latine, et dans cet humour
*(en lui)* le "coup de froid" occupe une place de
très grande importance *(primaire)*.
3 Ce sont des jeux de mots, des "combles", des
"virelangues" *(délie-langue)*, tout *(un peu)* pour
se moquer *(se prendre jeu)* de la logique et des
règles établies du langage.
4 Les mots et les sons sont *(viennent)* mélangés,
indépendamment de leur sens ou signification
d'origine,

▸   sûr, cela ne veut rien dire, et le but est de jouer avec la sonorité
"mouillée" du phonème **gli**, comme cet autre, qui joue avec
le roulement du **r** dans **tr** : **trentatré trentini entrarono in
Trento tutti e trentatré trotterellando**, *trente-trois habitants de Trente entrèrent dans Trente tous les trente-trois en trottinant.*

5    per dare luogo a inaspettati equivoci, scherzi, controsensi e malintesi.

6 – Fammi un esempio, che mi faccio una risata ②!

7 – Ti faccio un esempio illustre che viene dal grande Totò, il nostro più grande attore comico, che alla domanda "dimmi una parola di otto lettere", rispondeva: "cane".

8 – Ma "cane" ha quattro lettere!

9 – E Totò rispondeva: "Allora due cani!"

10   Di freddure di questo tipo ce ne sono un sacco, come: "che cosa fa un gallo in mezzo al mare? Galleggia! E sotto terra? Una galleria!" ③

11   Poi ci sono i colmi: "qual è il colmo per un falegname? Portare al teatro la moglie… scollata ④!"

## Notes

② **La risata** est la fois *l'éclat de rire* (**Scoppiò in una fragorosa risata**, *Il éclata de rire bruyamment.*) et la manière de rire de quelqu'un (**Riconobbi subito la sua risata**, *Je reconnus tout de suite son rire*). **Il riso** indique *le rire* en général, la faculté de rire et même la nature émotive du rire : **un riso beffardo**, *un rire narquois* ; **un riso sprezzante**, *un rire méprisant*, etc. Dans l'usage courant, les deux mots sont souvent équivalents : **Tutto finì in una risata generale**, ou **in un riso generale**, *Tout se termina par un rire collectif.*

③ Les jeux de mots présentés dans le dialogue demandent sans doute une explication : le verbe **galleggiare** signifie *flotter* (**stare a galla**, *rester à flot*), et n'a bien sûr aucune relation sémantique avec **il gallo**, *le coq*, mais la ressemblance phonétique suffit pour dire qu'un **gallo galleggia**, *un coq flotte* ! Le même type de ressemblance permet de dire qu'un coq sous terre fait **una galleria**…  ▸

5    pour donner lieu à des équivoques inattendues,
     des plaisanteries, des contresens et des
     malentendus.

6 –  Donne*(fais)*-moi un exemple, que je rigole *(me
     fais un rire)* !

7 –  Je te donne *(fais)* un exemple illustre, qui
     vient du grand Toto, notre plus grand acteur
     comique, qui, interrogé *(à la question)* par un
     interlocuteur lui demandant de lui citer un mot
     de huit lettres, répondait : "cane" ("chien").

8 –  Mais "cane" fait *(a)* quatre lettres !

9 –  Et Toto répondait : "Alors deux chiens !"

10   Des "coups de froid" de ce type, il y en a des
     tas *(un sac)*, comme : que fait un coq dans *(au
     milieu de)* la mer ? Il flotte ! Et sous terre ? [Il
     fait] une galerie !

11   Et il y a les "combles" aussi : quel est le comble
     pour un menuisier ? Amener au théâtre sa
     femme en décolleté *(décollée)* !

FREDDURE.

▸ ④ Là aussi, il faut expliquer : le jeu de mots est basé sur les
     homonymes **scollato**, *décolleté* (dérivé de **il collo**, *le cou*) et
     **scollato**, *décollé* (dérivé de **la colla**, *la colle*) : puisque le métier
     du menuisier consiste souvent à coller des pièces de bois, il est
     vraiment aussi inconvenant pour lui d'amener au théâtre son
     épouse en décolleté que de l'amener… décollée !

**12** "E il colmo per un barbiere? Prendere l'autobus… per un pelo ⑤!"

**13** – Non è che facciano tanto ridere, forse è per quello che si chiamano "freddure", perché si ride a denti stretti, come quando si ha freddo…

**14** – Certo, non bisogna confonderle con le barzellette, che sono vere e proprie storielle.

**15** Molte prendono di mira ⑥ certe categorie di persone, fra cui i carabinieri ⑦, di cui una volta era proverbiale l'ignoranza,

**16** poiché molta povera gente, soprattutto del sud, si arruolava nell'arma per trovare un lavoro.

**17** – Sì, tutti i paesi hanno i loro zimbelli ⑧, come i Belgi per i Francesi, gli Scozzesi per gli Inglesi, o le bionde, o, fra i musicisti, i suonatori di viola.

**18** Dai, raccontamene una sui carabinieri, che non ne conosco nessuna.

## Notes

⑤ **per un pelo** (littéralement "par un poil") signifie *de justesse*, dans des expressions comme **Mi è sfuggito per un pelo**, *Ça m'a échappé de justesse (/ de peu)*, donc pour un coiffeur c'est bien triste d'attraper le bus "par un poil"… **Il pelo** est souvent utilisé dans le langage familier pour indiquer une différence ou une distance très petite : **È un pelo troppo grande**, *C'est un poil trop grand* ; **C'è mancato un pelo che non finissimo fuori strada**, *Il s'en est fallu de peu que nous ne sortions de la route.*

⑥ **La mira** est *la visée*, au propre et au figuré, **avere buona mira**, *bien viser*, **prendere la mira**, *viser*, et **sbagliare mira** (littéralement "se tromper [de] visée") signifie *manquer sa cible* (*la cible* est **il bersaglio**) ; mais aussi **Ho delle mire su quel** ▶

**12**   Et le comble pour un coiffeur ? Prendre le bus
au vol *(par un poil)* !

**13 –**   Elles ne font pas tant rire que ça, peut-être
est-ce pour cela qu'elles s'appellent "coups
de froid", parce que l'on rit les dents serrées,
comme quand on a froid…

**14 –**   Bien sûr, il ne faut pas les confondre avec
les histoires drôles, qui sont de véritables *(et
propres)* petites histoires.

**15**   Beaucoup [d'entre elles] prennent comme
*(de)* cible *(visée)* certaines catégories de
personnes, parmi lesquelles les carabiniers, dont
l'ignorance était autrefois proverbiale,

**16**   à cause du fait que de nombreux gens pauvres,
surtout [venant] du sud, s'enrôlaient dans ce corps
de l'armée *(arme)* pour trouver du *(un)* travail.

**17 –**   Oui, tous les pays ont leurs "têtes de turcs",
comme les belges pour les français, les écossais
pour les anglais, ou les blondes, ou bien, parmi
les musiciens, les altistes *(joueurs d'alto)*.

**18**   Vas-y *(donne)*, raconte-m'en une sur les
carabiniers, *(que)* je n'en connais aucune.

▶   **posto di lavoro**, *J'ai des visées sur ce poste.* Retenez aussi
**un provvedimento mirato**, *une mesure ponctuelle*, au sens
qu'elle a été prise en visant un problème précis.

⑦ **I carabinieri** sont un corps de l'armée italienne qui correspond à la gendarmerie française, effectuant donc un service
de police particulièrement important en milieu rural et dans
des villages isolés qui n'ont pas de police municipale ou de
commissariat de la police nationale.

⑧ À l'origine, **lo zimbello** était un oiseau utilisé comme appât
dans des parties de chasse ; par extension, **lo zimbello** désigne
aujourd'hui une personne qui est la risée des autres, la cible
des plaisanteries d'un groupe : **È lo zimbello di tutti**, *Il est la
risée de tout le monde.*

**19** – Sul treno ⑨, un carabiniere rimprovera una signora, dicendole che non si possono tenere cani in treno senza la museruola,

**20** al che la signora risponde: "ma è di peluche!", e il carabiniere le fa: "il regolamento è valido per qualsiasi razza!" □

## Note

⑨ Retenez l'emploi de la préposition **su** dans des expressions comme **sul treno**, *dans le train* ou **sul giornale**, *dans le journal*. Il ne s'agit donc pas, bien sûr, de voyager sur le toit… même dans les histoires drôles !

## Esercizio 1 – Traducete

❶ C'è mancato un pelo che non sbagliassi mira. ❷ Da bambino era lo zimbello della scuola e ora è stato eletto sindaco. ❸ Chi volesse capire certe freddure, dovrebbe conoscere bene il vocabolario italiano. ❹ Fammi qualche esempio di scioglilingua, io non ne conosco nessuno. ❺ Avevamo delle mire ambiziose, ma alla fine non abbiamo realizzato i nostri scopi.

## Esercizio 2 – Completate

❶ Avec ses histoires drôles, nous avons bien rigolé.

. . . che . . . . . . . . . . . . . . . . freeeee . . . . . .
delle belle . . . . . . . •

❷ Excuse-moi du retard, j'ai manqué le train vraiment de peu.

. . . . . . . . . . . . . . . . . . , . . . . . . . . . . . .
. . . . . . . . . . . . . . . . •

❸ À ce moment-là, tout le monde éclate d'un rire bruyant.

. . . . . . . . . . . . . . . , . . . . . . . . . . . . . . . . . .
. . . . . . . . . . . . . . . . . . •

**19** – Dans un *(sur le)* train, un carabinier fait un reproche à une dame, en lui disant que l'on ne peut pas avoir *(tenir)* un chien *(chiens)* sans muselière.

**20** *(Au quoi)* La dame lui répond : "mais c'est une *(de)* peluche!", et le carabinier lui dit *(fait)* : "le règlement vaut *(est valable)* pour n'importe quelle race !"

—————

## Corrigé de l'exercice 1

❶ Il s'en est fallu de peu que je manque ma cible. ❷ Quand il était petit, il était la tête de turc de son école, et maintenant il a été élu maire. ❸ Celui qui voudrait comprendre certains mots d'esprit devrait bien connaître le vocabulaire italien. ❹ Donne-moi quelques exemples de virelangues, je n'en connais aucun. ❺ Nous avions des visées ambitieuses, mais finalement nous n'avons pas réalisé nos objectifs.

—————

❹ S'ils ne m'avaient pas dit que c'était vrai, j'aurais cru que c'était une plaisanterie.

.. ... .. ...... ..... ... ... ...,

..... ....... .. .... ... ....... .

❺ J'espérais que cela soit juste un malentendu, mais ensuite j'ai lu dans le journal que ça ne l'était pas du tout.

........ ... ..... soltanto .. ..........,

.. .. .... ... ....... ... ....... ... ...

.. ... ....... .

## Corrigé de l'exercice 2

❶ Con le sue barzellette ci siamo fatti – risate ❷ Scusami del ritardo, ho perso il treno proprio per un pelo ❸ In quel momento, tutti scoppiarono in una fragorosa risata ❹ Se non mi avessero detto che era vero, avrei creduto che fosse uno scherzo ❺ Speravo che fosse – un malinteso, ma poi ho letto sul giornale che non lo era affatto

**Totò** *est le pseudonyme d'***Antonio de Curtis** *(1898-1967), acteur comique de théâtre, puis de cinéma, qui fait aujourd'hui l'objet d'un véritable culte en Italie. Né à Naples, dont il garda toujours le fort accent et qu'il revendiqua comme la source principale de sa verve, il développa un humour fondé sur les jeux de mots et un sens de l'absurde qui ne fut pas toujours compris à son époque. Malheureusement les réalisateurs utilisèrent souvent son talent dans des comédies de seconde zone, parfois de comique troupier, héritier du*

# 42    Quarantaduesima lezione

## Revisione – Révision

## 1 La phrase hypothétique (*il periodo ipotetico*)

Il s'agit d'une phrase dans laquelle la proposition principale indique un fait dont la réalisation dépend de ce qu'indique la proposition subordonnée :

| Proposition subordonnée | Proposition principale |
|---|---|
| **Se domani farà bello** | **andremo al mare.** |
| *Si demain il fait* ("fera") *beau* | *nous irons à la mer.* |

On classe les phrases hypothétiques d'après le degré de probabilité de réalisation de l'hypothèse selon le locuteur, et le choix du mode et du temps verbal en dépendra. Il existe ainsi trois types de phrases hypothétiques :

### 1.1 Mode "réel" (*periodo ipotetico della realtà*)

C'est une supposition pure et simple, dans laquelle, sans prendre position sur la probabilité de l'hypothèse, on la présente de manière neutre, en indiquant la condition de sa réalisation. Dans ce cas, on utilise l'indicatif (présent ou futur) dans les deux propositions :

*vaudeville (**la rivista** où **Totò** avait fait ses classes). C'est seule-*
*ment pendant les dernières années de sa vie qu'il eut la satisfaction*
*de travailler avec de grands réalisateurs qui reconnurent enfin son*
*talent exceptionnel, comme Pier Paolo Pasolini, Federico Fellini,*
*Vittorio de Sica et Roberto Rossellini. Il reçut un prix d'honneur*
*au Festival de Cannes en 1966 pour l'ensemble de sa carrière, et*
*publia même plusieurs recueils de poèmes en dialecte napolitain.*

## Quarante-deuxième leçon 42

| Proposition subordonnée | Proposition principale |
|---|---|
| **Se ti affretti** | **arriverai in tempo.** |
| présent de l'indicatif | indicatif futur |
| *Si tu te presses* | *tu arriveras à temps.* |

Dans l'exemple choisi, nous pouvons supposer que la personne à qui l'on adresse cette phrase n'est pas encore partie de chez elle, et celle qui lui parle lui explique simplement ce qu'elle doit faire pour arriver à temps.

**1.2 Mode "potentiel"** (*periodo ipotetico della possibilità*)

L'hypothèse pourrait se réaliser, mais celui qui la formule n'en est pas certain, et nous avons une nuance de virtualité qui était absente dans la formule précédente. Le verbe de la proposition subordonnée est à l'imparfait du subjonctif, celui de la proposition principale est au conditionnel présent :

| Proposition subordonnée | Proposition principale |
|---|---|
| **Se ti affrettassi** | **arriveresti in tempo.** |
| subjonctif imparfait | conditionnel présent |
| *Si tu te pressais* | *tu arriverais à temps.* |

La personne qui formule cette phrase s'adresse à quelqu'un qui va à la vitesse d'une tortue, et qui, de ce pas, risque d'arriver en retard, mais qui a encore quelques chances de rattraper son retard…

• **dans le présent**

Il indique une hypothèse irréalisable dans le présent ou dans le futur, et utilise les mêmes temps verbaux que ceux du type précédent :

| Proposition subordonnée | Proposition principale |
|---|---|
| **Se io fossi in te** | **non accetterei la sua proposta.** |
| subjonctif imparfait | conditionnel présent |
| *Si j'étais à ta place* | *je n'accepterais pas sa proposition.* |

Ce n'est pas à lui qu'on l'a proposé, et l'on n'est jamais à la place d'un autre…

• **dans le passé**

L'hypothèse ne s'est pas réalisée (il est évident qu'une hypothèse formulée sur un événement passé n'en est plus une, puisque l'on connaît la suite de l'histoire…). La phrase est construite avec un verbe au subjonctif plus-que-parfait (**trapassato**) dans la proposition subordonnée, et au conditionnel passé dans le principale :

| Proposition subordonnée | Proposition principale |
|---|---|
| **Se ti fossi affrettato** | **saresti arrivato in tempo.** |
| subjonctif plus-que-parfait | conditionnel passé |
| *Si tu t'étais pressé* | *tu serais arrivé à temps.* |

Toujours en se référant à l'exemple ci-dessus, la personne à qui l'on s'adresse n'est pas arrivée à temps, et celle qui formule la phrase le sait : trop tard !

On peut avoir aussi des phrases hypothétiques non introduites par **se** :

**Nel caso tu volessi passare a Firenze, telefonami pure.**
*Au cas où tu voudrais passer à Florence, téléphone-moi !*

**Chi volesse vedere tutto, ci metterebbe dieci anni.**
*Si quelqu'un voulait tout voir, il lui faudrait* ("il y mettrait") *10 ans.*

Même si l'hypothèse est exprimée différemment, le verbe de la proposition principale doit être conjugué selon les règles vues dans le **periodo ipotetico** :

**Facendo così (se facessi così), susciteresti le critiche dei colleghi.**
*En faisant cela (si tu faisais cela), tu susciterais les critiques des collègues* (potentiel).

**Osservato attentamente, quel quadro è meglio di quanto sembri.**
*Observé (si on l'observe) attentivement, ce tableau est mieux qu'il ne semble* (réel).

**A dargli retta (se gli avessi dato retta), avrei sbagliato tutto.**
*En l'écoutant (si je l'avais écouté), j'aurais eu tout faux* (irréel du passé).

## 2 La préposition *con*

La préposition **con** veut dire, en règle générale, *avec* :

**Sono uscito con mia moglie**, *Je suis sorti avec ma femme.*
**Lo farò con piacere**, *Je le ferai avec plaisir.*

Il y a tout de même plusieurs cas où **con** est utilisé dans des tournures où le français emploie d'autres prépositions :

– *par* :
**Ho cominciato col dirgli che…**, *J'ai commencé par lui dire que…*

**Arriverò col treno delle due**, *J'arriverai par le train de deux heures.*

**Coi tempi che corrono, non si sa mai.**
*Par les temps qui courent, on ne sait jamais !*

**Cosa intendi dire con questo?**
*Qu'est-ce que tu veux dire par là ?*

**42**    **Uscire con questo tempo? Che follia!**
*Sortir par un temps pareil ? Quelle folie !*

– *sous* :
**con beneficio d'inventario**, *sous bénéfice d'inventaire* ;
**con un pretesto qualsiasi**, *sous n'importe quel prétexte* ;

– *sur* :
**È meglio non avere denaro liquido con sé.**
*Il vaut mieux ne pas avoir d'argent liquide sur soi.*

– *à* :
**Con mia grande gioia, mi sono accorto di avere perso quattro chili.**
*À ma grande joie, je me suis aperçu que j'ai perdu 4 kilos.*

**prendersela con qualcuno**, *s'en prendre à quelqu'un*

– *de* :
**mangiare con appetito**, *manger de bon appétit*

**L'ho visto coi miei occhi**, *Je l'ai vu, de mes yeux vu !*

**Te lo consiglio con tutto il cuore.**
*Je te le conseille de tout mon cœur.*

– *dans* :
**Sono venuto con lo scopo preciso di parlare col direttore.**
*Je suis venu dans le but précis de parler avec le directeur.*

Dans d'autres expressions, on utilise **con** là où il n'y a pas du tout de préposition en français :

**Come va con lo studio?**, *Comment vont les études ?*

**E con questo, vi lascio**, *Là-dessus je vous quitte.*

Vous trouverez ici quelques expressions avec le verbe **portare**, dont quelques-unes étaient dans les leçons précédentes. Il recouvre plus de significations que *porter* puisqu'il veut dire à la fois :

• *porter, apporter* :
**portare in tavola**, *apporter à la table, servir* ;
**portare acqua al proprio mulino**, *apporter de l'eau à son moulin* ;
**portare qualcuno alle stelle**, *porter quelqu'un aux nues* ;

• et aussi *amener, ramener, emmener* :
**portare a termine** (ou **a conclusione**, ou **a compimento**) **qualcosa**, *mener à terme quelque chose* ;
**portare a spasso qualcuno**, *emmener quelqu'un en promenade* ;
**portare la conversazione su un certo soggetto**, *amener la conversation sur un certain sujet.*
**Ti porto a casa**, *Je te ramène chez toi.*
**Il treno porta fino ad Amalfi**, *Le train mène jusqu'à Amalfi.*

• avec le sens de *traîner, entraîner* :
**portare in lungo / per le lunghe una pratica**, *faire traîner en longueur une affaire / un dossier.*
**Parlare di questo porterebbe troppo lontano.**
*Parler de cela entraînerait trop loin.*

• Quand il est suivi d'un adverbe, **portare** prend des significations très différentes, dans des expressions idiomatiques telles que :
– **portare fuori**, *sortir* (quelque chose)

– **portare dentro**, *rentrer* (également suivi d'un complément d'objet direct), et avec le même type de construction transitive :

– **portare giù**, *descendre*

– **portare su**, *monter* :
**Porta giù la spazzatura e porta su la spesa.**
*Descends la poubelle et monte les courses.*

– **portare via**, *emmener, emporter* :
**Vorrei una pizza. – La mangia qui o la porta via?**
*Je voudrais une pizza. – Vous la mangez ici ou vous l'emportez ?*

ou encore :
**Tira un vento che porta via.**
*Il fait un vent à décorner les bœufs* ("à emporter").

– **portarsi avanti**, *s'avancer* :
**Mi sono portato avanti coi compiti, così domenica sarò libero.**
*Je me suis avancé dans mes devoirs, comme ça je serai libre dimanche.*

## Dialogo di revisione

1 – Vi ho portati a spasso per l'Italia per due settimane; che ne pensate?
2 – Se non l'avessimo visto coi nostri occhi, non avremmo creduto che ci fossero tanti bei posti da visitare!
3 – Se aveste avuto più tempo, ne avreste visti ancora di più.
4 – Se l'anno prossimo torneremo in vacanza qui, spero che visiteremo anche la Sicilia e la Sardegna.
5 – Qualora decidiate di visitarle, ditemelo: io conosco alcuni alberghi molto carini.
6 – Durante l'inverno mi voglio portare avanti con l'italiano, così l'estate prossima non avrò bisogno di portarmi sempre dietro il dizionario!
7 – Per il momento, è meglio che tu ce l'abbia sempre con te.
8 – Non posso ancora recitare uno scioglilingua, ma nel quotidiano me la cavo abbastanza bene…
9 Se vivessi in Italia, lo parlerei perfettamente, ma purtroppo ci vengo solo di tanto in tanto.
10 – A sentirti parlare, non si direbbe: hai un'ottima pronuncia!

– **portar bene**, **portare male**, *porter bonheur*, *malheur* (et aussi
**disgrazia**, **scalogna**, **iella**, termes populaires)

– **portarsi dietro qualcosa**, ou **qualcuno**, *emmener quelque chose* :
**Portati sempre dietro i documenti.**
*Emmène toujours tes papiers sur toi !*

• Dans le cas d'une personne, cela peut prendre une connotation négative, c'est "le boulet" :
**Si porta sempre dietro il suo fratellino.**
*Il s'amène toujours avec son petit frère.*

## Traduction
**1** – Je vous ai emmené en balade en Italie pendant deux semaines ; qu'en pensez-vous ? **2** – Si nous ne l'avions pas vu de nos yeux, nous n'aurions pas cru qu'il y avait autant de beaux endroits à visiter ! **3** – Si vous aviez eu plus de temps, vous en auriez vu encore davantage. **4** – Si l'année prochaine nous revenons en vacances ici, j'espère que nous visiterons la Sicile et la Sardaigne aussi. **5** – Au cas où vous décideriez de les visiter, dites-le-moi : je connais quelques hôtels très chouettes. **6** – Pendant l'hiver je veux m'avancer en *(avec l')*italien, comme ça l'été prochain je n'aurai pas besoin d'avoir toujours sur moi le dictionnaire ! **7** – Pour le moment, il vaut mieux que tu l'aies toujours sur toi. **8** – Je ne peux pas encore faire des calembours, mais dans la vie quotidienne je me débrouille assez bien… **9** Si je vivais en Italie, je le parlerais parfaitement, mais malheureusement j'y viens seulement de temps en temps. **10** – En t'entendant parler, on ne dirait pas : tu as une excellente prononciation !

---

*Arrivé à un certain niveau de connaissance de la grammaire et de la syntaxe, on a davantage besoin d'apprendre des expressions idiomatiques et des tournures particulières et d'enrichir son vocabulaire, plutôt que de réviser sans cesse des règles bien connues : aussi, efforcez-vous de retenir le plus grand nombre possible d'exemples avec des verbes et des prépositions que nous vous présentons dans les leçons de révision et qui complètent celles que vous voyez dans les leçons quotidiennes. Votre italien fera des pas de géant !*

# 43   Quarantatreesima lezione

*Votre maîtrise de la langue italienne s'affinant de plus en plus, vous avez certainement remarqué que la structure de la phrase française dans la traduction "colle" de moins en moins avec l'ordre des mots dans la phrase italienne. Cependant, vous devez être désormais tout à fait en mesure de rétablir l'ordre des éléments et de comprendre, voire de mémoriser, comment l'italien construit ses prépositions.*

## All'ufficio di collocamento

**1** – Scusi, è qui l'ufficio di collocamento?
**2** – Certo, ma non si chiama più così; adesso è un centro per l'impiego e funziona un po' diversamente.
**3**   È una struttura pubblica di gestione dei candidati in cerca di lavoro e delle imprese che necessitano di personale qualificato.
**4**   Mette così a disposizione informazioni e servizi di orientamento ed indirizzamento, facendo in modo che la domanda di lavoro incontri l'offerta.
**5**   A chi si rivolge a noi offriamo anche assistenza e supporto per l'espletamento delle pratiche burocratiche ed amministrative.
**6**   Ma se vuole si può iscrivere, e le faremo incontrare un consulente professionale che glielo ① potrà spiegare in maniera più esauriente.

## Note

① Quand le pronom indirect de la 3e personne du singulier (ici, la personne de politesse) est associé à un pronom complément d'objet direct, ils fusionnent en un seul mot à l'aide d'un **-e-** euphonique placé entre les deux : **glielo dico**, *je le lui dis.* Cette forme unique ▶

*Dans la version française du dialogue, nous avons traduit littérale-*
*ment **ufficio di collocamento** par "bureau de placement" ; il s'agit*
*de l'ancienne A.N.P.E., l'Agence Nationale Pour l'Emploi, qui au*
*moment de la rédaction de ce livre s'appelle "Pôle Emploi". Ce*
*type d'organisme changeant de nom assez régulièrement en France*
*comme en Italie, nous avons opté pour une traduction littérale !*

## Au bureau de placement

**1** – Excusez-moi, est-ce ici le bureau de placement ?
**2** – Bien sûr, mais il ne s'appelle plus ainsi.
Maintenant c'est un centre pour l'emploi, et il
fonctionne un peu différemment.
**3**  C'est une structure publique de gestion [qui fait
office d'intermédiaire entre les] *(des)* candidats
en quête d'emploi et des entreprises ayant
besoin *(qui nécessitent)* de personnel qualifié.
**4**  Elle met ainsi à [leur] disposition des
informations et des services d'orientation
*(d'adressage)*, et fait *(faisant)* en sorte que la
demande de travail rencontre l'offre.
**5**  Nous offrons également à ceux *(celui)* qui
s'adressent à nous de l'assistance et de l'aide
pour l'accomplissement des démarches
bureaucratiques et administratives.
**6**  Mais si vous voulez, vous pouvez vous inscrire,
et nous vous ferons rencontrer un conseiller
professionnel qui pourra vous l'expliquer de
façon plus détaillée *(exhaustive)*.

▸  est utilisée que le complément d'objet indirect soit masculin (*je
le lui dis, à lui*), féminin (*je le lui dis, à elle*), ou qu'il s'agisse de
la personne de politesse (*je vous le dis, monsieur ou madame*), et
même, dans la langue parlée, du pluriel des deux genres (*je le leur
dis, à elles ou à eux*). Pour une fois, c'est simple !

**7 –** E come fare per iscrivermi subito? Io avrei una certa urgenza di trovare un impiego.

**8 –** È molto semplice: bisogna presentare apposita domanda, compilando una dichiarazione di disoccupazione mediante autocertificazione ② attestante che il candidato, cioè lei, non è impegnato in nessuna attività lavorativa, cioè è disoccupato,

**9** che è immediatamente disponibile a valutare una proposta di lavoro

**10** ed infine che svolge autonomamente azioni di ricerca attiva di un impiego che non coinvolgano esclusivamente il servizio offerto dal nostro centro.

**11** A tale domanda lei deve allegare il suo calcolo ISEE comprovante la situazione economica e patrimoniale del suo nucleo famigliare.

**12** Nel caso lei non ce l'abbia subito, non importa: si rechi in qualsiasi ufficio dell'INPS, dove glielo calcoleranno, e ce lo ③ porterà più tardi.

**Notes**

② **L'autocertificazione** est la possibilité pour les citoyens italiens de présenter à leur administration des déclarations sur l'honneur remplaçant certains certificats de situation personnelle. Cela a eu comme effet un allègement remarquable des demandes de papiers officiels, donc du travail de l'administration même, qui se réserve, bien sûr, le droit de vérifier la véracité des déclarations en cas de doute. ▸

**7 –** Et comment faire pour m'inscrire tout de suite ?
J'aurais une certaine urgence à trouver un
emploi.

**8 –** C'est très simple : il faut présenter une demande
spécifique, en remplissant une déclaration de
chômage au moyen d'auto-certification, qui
atteste que le candidat – c'est-à-dire vous-
même – n'est engagé dans aucune activité
professionnelle – c'est-à-dire [qu']il est au
chômage *(inoccupé)* –,

**9** [qu'] il est immédiatement disponible à
répondre à *(évaluer)* une proposition de travail,

**10** et enfin qu'il entreprend *(déroule)* de façon
autonome des actions de recherche active d'un
emploi, en dehors des *(qui ne concernent pas
exclusivement les)* services offerts par notre
centre.

**11** Vous devez joindre à cette demande votre
coefficient familial *(calcul ISEE)* qui indique
la situation financière et patrimoniale de votre
cellule familiale.

**12** Dans le cas où vous ne l'auriez pas tout de
suite, cela n'a pas d'importance : présentez-
vous dans n'importe quel bureau de la Sécurité
Sociale où on vous le calculera, et vous nous
l'apporterez plus tard.

▶ ③ C'est encore un groupement de deux pronoms personnels, l'un
complément d'objet indirect (COI), l'autre COD : la lettre i qui
termine toujours le premier, se transforme en e devant le deu-
xième ; **mi** devient **me**, **ti** devient **te**, etc. : **mi dice**, *il me dit*,
mais **me lo dice**, *il me le dit*, **ci porta**, *il nous apporte*, mais **ce
lo porta**, *il nous l'apporte*, etc.

**13** – La mia situazione patrimoniale non è molto complicata: io sono disoccupato, mia moglie è casalinga, abbiamo due figli a carico e stiamo in una casa popolare!

**14** – Scusi, che lavoro faceva?

**15** – Facevo il muratore ④, poi l'impresa edile per cui lavoravo è fallita, ed eccomi a spasso!

**16** E guardi che io non sono uno che si tira indietro per lavorare, o che fa lo schizzinoso ⑤: ho anche fatto il pendolare tra Bergamo e Milano per tanti anni!

**17** – Da noi di muratori ne cercano a iosa ⑥ di questi tempi, ce ne ⑦ hanno richiesti due anche la settimana scorsa.

**18** – Averlo saputo prima ⑧! Sono due mesi che cerco invano, anche nelle agenzie di lavoro interinale!

## Notes

④ Remarquez que le verbe **fare** est utilisé pour indiquer l'activité professionnelle ; ne le confondez pas avec le sens français du verbe *faire* dans ce type d'expression : *Il ne fait pas du tout prof* serait en italien **Non sembra per niente un professore** ; **Sì, ma fa proprio il professore!**, *Oui mais justement il est prof !*

⑤ **schizzinoso** vient du verbe dialectal d'Italie du nord *schizzà* (autres variantes : *schizzar, schizer, schiscià, schissé*), *écraser* : le nez "écrasé" dans une grimace de dégoût montre bien l'expression de quelqu'un de difficile, de "chichiteux"…

⑥ **a iosa** est une expression à l'étymologie incertaine, qui vient peut-être d'une ancienne monnaie de peu de valeur, *la chiosa* ; de ce fait, la phrase **ce n'è a iosa** signifiait qu'une certaine ▸

**13 –** Ma situation patrimoniale n'est pas très compliquée : je suis chômeur, mon épouse est femme au foyer, nous avons deux enfants à notre charge et nous habitons en HLM *(maison populaire)* !

**14 –** Excusez-moi, quel travail faisiez-vous ?

**15 –** J'étais *(faisais le)* maçon, ensuite l'entreprise de bâtiment pour laquelle je travaillais a fait faillite, et me voilà au chômage *(en promenade)* !

**16** Et sachez *(regardez)* que je ne suis pas un tire-au-flanc *(un qui se tire arrière pour travailler)*, ou [quelqu']un qui fait le difficile : j'ai même fait la navette entre Bergame et Milan pendant pas mal *(tant)* d'années !

**17 –** Chez nous, des maçons ils en cherchent plein, ils nous en ont demandé deux encore la semaine dernière.

**18 –** Ah, si je l'avais su *(l'avoir su)* plus tôt ! Cela fait deux mois que je cherche en vain, même dans les agences d'intérim !

▶ marchandise était disponible en telle abondance qu'elle ne valait pas cher, et la locution **a iosa** est restée dans le sens d'*en abondance, à profusion*. **Ha denaro a iosa**, *Il a de l'argent à profusion*.

⑦ Le pronom **ne** peut également être groupé avec un pronom personnel complément indirect, et, dans ce cas là aussi, le i final de ce dernier se change en e : **Te ne abbiamo parlato**, *Nous t'en avons parlé*.

⑧ L'infinitif peut être utilisé dans une proposition principale exclamative, indiquant un désir, un souhait, ou, comme dans notre dialogue, un regret tourné vers le passé : **Ah, essere ricchi! Se ne potrebbero fare di cose!**, *Ah, si l'on était riche, on pourrait en faire, des choses !*

**19** – Stia tranquillo: qui le forniremo tutti i servizi di orientamento, di modulistica, di stesura di curriculum e di informazioni su eventuali bandi di concorso necessari per ritrovare un impiego.

**20** – Se me lo dice così bene, mi viene anche voglia di crederci! ☐

---

## Esercizio 1 – Traducete

❶ L'agenzia di lavoro interinale fa da tramite tra i candidati in cerca di lavoro e le imprese che necessitano di personale. ❷ Viviamo in una casa popolare e abbiamo due figli a carico. ❸ Mio figlio ha videogiochi a iosa, non regalateglliene più! ❹ Si deve presentare apposita domanda e compilare una dichiarazione di disoccupazione mediante autocertificazione. ❺ Non si preoccupi, il nostro consulente glielo spiegherà.

---

## Esercizio 2 – Completate

❶ Mon oncle a été plombier pendant des années, puis son entreprise a fait faillite, et maintenant il est au chômage.

... ... .. ..... ........... ... ...., ... ..

... ...... .... . ......... •

❷ Quoi que je lui prépare à manger, mon mari fait le difficile.

......... cosa .. ... ......... ..

........., ... ......... .. .. ......... •

❸ S'ils m'avaient prévenu à temps, je leur en aurais apporté quelques-uns.

.. .. ..... .......... .. .....,

...... ..... ........ ....... •

**19** – Soyez tranquille : ici, nous vous fournirons tous les services d'orientation, de recherche de formulaires, de rédaction de CV et d'informations sur d'éventuels avis de concours nécessaires pour retrouver un emploi.

**20** – Puisque vous *(Si me)* le dites si bien, j'ai *(me vient)* même envie d'y croire !

---

## Corrigé de l'exercice 1

❶ L'agence d'intérim fonctionne comme intermédiaire entre les candidats en quête de travail et les entreprises qui ont besoin de personnel. ❷ Nous vivons en HLM et nous avons deux enfants à notre charge. ❸ Mon fils a des jeux vidéos à profusion, ne lui en offrez plus ! ❹ On doit présenter une demande spécifique et remplir une déclaration de chômage au moyen d'auto-certification. ❺ Ne vous en faites pas, notre conseiller vous l'expliquera.

---

❹ Mon frère est avocat, même si quand on le rencontre dans la rue il ne fait pas du tout avocat.

. . . . . . . . . . . .  . . . . . . . . . . . ,  . . . .  . .
. . . . . .  . .  . .  . . . . . . . .  per la strada  . . .
. . . . . .  . .  . . . . . .  . .  . . . . . . •

❺ On doit remplir une déclaration attestant de la situation financière de la cellule familiale.

. .  . . . . .  . . . . . . . . .  . . . . . . . . . . . .
. . . . . . . . . .  . .  . . . . . . . . . .
. . .  . . . . . .  . . . . . . . . . •

## Corrigé de l'exercice 2

❶ Mio zio ha fatto l'idraulico per anni, poi la sua impresa è fallita ed ora è disoccupato ❷ Qualunque – io gli prepari da mangiare, mio marito fa lo schizzinoso ❸ Se mi avessero avvertito in tempo, gliene avrei portati alcuni ❹ Mio fratello fa l'avvocato, anche se quando lo si incontra – non sembra per niente un avvocato ❺ Si deve compilare una dichiarazione comprovante la situazione economica del nucleo famigliare

LA MIA SITUAZIONE PATRIMONIALE NON È MOLTO COMPLICATA.

---

## 44 Quarantaquattresima lezione

### Immigrazione

**1 –** Ieri mio figlio ha invitato tutti i suoi
compagni di scuola al suo compleanno e,
con mia grande sorpresa, la metà di loro
erano stranieri ①!

**2 –** Eh sì, nonostante sia più recente che in
altri paesi europei, l'immigrazione è da
trent'anni il fenomeno più rilevante della
demografia italiana.

**Note**

① Les mots indiquant une multiplicité peuvent être accordés au
pluriel, bien que cela ne soit pas obligatoire : dans ce cas, on ▶

*Dans cette leçon vous avez rencontré plusieurs mots liés à la vie économique quotidienne des Italiens, et aux services publics d'aide au citoyen et aux familles. L'*ISEE *est l'*Indicatore della Situazione Economica Equivalente, *c'est-à-dire un chiffre calculé d'après le revenu, le patrimoine et la composition familiale ; en dessous d'un certain seuil, la famille a droit à des abattements fiscaux, des aides, etc. L'organisme public chargé de ce calcul est l'*INPS (Istituto Nazionale di Previdenza Sociale)*, qui est également l'institution publique la plus importante garantissant des prestations sociales comme les retraites, l'indemnité de chômage, de maladie, de licenciement, les allocations familiales, etc. Enfin, dans le dialogue de cette leçon, il est question de* lavoro interinale : *toute action privée d'intermédiaire entre le salarié et l'employeur a été interdite jusqu'aux années 90 du siècle dernier, et seul l'État, par ses* uffici di collocamento, *pouvait jouer ce rôle. Une loi de 1997 a officiellement institué le principe des sociétés d'intérim, en mettant fin, en vertu d'une norme européenne, à près de cinquante ans de monopole d'État sur le marché du travail.*

---

## Quarante-quatrième leçon    44

## Immigration

1 – Hier mon fils a invité tous ses camarades d'école à son anniversaire, et à ma grande surprise, la moitié d'[entre] eux étaient étrangers !

2 – Et oui, bien que plus récente que dans d'autres pays européens, l'immigration est, depuis trente ans, le phénomène le plus remarquable de la démographie italienne.

▸ peut dire **la metà di loro erano stranieri** ou **la metà di loro era straniera**, bien que la langue parlée préfère la première forme.

**3** Figurati che negli anni novanta, periodo in cui il tasso di natalità in Italia era tra i più bassi del mondo, l'arrivo di extracomunitari ② fu il principale responsabile della crescita della popolazione italiana.

**4 –** Da questo punto di vista, meno male che ci furono gli immigrati, se no l'Italia si sarebbe spopolata!

**5 –** Sì, come si era spopolata per circa un secolo, quando, prima di essere meta d'immigrazione, fu un paese di emigrazione:

**6** tra il 1876 ed il 1976 partirono oltre ventiquattro milioni di Italiani, con una punta massima nel 1913, con quasi novecentomila partenze!

**7** Soltanto negli anni sessanta, a causa del cosiddetto miracolo economico del dopoguerra, l'emigrazione cominciò ad affievolirsi,

**8** per cessare del tutto con un saldo migratorio addirittura positivo all'inizio degli anni settanta (centoun ③ ingressi ogni cento espatri), quando gli emigranti italiani cominciarono a rientrare in patria.

## Notes

② Le mot **extracomunitari** désigne de façon générique les immigrés issus de pays qui n'appartiennent pas à la communauté européenne ; l'évolution de l'Europe élargie a rendu la "gestion" de ce terme compliquée pour la plupart des Italiens, et l'on entend parfois parler d'**extracomunitari** aussi bien pour les ressortissants roumains, qui sont dans la communauté européenne, que pour les Moldaves, qui n'y sont pas ! ▶

**3**     Pense que pendant les années 90, période où le    
taux de natalité italien était parmi les plus bas
du monde, l'arrivée d'extracommunautaires
fut le principal facteur *(responsable)* de *(la)*
croissance de la population italienne.

**4 –** De ce point de vue, heureusement, il y a eu les
immigrés, sinon l'Italie se serait dépeuplée !

**5 –** Oui, de la même façon dont elle s'était
dépeuplée pendant un siècle environ quand elle
était un pays d'émigration, avant d'être une
destination d'immigration,

**6**     entre 1876 et 1976 plus de 24 millions
d'Italiens partirent, avec un pic en 1913, avec
près de 900 000 départs !

**7**     L'émigration commença à faiblir seulement
pendant les années soixante, à cause de
ce qu'on a appelé le *(l'ainsi-dit)* "miracle
économique" de l'après-guerre,

**8**     pour cesser complètement au début des années
soixante-dix, avec même un actif migratoire
*(solde migratoire carrément positif)* – 101
entrées pour 100 sorties –, quand les émigrés
italiens commencèrent à se rapatrier *(rentrer en
patrie)*.

▶ ③ Les numéraux cardinaux se terminant par **uno** subissent
l'élision de la lettre o devant un nom : **trentun persone**, *trente-
et-une personnes*, **settantun giorni**, *soixante-et-onze jours*,
etc.

**9** – Quando vedo certi italiani razzisti nei confronti degli immigrati, mi chiedo se si rendano ④ conto che magari i loro bisnonni un secolo fa erano al posto degli extracomunitari di oggi,

**10** quando facevano la fame qui in Italia e partivano per l'America, ammassati a bordo di navi stracariche di povera gente

**11** che sperava di poter sbarcare il lunario ⑤ al di là dell'oceano, se non proprio di far soldi.

**12** – I problemi cominciarono di fatto negli anni novanta, con il primo fenomeno di immigrazione di massa dall'Albania, in parte risolta con accordi bilaterali tra i due paesi.

**13** Da allora sono state emanate diverse leggi miranti alla regolarizzazione degli immigrati ed alla regolamentazione dei flussi d'ingresso,

**14** con lo scopo sia d'integrare – spesso tramite sanatoria ⑥ – chi già si trova sul territorio italiano, sia di scoraggiare l'immigrazione clandestina.

## Notes

④ Remarquez que dans la proposition interrogative indirecte qui suit des verbes tels que **domandare**, **chiedere**, etc., on peut avoir un subjonctif ; l'accord des temps suit la règle énoncée dans la leçon 14.

⑤ **il lunario** est un synonyme de **il calendario**, puisque les calendriers indiquent souvent les phases lunaires ; l'expression **sbarcare il lunario** signifie littéralement "arriver au bout du calendrier", au sens d'arriver péniblement à la fin du mois avec ses maigres ressources financières. ▶

**9** – En voyant *(Quand je vois)* certains Italiens  44
   racistes envers les immigrés, je me demande
   s'ils se rendent compte que peut-être leurs
   arrière-grands-parents, il y a un siècle,
   étaient à la place des extracommunautaires
   d'aujourd'hui,
**10** quand ils crevaient de *(faisaient la)* faim ici en
   Italie et partaient pour l'Amérique, entassés à
   bord de navires chargés de pauvres gens
**11** qui espéraient pouvoir joindre les deux bouts
   *(débarquer le calendrier)* au delà de l'océan, si
   ce n'était pas vraiment pour faire fortune.
**12** – En fait les problèmes commencèrent au cours
   des années 90, avec le premier phénomène
   d'immigration en masse [provenant] de
   l'Albanie, [problème] en partie résolu par des
   accords bilatéraux entre les deux pays.
**13** Depuis, plusieurs lois ont été promulguées,
   visant la régularisation des immigrés et la
   réglementation des flux migratoires *(d'entrée)*,
**14** dans le but d'intégrer d'une part – souvent par
   acte de régularisation – ceux qui se trouvent
   déjà sur le territoire italien, et de décourager
   d'autre part l'immigration clandestine.


▸ ⑥ **La sanatoria** (du verbe **sanare**, *assainir*) est un décret destiné à régulariser une situation d'illégalité de fait, pour éviter
   des sanctions concernant un trop grand nombre de personnes.
   L'Italie a connu de nombreuses situations de ce type, notamment en matière fiscale ou de constructions abusives, réglées
   par des lois appelées aussi **condoni** : **condono edilizio**,
   *amnistie immobilière* ; **condono fiscale** (récemment appelé
   également **scudo** *(bouclier)* **fiscale**).

trecentosettantasei • 376

15 – Sì, ma al compleanno di mio figlio non
erano tutti extracomunitari; c'erano moldavi
e ucraini, ma anche rumeni e polacchi!

16 – In effetti le cose si sono un po' complicate
con l'allargamento della comunità europea
dopo il 2000 e la conseguente libera
circolazione dei suoi popoli.

17  Sono proprio le comunità provenienti dai
paesi entrati di recente in Europa che hanno
conosciuto l'incremento più notevole,

18  come quella rumena, che dal 2005 al 2010 è
aumentata di più del duecento per cento, ed è
oggi la più rappresentata sul nostro territorio,

19  superando di gran lunga la popolazione
nordafricana e quella cinese, un tempo
maggioritarie.

20 – In ogni caso, le differenze di origine geografica e
culturale non sono un problema per i bambini:

21  hanno giocato tutto il pomeriggio come matti
e il compleanno è davvero riuscito bene!  □

## Esercizio 1 – Traducete

❶ A volte mi chiedo come possano riuscire a sbarcare
il lunario, con i magri stipendi che hanno. ❷ Fu
emanata una sanatoria mirante alla regolarizzazione
degli immigrati ed alla regolamentazione dei
flussi d'ingresso. ❸ I nostri bisnonni partivano per
l'America ammassati a bordo di navi stracariche di
povera gente, con la speranza di fare fortuna. ❹ Sono
stati stipulati accordi bilaterali tra i due paesi al fine di
scoraggiare l'immigrazione clandestina. ❺ Ci siamo
chiesti a lungo se fosse stata una decisione opportuna.

**15 –** Oui, mais à l'anniversaire de mon fils il
      n'y avait pas que des *(n'étaient pas tous)*
      extracommunautaires ; il y avait des ukrainiens
      et des moldaves mais aussi des roumains et des
      polonais !

**16 –** En effet les choses se sont un peu compliquées
      avec l'élargissement de la communauté
      européenne après 2000 et la *(conséquente)* libre
      circulation de ses peuples qui en a résulté.

**17** Ce sont justement les communautés issues des
      pays entrés en Europe récemment qui ont connu
      l'augmentation la plus importante *(notable)*,

**18** comme celle de la Roumaine, qui a augmenté,
      de 2005 à 2010, de plus de 200 pour cent, et
      est aujourd'hui la plus représentée sur notre
      territoire,

**19** en dépassant de loin la population d'Afrique du
      Nord et la chinoise, autrefois majoritaires.

**20 –** En tout cas, les différences d'origines
      géographique et culturelle ne sont pas un
      problème pour les enfants :

**21** ils ont joué comme des fous tout l'après-midi,
      et l'anniversaire a été une vraie réussite !

## Corrigé de l'exercice 1

❶ Parfois je me demande comment ils peuvent joindre les
deux bouts, avec les maigres salaires qu'ils ont. ❷ Un décret
fut promulgué, visant la régularisation des immigrés et la
réglementation des flux migratoires. ❸ Nos arrière-grands-
parents partaient pour l'Amérique entassés à bord de navires
chargés de pauvres gens, dans l'espoir de faire fortune. ❹ Des
accords bilatéraux ont été conclus entre les deux pays, avec
le but de décourager l'immigration clandestine. ❺ Nous nous
sommes demandé pendant longtemps si cela avait été une décision
opportune.

**Esercizio 2 – Completate**

❶ Pendant les années quatre-vingt-dix notre taux de natalité était le plus bas du monde.

. . . . .  . . . .  . . .  . . . . . .  . . . . . . . .  . .

. . . . . . . . .  . . .  . .  . . .  . . . . .  . . .  . . . . . .

❷ Vingt-quatre millions d'Italiens partirent, et certaines régions se dépeuplèrent.

. . . . . . . . . .  . . . . . . . .  . . . . . . .

. . . . . . . . . .  .  . . . . . . . . .  . .

. . . . . . . . . . .

❸ L'émigration commença à faiblir grâce à ce qui a été appelé le miracle économique de l'après-guerre.

. . . . . . . . . . . . . . .  . . . . . . . .  . .  . . . . . . . . . .

grazie al . . . . . . . . . .  . . . . . . . .

. . .  . . . . . . . . . . .

❹ La plupart de mes collègues sont des extracommunautaires.

. .  . . . . . . . .  . . . . . . .  . . .  . . . .  . . . . .

. . . .  . . . . . . . . . . . . . . .

❺ Dans notre immeuble vivent beaucoup d'étrangers : des roumains, des moldaves, des ukrainiens et des gens d'Afrique du Nord.

. . .  . . . . . .  palazzo . . . . . .  . . . . .

. . . . . . . . . . .  :  . . . . . . , . . . . . . . , . . . . . . .  .

. . . . . . . . . . . .

## Corrigé de l'exercice 2

❶ Negli anni novanta il nostro tasso di natalità era il più basso del mondo ❷ Partirono ventiquattro milioni d'italiani e certe zone si spopolarono ❸ L'emigrazione cominciò ad affievolirsi – cosiddetto miracolo economico del dopoguerra ❹ La maggior parte dei miei colleghi sono extracomunitari ❺ Nel nostro – vivono molti stranieri – rumeni, moldavi, ucraini e nordafricani

*La tournure multiculturelle que la société italienne a prise depuis quelques années fait partie des préoccupations, donc des conversations, des habitants de la péninsule : retenez bien le vocabulaire et même les informations contenues dans cette leçon, vous aurez certainement l'occasion de les utiliser à l'occasion de vos échanges avec vos amis italiens !*

## L'economia italiana

**1 –** Oggi faremo un breve excursus ①
sull'economia italiana, necessario per capire
la fisionomia dell'Italia attuale,

**2** che da paese per molti versi arretrato ancora
nel secondo dopoguerra, è diventata nel
giro di pochi decenni una delle primissime
potenze industriali mondiali.

**3 –** È vero, nel cinema neorealista e nelle
cosiddette commedie all'italiana i vostri
connazionali fanno proprio brutta figura:
sono tutti "brutti, sporchi e cattivi"!

**4** Mi domando proprio come una tale
trasformazione sia stata possibile in così
breve tempo.

**5 –** Innanzi tutto c'è stato un progressivo
ridimensionamento del settore primario
(agricoltura, allevamento e pesca) a vantaggio
di quello industriale, particolarmente nel nord,

**6** il che ha provocato un massiccio flusso
migratorio interno proveniente dal
meridione verso le aree settentrionali,
altamente sviluppate e a forte capacità
occupazionale.

## Note

① **excursus** est un mot latin qui est resté tel quel dans la langue
italienne : il s'agit du participe passé de **excurrere**, composé
de **ex** (*dehors*) et du verbe **currere** (*courir*), signifiant litté- ▸

## L'économie italienne

**1 –** Aujourd'hui nous ferons une petite digression sur l'économie italienne, nécessaire pour comprendre la physionomie de l'Italie actuelle,

**2**    qui est devenue une des toutes premières puissances industrielles mondiales en l'espace *(dans le tour)* de quelques décennies, [après avoir été] un pays arriéré sur de nombreux aspects jusqu'à l'après-deuxième-guerre mondiale.

**3 –** C'est vrai, dans le cinéma néo-réaliste et dans lesdites comédies à l'italienne, vos compatriotes font vraiment piètre figure : ils sont tous "affreux *(laids)*, sales et méchants" !

**4**    Je me demande vraiment comment une telle transformation a *(soit)* été possible en si peu de temps.

**5 –** Avant *(devant)* tout, il y a eu une régression *(réduction)* du secteur primaire – agriculture, élevage et pêche – au profit de *(celui)* l'industriel, en particulier dans le nord,

**6**    ce qui a provoqué un mouvement *(flux)* migratoire massif venant du sud vers les aires septentrionales hautement développées et à forte offre *(capacité)* de travail.

▸    ralement "courir dehors", et il est utilisé pour indiquer une *digression*, la sortie du tracé d'un exposé pour traiter un sujet complémentaire, comme l'économie italienne dans notre cours de perfectionnement…

**7** La modernizzazione dell'economia italiana è giunta a compimento negli anni ottanta,

**8** con il processo di terziarizzazione e lo sviluppo dei servizi bancari, assicurativi, commerciali, finanziari e della comunicazione.

**9** Caratteristica peculiare dell'economia italiana è la rete di piccole e medie imprese (abbreviate con la sigla PMI),

**10** spesso a gestione famigliare, che sovrastano ② nettamente per numero le grandi.

**11** Sorto nel nord-est e diffusosi ③ lungo la dorsale adriatica, tale modello industriale riguarda per lo più il settore manufatturiero.

**12** È per questo che negli ultimi anni le PMI sono state fortemente minacciate dalla crescente concorrenza proveniente dai paesi emergenti,

**13** soprattutto quelli dell'Asia Orientale, che proprio su quel settore hanno puntato per il loro sviluppo, grazie al basso costo del lavoro.

**Notes**

② **sovrastare**, littéralement "être au-dessus" (*sovra* est le mot ancien pour **sopra**) signifie *dominer* dans tous les sens du terme : **Il castello sovrasta tutta la città**, *Le château domine toute la ville* ou **La squadra avversaria ha sovrastato i nostri giocatori per tutta la partita**, *L'équipe adverse a dominé nos joueurs pendant tout le match.* ▶

**7** La modernisation de l'économie italienne
s'est achevée *(est arrivée à accomplissement)*
pendant les années quatre-vingt,

**8** avec le processus de tertiairisation et le
développement des services bancaires,
d'assurance, commerciaux, financiers et de la
communication.

**9** [Une] caractéristique spécifique de l'économie
italienne est le réseau de petites et moyennes
entreprises – signalées par l'abréviation PMI –,

**10** souvent à gestion familiale, et qui sont
nettement supérieures en nombre par rapport
aux grandes.

**11** Né dans le nord-est du pays et s'étant diffusé
le long de la chaîne des Apennins qui longe
la mer Adriatique *(la dorsale adriatique)*, ce
modèle industriel concerne surtout le secteur
manufacturier.

**12** C'est pour cela que dans ces dernières années
les PMI ont été fortement menacées par la
concurrence grandissante venue des pays
émergents,

**13** surtout ceux d'Extrême Orient *(Asie Orientale)*
qui ont misé sur ce secteur pour leur
développement, grâce au bas coût de la main
d'œuvre.

▸ ③ Nous avons vu dans la leçon 35 que le participe passé est une
des formes verbales qui annexent le pronom personnel complément comme terminaison ; cela est valable également pour
les verbes pronominaux ou réfléchis : **Lavatosi i denti, andò a
letto**, *Après s'être lavé les dents, il se coucha* ; **Pettinatasi, si
mise il cappellino ed uscì**, *Une fois coiffée, elle mis son petit
chapeau et sortit.*

**14** Le imprese italiane hanno reagito in parte esternalizzando la produzione o delocalizzandola in paesi in via di sviluppo, in parte puntando sulla produzione di qualità.

**15** – Direi che gli italiani ci sanno proprio fare negli affari, e non mi preoccupo troppo per loro: se la cavano sempre!

**16** Senza contare che ci sono tanti settori in cui l'Italia fa ancora la parte del leone, in barba alla crisi e alla globalizzazione!

**17** – Come per esempio il design automobilistico, la produzione di macchine utensili e industriali e naturalmente l'abbigliamento, la gioielleria e gli accessori di moda.

**18** – Vado pazza per la moda italiana e non potrei proprio fare a meno di curiosare nelle vostre belle boutique!

**19** Muoio dalla voglia di vestirmi all'italiana, e adesso che sono qui me la voglio togliere, e sbizzarrirmi ④ a fare shopping dalla mattina alla sera!

**20** – È poi doveroso fare cenno al settore terziario e ai servizi, che rappresentano una fetta importante della nostra economia:

**21** turismo, commercio, trasporti e così via, passando per il settore finanziario, con le banche e le assicurazioni.

**Note**

④ **sbizzarrirsi** a le sens de "libérer son côté bizarre", donc de donner libre cours à sa fantaisie, mais aussi assouvir tous ses propres désirs, particulièrement esthétiques : **Si è sbizzarrito a dipingere il proprio autoritratto**, *Il s'est amusé à peindre son autoportrait.*

**14** Les entreprises italiennes ont réagi tantôt *(en partie)* en confiant à des entreprises extérieures leur production ou en la délocalisant dans des pays en *(voie de)* développement, tantôt en misant sur la production de qualité.

**15 –** Je dirais que les Italiens s'y connaissent *(y savent faire)* en affaires, et je ne me préoccupe pas trop pour eux : ils s'en sortent toujours !

**16** Sans compter qu'il y a tant de secteurs où l'Italie se taille *(fait)* la part du lion, [au nez] et à la *(en)* barbe de la crise et de la mondialisation !

**17 –** Comme par exemple le design automobile, la production de machines-outils et industrielles, et bien sûr l'habillement, la bijouterie et les accessoires de mode.

**18 –** Je suis *(vais)* folle de la mode italienne, et je ne pourrais vraiment pas me passer de "fouiner" dans vos belles boutiques !

**19** J'ai toujours rêvé *(fait l'envie)* de m'habiller à l'italienne, et maintenant que je suis là, je veux assouvir mon *(m'enlever l')*envie, et donner libre cours à ma fantaisie, en faisant du shopping du matin au soir !

**20 –** Il est ensuite indispensable de mentionner le secteur tertiaire et les services, qui représentent une part *(tranche)* importante de notre économie :

**21** le tourisme, le commerce, les transports et ainsi de suite, en passant par le secteur financier, avec les banques et les assurances.

**45**   **22 –** E i contadini ⑤ e i pastori che fanno?
Non ce ne sono più? Sono tutti diventati
banchieri e assicuratori?

**23 –** In effetti agricoltura ed allevamento hanno
un peso marginale, e nonostante alcuni
settori di punta, come per esempio la
coltivazione di olivi, uva da vino ed ortaggi,

**24** l'Italia importa ancora molte derrate agricole.

**25** Nell'allevamento prevalgono ovini e
caprini, specie sull'area appenninica;

**26** nelle regioni del Nord si allevano anche
bovini e suini, mentre l'attività peschereccia
resta molto modesta.

**27 –** Insomma, è ora di farla finita con il luogo
comune del paese povero e del dolce far
niente, ed è proprio il caso di fare tanto di
cappello a questo popolo di gran lavoratori! ☐

**Note**

⑤ Le mot **contadino**, *paysan*, vient de **il contado**, qui était au
Moyen Âge le territoire qui se trouvait autour d'une ville,
donc sa *campagne*, appartenant à l'origine au fief d'un *comte* ▸

**Esercizio 1 – Traducete**

❶ Sviluppatasi nell'Italia nord-orientale, la rete
di piccole e medie imprese manufatturiere è una
caratteristica peculiare dell'economia peninsulare.
❷ L'industria punta sulla produzione di qualità, per
fare fronte alla concorrenza dei paesi emergenti.
❸ La terziarizzazione dell'economia italiana è
giunta a compimento negli ultimi decenni del
secolo scorso. ❹ Noi ci sappiamo fare negli affari,
in barba alla crisi e alla globalizzazione! ❺ È ora
di finirla con questi luoghi comuni!

**22** – Et les paysans et les bergers que font-ils ? Il n'y 45
en a plus ? Sont-ils tous devenus banquiers et
assureurs ?

**23** – En effet l'agriculture et l'élevage ont un poids
marginal, et malgré quelques secteurs de pointe,
comme par exemple la culture des oliviers, du
raisin pour le vin et des légumes,

**24** l'Italie importe toujours beaucoup de denrées
agricoles.

**25** Dans l'élevage, les ovins et les caprins
prédominent, surtout dans l'aire des Apennins ;

**26** dans les régions du nord, on élève également
des bovins et des porcins, alors que l'activité de
la pêche reste très modeste.

**27** – En somme, il est temps d'en finir *(la faire finie)*
avec l'idée reçue *(lieu commun)* du pays pauvre
et du *(doux)* farniente, et il faut vraiment tirer
son chapeau à ce peuple de grands travailleurs !

▶ **(il conte)**. D'ailleurs, le ***pagus*** (nom qui est à l'origine du mot
français *paysan*) était également à l'époque carolingienne un
territoire sous le pouvoir d'un comte. La France et l'Italie ne
sont pas très éloignées…

## Corrigé de l'exercice 1

❶ S'étant développé dans l'Italie du nord-est, le réseau de petites
et moyennes entreprises de manufacture est une caractéristique
spécifique de l'économie de la péninsule. ❷ L'industrie mise
sur la production de qualité, pour faire face à la concurrence des
pays émergents. ❸ La tertiarisation de l'économie italienne s'est
achevée dans les dernières décennies du siècle dernier. ❹ Nous nous
y connaissons en affaires, au nez et à la barbe de la crise et de la
mondialisation ! ❺ Il est temps d'en finir avec ces lieux communs !

**Esercizio 2 – Completate**

❶ Dans cette région hautement industrialisée, des paysans et des bergers, il y en a très peu.

. . . . . . . . . . . . . . . . . . . . . .
. . . . . . . . . . . . . . . , . . . . . . . . . . . . . . . .
. . . . . . . . , . . . . . . . . . . . . . . . . .●

❷ Je me suis amusé à copier les dessins de ce célèbre peintre de la Renaissance.

. . . . . . . . . . . . . . . . . . . . . . . . . .
. . . . . . . . . . . . . . . . . . . . . . . . . .
. . . . . . . . . . . . .●

❸ Le design automobile et la production de machines-outils sont des secteurs de pointe de notre industrie.

. . . . . . . . . . . . . . . . . . . . . . . . .
. . . . . . . . . . . . . . . . . . . . . . . . .
. . . . . . . . . . . . . . . . . . . . . . . . . . .
. . . . . . . . . .●

❹ Je me demande comment cette modernisation a été possible.

. . . . . . . . . . . . . . . . . . . . . . . . . . . . .
. . . . . . . . . . . . . . . . .●

❺ Le secteur tertiaire et les services constituent une part importante de notre économie.

. . . . . . . . . . . . . . . . . . . . . . . . . . . . . .
. . . . . . . . . . . . . . . . . . . . . . . . . . . . . .
. . . . . . . . . . . . . . . . .●

GLI ITALIANI CI SANNO PROPRIO FARE NEGLI AFFARI!

# Corrigé de l'exercice 2

❶ In questa regione altamente industrializzata, di contadini e di pastori, ce ne sono pochissimi ❷ Mi sono sbizzarrito a copiare i disegni di quel famoso pittore rinascimentale ❸ Il design automobilistico e la produzione di macchine utensili sono settori di punta della nostra industria ❹ Mi chiedo come questa modernizzazione sia stata possibile ❺ Il settore terziario e i servizi costituiscono una fetta importante della notra economia

---

*Le cinéma néo-réaliste et la comédie à l'italienne font partie des fleurons du septième art de la péninsule. Le premier s'est développé dans les années qui ont suivi la deuxième guerre mondiale, grâce à des cinéastes comme Vittorio de Sica (***Ladri di biciclette***, Voleurs de bicyclettes, 1948), Roberto Rossellini (***Roma città aperta***, Rome ville ouverte, 1945), ou Luchino Visconti (***La terra trema***, La terre tremble, 1948). Très marqué par l'engagement politique et social aux côtés des classes populaires fortement affaiblies par le récent conflit, le néoréalisme se voulait être un cinéma du réel, avec des films entièrement tournés avec des acteurs non professionnels, issus de la rue, et en prise avec les problèmes du monde contemporain. La comédie à l'italienne est un genre certainement plus commercial, mais à la dignité artistique non moindre : à partir des années cinquante, des réalisateurs comme Pietro Germi (***Divorzio all'italiana***, Divorce à l'italienne, 1962), Mario Monicelli (***I soliti ignoti***, Le pigeon, 1958) ou encore Dino Risi (***I mostri***, Les monstres, 1963) ont porté sur la société italienne un regard à la fois critique, sarcastique et cynique, fortement teinté d'humour noir. Des acteurs comme Ugo Tognazzi, Alberto Sordi, Marcello Mastroianni ou Vittorio Gassmann ont rendu ces films célèbres dans le monde entier. Nous pouvons considérer ***Brutti, sporchi e cattivi***, Affreux, sales et méchants (1976) d'Ettore Scola, comme un des derniers exemples de ce genre : il montre les mésaventures des habitants d'un bidonville, en choisissant de présenter les pauvres sans aucun "angélisme", mais au contraire comme des personnes moralement abruties par la misère, et comme de piètres représentants de la société italienne... Le succès de ce film (prix du meilleur réalisateur au XXIXe festival de Cannes) a fait de son titre une expression proverbiale.*

**6**  si è assistito ad un'inversione di tendenza a partire, circa, dal periodo sullo scorcio degli anni '70, inizio degli anni '80, del secolo scorso.

**7**  È vero che già nel 1949 l'attrice americana Linda Christian era venuta a Roma per scegliere il vestito per il suo matrimonio con Tyrone Power,

**8**  mostrando al mondo che l'Italia era al contempo il paese del bello, dell'arte e dell'amore.

**9**  Ciò nonostante, si trattava ancora della celebrazione di un lusso per pochi,

**10**  come le sfilate organizzate nei palazzi fiorentini dal conte Giorgini avevano confermato fin dai primi anni Cinquanta:

**11**  soltanto principesse e blasonate ④ sembravano sapere, per educazione, tradizione e cultura, come indossare gli abiti presentati negli spazi aulici ⑤ delle loro case patrizie.

**12** –  Solo dopo il terremoto degli anni sessanta, con la conseguente democratizzazione del gusto e dei costumi, si è giunti all'affermazione ⑥ internazionale del "made in Italy",

## Notes

④  **blasonato** est un synonyme de **nobile**, *noble*, puisque les familles nobles, comme tout le monde le sait, sont pourvues d'un blason…

⑤  **aulico** vient du mot grec *aulé*, la *cour*, et indiquait, à l'origine, l'appartenance à la cour, comme, en français, *aulique*. Puisque ▸

**6**   on a assisté à une inversion de[s] tendance[s] à
partir de *(la période vers)* la fin des années 70,
début des années 80 du siècle dernier.

**7**   Il est vrai que déjà en 1949 l'actrice américaine
Linda Christian était venue à Rome pour choisir
la robe pour son mariage avec Tyrone Power,

**8**   en montrant au monde entier que l'Italie était le
pays à la fois *(en même temps)* du beau, de l'art
et de l'amour.

**9**   Malgré cela, il s'agissait toujours de la
célébration d'un luxe pour peu [de gens],

**10**   comme l'avaient confirmé les défilés organisés
par le comte Giorgini dans les palais florentins,
dès le début des années cinquante :

**11**   seules *(seulement)* des princesses et des femmes
nobles semblaient savoir, par [leur] éducation,
[leur] tradition et [leur] culture, comment porter
les robes présentées dans les espaces pompeux
de leurs demeures patriciennes.

**12** –   Ce n'est qu'après le tremblement de terre des
années soixante, avec la démocratisation du
goût et des coutumes qui a suivi *(conséquente)*,
que l'on est arrivé au succès international du
made in Italy,

▸   le style des poètes de cour était particulièrement précieux et
d'une élégance quelque peu affectée, il a pris le sens d'*élevé*
(**uno stile aulico**, *un style élevé*), *solennel* et même *pompeux*…

⑥   **l'affermazione** est à la fois *l'affirmation*, avec le même sens et
emploi qu'en français, et *le succès* et même *la victoire* : **Quel
prodotto ha avuto un'immediata affermazione sul mercato**,
*Ce produit a connu un succès immédiat sur le marché.* Dans
ce sens on peut également utiliser l'infinitif pronominal substantivé **affermarsi** et précédé d'un article : **Il suo progressivo
affermarsi nel mondo dello sport**, *Son succès graduel dans le
monde sportif.*

**13** con il trionfante prêt-à-porter confezionato in serie, che veste con eleganza e a poco prezzo donne emancipate e attive nel mondo professionale.

**14** Polo di attrazione per la moda diventa Milano, dove lo sforzo estetico soprattutto su linee e materiali – tessuti, maglieria, pelli – è andato di pari passo con il fiorire ⑦, in altri campi, del cosiddetto design.

**15** Abbiamo chiesto al noto stilista di illustrare a grandi linee i caratteri della sua collezione autunno-inverno esposta oggi:

**16** – Per la donna ci sono sia capi con grinta ⑧, larghi giubbotti in pelle – anticata o nero lavagna ⑨ – o di piumino,

**17** tute in felpa o in velluto con lunga zip al centro e tasconi tagliati,

**Notes**

⑦ Remarquez comme l'infinitif d'un verbe peut être substantivé, c'est-à-dire utilisé comme un nom, et donc précédé de l'article : **fiorire** signifie *fleurir*, mais précédé de l'article prend le sens de *naissance*, *développement*, et même *prospérité* : **Il fiorire delle arti è una caratteristica del Rinascimento italiano**, *Le développement des arts est une caractéristique de la Renaissance italienne.*

⑧ **grinta** vient de l'ancien germanique, et indique une grimace féroce et même épouvantable ! Par contre, l'usage le plus courant du mot désigne une attitude plutôt positive de détermination, de volonté de décider et d'aller de l'avant, quitte à être même agressif : **agire con grinta** est *agir avec détermination* : **Quel ragazzo ha grinta, farà strada**, *Ce garçon a du punch, il ira loin.*

⑨ **nero lavagna**, littéralement "noir tableau", est le ton le plus foncé du noir. **Lavagna** est un village de la côte ligure, célèbre pour ses mines d'ardoise : c'est pour cela que le tableau noir ▸

**13** avec le triomphe du prêt-à-porter produit en série, qui habille élégamment et à bas prix des femmes libérées *(émancipées)* et actives dans le monde du travail.

**14** Le pôle d'attraction pour la mode devient Milan, où l'effort esthétique surtout sur les lignes et les matériaux – tissus, bonneterie, cuir – s'est développé parallèlement à la naissance, dans d'autres domaines, dudit design.

**15** Nous avons demandé au célèbre styliste d'illustrer dans *(à)* [les] grandes lignes les caractères de sa collection automne-hiver, exposée aujourd'hui :

**16** – Pour la femme, il y a d'une part *(soit)* des tenues *(chefs)* "choc" *(avec mordant)*, de larges blousons en cuir *(peau)* vieilli ou noir foncé *(tableau)*, ou en duvet,

**17** des combinaisons en coton molletonné ou en velours avec [une] longue fermeture éclair au centre et [de] grandes poches en biais *(coupées)*,

▶ qui se trouve dans toutes les classes, s'appelle **la lavagna** : si votre enseignant d'italien vous dit – **Vada alla lavagna**, il ne vous invite donc pas à des vacances en Ligurie, mais à une interrogation !

**18** sia un ritorno agli intramontabili ⑩ capi romantici, un po' retrò, lunghe gonne plissettate con spacco, scollature vertiginose contrappuntate da sciarpe di seta,

**19** camicie di pizzo con colletto e polsini ricamati, da portare con completi tipo smoking o con giacche a risvolti di raso.

**20** Per l'uomo, c'è lo stile miniera con camicioni di flanella, maglioni a collo aperto,

**21** casacche sfoderate di panno con inserti di lana, da portare con le maniche tirate su e coppola, uno stile giovane e scanzonato.

**22** Oppure c'è lo stile classico-manageriale, sempre di moda checché se ne dica, con spigati e rigati a doppio petto,

**23** più raramente spezzati, il tutto in stoffa morbida ⑪ e confortevole, drappo o grisaglia.

**24** Insomma, un abile dosaggio di classico e "tirato via", che punta soprattutto al confort, da portare ovunque e in tutte le occasioni. □

## Notes

⑩ **intramontabile**, *indémodable*, est dérivé de **il tramonto**, *le coucher de soleil* : il est toujours d'actualité en somme, comme un soleil qui ne se coucherait jamais… (au figuré, **il tramonto** est aussi *le déclin*).

⑪ Attention ! **Una stoffa morbida** n'est pas… une étoffe morbide, mais *une étoffe moelleuse, souple* ; pour dire *morbide*, on emploie l'adjectif **morboso** : **uno stato morboso**, *un état morbide/maladif*.

**18** et d'autre part *(soit)*, un retour aux indémodables vêtements *(chefs)* "romantiques", un peu "rétro", de longues jupes plissées avec fente, des décolletés vertigineux rehaussées par des écharpes en soie,

**19** des chemises en dentelle à *(avec)* col et manchettes brodés, à porter avec des costumes du genre smoking ou avec des vestes à revers de satin.

**20** Pour l'homme, il y a le style "mineur" *(mine)* avec des grandes chemises en flanelle, des pulls à col ouvert,

**21** des casaques en drap, sans doublure, avec des empiècements en laine, à porter avec les manches retroussées *(tirées haut)*, et une casquette, un style jeune et désinvolte.

**22** Ou bien il y a le style "classique", de manager, toujours à *(de)* [la] mode, quoi qu'on en dise, avec [des costumes en tissu à] chevrons et rayés, à veston croisé *(à double poitrine)*,

**23** plus rarement des costumes sport *(brisés)*, le tout en tissu *(étoffe)* souple et confortable, drap ou grain de poudre.

**24** En somme, un dosage habile de "classique" et de décontracté *(tiré loin)*, qui vise surtout au confort, à porter en toute circonstance ou occasion *(partout et dans toutes les occasions)*.

**Esercizio 1 – Traducete**

❶ Le piace vestirsi con grinta, con giubbotti di pelle e tute in felpa. ❷ Lo stile classico è intramontabile, checché se ne dica. ❸ Principesse e blasonate indossavano capi di lusso nei loro aulici palazzi patrizi. ❹ Lo sviluppo della moda va sempre di pari passo con le trasformazioni sociali. ❺ Questa sfilata è un'occasione per tirare le somme sull'attività del famoso stilista.

* * *

**Esercizio 2 – Completate**

❶ Avec le punch qu'il a, il est probable qu'il gagne le match.

... .. .... ... .., . ......... ...
..... .. ......•

❷ Elle portait une jupe fendue et un décolleté vertigineux, lui un veston croisé très classique.

... .......... ...... .. ......
. ... ......... ..........., ... ..
....... ......... ....•

❸ Malgré le succès du prêt-à-porter et le développement de modes inspirées de l'art contemporain, le style classique reste indémodable.

.......... ......... ...
........... ......... .. ... ....
......... ...........•, ..
..... ..... ... .......•

❹ Le défilé présentait surtout des vêtements en tissu souple qui visaient le confort.

.. .......... .......... ....
.. ...... ...... .........• ..
.......•

❶ Elle aime s'habiller avec des tenues "choc", *(avec)* des blousons en cuir et des combinaisons en coton molletonné. ❷ Le style classique est indémodable, quoi qu'on en dise. ❸ Des princesses et des femmes nobles portaient des vêtements de luxe dans leur pompeuses demeures patriciennes. ❹ Le développement de la mode va toujours de pair avec les transformations sociales. ❺ Ce défilé est une occasion pour faire un bilan de l'activité du célèbre styliste.

———⟫·◦·⟪———

❺ Si le maître avait écrit les devoirs au tableau, nous les aurions copiés.

. . . .  . . . .  . . . . . ha,  . . . . . . .  . . . . . . .  . . . . . . . .  . . . . . . .
. . . . .  . . . . . . . ,  . . .  . . . . . . . .  . . . . . . . .

## Corrigé de l'exercice 2

❶ Con la grinta che ha, è probabile che vinca la partita ❷ Lei indossava una gonna con spacco e una scollatura vertiginosa, lui un doppio petto molto classico ❸ Nonostante l'affermarsi del prêt-à-porter e il fiorire di mode ispirate all'arte contemporanea, lo stile classico resta intramontabile ❹ La sfilata presentava soprattutto capi di stoffa morbida che puntavano al confort ❺ Se il maestro avesse scritto i compiti alla lavagna, li avremmo copiati

## La città italiana

1   La tradizione architettonica italiana è
plurisecolare, e un'occhiata anche rapida
all'organizzazione urbanistica delle città
della penisola basta ad accorgersene;

2   piazze, monumenti e palazzi sorgono
sontuosi ad ogni angolo di strada,

3   scandendo palesemente ① tappe e stagioni
della storia del paese.

4   Il fulcro dell'attività architettonica italiana non
è tanto il palazzo privato, il castello, l'edificio
signorile che vive ripiegato su se stesso,

5   quale scrigno che nasconda ② gelosamente
agli occhi indiscreti i suoi fasti, com'è il
caso di altre architetture, pur pregevoli,
come la francese e l'inglese.

6   È nelle piazze, negli edifici pubblici –
palazzi del podestà, del comune, del
consiglio, dei diversi organismi di governo
locale – che l'architettura italiana ha
raggiunto i suoi esiti più elevati.

### Notes

① **palese** (du latin *palam*, *ouvertement*) signifie *manifeste*, *évident* ; d'où l'adverbe **palesemente**, *ouvertement*, et le verbe **palesare**, *montrer ouvertement* : **La sua colpevolezza è palese**, *Sa culpabilité est manifeste* ; **È un fatto palese**, *C'est un fait notoire* ; **palesare un segreto**, *révéler, rendre public un secret* ; **Si palesò come un impostore**, *Il se révéla être un imposteur.* ▸

## La ville italienne

**1** La tradition architecturale italienne est vieille de
plusieurs siècles, et un coup d'œil, même rapide,
à l'organisation de l'urbanisme des villes de la
péninsule, suffit pour s'en apercevoir ;

**2** des places, des monuments et des palais
surgissent, somptueux, à chaque coin de rue,

**3** en marquant *(en scandant)* de manière évidente
les étapes et les époques *(saisons)* de l'histoire
du pays.

**4** Le cœur *(le point d'appui)* de l'activité
architecturale italienne n'est pas tant l'hôtel
particulier, le château, le bâtiment seigneurial
qui vit replié sur lui-même,

**5** tel *(quel)* [un] écrin qui cacherait *(cache)*
jalousement ses fastes aux regards *(aux yeux)*
indiscrets, comme c'est le cas d'architectures
qui sont pourtant de valeur, telles celles de
France ou d'Angleterre ;

**6** mais plutôt les places, dans les bâtiments
publics : palais du podestat, de la commune,
du Conseil, des différents organes de
gouvernement local. C'est là que l'architecture
italienne a atteint ses résultats les plus élevés.

▸ ② L'utilisation du subjonctif **che nasconda** est justifiée ici par
le côté virtuel de la comparaison (il s'agit bien sûr d'un écrin
hypothétique), fréquent dans les propositions introduites
par **come**, **quasi** (voir la phrase 8 de ce dialogue, **quasi che
il contenuto sia…**). Avec **come se**, le subjonctif est toujours
imparfait ou plus-que-parfait : **Parla come se non fosse al
corrente di nulla**, *Il parle comme s'il n'était au courant de
rien.*

7    Le stesse dimore private signorili e perfino
le reggie dei monarchi sono costruite in
piena città, al centro della vita civile,

8    ed è la facciata che dà sulla strada la parte
più bella, quasi che il contenuto artistico
dell'opera sia un dono da offrire al passante

9    o la maniera che chi ci abita abbia scelto ③
per rappresentarsi agli occhi del mondo
esterno.

10   Per rintracciare la genesi di questa
tendenza, sociale prima ancora che
architettonica, occorre guardare la città
romana antica,

11   dove si era cittadini prima di essere
individui e dove lo spazio pubblico
prevaleva su quello privato.

12   Sia le fonti letterarie greco-latine
che l'archeologia ci rimandano l'eco
leggendaria ④ e ci mostrano fondamenta e
vestigia di templi, circhi e teatri, raramente
di monumentali palazzi privati.

## Notes

③ Le participe passé **scelto**, introduit par l'auxiliaire **avere**, n'est pas accordé ici avec l'antécédent pronom relatif complément d'objet direct, qui est féminin (**la maniera**), comme ce serait le cas en français (ex : *la manière qu'il a choisie*) : en effet, cet accord, avec les pronoms relatifs, est facultatif en italien : **La ragazza che ho visto** ou **La ragazza che ho vista** ; **I ragazzi che ho visto** ou **I ragazzi che ho visti**.

④ **l'eco leggendaria** : faites attention à l'accord du mot **eco**, *écho*, qui est féminin au singulier, bien que l'on puisse parfois le trouver au masculin ; par contre, il est toujours masculin au pluriel : **gli echi della stampa**, *les échos de la presse*.

**7** Même les hôtels particuliers seigneuriaux et jusqu'aux palais royaux des monarques sont bâtis en pleine ville, au centre de la vie publique *(civile)*,

**8** et c'est la façade qui donne sur la rue qui [en est] la partie la plus belle, comme *(presque)* si le contenu artistique de l'œuvre était *(soit)* un don à offrir au passant,

**9** ou la manière choisie par l'habitant de *(que celui qui y habite ait choisie pour)* se représenter aux yeux du monde extérieur.

**10** Pour retrouver la genèse de cette tendance, [qui est] sociale *(encore)* avant [d'être] *(que)* architecturale, il faut regarder la ville romaine antique,

**11** où les gens *(on)* étaient des citoyens avant d'être des individus et où l'espace public l'emportait sur l'espace privé.

**12** Tant les sources littéraires qu'archéologiques nous renvoient les échos légendaires et nous montrent les fondations et les vestiges de temples, cirques et théâtres, rarement [ceux] de monumentales demeures particulières.

**13** Nel comune medioevale questa tendenza riprende un rinnovato slancio col principio della piazza, spazio assembleare miracolosamente generato dall'esistenza stessa degli edifici che lo attorniano

**14** e spesso sorto sulle rovine illustri del foro della città romana, il cui assetto resta riconoscibile nei cardi e decumani,

**15** strade maestre che attraversavano la città da parte a parte, intersecandosi perpendicolarmente.

**16** Tutt'intorno, le stradine strette e sinuose sono sovente fiancheggiate dai loro portici,

**17** invenzione che celebra l'unione tra lo spazio pubblico della città e le abitazioni private, nel perimetro delle quali il portico si sviluppa.

**18** Le residenze rinascimentali, con i loro cortili cinti da colonnati con eleganti capitelli, per lo più corinzi, e cornicioni finemente scolpiti in aggetto sulla facciata, sono altri capolavori d'architettura.

**19** Anche l'edilizia moderna, che impiega vetro, ferro, acciaio e cemento armato come materiali costruttivi, ha dato il meglio di sé nelle stazioni, gallerie commerciali, stabili amministrativi.

**20** Se altrove la città è concepita come ciò che è al di fuori delle case, in Italia, dove si vive tanto in strada, le case esistono come elemento che cinge e definisce lo spazio urbano. ☐

**13** Dans la commune médiévale, cette tendance reprend un élan nouveau *(rénové)* avec le principe de la place, espace d'assemblée miraculeusement engendré par l'existence même des bâtiments qui l'entourent

**14** et souvent né sur les ruines illustres du forum de la ville romaine, dont l'organisation reste reconnaissable dans les *cardos* et dans les *decumanus*,

**15** voies maîtresses qui traversaient la ville de part en part, en s'entrecoupant perpendiculairement.

**16** Tout autour, des ruelles étroites et sinueuses sont souvent bordées par leurs portiques,

**17** invention qui célèbre l'union entre l'espace public de la ville et les habitations privées, dans le périmètre desquelles le portique se développe.

**18** Les demeures de la Renaissance, avec leurs cours entourées de colonnades aux élégants chapiteaux, en général corinthiens, des corniches finement sculptées, en saillie sur la façade, sont d'autres chefs-d'œuvre d'architecture.

**19** Même la construction moderne, qui emploie le verre, le fer, l'acier et le béton armé comme matériaux de construction, a donné le meilleur d'elle-même dans les gares, les galeries marchandes, les immeubles administratifs.

**20** Si ailleurs la ville est conçue comme une vitrine exposant les façades *(ce qui est au dehors)* des maisons, en Italie, où l'on vit beaucoup dans la rue, les maisons existent comme éléments qui entourent et définissent l'espace urbain.

**Esercizio 1 – Traducete**

➊ Che egoista! Si comporta come se fosse solo al mondo. ➋ L'assetto della città romana è riconoscibile nelle due strade maestre che l'attraversavano da parte a parte, il cardo e il decumano. ➌ Il fulcro della vita economica italiana sono le piccole e medie imprese manufatturiere. ➍ Durante il Rinascimento la civiltà italiana raggiunse i propri esiti più elevati al contempo nella pittura, nella scultura e nell'architettura. ➎ Le piazze medievali sorgono spesso sul foro dell'antica città romana.

---

**Esercizio 2 – Completate**

➊ Tout autour du palais royal du monarque se trouvaient de splendides palais seigneuriaux.

. . . . . . . . . . . . . . . . . . . . . . . . . . . monarca

. . . . . . . . . . . . . . . . . . . . . . . . . . . . . . . .•

➋ Les deux voies maîtresses s'entrecoupent perpendiculairement.

. . . . . . . . . . . . . . . . . . . . . . . . . . . . . . . .

. . . . . . . . . . . . . . . . .•

➌ La construction moderne utilise des matériaux de construction comme l'acier, le verre et le béton armé.

. . . . . . . . . . . . . . . . . . . . . . . . . . . . . .

. . . . . . . . . . . . . . . . . . . . . . . . , . . . . . . . . .

. . . . . . . . . .•

➍ La corniche finement sculptée est en saillie sur la façade.

. . . . . . . . . . . . . . . . . . . . . . . . . . . . . . . .

. . . . . . . . . . . . . . . . . . . . . .•

❶ Quel égoïste ! Il se comporte comme s'il était seul au monde.
❷ L'organisation de la ville romaine est reconnaissable dans les deux voies maîtresses qui la traversaient de part en part, le *cardo* et le *decumanus*. ❸ Le cœur de la vie économique italienne, ce sont les petites et moyennes entreprises manufacturières. ❹ Pendant la Renaissance, la civilisation italienne atteignit ses résultats le plus élevés à la fois en peinture, en sculpture et en architecture. ❺ Les places médiévales se trouvent souvent sur le forum de l'ancienne ville romaine.

❺ Les étroites ruelles de la ville médiévale étaient bordées de portiques.

```
.. ........ ......... ...... .....
......... ..... .............. ..
........•
```

## Corrigé de l'exercice 2

❶ Tutt'intorno alla reggia del – sorgevano splendidi palazzi signorili ❷ Le due strade maestre s'intersecano perpendicolarmente ❸ L'edilizia moderna impiega materiali costruttivi come l'acciaio, il vetro e il cemento armato ❹ Il cornicione finemente scolpito è in aggetto sulla facciata ❺ Le strette stradine della città medievale erano fiancheggiate da portici

## Foto digitale ①

**1 –** Ha detto Marisa che mi masterizza un cd
con sopra tutte le foto che abbiamo fatto in
vacanza l'anno scorso.

**2 –** Era ora! Io credevo che te le avesse già
fatte avere da un pezzo: ma non poteva
mandartele ② via mail?

**3 –** Ma dai, sono file troppo pesanti, poi ci
vuole una vita per scaricarli!

**4 –** Potevate chiedermelo prima, conosco
dei siti con cui si possono mandare file
gratuitamente senza limiti di dimensioni.

**5 –** Te l'avremmo chiesto volentieri, se le tue
spiegazioni in campo informatico non
fossero sempre tanto ostiche!

**6**   L'ultima volta che ci hai spiegato come
funzionava un programma, abbiamo passato
una settimana a domandarci che cosa tu
avessi voluto dire con le tue frasi astruse!

## Notes

① **digitale** vient de l'anglais *digit*, *nombre* ou *chiffre* ; c'est pour
cela que le terme du langage technologique *numérique* est
exprimé en italien le plus souvent par **digitale**, même si le mot
**numerico** existe également. Bien sûr, **digitale** garde aussi sa
signification "latine" liée aux *doigts* (**le dita**) dans des expressions comme **le impronte digitali**, *les empreintes digitales.* ▸

## Photo numérique

1 – Marisa a dit qu'elle va me graver un CD avec *(dessus)* toutes les photos que nous avons prises en vacances l'année dernière.

2 – Il était temps ! Je croyais qu'elle te les avait déjà données *(faites avoir)* depuis un moment : mais elle ne pouvait pas te les envoyer par mail ?

3 – Mais non, ce sont des fichiers trop lourds, et il faut une éternité *(une vie)* pour les télécharger !

4 – Vous auriez pu *(pouviez)* me le demander avant, je connais des sites par lesquels on peut envoyer gratuitement des fichiers sans limites de dimensions.

5 – Nous te l'aurions demandé volontiers, si tes explications dans le domaine de l'informatique n'étaient pas toujours si impénétrables !

6 La dernière fois que tu nous as expliqué comment fonctionnait un programme, nous avons passé une semaine à nous demander ce que tu avais voulu dire par tes phrases obscures !

▶ ② Comme les pronoms personnels compléments simples (leçon 35, paragraphe 3), les pronoms personnels "groupés" (c'est-à-dire complément direct et indirect cumulés) fusionnent avec le verbe à l'infinitif et sont placés à la fin du mot, même si l'application de cette règle est facultative et que l'on peut aussi bien dire **te lo devo dire** ou **devo dirtelo** pour *je dois te le dire*. Par contre, elle est obligatoire avec le participe présent, le participe passé, le gérondif et l'impératif.

**7** In ogni modo, me le ha fatte ③ vedere sul suo computer e sono stupende; si ritrova proprio tutta l'atmosfera della costiera amalfitana.

**8** Come vorrei che ci tornassimo l'estate prossima!

**9** – Te lo credo che sono belle, le sue foto: le ho fatto comprare una macchina fotografica eccezionale, con un vagone di megapixel!

**10** – Anch'io dovrò presto comprarmene una nuova; quando sarà il momento, te lo dirò, se puoi darmi dei consigli in merito.

**11** – Certo! In ogni caso, l'importante è avere un buon sensore, con un'ottima definizione, soprattutto nel caso tu voglia ingrandire le foto e stamparle,

**12** e naturalmente buone ottiche, a livello degli obbiettivi, ed un buon programma di messa a fuoco,

**13** per avere immagini nitide e inquadrature ottimizzate anche al buio.

**14** – Insomma, per immortalare anche situazioni che durano una frazione di secondo!

**15** – Non so che cosa tu voglia fotografare, ma è proprio così: non vorrai mica darti ④ al giornalismo fotografico?

## Notes

③ Voyez que l'accord du participe passé avec un COD antécédent se fait en italien, même dans des cas où il ne se ferait pas en français. En général, on peut dire que le participe passé conjugué avec l'auxiliaire **avere**, s'accorde toujours avec le pronom personnel COD quand celui-ci précède le verbe : **me le ha fatte ascoltare**, *il me les a fait* (litt. "faites") *écouter.* ▶

7    En tout cas, elle me les a montrées sur son ordinateur, et elles sont splendides, on y retrouve vraiment toute l'atmosphère de la côte amalfitaine !

8    Comme je voudrais que nous y retournions l'été prochain !

9 –  Je crois bien qu'elles sont belles, ses photos : je lui ai fait acheter un appareil photo exceptionnel, avec un "wagon" de méga-pixels !

10 – Moi aussi je devrai bientôt m'en acheter un neuf ; quand ce sera le moment, je te le dirai, pour que tu me donnes *(si tu peux me-donner)* des conseils à ce propos *(en mérite)*.

11 – Certainement ! En tout cas, l'important, c'est d'avoir un bon capteur d'images, avec une excellente définition, surtout au cas où tu voudrais agrandir les photos et les imprimer,

12   et bien sûr de bonnes optiques, au niveau des objectifs, et un bon programme de mise au point *(à feu)*,

13   pour avoir des images nettes et des cadrages optimisés même dans l'obscurité.

14 – En somme, pour immortaliser même des situations qui ne durent qu'une fraction de seconde !

15 – Je ne sais pas ce que tu veux photographier, mais c'est *(vraiment)* ainsi : tu ne voudrais quand même pas te consacrer *(donner)* au journalisme photo ?

▸ ④ Le verbe **dare** est utilisé dans sa forme pronominale **darsi** pour indiquer *se consacrer* à quelque chose, même ironiquement dans l'expression **Datti all'ippica!**, *Change de métier, va !* (littéralement, "mets-toi à l'hippisme"), mais aussi **darsi alla pazza gioia**, *s'en donner à cœur joie* ; **darsi per vinto**, *s'avouer vaincu* ; **darsi alla macchia**, *prendre le maquis* (au propre et au figuré), etc.

**16** – No, stai tranquillo, né fotoreporter, né paparazzo! Voglio solo fare belle foto!

**17** Anche se non sarò mai brava come te: ogni scatto un capolavoro!

**18** – Dai, non prendermi in giro: non si capisce mai se parli sul serio o se sfotti ⑤…

**19** – Io sfottere? Non sia mai!

**20** In ogni caso, se ricordo bene l'ultima volta che hai mostrato le tue foto agli amici, erano tutte sfuocate

**21** e hai fatto una pessima figura, nonostante la tua fotocamera all'ultimo grido! ☐

## Note

⑤ **sfottere** est un synonyme populaire (dérivé du dialecte romain) de **prendere in giro**, *se moquer* (comme le font les enfants quand ils font *une ronde* (**un girotondo**) autour d'un camarade pour rire de lui). Leurs synonymes sont nombreux (**deridere**, **canzonare**, **schernire**, **burlare**, etc.) et les Italiens … très moqueurs !

## Esercizio 1 – Traducete

❶ Ci siamo chiesti spesso che cosa avesse voluto dire con le sue frasi astruse. ❷ Non si sa mai se parli sul serio o se ci prenda in giro. ❸ Con la mia fotocamera digitale ottengo immagini nitide e inquadrature ottimizzate anche al buio. ❹ L'ultima volta ho fatto una pessima figura mostrando le mie foto tutte sfuocate! ❺ Mi chiedo perché tu non riesca a metterle a fuoco, mi sembra che tu abbia un'ottima macchina fotografica.

**16** – Non, rassure-toi *(sois tranquille)*, ni reporter-photographe, ni paparazzi ! Je veux juste prendre *(faire)* de belles photos !

**17** Même si je ne deviendrai jamais aussi doué que toi : chaque déclic un chef-d'œuvre !

**18** – Allez, ne te moque pas de moi : on ne sait *(comprend)* jamais si tu parles sérieusement ou si tu te moques…

**19** – Moi, me moquer ? Jamais de la vie *(ne soit jamais)* !

**20** En tout cas, si je me souviens bien la dernière fois que tu as montré tes photos aux amis, elles étaient toutes floues,

**21** et tu as fait une piètre figure, malgré ton appareil photo *(au)* dernier cri !

ANCH'IO DOVRÒ PRESTO COMPRARMENE UNA NUOVA!

### Corrigé de l'exercice 1

❶ Nous nous sommes souvent demandé ce qu'il avait voulu dire par ses phrases obscures. ❷ On ne sait jamais s'il parle sérieusement ou s'il se moque de nous. ❸ Avec mon appareil photo j'obtiens des images nettes et des cadrages optimisés même dans l'obscurité. ❹ La dernière fois j'ai fait une piètre figure avec mes photos toutes floues ! ❺ Je me demande pourquoi tu n'arrives pas à faire la mise *(les mettre)* au point, il me semble que tu as un excellent appareil photo.

**Esercizio 2 – Completate**

❶ Mon appareil photo est vieux, je devrai bientôt m'en acheter un nouveau.

.. ... ......... . ........, .....
..... ........... ... ......•

❷ Je me demande pourquoi il ne peut pas expliquer les choses de manière claire.

.. ...... .... ... ... .....
..... .. ... ...... ......•

❸ Avec mon nouvel appareil photo, je peux immortaliser des situations qui ne durent qu'une fraction de seconde.

... .. .... ........ ...........
.... ... ...... ........... ...
...... . .. ..........•

❹ C'est un reporter-photographe très doué : chaque déclic, c'est un chef-d'œuvre.

. .. ............ ...........: ... ...
...... . .. ..........•

❺ Tant que je n'arriverai pas à atteindre mon objectif, je ne m'avouerai pas vaincu.

Finché ... ......... . ........... ..
... .........., ... .. ... ... .......•

## Corrigé de l'exercice 2

❶ La mia fotocamera è vecchia, presto dovrò comprarmene una nuova ❷ Mi chiedo perché lui non possa spiegare le cose in maniera chiara ❸ Con la mia nuova macchina fotografica posso immortalare situazioni che durano una frazione di secondo ❹ È un bravissimo fotoreporter – ogni suo scatto è un capolavoro ❺ – non riuscirò a raggiungere il mio obbiettivo, non mi darò per vinto

## Revisione – Révision

### 1 La proposition subordonnée interrogative

Les propositions qui rendent compte indirectement de questions, formulées effectivement ou simplement pensées, introduites par des verbes tels que **sapere** (à la forme négative, **non sapere se**), **chiedere**, **domandare**, etc., sont des propositions subordonnées interrogatives indirectes :

**Non so se tu sia in grado di fare questo lavoro.**
*Je ne sais pas si tu es en mesure de faire ce travail.*

Le verbe peut être tantôt à l'indicatif, tantôt au subjonctif :
**Non so se è già partito** ou **non so se sia già partito.**
*Je ne sais s'il est déjà parti.*

Le subjonctif souligne le doute.

Restent valables les règles d'accord des temps déjà vues dans les leçons précédentes :
**Mi chiedo che cosa voglia dire.**
*Je me demande ce qu'il veut dire.*

**Mi chiedo che cosa abbia voluto dire.**
*Je me demande ce qu'il a voulu dire.*

**Mi chiesi che cosa volesse dire.**
*Je me demandai ce qu'il voulait dire.*

**Mi chiesi che cosa avesse voluto dire.**
*Je me demandai ce qu'il avait voulu dire.*

**Mi chiesi che cosa avrebbe fatto.**
*Je me demandai ce qu'il ferait*, etc.

## 2 Emplois particuliers de l'infinitif

### 2.1 Infinitif substantivé

On peut toujours employer un verbe à l'infinitif comme un substantif, en le faisant précéder d'un article, d'une **preposizione articolata**, d'un adjectif démonstratif, possessif, indéfini ou qualificatif :
**Ci ha imbrogliati tutti, con quel suo parlare.**
*Par sa manière de parler* (littéralement "avec ce son parler"), *il nous a tous trompés.*

**(L')Andare troppo forte in macchina può essere causa di incidenti.**
*Le fait d'aller trop vite en voiture peut être cause d'accidents.*

Quand il est introduit par **le preposizioni articolate sul**, **nel**, **al**, **col**, l'infinitif correspond en général au gérondif français, avec des nuances de temporalité :
**Sul partire, si accorse che aveva dimenticato di togliersi il pigiama.**
*En partant / Au moment de partir, il s'aperçut qu'il avait oublié d'enlever son pyjama.*

**Al partire del treno, tutti salutarono sventolando il fazzoletto.**
*Au départ du train / Le train partant, tout le monde salua en agitant son mouchoir.*

**Nel partire, aveva dimenticato di chiudere il gas.**
*En partant, il avait oublié d'arrêter le gaz.*

ou de manière :
**Col partire di nascosto, si liberò di tutti i creditori.**
*En partant en cachette, il se libéra de tous ses créditeurs.*

L'infinitif peut avoir valeur de nom même sans être précédé de l'article :
**Leggere è la mia passione**, *Lire, c'est ma passion.*

Retenez aussi les expressions : **sul far del giorno**, *au lever du jour* ; **un fare discreto**, *des manières discrètes* ; **si ha un bel fare, si ha un bel dire…**, *on a beau faire, on a beau dire…*

## 2.2 L'infinitif dans des propositions indépendantes

Le plus souvent utilisé dans des subordonnées, l'infinitif peut régir des propositions indépendantes dans des cas particuliers :

• phrases interrogatives, avec nuance dubitative :
**Che fare?**, *Que faire ?*

• pour exprimer un ordre, une interdiction (par exemple dans un panneau) :
**Non parlare al conducente**, *Il est interdit de parler au conducteur.*

• pour exprimer un souhait, un désir :
**Ah, avere tanti soldi!**, *Ah, avoir beaucoup d'argent !*

• dans un récit, pour rendre la narration plus vivante :
**Ed ecco arrivare il nostro eroe sul suo cavallo bianco.**
*Et voici notre héros qui arrive sur son cheval blanc.*

## 3 Pronoms personnels compléments "groupés"

Les formes faibles des pronoms personnels compléments **mi, ti, si, ci, vi**, changent le **i** final en **e** quand ils sont suivis des pronoms personnels compléments d'objet direct **lo, la, li, le**, et de **ne** : **me lo dice, te la dà, se li scambiano, ce le comprate, ve ne portano**. Même **si**, ayant la valeur du *on* français, suit cette règle : **Se ne vedono di tutti i colori**, *On en voit de toutes les couleurs.*

Le pronom personnel complément d'attribution de la 3e personne du singulier masculin **gli** ne change pas mais fusionne avec le pronom qui le suit au moyen d'un **e**, devenant ainsi **glielo, gliela, glieli, gliele, gliene** : **glielo dico, gliela porta, gliene do**, etc.

Ces dernières formes sont valables aussi pour le féminin, où **gli** remplace donc le pronom complément d'attribution féminin **le** : **le regalo due libri**, *je lui offre – à elle – deux livres*, devient ainsi **gliene regalo due**, *je lui en offre – à elle – deux.*

Quand ils se trouvent avec un verbe à l'infinitif, à l'impératif, avec des participes présent et passé et avec un gérondif (voir la leçon

35, paragraphe 4), les pronoms personnels sont alors groupés et forment un seul mot avec le verbe, en s'attachant à sa fin : **dirmelo**, *me le dire* ; **fateglielo**, *faites-le-lui* ; **facentegliene**, *en lui faisant* ; **portatoglielo**, *après le lui avoir apporté* ; **dicendotelo**, *en te le disant*.

Dans ces cas-ci, la présence des pronoms groupés après le verbe n'a aucune influence sur l'accent tonique, qui reste à sa place initiale : **dicendo/dicendovelo** ; **parlate/parlategliene**.

## 4 La préposition *per*

La préposition **per** correspond, dans la plupart des cas, à *pour* ou à *par* :

**Ho preso il treno per Roma**, *J'ai pris le train pour Rome.*

**Per andare a Napoli si passa per Roma.**
*Pour aller à Naples on passe par Rome.*

Cependant, on le traduit différemment dans certaines expressions locatives, telles que **passeggiare per la campagna**, *se promener à la campagne*, **gironzolare per la città**, *se balader dans la ville*, ou **ruzzolare giù per le scale**, *dégringoler dans les escaliers*.

Dans des locutions temporelles :
**Ho lavorato per tre ore**, *J'ai travaillé pendant trois heures.*

Cherchez à retenir aussi ces idiotismes fréquents avec **per** :
**per così dire**, *pour ainsi dire* ;

**per l'appunto**, *justement* ;

**per esempio**, *par exemple* ;

**per di più**, *de plus* (en début de phrase) ;

**per lo più** (ou **perlopiù**), *le plus souvent, la plupart du temps, la plupart des fois* ;

**per altro**, *d'ailleurs* ;

**per ora**, *pour l'instant* ;

**per conto mio**, *pour ma part*, *en ce qui me concerne* (mais il prend dans certains contextes également le sens de *tout seul* :
**Vieni con noi ? – No, ci vado per conto mio.**
*Tu viens avec nous ? – Non, j'y vais tout seul.*) ;

**dare**, ou **sapere per certo**, *donner, savoir comme chose certaine* ;

**raccontare per filo e per segno**, *raconter par le menu* ;

**Non è pane per i tuoi denti**, *Ce n'est pas pour toi, c'est au-dessus de tes forces* ;

**rendere pan per focaccia**, *rendre à quelqu'un la monnaie de sa pièce* ;

**avere la testa per aria**, *avoir la tête en l'air* ;

**pensare solo per sé**, *ne penser qu'à soi* ;

**avere un diavolo per capello**, *être hors de soi, être dans tous ses états.*

Attention : rappelez-vous que le complément d'agent dans les formes passives se forme avec **da** :
**È stato rimproverato da suo padre.**
*Il a été grondé / s'est fait gronder par son père.*

## 5 Le verbe *fare*

Voici quelques expressions idiomatiques avec le verbe **fare**, rencontrées, pour beaucoup d'entre elles, dans les dialogues des leçons passées :
**darsi da fare**, *se dépenser* ;

**fare il muratore**, **il maestro**, etc, *être maçon, instituteur*, etc. ;

**fare brutta figura**, *donner mauvaise impression, faire une piètre figure* (**fare una pessima figura…** c'est encore pire…!) ;

**non potere fare a meno di qualcosa**, *ne pas pouvoir se passer de quelque chose* ;

**fare tanto di cappello**, *tirer son chapeau* ;

**fare la fame**, *"crever" de faim* (au sens d'être très pauvre) ;

**fare una vita da cani**, *mener une vie de chien* ;

**fare (i) soldi**, *gagner de l'argent* ;

**fare la bella vita**, *mener joyeuse vie* ;

**saperci fare**, *s'y connaître* ;

**fare la voglia di qualcosa**, *avoir envie de quelque chose* (dont on est en manque) ;

**farla finita**, *en finir* ;

**fare cenno**, *mentionner* ;

**fare presa**, *avoir prise* ;

**farsi strada**, *faire son chemin* ;

**fare contento qualcuno**, *contenter quelqu'un* ;

**fare al caso di qualcuno**, *convenir à quelqu'un* (**Lei fa al caso nostro**, *Vous êtes la personne qu'il nous faut.*) ;

**fare caso a qualcosa**, *faire attention à quelque chose* (**Non ci ho fatto caso**, *Je n'y ai pas prêté attention.*) ;

**fare di tutto per…**, *tâcher par tous les moyens de…* ;

**fare a metà di qualcosa con qualcuno**, *partager (à moitié) quelque chose avec quelqu'un* ;

**fare il bagno, la doccia**, *prendre un bain, une douche* ;

**non far parola**, *ne pas souffler mot* ;

**fare qualcuno deputato, colonnello, direttore**, *nommer*, ou *élire quelqu'un député, colonel, directeur* ;

**fare notizia**, *faire sensation* (dans les journaux, etc.) ;

**fare causa a qualcuno**, *intenter un procès contre quelqu'un* ;

**fare il verso a qualcosa, a qualcuno**, *se moquer de quelque chose, de quelqu'un* (en l'imitant) ;

**fare la parte di…**, *jouer le rôle de…* (au propre – théâtre, cinéma… – et au figuré) ;

**farsi furbo**, *devenir plus rusé* ;

**Lascia fare a me!**, *Laisse-moi faire !* ;

**Non se ne fa niente!**, *On n'en parle plus, / Il n'en est plus question !*

**Va' a farti friggere!**, *Va te faire cuire un œuf !*

Ils sont très nombreux, et pas toujours faciles à retenir, mais ils sont tous utiles et précieux dans la pratique de l'italien.

**1** – Quando mostro le mie foto agli amici, faccio sempre una pessima figura: sono sfuocate e con brutte inquadrature. Come fare per averle sempre nitide?

**2** – Stai tranquilla e lascia fare a me, che con le macchine fotografiche ci so fare da un pezzo.

**3**   Innanzitutto, ti ci vuole un'ottima fotocamera digitale, con un buon programma di messa a fuoco e buone ottiche, con cui si possano scattare foto anche al buio.

**4** – Parli come se fosse facile! Io sono anni che mi do da fare per imparare e sono sempre al punto di prima.

**5**   E guarda che non sono mica una che si tira indietro davanti alla difficoltà: ho anche frequentato dei corsi di fotografia.

**6** – Allora non darti per vinta, ce la farai anche tu! Per ora ti posso solo consigliare una macchina fotografica nuova, ma poi potrò anche insegnarti ad usarla.

**7** – Era ora che me lo proponessi! Faccio la voglia di avere un professore esperto come te.

**8** – Sono anche stato fotoreporter, ed ho fatto servizi su sfilate di moda di fama internazionale, frequentate da gente blasonata!

**9**   Figurati che una famosa fotomodella si era innamorata di me e siamo fuggiti a darci alla pazza gioia facendo la bella vita nei mari del sud.

**10** – Ma va' a farti friggere! Con te non si sa mai se parli sul serio o se tu prenda in giro il prossimo!

## Traduction

## Traduction 49

**1** – Quand je montre mes photos aux amis, je fais toujours une piètre figure : elles sont floues, mal cadrées. Comment faire pour les avoir toujours nettes ? **2** – Ne t'inquiète pas et laisse-moi faire, je m'y connais depuis un moment en appareils photo. **3** Tout d'abord, il te faut un excellent appareil numérique, avec un bon programme de mise au point et de bonnes optiques, et avec lequel on puisse prendre des photos même dans l'obscurité. **4** – Tu parles comme si c'était facile ! Cela fait des années que je m'escrime à apprendre et je suis toujours au même point. **5** Et sache que je ne suis pas quelqu'un qui rechigne devant la difficulté : j'ai même pris *(fréquenté)* des cours de photo. **6** – Alors ne t'avoue pas vaincue, tu y arriveras, toi aussi ! Pour l'instant je peux seulement te conseiller un nouvel appareil photo, mais ensuite je pourrai aussi t'apprendre à l'utiliser. **7** – Il était temps que tu me le proposes ! Je meurs d'envie d'avoir un professeur expert comme toi. **8** – J'ai même été reporter-photographe, et j'ai fait des reportages sur des défilés de mode de renommée internationale, fréquentés par des gens nobles ! **9** Pense qu'un célèbre mannequin était tombé amoureuse de moi et nous nous sommes enfuis nous en donner à cœur joie en menant joyeuse vie sur les mers du sud. **10** – Mais va te faire cuire un œuf ! Avec toi, on ne sait jamais si tu parles sérieusement ou si tu te moques du monde *(de ton prochain)* !

---

*La maîtrise d'une langue étrangère est en grande partie liée à l'apprentissage d'expressions idiomatiques difficilement traduisibles – en tout cas jamais de façon littérale ! – mais fondamentales pour s'exprimer, et même pour entrer dans la mentalité d'un peuple : la langue est souvent modelée sur la vision du monde de ceux qui la parlent, et évolue avec elle selon les vicissitudes de l'histoire. Ne négligez donc pas les listes de ces expressions que vous trouvez résumées dans les leçons de révision : elles vous permettent aussi de vous familiariser un peu plus avec la civilisation italienne.*

# 50 Cinquantesima lezione

## L'arte italiana I

1 Rispetto a qualsiasi ① altro paese d'Europa e forse del mondo, l'Italia detiene senz'altro il primato delle bellezze artistiche.

2 Quella di ornare e di abbellire con insigni opere d'arte la città è un'antica tradizione, che si ripete e si rinnova da secoli in Italia:

3 ogni luogo, ogni istante della vita italiana è permeato ② di un'inconfondibile senso estetico,

4 ed ovunque si sia, basta guardarsi intorno per scorgere un monumento, una statua o una prospettiva sapientemente ideata per allettare l'occhio di chi passa e di chi vive in quell'ambiente.

5 Fin dall'epoca tardo-medievale dei comuni, poi col Rinascimento e il Barocco, i potenti hanno promosso la creazione artistica tramite il mecenatismo,

## Notes

① **Qualsiasi** est un adjectif indéfini invariable (c'est la contraction de **quale che si sia**, *quel qu'il soit*) et correspond aussi bien à *n'importe quel* (**farebbe qualsiasi cosa per sua madre**, *il ferait n'importe quoi* ("n'importe quelle chose") *pour sa mère*) qu'au sens négatif de *quelconque* (on utilise aussi **qualunque** : **abita in una casa qualunque**, *Il habite dans une maison quelconque*). Dans les années qui ont suivi la deuxième guerre mondiale, le journaliste Guglielmo Giannini fonda un parti de ▶

## L'art italien (I)

**1**   Par rapport à tout autre pays d'Europe et peut-
être du monde, l'Italie détient sans aucun doute
la primauté des beautés artistiques.

**2**   *(Celle de)* Décorer et *(d')*embellir la ville, avec
de remarquables œuvres d'art, est une ancienne
tradition, qui se répète et se renouvelle depuis
[des] siècles en Italie :

**3**   chaque lieu, chaque instant de la vie italienne
est imprégné d'un sens esthétique unique,

**4**   et où que l'on soit, il suffit de regarder autour
de soi pour apercevoir un monument, une
statue, une perspective savamment conçue pour
séduire l'œil de celui qui passe et de celui qui
vit dans ce cadre.

**5**   Dès *(jusque depuis)* le *(l'époque du)* Moyen
Âge tardif des communes, puis avec la
Renaissance et le Baroque, les puissants ont
promu la création artistique par le mécénat,

---

▸   type poujadiste qui s'appelait **il partito dell'uomo qualunque**,
au sens de *l'homme de la rue*, d'où le terme **il qualunquismo**,
qui indique aujourd'hui une attitude je-m'en-fichiste vis-à-vis
de l'actualité politique, le débat d'idées, etc.

② Remarquez l'adjectif **permeato**, *imprégné*, *imbibé* ; à partir de
la même racine, on a **permeabile**, *perméable*, et **impermeabile**,
*imperméable*, ce dernier étant, comme en français, adjectif et
nom du vêtement ; ils peuvent prendre un sens imagé abstrait,
tout comme **permeato** : **È rimasto impermeabile a tutte le
loro richieste**, *Il est resté sourd à toutes leurs demandes*.

**6**   convinti che la bellezza del luogo su cui
regnavano fosse la migliore espressione del
loro buongoverno ③.

**7**   Città come Firenze o come Siena nel
Quattrocento e nel Cinquecento erano
ricche di officine e botteghe,

**8**   dove artisti della levatura di Perugino,
Verrocchio, Raffaello, dirigevano vere e
proprie imprese con decine di dipendenti ④.

**9**   Ed è in veste d'imprenditori che
collaboravano al progetto di "città estetica"
delle diverse signorie,

**10**  o semplicemente producevano su
ordinazione di committenti danarosi opere
d'arte applicata di ogni tipo:

**11**  gioielli che sono tanti capolavori
d'oreficeria, cammei, arazzi ⑤, mobili
intarsiati ⑥, uscivano a getto continuo da
queste "fabbriche" fenomenali,

### Notes

③ **Il buongoverno**, *le bon gouvernement, la bonne manière de gouverner* ; le contraire est **il malgoverno**. Tous ceux qui ont eu la chance de visiter **il Palazzo Pubblico** de Sienne, connaissent les magnifiques fresques du xɪvᵉ siècle d'Ambrogio Lorenzetti représentant **il buongoverno** et **il malgoverno**, et leurs effets bénéfiques et désastreux sur la vie des citoyens !

④ Le mot **dipendente** signifie littéralement "dépendant", et c'est avec ce sens qu'il est utilisé en tant qu'adjectif (**È economicamente dipendente dai suoi**, *Il est financièrement dépendant de ses parents*) ; comme nom, il indique le *salarié* en général, quelle que soit sa position dans l'entreprise, donc cela comprendra aussi bien un ouvrier qu'un cadre : **L'impresa ha ottanta dipendenti**, *L'entreprise a quatre-vingts salariés*. En parlant d'un atelier de la Renaissance, on appellera donc ▸

**6**   persuadés que la beauté du lieu sur lequel ils   **50**
régnaient était *(fût)* la meilleure expression de
leur bon gouvernement.

**7**   Des villes comme Florence ou comme Sienne
au xvᵉ et au xvɪᵉ siècles, étaient riches d'ateliers
et [de] boutiques

**8**   où des artistes de l'envergure de Pérugin,
Verrocchio, Raphaël, dirigeaient de véritables
entreprises avec des dizaines et des dizaines de
sous-traitants,

**9**   et c'est en qualité *(en vêtement)* d'entrepreneurs
qu'ils collaboraient au projet de "cité
esthétique" des différentes seigneuries,

**10**   ou simplement ils produisaient, sur commande
de mécènes *(commanditaires)* argentés, des
œuvres d'art appliqué de toute sorte :

**11**   des bijoux qui sont autant [de] chefs-d'œuvre
d'orfèvrerie, des camées, des tapisseries,
[des] meubles marquetés sortaient sans
interruption *(à jet continu)* de ces "fabriques"
phénoménales,

▶ **dipendente** aussi bien l'*apprenti* qui va devenir un génie de la peinture que l'*ouvrier* qui passera sa vie à préparer les couleurs pour le maître.

⑤ L'art de la tapisserie n'a jamais été considéré comme un art "national" par les Italiens, qui importaient la plupart de ces produits de France, des Flandres et des Pays-Bas, même s'ils en fabriquaient eux-mêmes : voilà pourquoi ils appelaient *les tapisseries* **gli arazzi** : c'étaient des produits qui venaient de la région d'Arras !

⑥ Le verbe **intarsiare**, et tous les mots liés à la marqueterie, **l'intarsio**, viennent de l'arabe *tarsī'*, *enchâsser*, *incruster*, *monter* (des pierres précieuses sur une bague, par exemple), alors que *marqueterie* vient du germanique **marka**, qui indique justement la limite "marquée" entre une pièce et l'autre de **l'intarsio**. Et pourtant c'est le même art !

50  **12**  per andare a decorare le tolette sontuose
delle dame o le ricche dimore di banchieri,
uomini d'affari e capitani di ventura,

**13**  che se da un lato erano responsabili di orrendi
crimini sul campo di battaglia, dall'altro
sapevano mostrare un gusto raffinato nello
scegliere i capolavori di cui circondarsi.

**14**  Chiunque abbia una certa dimestichezza
con la storia d'Italia, sa infatti che il
Rinascimento è un periodo che associa
paradossalmente vicende truci e violente e
grande eleganza e cultura,

**15**  e che un signore del Cinquecento avrebbe
più facilmente avvelenato il proprio fratello
che il suo pittore preferito!

**16**  Il periodo rinascimentale ha cambiato
radicalmente il volto dell'Italia,
conferendole definitivamente quell'aspetto
di museo all'aria aperta che ognuno sa.

**17**  Conseguenza della situazione politica
estremamente frammentaria, in cui ogni
città era un'entità autonoma, con la propria
famiglia regnante,

**18**  la vita culturale ed artistica era decentrata in
un gran numero di corti a volte anche molto
piccole.

**19**  Dinastie come i Gonzaga, gli Sforza, gli
Estensi o i Montefeltro si contendevano
così i migliori artisti della penisola, li
invitavano a lavorare per loro e definivano
l'estetica della città su cui regnavano,

**12** pour aller décorer les toilettes somptueuses des
dames ou les riches demeures de banquiers,
d'hommes d'affaires et de condottieres,

**13** qui d'un côté étaient responsables de crimes
horribles sur les champs de bataille, mais d'un
autre côté savaient montrer un goût raffiné
en choisissant les chefs-d'œuvre dont ils
s'entouraient.

**14** Tous ceux qui sont familiers de *(quiconque
ait une certaine familiarité avec)* l'histoire de
l'Italie savent en effet que la Renaissance est
une période qui associe paradoxalement des
événements sinistres et violents et une grande
élégance et culture,

**15** et qu'un seigneur du XVI$^e$ siècle aurait plus
facilement empoisonné son propre frère que son
peintre préféré !

**16** La période de la Renaissance a changé
radicalement le visage de l'Italie, en lui donnant
définitivement l'aspect de musée en plein air
que tout le monde *(chacun)* connaît *(sait)*.

**17** Une conséquence de la situation politique
extrêmement fragmentée, où chaque ville était
une entité autonome, avec [à sa tête] sa propre
famille régnante,

**18** [était que] la vie culturelle et artistique était
décentrée en un grand nombre de cours, parfois
même très petites.

**19** Des familles comme les Gonzague, les Sforza,
les Estes ou les Montefeltro se disputaient
ainsi les meilleurs artistes de la péninsule, les
invitaient à travailler pour elles et déterminaient
l'esthétique de la ville sur laquelle elles
régnaient,

**20** di modo che oggi gli studiosi dell'arte rinascimentale possono parlare di pittura veneziana, fiorentina, ferrarese e così via.

**21** Questa caratteristica della vita italiana, anche secoli dopo, non è cambiata ⑦, ed ogni piccola città possiede la sua cifra inconfondibile ed il suo festival estivo di musica, di cinema o di cultura varia. □

**Note**

⑦ Comparez les phrases **il periodo rinascimentale ha cambiato il volto dell'Italia**, où le verbe **cambiare** a **avere** comme auxiliaire, et **questa caratteristica non è cambiata** : notez que le verbe est conjugué avec l'auxiliaire **avere** quand il a un sens transitif (c'est-à-dire avec un complément d'objet direct explicite ou sous-entendu), et avec l'auxiliaire **essere** quand il est intransitif (sans possibilité de complément d'objet direct) ; c'est le cas de nombreux autres verbes dont vous verrez une liste à la prochaine leçon de révision.

---

**Esercizio 1 – Traducete**

❶ Ovunque tu sia, di qualsiasi cosa tu abbia bisogno, puoi chiamarmi a qualunque ora. ❷ Ogni città italiana ha le sue caratteristiche e la sua cifra inconfondibile. ❸ È in veste di veri e propri imprenditori che artisti della levatura del Verrocchio o del Perugino dirigevano le loro botteghe. ❹ Da quelle officine fenomenali uscivano a getto continuo capolavori d'oreficeria, cammei, arazzi, mobili intarsiati. ❺ La riunione è cominciata da pochi minuti, si accomodi pure.

**20** de sorte que les experts d'art de la Renaissance **50**
peuvent parler aujourd'hui de peinture
vénitienne, florentine, ferraraise, et ainsi de
suite.

**21** Cette caractéristique de la vie italienne, même
des siècles plus tard, n'a *(est)* pas changé*(e)*, et
chaque petite ville possède son style *(chiffre)*
unique, ainsi que son festival d'été de musique,
de cinéma ou de culture *(autre)*.

L'ITALIA DETIENE SENZ'ALTRO IL PRIMATO DELLE BELLEZZE ARTISTICHE.

## Corrigé de l'exercice 1

❶ Où que tu sois, quelle que soit ta nécessité, tu peux m'appeler à n'importe quelle heure. ❷ Chaque ville italienne a ses caractéristiques et son style unique. ❸ C'est en qualité de véritables entrepreneurs que des artistes de l'envergure de Verrocchio ou du Pérugin dirigeaient leurs boutiques. ❹ De ces ateliers formidables sortaient sans interruption des chefs-d'œuvre d'orfèvrerie, des camées, des tapisseries, des meubles marquetés. ❺ La réunion a commencé depuis quelques minutes, entrez donc.

## Esercizio 2 – Completate

**1** Par rapport à toute autre ville italienne, Naples est sans aucun doute la plus chaotique et bruyante !

. . . . . . . . . . . . . . . . . . . . . . . . . . . . . . .
. . . . . . . ., Napoli . . . . . . . . . . . . .. . . .
. . . . . . . . . . . . . . . . . . . !

**2** J'ai une [telle] faim que je mangerais n'importe quoi, parce qu'aujourd'hui j'ai sauté le déjeuner.

. . . . . . . . . . . . . . . . . . . . . . . . . . . . . . .
. . . . , . . . . . . . . . . . . . . . . . . . .
. . . . . . .

**3** Sa maison a brûlé en peu de temps, et il [n']est [sain et] sauf [que] parce qu'il a sauté par la fenêtre.

. . . . . . . . . . . . . . . . . . . . . . . . . . . . . . ,
e lui si è salvato . . . . . . . . . . . . . . .
. . . . . . . .

**4** Chaque recoin du palais est savamment décoré avec des tapisseries, des fresques et des tableaux pour séduire l'œil de celui qui y passe ou qui y vit.

. . . . . . . . . . . . . . . . . . . . . . .
. . . . . . . . . . . . . . . . . . . . . . . . . . . . . ,
. . . . . . . . . . . . . . . . . . . . . . . .
. . . . . . . . . . . . . . . . . . . . . . . . .

**5** Quiconque a une certaine connaissance de *(familiarité avec)* l'histoire de l'Italie, sait que chaque ville était gouvernée par une seigneurie autonome.

. . . . . . . . . . . . . . . . . . . . . . . . . . . . . . .
. . . . . . . . . . . . . . . . . . . , . . . . . . . . . .
. . . . . . . . . . . . . . . . . . . . . . . . . . . . .
. . . . . . . . .

❶ Rispetto a qualsiasi altra città italiana – è senz'altro la più caotica e rumorosa ❷ Ho una fame che mangerei qualunque cosa, perché oggi ho saltato il pranzo ❸ La sua casa è bruciata in poco tempo – perché è saltato dalla finestra ❹ Ogni angolo del palazzo è sapientemente decorato con arazzi, affreschi e quadri per allettare l'occhio di chi vi passa o ci vive ❺ Chiunque abbia una certa dimestichezza con la storia d'Italia, sa che ogni città era governata da una signoria autonoma

*Dans la subdivision traditionnelle de l'histoire d'Italie, la phase où les différentes villes –* **i Comuni** *(de la fin du XIᵉ siècle au XIIIᵉ environ) – se dotent d'un système politique indépendant et d'inspiration républicaine en s'affranchissant des seigneurs féodaux est suivie d'une époque où, après la crise du système communal fortement miné par les conflits sociaux et la conséquente prise de pouvoir d'"hommes forts" issus de puissantes familles patriciennes (***i podestà**, *XIVᵉ siècle), ces familles obtiennent de l'empereur des titres de noblesse (***duca***,* **marchese***...), le droit de désigner directement leur successeur et organisent de fait un état dynastique : c'est la période des* **Signorie** *(fin XIVᵉ, XVᵉ siècle). Ce mot indique un pouvoir divin (le mot* **il Signore**, *le seigneur,* indique aussi la divinité)*, opposé à la nature bien terrienne du pouvoir communal. C'est au cœur de ce système politique souvent tyrannique qu'éclot la Renaissance italienne, ce qui n'est pas très encourageant pour nos modernes démocraties... !*

# 51 Cinquantunesima lezione

## L'arte italiana II

1 La collaborazione tra artisti e potere
economico-politico, inserita in un
tutto sociale che garantiva a entrambi
un pubblico a cui rivolgere il proprio
messaggio, è la caratteristica del periodo
rinascimentale.

2 Durante la Controriforma, che corrisponde
al fiorire del Barocco, l'arte diventa uno
strumento di propaganda e di esaltazione
degli ideali della Chiesa

3 ed è concepita come spettacolo permanente
da offrire al popolo.

4 Risale a quegli anni l'assetto urbanistico
della Roma papalina, i cui principali artefici
furono Raffaello prima e Bernini poi.

5 Proprio in questo periodo, a cavallo tra il
Cinque e il Seicento, si apre definitivamente
e in maniera più vistosa la frattura tra artista
e società, che sarà poi caratteristica di tutta
l'arte moderna:

6 l'artista perde il suo pubblico, o meglio se
ne isola, rifiuta le committenze, chiede una
più grande indipendenza ideale, si ripiega
su se stesso.

## L'art italien (II)

**1**   La collaboration entre les artistes et le pouvoir
économique et politique, insérée dans un cadre
*(un tout)* social qui [leur] garantissait à tous
deux un public à qui adresser leur message,
est ce qui caractérise *(la caractéristique de)* la
période de la Renaissance.

**2**   Pendant la contre-réforme, qui correspond à la
floraison *(fleurir)* du Baroque, l'art devient un
instrument de propagande et d'exaltation des
idéaux de l'église,

**3**   et il est conçu comme [un] spectacle permanent
à offrir au peuple.

**4**   C'est à ces années-là que remonte
l'aménagement urbain de la Rome papale, dont
les principaux responsables *(auteurs)* furent
d'abord Raphaël, ensuite Bernin.

**5**   C'est précisément durant cette période, [qui se
situe] à cheval entre le XVIᵉ et le XVIIᵉ siècles,
que la cassure entre l'artiste et la société se
crée *(s'ouvre)* définitivement et de la manière
la plus voyante, [ce] qui sera [d'ailleurs] la
caractéristique de tout l'art moderne :

**6**   l'artiste perd son public, ou, plutôt il s'en isole,
refuse les commandes, demande une plus
grande indépendance d'idées *(idéale)*, se replie
sur lui-même.

**7**  Se prima poteva offrire la propria opera
ad una larga schiera di mecenati, il che
gli garantiva la libertà di potere cambiare
padrone ① quando voleva,

**8**  ora il titanico sforzo unificatore della chiesa
di Roma assorbe tutte le energie creative
della penisola.

**9**  Dopo il precursore Michelangelo, che già
aveva scandalizzato i contemporanei coi
suoi atteggiamenti scontrosi ed eccentrici,
ma che visse comunque coperto di gloria,

**10**  il paladino di questo nuovo tipo di artista
"maledetto", dalle posture preromantiche, è
Caravaggio.

**11**  È proprio in Italia, dove le manifestazioni
del bello erano impensabili se avulse da
un rapporto tra arte, vita associata e potere
politico strutturato nella forma della città
rinascimentale,

**12**  che questa frattura tra artista e società ha
avuto le conseguenze più gravi:

**13**  il Settecento e l'Ottocento segnano una
battuta d'arresto nell'evoluzione dell'arte
italiana.

**Note**

① Remarquez que le complément qui suit le verbe **cambiare**
ne prend pas de préposition : **Ho cambiato idea**, *J'ai changé
d'idée*. **Cambiare** utilise l'auxiliaire **essere** dans les constructions intransitives : **Non sei per niente cambiata**, *Tu n'as pas
du tout changé* (la phrase est adressée à un interlocuteur féminin, d'où l'accord du participe passé avec le sujet, obligatoire
avec l'auxiliaire **essere**).

7   S'il pouvait auparavant offrir ses services *(son œuvre)* à un grand nombre *(un large rang)* de mécènes, ce qui lui garantissait la liberté de pouvoir changer [de] maître quand il voulait,

8   maintenant le titanesque effort unificateur de l'église de Rome absorbe toutes les énergies créatives de la péninsule.

9   Après le précurseur Michel-Ange, qui déjà a scandalisé ses *(les)* contemporains par ses attitudes ombrageuses et excentriques, mais qui de toute façon vécut couvert de gloire,

10  le champion *(paladin)* de ce nouveau type d'artiste "maudit" aux attitudes préromantiques est [le] Caravage.

11  C'est précisément en Italie, où les manifestations du "Beau" étaient impensables si déconnectées d'un rapport entre l'art, la vie sociale et le pouvoir politique, structuré dans la forme de la ville de la Renaissance,

12  que cette cassure entre l'artiste et la société a eu les plus graves conséquences :

13  le XVIIIe et le XIXe siècles marquent un temps mort *(une mesure d'arrêt)* dans l'évolution de l'art italien.

**51** **14** Per quanto alcune personalità geniali isolate continuino ② a dare lustro ad una tradizione prestigiosa, come, nel Settecento, Tiepolo e Canaletto a Venezia e Luca Giordano a Napoli,

**15** quella italiana non è più una civiltà artistica:

**16** per trovare un ambiente propizio allo sviluppo del loro discorso estetico, grandi maestri come Medardo Rosso, Modigliani, Boccioni sono emigrati a Parigi,

**17** diventata ormai a partire dall'800 il nuovo baricentro della cultura europea.

**18** Le esperienze di chi non ha emigrato ③, come i macchiaioli, Fattori e Segantini, sono solo intelligenti riflessioni provinciali sulla grande stagione impressionista che ha luogo oltralpe.

**19** Questo atteggiamento di rivolta e di isolamento degli artisti continua con il movimento futurista e le sue provocazioni plateali,

**Notes**

② **Per quanto alcune personalità … continuino…** : c'est une proposition concessive, exprimant donc une entrave à la réalisation de ce qu'indique la proposition principale (**quella italiana non è più una civiltà artistica**) qui pourtant a lieu quand même : dans ce cas-ci elle est introduite par **per quanto** et se forme avec un verbe au subjonctif présent ou imparfait selon la concordance des temps : **Per quanto si sforzi, non ci riesce**, *Même s'il s'efforce (malgré ses efforts), il n'y arrive pas* ; **Per quanto si sforzasse, non ci riusciva**, *Même s'il s'efforçait, il n'y arrivait pas.*

▶

**14** Même si *(pour combien)* quelques génies isolés continuent à donner de l'éclat à une tradition prestigieuse, comme, au XVII<sup>e</sup> siècle, Tiepolo et Canaletto à Venise, Luca Giordano à Naples,

**15** la [civilisation] italienne n'est plus une civilisation artistique :

**16** pour trouver un milieu favorable *(propice)* au développement de leur discours esthétique, de grands maîtres comme Medardo Rosso, Modigliani, Boccioni ont *(sont)* émigré à Paris,

**17** devenu désormais à partir du XIX<sup>e</sup> siècle le nouveau centre de gravité *(barycentre)* de la culture européenne.

**18** Les expériences de ceux qui n'ont pas émigré, comme les "macchiaioli" *(tachistes)*, Fattori et Segantini, ne sont que *(sont seulement)* d'intelligentes réflexions provinciales sur la grande époque *(saison)* impressionniste qui a lieu au-delà des Alpes.

**19** Cette attitude de révolte et d'isolement des artistes continue avec le mouvement futuriste et ses provocations ostentatoires,

▶ ③ À la phrase 16, **sono emigrati a Parigi**, le verbe **emigrare** est conjugué avec l'auxiliaire **essere**, alors que dans la phrase **chi non ha emigrato**, l'auxiliaire est **avere** : c'est le cas de plusieurs verbes de mouvement, comme **volare**, *voler*, **saltare**, *sauter*, **correre**, *courir*, qui sont conjugués avec **avere** quand ils indiquent l'action en soi (comme, ici, le fait d'émigrer), et avec **essere** quand on indique la destination du mouvement (émigrer à Paris). Comparez : **Appena ho saputo che eri arrivato, sono corso a casa tua**, *Dès que j'ai su que tu étais arrivé, j'ai couru chez toi* ; **Per paura di arrivare in ritardo, ho corso come un matto**, *Par peur d'arriver en retard, j'ai couru comme un fou.*

**20** simili a quelle dei dadaisti e, più di recente, nella linea intransigente dell' "arte povera".

**21** Un tentativo riuscito di risanare la frattura tra arte e società è stato invece compiuto dal "Design" italiano,

**22** i cui creatori collaborano con la grande industria per elaborare oggetti che veicolino un messaggio estetico oltre che utilitario.

**23** Ciò che esperienze straniere, come la Bauhaus, sono riuscite a fare solo in parte,

**24** l'Italia l'ha portato fino in fondo, grazie all' antica tradizione ritrovata di accogliere l'artista nei meccanismi di produzione economica. □

---

### Esercizio 1 – Traducete

❶ Da quando ha cambiato lavoro, anche il suo carattere è molto cambiato. ❷ È diventato scontroso e musone, e quando esce con gli amici è un vero guastafeste! ❸ Atteggiamenti simili sarebbero stati impensabili da parte sua fino a qualche mese fa. ❹ Per quanto io mi sforzi di tenere conto dei suoi problemi, non ce la faccio a essere comprensiva nei suoi confronti. ❺ Gli artisti del design intendono creare oggetti che associno un valore estetico alla funzionalità pratica.

**20** semblables à celles des dadaïstes, et, plus récemment, dans la ligne intransigeante de l'"arte povera" *(art pauvre)*.

**21** Par contre, une tentative réussie de combler la distance *(assainir la fracture)* entre l'art et la société, a été faite *(accomplie)* par le "Design" italien,

**22** dont les créateurs collaborent avec la grande industrie pour élaborer [des] objets qui véhiculent un message esthétique, au-delà de leur utilité *(outre qu'utilitaire)*.

**23** Ce que [des] expériences, comme celle de Bauhaus, n'ont *(sont)* réussi à faire qu'en partie,

**24** l'Italie l'a mené *(porté)* jusqu'au bout *(au fond)* grâce à l'ancienne tradition retrouvée d'accueillir l'artiste dans les mécanismes de production économique.

---

## Corrigé de l'exercice 1

❶ Depuis qu'il a changé de travail, son caractère a beaucoup changé aussi. ❷ Il est devenu ombrageux et ronchon, et quand il sort avec ses amis, c'est un vrai trouble-fête ! ❸ De pareilles attitudes auraient été impensables de sa part il y a quelques mois. ❹ Malgré mes efforts pour tenir compte de ses problèmes, je n'arrive pas à être compréhensive envers lui. ❺ Les artistes design entendent créer des objets qui associent une valeur esthétique à la fonctionnalité pratique.

**Esercizio 2 – Completate**

❶ L'époque des seigneuries correspond à la floraison de l'art Renaissance.

. . . . . .   . . . .   . . . . . . . .   . . . . . . . .   . .
. . . . . . .   . . . . . . . . .   . . . . . . . . . . . . . .●

❷ Les artistes maudits scandalisèrent leurs contemporains par des attitudes ombrageuses et excentriques.

. . .   . . . . . .   . . . . . . . . . . . . . . .
.   . . . .   . . . . . .   . . . . . . . . . . . . . . . . .
. . . . . . . . .   . .   . . . . . . . . .●

❸ Malgré le fait qu'il s'habille toujours de manière voyante, personne ne le remarque jamais !

. . .   . . . . . . .   . . . . .   . . . . . .   . .   . . . . . . .
. . . . . . ,   . . .   . .   nota   . . .   . . . . . . . !

❹ Au début du XXᵉ siècle, des centaines de milliers d'Italiens ont émigré aux Etats-Unis pour chercher du travail.

. . . . . . . . . .   . . .   . . . . . . . . .   . . . . . . ,
. . . . . . . . .   . .   . . . . . . . .   . .   . . . . . . .   . . .
. . . . . . . . .   . . . . . .   . .   . . . . . . . .   . . .
. . . . . . .●

❺ J'ai couru à la gare pour prendre le train, et il était en retard de plus d'une demi-heure !

. . . .   . . . . .   . . . .   . . . . . . .   . . .   . . . . . . .
. .   . . . . . ,   . .   . . .   . .   . . . . . . .   . .   . . .   . .
. . . . . . . . !

# Corrigé de l'exercice 2

❶ L'epoca delle signorie corrisponde al fiorire dell'arte rinascimentale ❷ Gli artisti maledetti scandalizzarono i loro contemporanei con atteggiamenti scontrosi ed eccentrici ❸ Per quanto si vesta sempre in maniera vistosa, non lo – mai nessuno ❹ All'inizio del ventesimo secolo, centinaia di migliaia di italiani sono emigrati negli Stati Uniti per cercare lavoro ❺ Sono corsa alla stazione per prendere il treno, ed era in ritardo di più di mezz'ora

**L'arte povera** *est un mouvement artistique né dans les années soixante du siècle dernier en Italie : par provocation vis-à-vis des principes et des techniques de l'art académique, il choisit d'utiliser des matériaux "pauvres" comme le bois, le fer, la terre, et souvent des déchets industriels, en exprimant ainsi sa critique de la société actuelle. Malgré les ressemblances que ses œuvres présentent avec celles de l'"art brut",* **l'arte povera** *n'a rien du primitivisme naïf de celui-ci, et reste au contraire l'expression très intellectualisée d'une élite d'artistes d'avant-garde, comme Michelangelo Pistoletto, Giovanni Anselmo, Giulio Paolini, etc.*

# 52 Cinquantaduesima lezione

## Studi

**1 –** Quest'anno mio figlio finisce la terza media e non so proprio a quale scuola superiore potrei iscriverlo.

**2 –** Gli studi dei figli sono sempre una preoccupazione per i genitori.

**3** Figurati che il mio è venuto fuori ① dalle medie a pieni voti, tutti mi hanno detto d'iscriverlo al liceo classico perché era molto portato per le materie letterarie:

**4** "Il classico resta sempre la formazione più valida per la vita, checché se ne dica!", mi dicevano.

**5** Alla fin fine si è ritrovato in pagella ② tutti quattro in italiano e latino e degli ottimi voti in matematica e fisica!

**6** I suoi professori mi hanno detto: "ma che le è venuto in mente d'iscriverlo al classico?",

## Notes

① **Venire fuori** est une locution synonyme de **uscire** : il existe de nombreuses expressions de ce type formées avec le verbe **venire** : **venire fuori**, *sortir* ; **venire avanti** ou **venire dentro**, *entrer* : **Venga avanti, signore, si accomodi!** (bien sûr **venire avanti** signifie aussi, simplement, *avancer*) ; **venire giù**, *descendre* ; **venire su**, *monter*, mais aussi *pousser* dans le sens de *croître* : **quell'albero viene su bene** – voir aussi la phrase 20 du dialogue –), etc. Dans la leçon de révision 56 vous trouverez de nombreux emplois idiomatiques de **venire**.

## Études

1 – Cette année mon fils termine sa troisième [année] de collège *(moyenne)*, et je ne sais vraiment pas à quel lycée *(école supérieure)* je pourrai*(s)* l'inscrire.

2 – Les études des enfants sont toujours une préoccupation pour les parents :

3 figure-toi que le mien est sorti *(venu dehors)* du collège *(des moyennes)* avec d'excellentes *(à pleines)* notes, tout le monde m'a dit de l'inscrire au lycée classique parce qu'il était doué *(porté)* pour les matières littéraires :

4 "Le [lycée] classique reste toujours la meilleure formation pour la vie, quoi qu'on en dise !", ils me disaient.

5 Au bout du compte il s'est retrouvé avec que des quatre en italien et en latin sur son bulletin, et d'excellentes notes en mathématiques et en physique !

6 Ses professeurs m'ont dit : "mais qu'est-ce qui vous a pris *(est venu en esprit)* de l'inscrire au [lycée] classique ?",

▶ ② **La pagella** : on appelle ainsi dans le langage familier (son appellation officielle est **la scheda di valutazione**) le document scolaire où les notes de l'élève sont enregistrées à chaque trimestre ou quadrimestre et qui est la cause de bien de drames (et de satisfactions, quand même !) dans les familles… L'origine du mot est ancienne : *pagella* signifiait *petite page* en latin, et c'est en effet une petite page mais qui peut faire très mal !

7    al che io ho detto loro di rivolgersi ai loro
colleghi delle medie per qualsiasi reclamo!

8 –  Ah, come rimpiango i bei tempi in cui era
alla scuola primaria, quando bastava andare
a comprare la cartella, l'astuccio, il diario ③
e i quaderni all'inizio dell'anno scolastico,
e i pensieri ④ erano finiti lì!

9 –  Eh sì, pensa che ho una vicina a cui il
figlio ha detto che la scuola gli è venuta
a noia e che a sedici anni, finita la scuola
dell'obbligo, vuole andarsene a lavorare!

10   Lei ha un bel dirgli che, coi tempi che
corrono, per trovare un lavoro decente ci
vuole almeno un diploma, se non una laurea
breve, ma lui non ne vuole sapere!

11   Figurati che per farlo venire a più miti
consigli, cioè fargli continuare gli studi, è
dovuta venire a patti con lui e promettergli
il motorino. Roba da matti!

12 –  Il sogno di ogni genitore è un figlio che
vada dritto filato dalla materna al dottorato
di ricerca senza intoppi.

## Notes

③ **Il diario** est *le cahier de textes* dans un contexte scolaire, mais
le mot indique également *le journal* intime de quelqu'un, ou
tout cahier où l'on consigne les faits du jour : par exemple dans
un bateau, **il diario di bordo**. D'autres mots qui viennent de
*dies*, *la journée* en latin : **il dì**, *la journée*, mot ancien mais
encore utilisé par exemple dans le langage médical, pour
spécifier qu'il s'agit de la journée de vingt-quatre heures et
non pas du jour comme période de lumière opposée à la nuit
(dans la posologie d'un médicament on dira **tre volte al dì**) ; **la
diaria**, *l'indemnité journalière.* ▸

**7** *(au quoi)* et moi je leur ai dit de s'adresser à leurs collègues du collège pour toute réclamation !

**8 –** Ah, comme je regrette le beau temps où il était à l'école primaire, quand il suffisait d'aller acheter le cartable, la trousse, le cahier de textes *(journal)*, et les préoccupations *(pensées)* s'arrêtaient là !

**9 –** Et oui, pense que j'ai une voisine à qui son fils a dit que l'école l'ennuie, et qu'à seize ans, [une fois] l'école obligatoire finie, il veut s'en aller travailler !

**10** Elle a *(un)* beau *(de)* lui expliquer que par *(avec)* les temps qui courent pour trouver un travail correct *(décent)* il faut au moins un diplôme, sinon une licence *(brève)*, mais *(lui)* il ne veut rien entendre *(n'en veut pas savoir)* !

**11** Figure-toi que pour l'amener à modérer sa position *(venir à de plus doux conseils)*, c'est-à-dire à continuer ses études, elle a dû négocier *(venir à pactes)* avec lui et lui promettre [de lui acheter] une mobylette : c'est fou !

**12 –** Le rêve de tout parent est que son enfant file droit *(aille droit filé)* de la maternelle au doctorat *(de recherche)* sans difficultés *(encombres)*.

▶ ④ Le mot **pensiero** qui a bien sûr le sens générique de *pensée* peut signifier également *le souci*, **la preoccupazione** : **Mio figlio mi dà tanti pensieri**, *Mon fils me donne beaucoup de soucis* ; **Sono stata in pensiero per te**, *Je me suis inquiétée pour toi*. Dans ce sens, **la spensieratezza** est *l'insouciance*, et l'adjectif **spensierato** signifie donc *insouciant*.

**13** Un bel rettilineo: primaria, scuola media, liceo, laurea triennale, laurea biennale e sempre promosso a giugno con la media del nove, maturità con cento centesimi e centodieci e lode alla laurea!

**14 –** Sì, e poi magari un bel lavoro strapagato e un matrimonio con il figlio o la figlia della regina d'Inghilterra!

**15** Non esagerare, dai; in fondo a me basta che mio figlio trovi un lavoro che gli piaccia e con cui riesca a vivere dignitosamente, laurea o non laurea.

**16 –** Magari! Oltre tutto il mio non è che abbia una grande predisposizione per lo studio,

**17** anzi, direi proprio che ogni giorno è una battaglia fargli fare i compiti!

**18 –** Non stento a crederlo, col mio è la stessa cosa, e di certo non mi stupisce, visto che i ragazzi d'oggi passano ore davanti al computer a giocare coi videogiochi e a chattare con gli amici.

**19** Di questo passo, non si può certo pretendere che diventino primi della classe!

**20 –** Ah, è proprio venuta su bene questa generazione. E pensare che ai nostri tempi i professori ce l'avevano con noi perché leggevamo fumetti invece di autori classici!

**21** Adesso ci metterebbero la firma ⑤, a che i ragazzi leggessero almeno i fumetti! ◻

**Note**

⑤ **La firma** est bien sûr *la signature*, et l'expression **metterci la firma**, littéralement "y apposer sa signature", est utilisée familièrement pour indiquer que l'on donnerait tout de suite ▶

**13** Une belle ligne droite : [école] primaire, collège, lycée, licence, maîtrise et toujours reçu du premier coup *(à juin)* avec neuf de moyenne, bac avec mention *(avec100/100)* et maîtrise avec félicitations du jury *(110 et louange à la maîtrise)*!

**14 –** Oui, et ensuite peut-être un beau travail hyper-bien payé et un mariage avec le fils ou la fille de la reine d'Angleterre !

**15** Allez, n'exagérons pas ! Au fond, moi il me suffit que mon fils trouve un travail qui lui plaise et avec lequel il arrive à vivre dignement, maîtrise ou pas.

**16 –** Ce serait bien ! D'autant plus que le mien n'a pas de grandes dispositions pour les études :

**17** au contraire, je dirais plutôt que chaque jour c'est une bataille de lui faire faire ses *(les)* devoirs !

**18 –** Je n'ai pas de mal à le croire, avec le mien c'est la même chose, et vraiment *(de certainement)* cela ne m'étonne pas, vu que les jeunes d'aujourd'hui passent des heures devant l'ordinateur à faire des jeux vidéo et chatter avec leurs copains *(amis)* :

**19** à ce régime *(de ce pas)*, on ne peut certainement pas prétendre qu'ils deviennent les premiers de la classe !

**20 –** Ah, elle a vraiment bien grandi *(venue haut)* cette génération ! Quand je pense *(et penser)* qu'à notre époque *(à nos temps)* les professeurs nous en voulaient parce que nous lisions des BD au lieu des auteurs classiques !

**21** Maintenant ils seraient heureux *(y mettraient la signature)* si les jeunes lisaient au moins des BD !

▸ son accord, que l'on ne désirerait pas mieux : **Ci metteremmo tutti la firma, ad essere in così buona salute**, *On serait tous d'accord d'être en aussi bonne santé.*

**Esercizio 1 – Traducete**

❶ Non so che cosa gli sia venuto in mente di rincasare così tardi, sono stata tanto in pensiero per lui! ❷ Non stento a crederti, anche mio figlio mi dà tanti pensieri. ❸ Non è che prima di avere figli io fossi poi così spensierata, ma le cose sono peggiorate con quel monellaccio di Claudio! ❹ Dai, non esagerare! Io ci farei la firma, ad avere dei figli carini come i tuoi. ❺ Magari! Dovresti dare un'occhiata alla pagella che mi hanno portato a casa la settimana scorsa!

---

**Esercizio 2 – Completate**

❶ Ma fille est sortie du collège avec d'excellentes notes, et au bout du compte elle a eu un très mauvais bulletin la première année du lycée.

. . . . . . . . . . . . . . . . . . . . . . . . . . . . .
. . . . . . . . ., . . . . . . . . . . . . . . . . . .
. . . . . . . . . . . . . primo anno . . . . . . . .•

❷ Mais qu'est-ce qui t'a pris de promettre une mobylette à ton fils, avec tous les soucis qu'il te donne ?

. . . . . . . . . . . . . . . . . . . .
. . . . . . . . . . . . . . . . . . . . . . . . . .,
. . . . . . . . . . . . . . . . . . . ?

❸ J'ai beau lui expliquer qu'il ne peut pas passer tous les après-midi devant l'ordinateur à faire des jeux vidéo, il ne veut rien entendre.

. . . . . . . . . . . . . . . . . . . .
. . . . . . . . . . . . . . . . . . . . . . . .
. . . . . . . . . . . . . . ., . . . . . . . .
. . . . . . . . . .•

## Corrigé de l'exercice 1

❶ Je ne sais pas ce qui lui a pris de rentrer si tard, je me suis fait tant de souci pour lui ! ❷ Je n'ai pas de mal à te croire, mon fils aussi me donne beaucoup de soucis. ❸ Je ne dis pas que ma vie était si insouciante que ça, avant d'avoir des enfants, mais les choses ont empiré avec ce méchant fripon de Claudio ! ❹ Allez, n'exagère pas ! J'aimerais bien, moi, avoir des enfants aussi mignons que les tiens. ❺ Ce serait bien ! Tu devrais jeter un coup d'œil au bulletin qu'ils m'ont ramené la semaine dernière !

❹ Nous ne demanderions tous pas mieux que d'avoir un travail hyper-bien payé comme le tien !

.. .... .. .. ... .. .... ...., .. . .....
.. . ...... ...... .. .. ...!

❺ Je n'ai pas de mal à le croire, il a toujours eu l'esprit subtil et au lycée il était premier de la classe.

... ...... . .. ......., .. . ...... .....
una mente acuta .. .. ..... ... .. . .....
..... ......

## Corrigé de l'exercice 2

❶ Mia figlia è venuta fuori dalle medie a pieni voti, e alla fin fine ha avuto una pessima pagella al – del liceo ❷ Ma che ti è venuto in mente di promettere il motorino a tuo figlio, con tutti i pensieri che ti dà ❸ Ho un bel dirgli che non può passare tutti i pomeriggi davanti al computer a giocare coi videogiochi, lui non ne vuole sapere ❹ Ci metteremmo tutti la firma, ad avere un lavoro strapagato come il tuo ❺ Non stento a crederlo, ha sempre avuto – e al liceo era il primo della classe

*Vous avez rencontré dans le dialogue encore quelques informations sur les études en Italie, qui complètent celles que nous vous avions déjà fournies dans la leçon 32. Les élèves sont notés sur 10 de l'école primaire jusqu'à la fin du lycée ; cependant, on est noté sur 100 au* baccalauréat **(la maturità)**. *Ensuite, ceux qui poursuivent à l'université sont notés sur 30 (le maximum est* **trenta e lode**, *la "louange" constituant les félicitations du jury), et sur 110 à* **la laurea**, *la soutenance du* mémoire *qui marque la fin des études universitaires. Il existe cependant deux* **lauree** : **la laurea triennale** *(en trois ans, appelée souvent* **laurea breve** *dans la langue familiale), qui correspond à* la licence *française, suivie de* **la laurea biennale** *(en deux ans), équivalant à* la maîtrise. **Il dottorato di ricerca** *est le diplôme de fin de troisième cycle d'études*

## 53   Cinquantatreesima lezione

### Nella bottega dell'antiquario

**1 –** Buongiorno, sono venuta a chiederle qualche consiglio per l'arredamento della mia nuova casa,

**2** una bazzecola ① da pochi milioni che ci siamo comprati ② proprio qui accanto, alle porte di Roma,

**3** molto più comoda per andare a teatro o ai ricevimenti in città dell'attico che avevamo prima a due passi dal Colosseo.

### Notes

① **La bazzecola** est une chose de peu de valeur, une petite chose (on dit également **una quisquilia**) ; le mot est dérivé de **la bazza**, *la chance* ou plutôt *la circonstance heureuse* (**Che bazza!**, *Quelle chance !*), issu à son tour du vocabulaire des jeux de cartes, où il indique les cartes que l'on prend à son adversaire à la suite d'une partie heureuse.

*universitaires (trois années supplémentaires). Le processus de Bologne (engagement pris en 1999 par les ministres de l'éducation de 29 pays européens pour harmoniser les études supérieures en Europe) a rendu ce cursus assez semblable à celui des pays voisins, ainsi que les soucis des parents des élèves et des étudiants…*

*Enfin, la division de l'année scolaire en trimestres ou en quadri-mestres dépend de la décision prise au niveau local par* **il collegio dei docenti**, *l'assemblée des enseignants compétente pour toute question liée à l'organisation pédagogique. Chaque* **Istituto Comprensivo**, *circonscription scolaire, est autonome à ce niveau et ne dépend pas de l'autorité ministérielle.*

---

## Cinquante-troisième leçon    53

### Dans la boutique de l'antiquaire

1 –   Bonjour, je suis venue *(à)* vous demander
       quelques conseils pour l'ameublement de ma
       nouvelle maison,
2      une bagatelle de quelques *(peu de)* millions que
       nous nous sommes achetée juste *(ici)* à côté,
       aux portes de Rome,
3      beaucoup plus pratique *(commode)* pour aller
       au théâtre ou aux réceptions en ville que
       l'appartement en dernier étage *(l'attique)* que
       nous avions avant, à deux pas du Colisée :

▶ ② **una bazzecola … che ci siamo comprati** : notez que le par-
   ticipe passé **comprati** s'accorde avec le sujet pluriel **io e mio marito**, malgré le complément d'objet direct antécédent masculin singulier **il mobile che** : avec un verbe pronominal (sorte
   de "faux réfléchi") qui admet en même temps un complément
   d'objet direct et un pronom personnel, le participe passé s'ac-
   corde plutôt avec ce dernier : **il piatto di spaghetti che vi siete mangiati**, *l'assiette de spaghettis que vous avez mangée* ("que
   [vous] vous êtes mangés").

**4** Carino da morire – un amore, le assicuro – ,
ma che tragedia ogni sera, per Ubaldo
– il nostro autista ③, poverino! – per
parcheggiare la limousine!

**5** Insomma, per il nostro nido d'amore io e
mio marito vorremmo realizzare nel mobilio
un connubio ④ tra antico e moderno,

**6** mettendo accanto ai soliti armadi, comodini,
tavoli e sedie – che noia, nevvero? –, ed
anche in cucina vicino a mensole e credenze,
cappa aspirante e compagnia bella,

**7** qualche antichità che dia al tutto un tocco di
classe, per le sere in cui abbiamo invitati di
alto rango.

**8** Fino ad ora siamo sempre stati fedeli al
mobile di stile francese e inglese, ma
diventa sempre più difficile trovare dei
pezzi di un certo pregio.

**9** Pensi che l'altro giorno ero lì lì per
comprare ⑤ una mensola Luigi Sedici ⑥
che costava un occhio della testa, quando
mi sono accorta che era falsa!

### Notes

③ Attention à ce faux ami : **l'autista** est *le chauffeur* (de
**l'automobile**, bien sûr) ; pour désigner *une personne malade
d'autisme (un autiste)* on dit **una persona autistica**, même si
le mot **autista** a également ce deuxième sens, mais le terme est
réservé au langage scientifique, pour éviter tout malentendu…

④ Malgré son origine du latin *nubere*, *se marier*, **il connubio**
n'indique aujourd'hui *le mariage* qu'au sens figuré.

⑤ **Ero lì lì per comprare…**, *Il s'en est fallu de peu que je
n'achète…* **Essere lì lì per** + infinitif, exprime un fait, qui, tout
en ayant été sur le point de se réaliser, n'a pas eu lieu. **Ero lì lì** ▶

**4** mignon comme tout *(de mourir)* – un amour,
je vous jure *(assure)* –, mais quelle tragédie
chaque soir, pour Ubaldo – notre chauffeur, le
pauvre ! – pour garer la limousine !

**5** Bref *(en somme)*, pour notre nid d'amour
mon mari et moi nous voudrions réaliser dans
l'ameublement un mariage entre ancien et
moderne,

**6** en mettant, à côté des habituelles armoires,
tables de nuit, tables et chaises – quel ennui,
n'est-ce pas ? –, et même dans la cuisine, près
des étagères et des buffets, hotte aspirante et
compagnie,

**7** quelques antiquités qui donnent à l'ensemble
*(tout)* une touche de classe, pour les soirs où
nous avons des invités de haut rang.

**8** Jusqu'à présent nous avons toujours été fidèles
aux meubles de style français et anglais mais il
devient de plus en plus difficile [de] trouver des
pièces d'une certaine valeur.

**9** Pensez que l'autre jour il s'en est fallu de peu
que je n'achète une console Louis XVI qui
coûtait les yeux *(un œil)* de la tête, quand je me
suis aperçue qu'elle était fausse !

▶ **per cadere**, *J'ai failli tomber.* Une autre manière pour rendre
cette idée : **Per poco non cadde**, *Peu s'en fallut qu'il ne tombât
(il faillit tomber)* ; **A momenti cadevo**, *J'ai failli tomber* (cette
dernière tournure étant plus populaire).

⑥ Avec les noms de rois, de papes, etc., on utilise le numéral
ordinal : **Giovanni Ventitreesimo**, *Jean XXIII*, **Vittorio
Emanuele Secondo**, *Victor Emmanuel II*. Cependant, quand
on parle des styles qui correspondent aux époques des rois de
France, on garde la tradition française d'utiliser le numéral
cardinal : **Luigi Sedici** et non pas **Luigi Sedicesimo** (quoique
cette forme existe).

**53** **10**     Ed era ad un'asta ⑦ di una ditta la cui
serietà mi era stata garantita da parecchi
esperti! Chi se lo sarebbe mai immaginato!

**11** –     Come mai ⑧ non è venuta da me prima,
signora? Le avrei consigliato di orientarsi
piuttosto sul mobile italiano.

**12**     Non già ⑨ che io speri di farle cambiare i
suoi gusti, su cui peraltro non trovo nulla
da eccepire, poiché l'antiquariato francese
gode a detta di tutti di una stima senz'altro
meritata;

**13**     ma bisogna assolutamente che lei si renda
conto che anche qui da noi si possono
trovare mobili eccellenti.

**14**     Guardi per esempio questa cassapanca
di noce, del Settecento lombardo, o la
linea agile e sinuosa di questo cassettone
veneziano in legno di pino;

**15**     questo cassone dalla linea severa, direi
quasi austera, con queste listelle di ebano
che lo inquadrano.

**16**     Se poi desidera pezzi più pregiati, le
posso mostrare qualche esempio di mobile
decorato a intarsia, come questa specchiera,

**Notes**

⑦ **L'asta** est *la perche* (**il salto con l'asta**, *le saut à la perche*),
et aussi *la vente aux enchères*. Cette bizarrerie lexicale vient
de l'usage, chez les Romains, de planter une perche dans le sol
avant de commencer toute vente publique (**sub hasta vendere**,
litt. "vendre sous la perche").

⑧ Remarquez ici la locution **come mai...?**, souvent utilisée à la
place de **perché...?** (tournure du type : *comment cela se fait
que... ?*).

**10** Et c'était à une vente aux enchères d'une société dont le sérieux m'avait été garanti par [de] nombreux experts !

**11** – Pourquoi *(comment jamais)* n'êtes-vous pas venue chez moi avant, Madame ? Je vous aurais conseillé pour vous orienter plutôt vers *(sur)* le meuble italien :

**12** non pas *(déjà)* que j'espère vous faire changer de *(vos)* goût*(s)*, sur lequel d'ailleurs je ne trouve rien à redire, puisque les antiquités françaises jouissent, au dire de tous, d'une estime sûrement *(sans autre)* méritée ;

**13** mais il faut absolument que vous vous rendiez compte que chez nous aussi on peut trouver [des] meubles excellents.

**14** Regardez par exemple ce coffre en noyer, du XVIII^e siècle lombard, ou la ligne agile et sinueuse de cette commode vénitienne, en bois de pin ;

**15** ce coffre à la ligne sévère, je dirais presque austère, avec cet encadrement en ébène *(ces listels en ébène qui l'encadrent)*.

**16** Ensuite, si vous désirez [des] pièces de plus grande valeur, je peux vous montrer quelques exemples de meubles marquetés *(décorés à marqueterie)*, comme cette coiffeuse,

▸ ⑨ **Non già che io speri…** : remarquez cet emploi de **già** pour renforcer une négation, particulièrement dans le registre élevé que nos personnages pas mal snob veulent afficher : **Ti ho chiamato non già per sgridarti, ma per lodarti**, *Je ne t'ai certainement pas appelé pour te faire des reproches, mais pour te louer* ; **Non già che io non ti creda, ma devi ammettere che tutto ciò è inverosimile**, *Ce n'est pas que je ne te croie pas, mais tu dois admettre que tout cela est invraisemblable.*

**17** o laccato, o anche con la tecnica veneziana della "lacca contraffatta".

**18** Senza contare poi tutta la varietà dei mobili cosiddetti "rustici", come questa stupenda madia, che daterei senza dubbio all'inizio dell' Ottocento,

**19** o la credenza che vede là in fondo al negozio, a ridosso della parete.

**20** Morale della favola, non occorre cercare tanto in là quel che possiamo trovare a due passi da casa!

**21** – È vero, adesso che ci penso, l'ultimo mobile che ci siamo comprati, l'abbiamo trovato al supermercato di fronte alla nostra villa! □

---

## Esercizio 1 – Traducete

❶ Il vestito che ti sei messa per andare a quel ricevimento era carino da morire. ❷ Sono stato assunto da quell'impresa in un posto davvero strapagato, una vera bazza! ❸ Non già che io voglia contraddirla, signora, ma forse la fama di serietà di quella ditta non è del tutto meritata. ❹ Eravamo lì lì per comprare una credenza dell'Ottocento ad un'asta, quando ci siamo accorti che era falsa! ❺ La sua spiegazione è del tutto verosimile, signore, non vi trovo nulla da eccepire.

**17** ou laqués, ou aussi [décorés] avec la technique vénitienne de la "laque contrefaite".

**18** Sans compter ensuite toute la variété des meubles *(ainsi)* dits "rustiques", comme cette superbe maie, que je daterais sans [aucun] doute du début du XIX$^e$ siècle,

**19** ou le buffet que vous voyez là-bas au fond du magasin, adossé à la paroi.

**20** En somme, [la] morale de l'histoire *(la fable)* [est qu']il n'est pas nécessaire de chercher si loin *(tant par là)* ce que nous pouvons trouver à deux pas de chez nous !

**21** – C'est vrai, maintenant que j'y pense, le dernier meuble que nous nous sommes acheté*(s)*, nous l'avons trouvé au supermarché en face de notre villa !

---

## Corrigé de l'exercice 1

❶ La robe que tu as mise pour aller à cette réception était jolie à tomber. ❷ J'ai été embauché par cette entreprise pour un poste vraiment hyper-bien payé, une vraie veine ! ❸ Ce n'est pas que je veuille vous contredire, madame, mais peut-être la renommée de sérieux de cette société n'est pas tout à fait méritée. ❹ Nous étions sur le point d'acheter un buffet du XIX$^e$ à une vente aux enchères, quand nous nous sommes aperçus qu'il était faux ! ❺ Votre explication est tout à fait vraisemblable, monsieur, je n'y trouve rien à redire.

**Esercizio 2 – Completate**

❶ La villa que nous avons achetée aux portes de Rome est une bagatelle de quelques millions.

. .  . . . . . .  . .  . . . . .  . . . . .  . . . .
. . . .  di Roma  . . . .  . . . . . . . . .  . .  . . . . .
. . . . . . . .

❷ En ce qui concerne l'ameublement, je voudrais réaliser un mariage entre ancien et moderne, en mettant, à côté des meubles habituels, quelques antiquités qui donnent à l'ensemble une touche de classe.

. . .  . . . . . . .  . . . . . . . . . . . . . ,
. . . . . .  . . . . . . . .  . .  . . . . . . .  . . .
. . . . . .  .  . . . . . . . , mettendo accanto  . .
. . . . . .  . . . . . . .  . . . . . . . .  . . .
. . .  al tutto  . .  . . . . .  . .  . . . . . . .

❸ La voiture qu'a achetée notre chauffeur est plus chère que la nôtre : qui l'aurait jamais imaginé ?

. .  . . . . . . . .  . . . . .  . .  .  . . . . . . . .  . .
. . . . . .  . . . . . .  .  . . .  . . . .  . . . .
. . . . . . : . . .  . .  . .  . . .  . . .
. . . . . . . . . ?

❹ Ils étaient sur le point de prendre le train, quand ils se sont aperçus qu'ils avaient oublié les bagages à la maison !

. . . . . .  .  . . . . . .  . . . . .  . .  . . . . . ,
. . . . . .  . .  . . . . . . .  . . .  . . . . . .
. . . . . . . . . . .  .  . . . . . .  .  . . . !

❺ C'est une société dont le sérieux nous a été garanti par de nombreux experts.

.  . . .  . . . . . .  . .  . . . . . . .  . .  .  . . . . .
. . . . . . . .  . .  . . . . . . .  . . . . . .

# Corrigé de l'exercice 2

❶ La villa che ci siamo comprati alle porte – è una bazzecola da pochi milioni ❷ Per quanto riguarda l'arredamento, vorrei realizzare un connubio tra antico e moderno – ai soliti mobili qualche antichità che dia – un tocco di classe ❸ La macchina che si è comprato il nostro autista è più cara della nostra – chi se lo sarebbe mai immaginato ❹ Erano lì lì per prendere il treno, quando si sono accorti che avevano dimenticato i bagagli a casa ❺ È una ditta la cui serietà ci è stata garantita da parecchi esperti

# 54  Cinquantaquattresima lezione

## Le vacanze degli italiani

**1 –** Accidenti che coda! Sono due ore che
andiamo a passo d'uomo su questa
stramaledetta autostrada!

**2 –** Tutte le domeniche è così: ci ritroviamo
tutti incolonnati per il rientro dal nostro
sacrosanto fine settimana.

**3** Del resto, vista la crisi economica attuale,
sempre più italiani rinunciano alle ferie e si
limitano a prendere solo qualche weekend
al mare.

**4 –** Dai, non esagerare! È vero che le ferie di tre
settimane o di un mese sono ormai ① solo
un pallido ricordo,

**5** e la maggior parte della gente non parte per
più di una settimana, a differenza dei nostri
vicini europei,

**6** ma a passare qualche giorno sotto
l'ombrellone non ci rinuncia nessuno,
dovesse ② mangiar patate per tutto
l'inverno! Come si suol dire, le vacanze non
si toccano!

## Notes

① L'adverbe **ormai** indique souvent la constatation d'un fait dans
le présent : **Ormai è già arrivato**, *À l'heure qu'il est, il est déjà
arrivé*, parfois associée à l'idée d'inéluctabilité (**ormai bisogna
farlo**, *maintenant il faut le faire*, au sens que l'on ne peut plus
attendre) et même au sentiment de résignation (**ormai non c'è** ▸

## Les vacances des Italiens

1 – Zut quel embouteillage *(queue)*! Cela fait deux heures que nous roulons au pas *(d'homme)* sur cette autoroute de malheur *(archi-maudite)*!

2 – Tous les dimanches c'est la même chose *(ainsi)* : nous nous retrouvons tous en file indienne *(en colonne)* pour le retour *(la rentrée)* de notre sacro-saint week-end.

3  D'ailleurs, vu l'actuelle crise économique, de plus en plus d'Italiens renoncent aux vacances *(congés)* et se bornent à prendre *(seulement)* quelques week-ends à la mer.

4 – Allez, n'exagère pas, il est vrai que les vacances de trois semaines ou d'un mois ne sont plus *(désormais)* qu'un lointain *(pâle)* souvenir,

5  et que la plupart des gens ne partent pas plus d'une semaine, à la différence de nos voisins européens,

6  mais personne ne renonce à passer quelques jours sous le parasol, dussent-ils manger des pommes de terres pendant tout l'hiver ! Comme on dit *(on a l'habitude de dire)* : touche pas aux vacances !

▸ **più niente da fare**, *à ce point, il n'y a plus rien à faire*), même au passé : **Erano ormai trascorsi molti anni**, *À ce moment-là, de nombreuses années était passées…*

② Remarquez l'utilisation de l'imparfait du subjonctif dans une tournure concessive (comme en français, pour une fois !) : **Verrò fin da te, dovessi scalare una montagna!**, *Je viendrai jusque chez toi, dussé-je escalader une montagne !* Façon de parler…

**7 –** Sì, tanto poi si rifanno ③ andando via
ogni sabato e domenica, con o senza
pernottamento,

**8** a seconda che abbiano o no i mezzi per
stare in albergo o in un agriturismo o
magari in una residenza secondaria.

**9 –** La famosa ④ seconda casa al mare! Ed
anche il camper o la roulotte; hai visto
quanti ce ne sono in giro?

**10** Anche se il costo del carburante influenza
molto la scelta del tipo di vacanza.

**11** Hanno detto ieri alla radio che la maggior
parte degli italiani non va oltre confine,
o eventualmente sceglie paesi vicini ed
economici, come la Croazia o la Slovenia.

**12 –** Questo è vero per chi tiene a viaggiare in
macchina, anche per avere poi mezzi propri
per effettuare gite sul posto,

## Notes

③ **Rifarsi**, verbe pronominal, a plusieurs sens : ici, celui de *se rattraper*, analogue à *récupérer*, dans des expressions comme **Non so nemmeno se mi rifarò delle spese**, *Je ne sais même pas si je récupérerai mes frais*. Par extension, on le rencontre aussi avec le sens de *se venger* : **Si rifà sui più piccoli di lui**, *Il se venge sur les plus petits que lui*, et même *se référer / s'inspirer*, au sens large : **Quel regista si è rifatto al cinema neorealista**, *Ce réalisateur s'est inspiré du cinéma néo-réaliste*.

④ **famoso** signifie normalement *célèbre*, mais il peut être utilisé ironiquement au sens de *bien connu / fameux / dont on parle tant*. Par contre, ne l'utilisez pas au sens de *excellent*, comme parfois en français, car dans ce cas, c'est un autre adjectif que vous utiliserez en italien : *Sa tarte aux pommes est vraiment fameuse*, **La sua torta di mele è davvero ottima**.

**7** – Oui, de toute façon *(tant)* ils se rattrapent *(refont)* ensuite en partant chaque samedi et dimanche, en passant ou non la nuit sur place *(avec ou sans nuit-à-l'hôtel)*,

**8** selon qu'ils aient les moyens ou pas d'aller à l'hôtel ou dans un gîte rural ou éventuellement dans leur résidence secondaire.

**9** – La fameuse deuxième maison à *(au bord de)* la mer ! Ou aussi le camping-car ou la caravane ; tu as vu combien il y en avait sur la route *(en tour)*?!

**10** Même si le coût du carburant influence beaucoup le choix du type de vacances.

**11** J'ai entendu *(ont dit)* hier à la radio que la plupart des Italiens ne sortent pas des frontières *(ne vont pas outre frontière)*, ou éventuellement ils choisissent des pays voisins et bon marché, comme la Croatie ou la Slovénie.

**12** – Cela est vrai pour ceux qui tiennent à voyager en voiture, et aussi pour effectuer des excursions sur place avec leur propre moyen de transport,

**13** ma tanti oggi optano per la settimana ai tropici prenotata su internet.

**14** Tra voli low cost, vacanze last minute e pacchetti all inclusive, ormai le vacanze all'estero quasi te le regalano!

**15 –** Sì, ma attenzione alle fregature ⑤! Sono vacanze convenienti, è vero, ma a patto di sapersi districare nella giungla delle offerte speciali,

**16** di spulciare forum per sincerarsi che il tal hotel a quattro stelle non ne valga la metà

**17** e portali per aggiudicarsi voli a basso costo ma ad alta affidabilità, e di leggere sempre il contratto fino all'ultima riga!

**18 –** Giusto, poi si tratta di offerte rivolte soprattutto ai giovani, come anche la vacanza fitness, alle terme o nelle beauty farm: insomma, "poveri ma belli" ⑥!

**19** Per il resto, le vacanze degli italiani restano sempre vacanze in famiglia, veri e propri traslochi in cui ci si porta dietro mezza casa, le comodità e a volte anche le preoccupazioni!

## Notes

⑤ L'expression populaire **la fregatura**, *l'arnaque*, vient du verbe latin *fricare*, *frotter*, qui déjà en latin indiquait également vulgairement l'acte sexuel. Par une analogie présente dans la langue française aussi (*frayer*) et par extension, le verbe **fregare** a pris le sens d'*arnaquer*. Plusieurs expressions populaires, plus ou moins triviales, en sont dérivées : **Chi se ne frega?**, *Qu'est-ce que j'en ai à faire ?* ; **Me ne frego**, *Je m'en* ▸

**13** mais beaucoup optent aujourd'hui pour la semaine aux tropiques réservée par internet.

**14** Entre les vols "low cost", les vacances "last minute" et les paquets "all inclusive", maintenant les vacances à l'étranger, ils te les offrent presque !

**15** – Oui, mais attention aux escroqueries ! Ce sont des vacances au prix intéressant, mais à condition de savoir naviguer *(se démêler)* dans la jungle des offres spéciales,

**16** d'éplucher les forums pour s'assurer que tel hôtel quatre étoiles n'en vaut pas la moitié,

**17** et [de rechercher] les sites *(portails)* pour trouver *(s'adjuger)* des vols à bas prix mais à haute fiabilité, et de lire toujours les contrats jusqu'à la dernière ligne !

**18** – C'est vrai *(juste)*, il s'agit d'ailleurs d'offres qui s'adressent surtout aux jeunes, comme également les vacances "fitness", aux thermes ou dans les centres de bien-être *("beauty farms")* : en somme, "pauvres mais beaux" !

**19** Pour le reste, les vacances des Italiens sont toujours des vacances en famille, de véritables *(et propres)* déménagements où l'on emmène avec *(derrière)* [soi] la moitié de la maison, le confort *(les commodités)* et parfois les soucis aussi !

▸ *fiche*. Cette dernière expression était un des slogans du fascisme naissant dans les années 20, d'où le nom **il menefreghismo**, *le je-m'en-fichisme*.

⑥ **Poveri ma belli** est le titre d'un célèbre film de Dino Risi de 1956, devenu une expression proverbiale pour indiquer une attitude insouciante et tournée vers la recherche du plaisir, notamment amoureux, propre à la jeunesse italienne… et de partout !

**54** **20** In questo caso, si va alla ricerca di posti tranquilli per i figli, come le località balneari della riviera adriatica o sul Tirreno,

**21** dove quando diventano più grandi si possono anche buttare a capofitto nelle infinite discoteche e nei pub notturni di cui pullulano Rimini, Viareggio e compagnia bella!

**22 –** Nel frattempo, qui il traffico non accenna a calare minimamente. Ma statevene tutti a casa, invece di invadere le strade e d'inquinare l'atmosfera!

**23 –** Ma tu ci staresti a casa, tutto il fine settimana, col caldo che fa in città?

**24 –** Neanche per sogno: le vacanze non si toccano!

**25 –** Allora taci e guida, e fai attenzione a non tamponare quello davanti! ☐

---

**Esercizio 1 – Traducete**

❶ Ormai è tardi, il negozio sarà già chiuso, andiamocene. ❷ Per rifarmi di tutti i soldi che ho perduto, chissà quanti anni dovrò lavorare! ❸ Come al solito ci ritroviamo incolonnati in mezzo a camper e roulotte. ❹ Che fregatura! La prossima volta non ci casco più, dovessi restare a casa tutta l'estate! ❺ La nostra partenza per le vacanze è un vero trasloco, ci portiamo dietro mezza casa!

**20**   Dans ce cas, on va à la recherche d'endroits
         tranquilles pour les enfants, comme les stations
         balnéaires sur la côte adriatique ou au bord de
         la mer Tyrrhénienne,

**21**   où, devenus *(quand ils deviennent plus)* grands,
         ils peuvent même se jeter la tête la première
         dans les discothèques et dans les pubs nocturnes
         dont pullulent à l'infini Rimini, Viareggio et
         compagnie !

**22** – Pour l'instant, la circulation ici n'a pas l'air
         de diminuer le moins du monde : mais restez
         *(vous-en)* [donc] à la maison, au lieu d'envahir
         les routes et de polluer l'atmosphère !

**23** – Mais toi, tu y resterais à la maison tout le week-
         end, avec la chaleur qu'il fait en ville?

**24** – Même pas en rêve : touche pas aux vacances !

**25** – Alors tais[-toi] et conduis, et fais attention à ne
         pas tamponner celui [qui est] devant [toi] !

---

### Corrigé de l'exercice 1

❶ Il est tard maintenant, le magasin doit être déjà fermé, allons-nous-en. ❷ Pour récupérer tout l'argent que j'ai perdu, qui sait combien d'années devrai-je travailler ?! ❸ Comme d'habitude nous voici en file indienne au milieu des camping-cars et des caravanes. ❹ Quelle arnaque ! La prochaine fois je ne me laisse pas prendre, dussé-je rester chez moi tout l'été. ❺ Notre départ en vacances est un vrai déménagement, nous emmenons avec nous la moitié de la maison !

## Esercizio 2 – Completate

❶ On ne touche pas aux vacances, même si l'on doit *(dussions-nous)* rester en file indienne sur l'autoroute pendant des heures au retour en ville !

. . . . . . . . . . . . . . . . . . . . . . . . . , . . . . . . . . .
. . . . . . . . . . . . . . . . . . . . . . . . . . . . . . . . . .
. . . . . . . . . . . . . . . . . !

❷ Entre les semaines aux tropiques réservées par internet et les vols à bas prix, maintenant les vacances à l'étranger, on te les offre presque !

. . . . . . . . . . . . . . . . . . . . . . . . . . . . . . . . .
. . . . . . . . . . . . . . low cost, . . . . . . . . .
. . . . . . . . . . . . . . . . . . . . . . . . . . . . . . . !

❸ Si nous nous étions donné rendez-vous au même endroit que d'habitude nous nous serions trouvés.

. . . . . . . . . . . . . . . . . . . . . . . . . . . . . .
. . . . . . . . . . . . . . . . . . . . . . . . . .

❹ Il faut toujours s'assurer que les offres spéciales de vacances "last minute" que l'on trouve sur les sites internet des agences ne soient pas des arnaques.

. . . . . . . . . . . . . . . . . . . . . . . . . . . .
. . . . . . . . . . . . . . . . . . . . . . . . . last
minute . . . . . . . . . . . . . . . . . . . . . .
. . . . . . . . . . . . . . . . . . . . . . . . . . . . . .
. . . . . . . . . .

❺ On peut opter pour la formule avec ou sans la nuit à l'extérieur, selon que l'on a ou pas les moyens pour l'hôtel ou pour le gîte rural.

.. ... ...... ... .. ....... ... .

...... ............., . ....... ... ..

........ . .. . ...... ....... .

... .............•

## Corrigé de l'exercice 2

❶ Le vacanze non si toccano, dovessimo stare incolonnati sull'autostrada per ore al rientro in città ❷ Tra settimane ai tropici prenotate su internet e voli – le vacanze all'estero ormai quasi te le regalano ❸ Se ci fossimo dati appuntamento al solito posto ci saremmo trovati ❹ Bisogna sempre sincerarsi che le offerte speciali di vacanze – che si trovano sui portali internet delle agenzie non siano delle fregature ❺ Si può optare per la formula con o senza pernottamento, a seconda che si abbiano o no i mezzi per l'albergo o per l'agriturismo

# 55   Cinquantacinquesima lezione

## Capricci della fonetica

1 – Ma alla fin fine, in italiano si dice bène con
la e aperta o béne con la e chiusa? ①
2 – Ah, questa è una gran diàtriba – o diatrìba,
che dir si voglia.
3 Secondo i dizionari, in cui la fonetica delle
parole è sempre indicata, proprio a causa
di tali problemi, che incontrano anche gli
italiani, si dice assolutamente bène con la e
aperta,
4 ma di fatto la pronuncia dipende dalle
regioni, e possiamo dire che in mezza Italia
si sta bène e nell'altra metà…béne!
5 Dunque mezza Italia ha torto e mezza ha
ragione? Io preferisco pensare che si tratta
di varianti regionali della stessa lingua

## Note

① Comme l'indique le titre du dialogue, le sujet de cette leçon
est la phonétique de certains mots italiens qui sont pronon-
cés différemment selon leur signification, mais aussi selon les
régions de la péninsule. Pour cette raison, la traduction française que nous présentons comme d'habitude sur la page de
droite ne peut rendre compte que partiellement des variantes
entre une prononciation et l'autre, dont parfois nous avons
choisi de reporter la transcription telle quelle dans le texte traduit. Nos supports audio deviennent ainsi indispensables pour
en saisir toutes les nuances. Bonne écoute !

### Caprices de la phonétique

1 – Mais finalement en italien on dit "bène" avec un "e" ouvert ou "béne" avec un "e" fermé ?

2 – Ah, c'est une grande controverse *(diatribe ou diatribe)* –, suivant la façon dont on veut le prononcer *(que dire on veuille)*.

3  Selon les dictionnaires, où la phonétique est toujours indiquée, justement à cause de ces problèmes que les Italiens rencontrent aussi, on dit absolument "bène" avec un "e" ouvert,

4  mais en fait la prononciation dépend des régions, et nous pouvons dire que dans la moitié de l'Italie on est "bien" et dans l'autre moitié … "bien" !

5  Donc une moitié de l'Italie *(demi-Italie)* a tort et une moitié a raison ? Moi, je préfère penser qu'il s'agit de variantes régionales de la même langue,

6    e che i tempi in cui si considerava che
          solo in Toscana si parlasse il vero italiano,
          perché la nostra lingua l'aveva inventata
          Dante, sono morti e sepolti e li lasciamo ai
          vecchi accademici!

7 –   E come fare per conoscere la pronuncia
      giusta ②, allora?

8 –   Non c'è altra alternativa ③ che consultare
      il vocabolario, poiché non ci si può fidare
      degli indigeni…!

9     Ci sono addirittura parole in cui la vocale
      chiusa o aperta fa cambiare il significato,
      come pésca – l'attività dei pescatori – e
      pèsca – il frutto,

10    o anche accètta – terza persona singolare
      del presente indicativo o seconda singolare
      dell'imperativo del verbo accettare – e
      accétta – l'attrezzo del boscaiolo.

11    Ciò nonostante anche per queste parole, la
      cui pronuncia corretta dovrebbe essere di
      rigore, intervengono gli usi regionali,

12    e per un lombardo o per un veneto ci sarà
      soltanto la pésca, senza che per questo il
      frutto puzzi di pesce!

**Notes**

② L'adjectif **giusto** a plusieurs sens : celui philosophique ou idéal, **una causa giusta**, *une juste cause*, le sens de *correcte*, comme ici, **la risposta giusta**, *la bonne réponse*, et d'*approprié*, *opportun* : **L'uomo giusto al momento giusto**, *L'homme qu'il faut au bon moment*. Évitez, en revanche, de l'utiliser avec le sens français d'*à peine / suffisant*, ce qui créerait des contre-sens : si vous dites à un employeur que le salaire qu'il vous propose est un peu juste, **uno stipendio giusto** est au ▶

**6** et que l'époque où l'on considérait que seulement en Toscane on parlait *(parlât)* le vrai italien, puisque notre langue, c'était Dante qui l'avait inventée, est morte et enterrée, et nous la laissons aux vieux académiciens !

**55**

**7 –** Et comment faire, alors, pour connaître la bonne *(juste)* prononciation ?

**8 –** Il n'y a pas d'autre solution *(alternative)* que de consulter le dictionnaire, puisque l'on ne peut pas se fier aux autochtones *(indigènes)* !

**9** Il existe même des mots dont la voyelle ouverte ou fermée change la signification, comme "pêche" – l'activité des pêcheurs – et "pêche" – le fruit –,

**10** ou même "accètta" *(accepte)* – troisième personne du singulier du présent de l'indicatif ou deuxième du singulier de l'impératif du verbe "accettare" *(accepter)* – et "accétta" *(la hache)* – l'outil du bûcheron.

**11** Malgré cela, même pour ces mots, dont la prononciation correcte devrait être de rigueur, les usages régionaux interviennent,

**12** et pour un Lombard ou pour un Vénète il y aura seulement la "pésca", sans que, pour autant, le fruit sente *(pue de)* [le] poisson !

▶ contraire un salaire tout à fait correct ! De même, *la catastrophe a été évitée de justesse* sera en italien **la catastrofe è stata evitata per poco**.

③ **L'alternativa** est à la fois le choix entre deux possibilités et chacune de ces deux possibilités ; pour cela on peut dire, comme ici, **non c'è altra alternativa**, au sens qu'il y a une seule solution, une seule possibilité, et aussi **scegliere la prima o la seconda alternativa**, *choisir entre la première ou la deuxième solution*, et même, dans le langage politique, **l'alternativa di sinistra o l'alternativa di destra**, *le choix du projet de la gauche ou celui de la droite.*

**13 –** Mica facile per noi stranieri raccapezzarci ④ in mezzo a queste "varianti"!

**14 –** E questo è niente! Pensa a tutte le parole in cui l'accento tonico cambia il significato, come àncora – della nave – e ancòra – l'avverbio –,

**15** princìpi – il plurale di princìpio, la norma morale – e prìncipi – il plurale di prìncipe, il figlio del re – o circùito – la pista per le corse – e circuìto – participio passato del verbo circuire, che vuol dire sedurre.

**16** Poi ci sono i verbi a cui si attaccano i pronomi personali complemento, che diventano a volte parole sdrucciole e si differenziano da quelli scritti nello stesso modo ma che restano parole piane ⑤:

**17** per esempio compràtelo, composto dell'imperativo comprate con il pronome lo – comprate (voi) quell'articolo – e còmpratelo, cioè còmprati (a te) quell'articolo, dunque l'imperativo compra e i pronomi raggruppati te e lo.

## Notes

④ **Raccapezzare** est rarement utilisé dans le sens de *ramasser*, rassembler ce qui est dispersé, et donc aussi de *comprendre* ; par contre sa forme pronominale **raccapezzarsi** est assez fréquente pour *s'y retrouver*, proche de son origine latine, liée au sens de ***re-ad-capitiare***, *retrouver les extrémités* (***capitia***) par exemple d'un problème. **Non mi ci raccapezzo più!**, *Je n'y comprends plus rien !*

▸

**13 –** Pas facile pour nous, étrangers, de nous y retrouver, au milieu de ces variantes !

**14 –** Et ça c'est rien ! Pense à tous les mots où l'accent tonique change la signification, comme "àncora" *(ancre)* – du bâteau – et " ancòra" *(encore)* – l'adverbe –,

**15** "princìpi" – le pluriel de principe, la norme morale – et "prìncipi" – le pluriel de prince, le fils du roi – ou "circùito" *(circuit)* – la piste pour les courses – et "circuìto" *(circonvenu)* – participe passé du verbe "circuire" *(circonvenir)*, qui veut dire séduire.

**16** Ensuite il y a les verbes auxquels on attache les pronoms personnels complément, et qui deviennent parfois des mots proparoxytons *(glissants)* et se différencient de ceux écrits de la même manière mais qui restent des mots paroxytons *(plats)* :

**17** par exemple "compràtelo" *(achètez-le)*, composé de l'impératif "comprate" *(achetez)*, avec le pronom "lo" – achetez *(vous)* cet article – et "còmpratelo" *(achète-le toi)*, c'est-à-dire achète-toi *(à toi)* cet article, donc l'impératif "compra" et les pronoms groupés "te" et "lo".

▸ ⑤ On classe les mots selon la syllabe sur laquelle est placé l'accent tonique : en **parole piane** – accent sur l'avant-dernière syllabe (pénultième), par exemple **am**i**co** – ; **parole sdrucciole** – accent sur l'avant-avant-dernière (antépénultième), comme **p**o**vero** – ; et **parole bisdrucciole** – "anté-antépénultième", **di**temelo, *dites-le moi*. Quand l'accent tonique est placé sur la dernière syllabe il est également écrit : il s'agit de mots oxytons ou apocopés et l'on parle de **parole tronche** *(mots tronqués)*, puisqu'en effet il s'agit de mots dont la forme ancienne comprenait une dernière syllabe aujourd'hui disparue, comme **città** (anciennement *cittade*, du latin *ciuitas*).

**18** – Parole sdrucciole? Parole piane? Ma è un vero otto volante, la vostra lingua!

**19** – Diciamo piuttosto un campo minato! A parte gli scherzi, tra le doppie consonanti, così difficili da pronunciare per certi italiani,

**20** gli accenti tonici così frequentemente sbagliati nella lingua parlata – rùbrica invece di rubrìca, sàlubre invece di salùbre, etc.

**21** quelli "mobili", cioè corretti in più forme – si può dire sia arteriosclèrosi alla greca, sia arterioscleròsi alla latina –

**22** italiani e stranieri hanno materia per innumerevoli indovinelli … e papere ⑥ ! □

**Note**

⑥ Les Italiens disent **la papera** pour indiquer *une bourde* proférée à l'oral, et aussi un *lapsus*, ou la langue qui fourche… En ce qui concerne l'origine de cette bizarre expression, rien à voir avec le monde animal (**la papera** est *le canard*) : le mot ▸

---

**Esercizio 1 – Traducete**

❶ Se vi piacciono i mobili antichi, compratevene! ❷ Se non mi avessi spiegato tu come funzionava quel programma informatico, io non mi ci sarei raccapezzato proprio. ❸ Troveremo la risposta giusta, dovessimo cercarla per tutta la giornata! ❹ I due veicoli si sono evitati per poco, se no ci sarebbe stato un incidente. ❺ Mezza Italia pronuncia certe parole in un modo, e l'altra metà in un altro.

**18 –** Des mots glissants ? Des mots plats ? Mais ce
sont de vraies montagnes russes *(huit volant)*,
votre langue !

**19 –** Disons plutôt un champ de mines ! Blagues à
part, entre les consonnes doubles si difficiles à
prononcer pour certains Italiens,

**20** les accents toniques si souvent erronés dans la
langue parlée – "rùbrica" au lieu de "rubrìca"
*(le répertoire)*, "sàlubre" au lieu de "salùbre"
*(salubre)*, etc.

**21** les accents "mobiles", c'est-à-dire corrects
dans plusieurs formes – on peut dire à la fois
"arteriosclèrosi" *(artériosclérose)* à la grecque,
et "arterioscleròsi" à la façon latine –

**22** les Italiens et les étrangers ont, [là], matière
pour d'innombrables devinettes… et des
bourdes *(canards)* !

▸ viendrait de l'espagnol ***páparo***, *nigaud*, et peut-être à partir
de là l'idée d'une grosse bêtise placée en rapport et par opposition avec un petit animal comme le canard. Décidément,
dans cette leçon nous sommes en plein dans les bizarreries
linguistiques !

---

## Corrigé de l'exercice 1

❶ Si vous aimez les meubles anciens, achetez-vous-en ! ❷ Si
tu ne m'avais pas expliqué comment fonctionne ce programme
informatique, je ne m'y serais pas retrouvé. ❸ Nous trouverons la
bonne réponse, quitte à la chercher toute la journée ! ❹ Les deux
véhicules se sont évités de justesse, sinon il y aurait eu un accident.
❺ La moitié de l'Italie prononce certains mots d'une manière, et
l'autre moitié les prononce d'une autre.

❶ Les mots italiens peuvent être paroxytons, proparoxytons, accentués sur l'anté-antépénultième syllabe ou oxytons.

.. ...... ......... ....... ......
....., .........., ....... .
........ •

❷ Je le trouverai, dussé-je aller au bout du monde !

.. ......., ......... ....... .. ... ..
.....!

❸ Si vous décidez de vous l'acheter dites-le nous et nous ferons le nécessaire pour vous en trouver un à un prix intéressant.

.. ........ .. ..........,
........ ............ .........
... ... .. .. ...... ....
.............•

❹ Si vous nous aviez écoutés vous ne seriez pas maintenant dans cette situation, mais désormais je crains qu'il ne soit trop tard pour y remédier ou au moins pour récupérer vos frais.

.. .. ...... dato ....., ..... ..
....... ...... ...........,..
...... .... ... .. ....... ..... ...
.......... ........ .. ........ ......
...... •

❺ Je ne sais que *(si)* choisir [entre] la première et *(ou)* la deuxième solution, j'ai peur de tomber de Charybde en Scylla !

... ... .. ...... .. ....... • ..
....... ..........., .. ..... ..
...... dalla ....... ..... .....!

❶ Le parole italiane possono essere piane, sdrucciole, bisdrucciole o tronche ❷ Lo troverò, dovessi andare in capo al mondo ❸ Se decidete di comprarvelo, ditecelo e noi faremo il necessario per trovarvene uno a un prezzo conveniente ❹ Se ci aveste – retta, adesso non sareste in questa situazione, ma ormai temo che sia troppo tardi per rimediarvi o almeno per rifarvi delle spese ❺ Non so se scegliere la prima o la seconda alternativa, ho paura di cadere – padella nella brace

MA È UN VERO OTTO VOLANTE, LA VOSTRA LINGUA!

*Les académiciens dont parle le personnage du dialogue sont les membres de l'**Accademia della Crusca**, active à Florence depuis le Moyen Âge, dont l'objectif est la défense de la pureté de la langue italienne, en distinguant justement **la crusca** (le son) de **la farina**, qui est seule bonne à manger, à la barbe du pain complet...! Humour mis à part, l'**Accademia della Crusca** a eu depuis le XVIe siècle un rôle fondamental par la rédaction d'un dictionnaire qui a été le modèle pour les équivalents français, espagnol et allemand. Il lui a été reproché de considérer le seul italien littéraire et de délaisser d'autres niveaux linguistiques tout aussi importants. Il existe en Italie d'autres **Accademie**, d'importance moindre que celle-ci, comme l'**Accademia Cosentina**, basée à Cosenza, en Calabre.*

# 56    Cinquantaseiesima lezione

## Revisione – Révision

### 1 Le conditionnel

Nous avons vu qu'il existe plusieurs emplois possibles du conditionnel. Il faut donc tout d'abord rappeler que *le conditionnel* (**il condizionale**) n'exprime pas, malgré son nom, la condition d'une action, mais sa conséquence ; on ne dira donc pas **"se potrei, verrei"** (c'est une grosse faute, analogue à celle du P'tit Gibus dans *La Guerre des Boutons* : "si j'aurais su… !"), mais **se potessi, verrei**, *si je pouvais, je viendrais*.

Le conditionnel présent (simple) exprime un fait qui pourrait se réaliser à partir du moment présent. Le conditionnel passé (composé) exprime un fait non réalisé dans le passé, et non réalisable à partir du moment présent. De toute façon, le conditionnel n'indique jamais un fait actualisé, mais uniquement un fait ou une action en puissance. On utilise le conditionnel dans les cas suivants :

• dans la proposition principale d'une phrase hypothétique :
**Se avessi i soldi, andrei in vacanza.**
*Si j'avais l'argent, j'irais en vacances.*

**Se avessi avuto i soldi, sarei andato in vacanza.**
*Si j'avais eu l'argent, je serais parti en vacances.*

• pour exprimer la postériorité par rapport à un fait passé (le futur du passé). Dans ce cas, on utilise toujours le conditionnel passé :
**Ero sicuro che sarebbe piovuto.**
*J'étais sûr qu'il pleuvrait.*

• pour exprimer un doute, une hypothèse, une opinion personnelle :
**Alcuni pensano che questa parola deriverebbe dal latino.**
*Certains pensent que ce mot dériverait du latin.*

**Sarebbero state le forti piogge di questi giorni a causare questo fenomeno.**
*Ce seraient les fortes pluies de ces jours-ci qui auraient causé ce phénomène.*

• dans certaines expressions classiques du souhait :
**Mi piacerebbe essere ricchissimo.**
*J'aimerais être très riche.*

**Vorrei parlare col signor Rossi, per favore,**
*Je voudrais parler à monsieur Rossi, s'il vous plaît.*

• pour exhorter "gentiment" quelqu'un :
**Signor Bianchi, dovrebbe cercare di arrivare più puntuale…**
*Monsieur Bianchi, vous devriez chercher à arriver plus à l'heure…*

## 2 Verbes auxiliaires

L'emploi des verbes auxiliaires **essere** et **avere** est à peu près le même qu'en français. En règle générale, les verbes transitifs se conjuguent avec **avere**, les intransitifs avec **essere**. Il faut tout de même faire attention, parce que cette règle n'est pas absolue :

### 2.1 L'emploi de l'auxiliaire *avere* avec des verbes intransitifs

• On emploie le verbe **avere** avec quelques verbes intransitifs, comme **bussare**, *frapper à la porte* ; **dormire**, *dormir* ; **ridere**, *rire* ; **sorridere**, *sourire*, etc. :

**Ho dormito fino alle nove, quando hanno bussato alla porta.**
*J'<u>ai</u> dormi jusqu'à neuf heures, quand quelqu'un <u>a</u> frappé à la porte.*

• On emploie aussi **avere** avec des verbes de mouvement qui n'indiquent que l'action de se déplacer, sans spécifier ni le point de départ, ni la direction : **camminare**, *marcher* ; **navigare**, *naviguer* ; **passeggiare**, *se promener* ; **viaggiare**, *voyager* :

**Ha viaggiato per tutto il mondo, ha navigato su ogni mare.**
*Il a voyagé dans le monde entier, il a navigué sur toutes les mers.*

## 2.2 L'emploi de l'auxiliaire *essere*

• On utilise **essere** avec les verbes qui expriment un état, un devenir, tels **apparire**, *apparaître* ; **esistere**, *exister* ; **sembrare**, *paraître* ; **crescere**, *croître* ; **ingrassare**, *grossir* ; **dimagrire**, *maigrir* ; **invecchiare**, *vieillir* ; **riuscire**, *réussir* ; **occorrere**, *falloir* ; **bisognare**, *falloir* :

**Quando l'ho visto, mi è sembrato che fosse molto dimagrito, ma non sono riuscito a convincerlo ad andare da un medico: è occorso che glielo dicessero tutti i suoi amici.**
*Quand je l'ai vu, il m'a semblé qu'il avait beaucoup maigri, mais je n'ai pas réussi à le convaincre d'aller voir un médecin : il a fallu que tous ses amis le lui disent.*

## 2.3 L'emploi des auxiliaires *avere* ou *essere* selon les contextes

• Certains verbes peuvent se conjuguer ou bien avec **essere** ou bien avec **avere**, selon qu'ils soient utilisés transitivement (avec un complément d'objet direct) ou intransitivement (sans C.O.D.). Ce sont les verbes **bruciare**, *brûler* ; **cambiare**, *changer* ; **cominciare**, *commencer* ; **continuare**, *continuer* ; **finire**, *finir* ; **guarire**, *guérir* ; **passare**, *passer* ; **salire**, *monter* ; **saltare**, *sauter* ; **suonare**, *sonner*, etc… :

**Hai visto com'è cambiato Giorgio? Sono state tutte le esperienze che ha vissuto che l'hanno cambiato.**
*Tu as vu comme Giorgio a changé? Ce sont toutes les expériences qu'il a vécues qui l'ont changé.*

• Certains verbes de mouvement se conjuguent avec **avere** quand ils indiquent l'action en soi, et avec **essere** quand on indique aussi le point de départ et/ou d'arrivée du mouvement : **correre**, *courir* ; **emigrare**, *émigrer* ; **saltare**, *sauter* ; **volare**, *voler* :

**Appena ho saputo che stavi per partire sono corso a salutarti; ho corso come un matto per arrivare prima della tua partenza.**
*Dès que j'ai su que tu allais partir, je suis venu en courant te saluer ; j'ai couru comme un fou pour arriver avant ton départ.*

• Les verbes qui indiquent des phénomènes atmosphériques (**piovere**, *pleuvoir* ; **nevicare**, *neiger* ; **grandinare**, *grêler…* ) se conjuguent tantôt avec **avere**, tantôt avec **essere** :

– Conjugués avec le premier, ils expriment la durée du fait :
**Ha piovuto tutto il giorno**, *Il a plu toute la journée* ;

– avec le deuxième, ils expriment le fait passé et conclu :
**Ho aperto la finestra e ho visto che era nevicato.**
*J'ai ouvert la fenêtre et j'ai vu qu'il avait neigé.*
À noter que l'utilisation de l'un ou de l'autre, dans ces cas, correspond aussi à des usages régionaux.

• Il existe enfin des verbes, comme **vivere**, qui se conjuguent indifféremment avec **avere** ou avec **essere**, sans aucune nuance de sens entre les deux emplois :
**Ha vissuto a lungo** ou **è vissuto a lungo**, *Il a vécu longtemps.*

N'oubliez pas que l'auxiliaire **essere** est toujours obligatoire dans les formes passive, réfléchie et pronominale.

## 3 Verbes semi-auxiliaires (*verbi servili*)

Il s'agit de quatre verbes qui, suivis d'un verbe à l'infinitif, se conjuguent, dans les temps composés, avec l'auxiliaire du verbe qui les suit : **dovere**, **potere**, **sapere** et **volere** (non accompagnés d'un autre verbe, ils se conjuguent tous normalement avec l'auxiliaire **avere**). On dit donc :

**Sono dovuto andare via** et **Ho dovuto fare un discorso** ;
**Non è potuto venire** et **Non ha potuto telefonare** ;
**Sono voluta venire di persona** (remarquez l'accord du participe passé avec le sujet féminin, normal avec le verbe **essere**) et **Ho voluto vederlo di persona** ;
**Non è saputo venire** et **Non ha saputo trovare la strada**.

Faites attention à leur conjugaison avec les verbes réfléchis et pronominaux (employant, en général, **essere**) : on dit :
**Non mi sono voluto alzare presto**, *Je n'ai pas voulu me lever tôt* (au féminin **Non mi sono voluta alzare presto**) ;
mais si l'on rattache le pronom réfléchi au verbe à l'infinitif, on revient à l'auxiliaire **avere** : **Non ho voluto alzarmi presto**.

Ils sont très différents d'usage et fort nombreux et expriment une idée générale d'approximation de quantité, d'identité ou de qualité. Il serait inutile de les mentionner tous, la plupart étant déjà bien connus par des italianistes chevronnés que vous êtes désormais. Leur fonction est tantôt celle d'adjectifs accompagnant un nom, tantôt de pronoms et même d'adverbes. Nous nous limitons à vous en présenter quelques-uns à la morphologie ou au comportement particuliers. Même s'ils n'ont pas été tous présentés dans les leçons précédentes, vous devez en connaître plusieurs, puisque vous êtes aujourd'hui au niveau "perfectionnement", n'est-ce pas!

## 4.1 Idée de quantité indéterminée

– **altrettanto**, *autant* :
**Tante teste**, **altrettanti pareri**, *Autant de têtes, autant d'avis.*

– **diverso** (toujours dans la forme plurielle **diversi** – masculin – ou **diverse** – féminin), *plusieurs* :
**Sono diversi giorni che non la vedo.**
*Cela fait plusieurs jours que je ne l'ai vue.*

– **parecchio**, *pas mal de* :
**C'era parecchia gente**, *Il y avait pas mal de monde.*

– **vario**, *divers* :
**spese varie**, *frais divers.*

## 4.2 Idée d'identité ou de qualité indéterminées

– **nessuno**, *aucun* (devant un nom), *personne* (en tant que pronom)

– **alcuno**, comme le précédent s'il est au singulier, *quelques* ou *quelques-uns* au pluriel :
**Non c'è alcuna ragione per arrabbiarti.**
*Il n'y a aucune raison de te fâcher.*
**In alcune città il centro storico è chiuso al traffico.**
*Dans quelques villes le centre est fermé à la circulation.*
**Alcuni pensano…**, *D'aucuns pensent…*

– **qualche** (invariable, toujours accordé au singulier mais ayant un sens pluriel), *quelques* :
**Ho preso qualche giorno di ferie.**
*J'ai pris quelques jours de congés.*

– **ogni** (adjectif invariable), *chaque* : **ogni volta**, *chaque fois*

– **ciascuno**, *chaque*, *chacun*

– **qualsiasi**, *quelconque* (et aussi **qualunque**, ou **qualsivoglia**, plus littéraire)

– **altro**, *autre* (en tant que pronom *rien d'autre*) :
**Non ha detto altro**, *Il n'a rien dit d'autre* ;

Remarque : la forme **altri** correspond à *autrui*, aussi le dixième commandement dit-il : **Non desiderare la roba d'altri**, *Tu ne convoiteras pas le bien d'autrui !*
Certains d'entre eux sont exclusivement des pronoms (ils ne peuvent pas accompagner un nom) :

### 4.3 L'indéfini *uno* et ses composés

• Il peut se traduire soit par *quelqu'un* :
**Mi hanno detto che in piazza c'è uno che vende le caldarroste.**
*On m'a dit que sur la place il y a quelqu'un qui vend des marrons grillés.*

• soit par *chacun*, dans des expressions distributives :
**Facciamo un po' per uno**, *On fait chacun son tour.*
**Paghiamo metà per uno**, *Payons moitié-moitié.*
**Uno per uno non fa male a nessuno** (proverbe qui veut dire *Un chacun, c'est équitable* (litt., "un pour un, ça ne fait de mal à personne").

• autres indéfinis composés avec **uno** :
**qualcuno**, *quelqu'un*
**ognuno**, *chacun*
**chiunque**, *quiconque*

Retenez aussi : **qualcosa**, *quelque chose*

Enfin, retenez la tournure négative avec **niente** et avec **nulla**, deux pronoms indéfinis que vous connaissez depuis longtemps :

• s'ils précèdent le verbe, celui-ci reste à la forme affirmative :
**Niente è cambiato**, *Rien [n']a changé* ;

• s'ils le suivent, la tournure est négative (et la signification équivalente) :
**Non è cambiato niente**, *Rien [n']a changé*

• dans les phrases interrogatives **niente** et **nulla** signifient *quelque chose* :
**Ti serve niente?**, *As-tu besoin de quelque chose ?*

## 5 Les prépositions *tra* et *fra*

• **Tra** et **fra** sont deux prépositions équivalentes, employées avec le sens tantôt de *entre*, tantôt de *parmi* :
**Tra tante persone, ci sarà pure qualcuno che ci può aiutare.**
*Parmi tant de personnes, il doit bien y avoir quelqu'un qui peut nous aider.*
**Fra me e te, ci sono molti punti in comune.**
*Entre toi et moi, il y a beaucoup de points communs.*

• Retenez l'expression **dormire tra due guanciali** (litt. "dormir entre deux oreillers"), *dormir sur ses deux oreilles*, d'où le sens d'*à travers* :
**Un raggio di luce filtra tra le persiane.**
*Un rayon de lumière filtre à travers les persiennes* (au sens d'"entre les lattes des persiennes").

• **Tra** et **fra** sont utilisées :
– dans des expressions de temps ou d'espace où le français emploie *dans* : **tra una settimana**, *dans une semaine* ; **fra poco**, *dans peu de temps*, **fra oggi e domani**, *d'ici à demain* ;
– dans la locution adverbiale **nel frattempo**, *entre-temps* ;
– au sens spatial : **fra cento metri**, *à 100 mètres d'ici…*

• Retenez aussi les expressions : **parlare tra sé e sé**, *parler à soi-même* (au sens d'une conversation entre soi et soi-même !).

• Enfin, les **modi di dire**, *expressions idiomatiques* avec **tra** ou **fra** :
**mettere i bastoni tra le ruote**, *mettre des bâtons dans les roues* ;
**stare tra i piedi a qualcuno**, *être fourré dans les jambes de quelqu'un* ;
**fra un discorso e l'altro, abbiamo fatto mezzogiorno**, *à force de bavarder* (litt. "entre un discours et l'autre"), *il est* ("nous avons fait venir") *midi*.

## 6 Le verbe *venire*

Le verbe **venire** a en général la même signification que *venir* en français, il indique donc un mouvement de rapprochement ; mais **venire** peut prendre de nombreuses significations, selon le contexte et selon les adverbes et les adjectifs qui l'accompagnent.

### 6.1 Les nombreuses traductions de *venire*

• **venire fuori**, *sortir* ;
• **venire avanti**, *avancer* ou, parfois, *entrer* (comme **venire dentro** dans des expressions comme **Venga avanti, signore, si accomodi!**) ;
• **venire giù**, *descendre*, mais aussi *tomber* dans des expressions comme :
**Viene giù una pioggia d'inferno**, *Il tombe une pluie diluvienne.*
• **venire su**, *monter*, mais aussi *pousser* : **Quell'albero viene su bene**, et *revenir* : **La cipolla che ho mangiato ieri mi viene ancora su.**
• **venire via**, *s'en aller*, *partir*
• **venir meno**, *s'évanouir*, mais **venir meno alla parola data**, *ne pas tenir sa parole* ;
• **venire bene**, *réussir* :
**La torta mi è venuta bene**, *J'ai réussi ma tarte.*
• **venire incontro**, *venir à la rencontre*, mais aussi *aider* :
**Per il pagamento, le verremo incontro.**
*Pour le paiement, on vous aidera / on vous fera des facilités.*
• **venire dietro a qualcuno**, *suivre quelqu'un* ;
• **venire prima di qualcuno**, *être devant quelqu'un* (dans une hiérarchie, dans une file ou dans un classement).

- **venire a trovare qualcuno**, *venir voir quelqu'un* ;
- **venire alla luce**, *voir le jour (naître)* ;
- **venire a patti con qualcuno**, *composer avec quelqu'un* ;
- **venire a più miti consigli**, *modérer ses prétentions* ;
- **venire al dunque** ou **al fatto** ou **al sodo**, *en venir au fait* :
**Veniamo al dunque**, *Venons-en au fait !*
- **venire a noia a qualcuno**, *ennuyer quelqu'un* :
**Quel posto mi è venuto a noia.**
*Cet endroit-là m'a ennuyé (a fini par m'ennuyer).*
et aussi : **Mi è venuto in antipatia, mi è venuto in odio.**
*Je l'ai pris en grippe.*

## 6.3 *Venire* dans des expressions idiomatiques

- **Venire** peut être utilisé dans des expressions de temps :
**Natale viene di domenica quest'anno.**
*Noël tombe un dimanche cette année.*

- et dans de nombreuses expressions idiomatiques :
**venire in possesso di qualcosa**, *entrer en possession de quelque chose* ;
**far venire qualcuno**, *appeler quelqu'un* :
**è meglio far venire l'idraulico**, *Il vaut mieux appeler le plombier* ;
**Quanto viene?**, *Combien ça coûte ?*

- Des expressions impersonnelles en français, comme *il m'est venu une idée*, deviennent personnelles en italien :
**Mi è venuta un'idea** (litt. "m'est venue une idée") ;
**Mi viene un dubbio**, *Il me vient un doute* ;
**Mi vengono le lacrime agli occhi**, *Il me vient les larmes aux yeux* ;
**Mi viene in mente**, *Il me vient à l'esprit* ;
**Che gli viene in mente?**, *Qu'est-ce qui lui prend ?*
Et aussi :
**fare venire fame**, *donner faim* ;
**Mi viene da ridere**, *J'ai envie de rire* ;
**Mi è venuta l'influenza**, *J'ai attrapé la grippe.*

**1** – Le solite vacanze sotto l'ombrellone mi sono proprio venute a noia, l'anno prossimo opterò per un viaggio culturale.

**2** – In questo caso hai l'imbarazzo della scelta, sia che tu voglia rimanere in Italia, sia che tu decida di andare all'estero, anche se la prima soluzione resta senz'altro la più economica.

**3** – Questo non è un problema: ormai qualsiasi agenzia tu scelga, ti viene incontro per il pagamento, anche per i viaggi low-cost.

**4** – Sì, ma attenzione alle fregature! Sincerati sempre dell'affidabilità delle agenzie e ricordati di leggere il contratto fino all'ultima riga…

**5**    Mi viene in mente che ho un amico titolare di un'ottima agenzia, ti andrebbe se andassimo a trovarlo domani?

**6** – Volentieri, così qualunque vacanza io decida di fare, avrò già qualcuno a cui rivolgermi per organizzarla.

**7** – Ma veniamo al dunque: per dove vorresti partire? Hai già una qualsivoglia idea o sei nel buio totale?

**8** – Vorrei visitare qualche città rinascimentale di cui ho studiato l'assetto urbanistico ai tempi dell'università.

**9**    Se avessi potuto farlo, avrei fatto un sacco di viaggi quando ero giovane, ma non me lo sono mai potuto permettere. Pazienza!

**10** – Tra un discorso e l'altro abbiamo fatto venire sera: ti andrebbe un aperitivo? Offro io!

**Traduction**

**1** – Les vacances habituelles sous le parasol ont fini par m'ennuyer, l'année prochaine j'opterai pour un voyage culturel. **2** – Dans ce cas, tu as l'embarras du choix, soit que veux rester en Italie, soit tu décides d'aller à l'étranger, même si la première solution reste sans aucun doute meilleur marché. **3** – Cela n'est pas un problème : maintenant quelle que soit l'agence de ton choix, elle te fait des facilités pour le paiement, même pour les voyages low-cost. **4** – Oui, mais gare aux arnaques ! Assure-toi toujours de la fiabilité des agences, et souviens-toi de lire le contrat jusqu'à la dernière ligne… **5** Il me vient à l'esprit que j'ai un ami propriétaire d'une excellente agence, cela t'irait si nous allions le voir demain ? **6** – Volontiers, comme ça, quelles que soient les vacances que je déciderai de prendre, j'aurai déjà quelqu'un à qui m'adresser pour les organiser. **7** – Mais venons-en au fait : où voudrais-tu partir ? As-tu déjà une quelconque idée ou tu es dans l'obscurité totale? **8** Je voudrais visiter quelques villes Renaissance dont j'ai étudié l'aménagement urbain à l'époque de l'université. **9** Si j'avais pu le

---

## 57 Cinquantasettesima lezione

### La letteratura italiana I

**1** Le prime testimonianze di letteratura in lingua italiana volgare ① che siano degne di nota risalgono alla fine del XII secolo:

**2** rime a carattere comico e agiografico, opera di giullari colti, spesso di estrazione monastica,

**Note**

① On appelle *l'italien ancien* **la lingua volgare** (de ***vulgus***, le *peuple* en latin) par opposition à la langue savante qui était le latin. C'était donc la langue du peuple, dans laquelle quelques hommes de lettres ont choisi de s'exprimer au bas Moyen Âge, en remportant le succès que nous connaissons, puisque **la** ▸

faire, j'aurais fait un tas de voyages quand j'étais jeune, mais je n'ai jamais pu me le permettre. Tant pis ! **10** – À force de bavarder, c'est déjà le soir : ça te dirait, un apéritif ? Je t'invite !

> *Nous sommes au cœur de la dernière partie de notre perfectionnement de l'italien : que de sujets divers et de types de langages ont été présentés ! Nous y avons rencontré à la fois des mères débordées et des sportifs acharnés, le patient hypocondriaque et le mélomane passionné, le physicien prix Nobel et le réalisateur engagé, les "ados" délurés et des* **Vitelloni** *piliers de bistrot plus vrais que nature, le journalisme politique et la critique littéraire "intello", le cours magistral de géographie et celui d'histoire de l'art ! Maintenant vous vous sentez tout à fait à l'aise dans des registres linguistiques aussi divers qu'authentiques. Dans les prochaines séries, nous commencerons à aborder également des textes littéraires : quel plaisir, de lire un beau livre italien, à l'ombre d'un parasol sur une plage du* **Belpaese**, *et bien sûr rigoureusement dans le texte !*

## Cinquante-septième leçon   57

### La littérature italienne I

1   Les premiers témoignages de littérature en langue italienne "vulgaire" qui soient dignes d'intérêt *(de remarque)* remontent à la fin du XIIᵉ siècle :

2   [ce sont des] rimes à caractères comique et hagiographique, [qui sont l']œuvre de ménestrels cultivés, [qui] souvent [appartenaient au] *(de)* milieu monastique ;

▶   **lingua volgare** est devenue l'italien. Le mot a pris ensuite le sens de *grossier*, certainement par l'usage de quelqu'un qui avait un certain mépris pour le peuple, et qui pensait que la grossièreté lui était propre…

**3** esse costituiscono i primi, commoventi anche se rozzi vagiti di quell'ispirazione poetica che doveva ben presto dare i suoi frutti più insigni nel tardo medioevo.

**4** La tormentata epoca dei Comuni si chiude dando alla luce ② una generazione di poeti che alla tradizione cortese della lirica provenzale aggiungono la nuova sensibilità, più intima e terrena, della cultura cittadina:

**5** sono gli Stilnovisti, Guido Guinizzelli e Guido Cavalcanti, Lapo Gianni e, non ultimo, il sommo ③ Dante,

**6** che celebra tuttavia il superamento di questa poesia amorosa ed intima nella sua *Commedia* ④, immenso affresco civile, politico e spirituale della civiltà medievale.

**7** Petrarca col *Canzoniere*, ampia raccolta di poesie dedicate alla sua amata Laura, e Boccaccio col *Decameron*, raccolta di novelle, e con la *Fiammetta*, forse il primo romanzo italiano,

**Notes**

② Remarquez cette expression idiomatique : **la madre dà alla luce il figlio**, *la mère donne le jour à l'enfant* (littéralement, "elle donne l'enfant à la lumière") ; faites donc attention à qui donne quoi, d'une langue à l'autre ce n'est pas la même construction !

③ **sommo** est un superlatif irrégulier, synonyme d'**altissimo** (pensez au français *sommet*) ou de **grandissimo**, et il est utilisé plus facilement au sens figuré qu'au sens propre : un poète peut donc être **sommo** même s'il fait un mètre vingt !

④ L'œuvre de Dante ne s'appelait pas, à l'époque de sa création, **"La Divina Commedia"**, mais seulement **"La Commedia"** ; ▸

**3** elles constituent les premiers pas *(vagissements)*, émouvants bien que frustes, de cette inspiration qui devait bientôt donner ses fruits les plus illustres à la fin du Moyen Âge.

**4** L'époque tourmentée des Communes se clôt en donnant le *(au)* jour [à] une génération de poètes qui ajoutent la nouvelle sensibilité, plus intime et terrestre, de la culture citadine à la tradition courtoise de la lyrique provençale :

**5** ce sont les "Stilnovistes", Guido Guinizzelli et Guido Cavalcanti, Lapo Gianni et, le dernier mais non le moindre *(pas dernier)*, le très grand Dante,

**6** qui célèbre cependant le dépassement de cette poésie amoureuse et intime dans sa *Commedia*, immense fresque civile, politique et spirituelle de la civilisation médiévale.

**7** Pétrarque avec son *Canzoniere*, ample recueil de poèmes dédiés à son aimée Laure, et Boccace avec le *Décaméron*, recueil de nouvelles, et avec la *Fiammetta*, peut-être le premier roman italien,

L'ITALIA RINASCIMENTALE CONTAVA INNUMEREVOLI LETTERATI.

▸ ce ne sont que les époques postérieures qui ont décrété qu'elle serait à jamais… divine!

## Esercizio 1 – Traducete

**❶** Nonostante egli si sia tenuto in disparte dal dibattito letterario del suo tempo, resta pur sempre un sommo letterato. **❷** Ti leggerò alcuni brani di quest'antologia della lirica provenzale, purché tu non cominci a sbadigliare come al solito. **❸** L'Italia rinascimentale contava innumerevoli letterati, tra i più insigni d'Europa. **❹** È questo infatti un periodo quanto mai glorioso per la cultura italiana. **❺** La maggior parte degli intellettuali del medioevo era di estrazione monastica, a volte ex-monaci diventati giullari.

---

## Esercizio 2 – Completate

**❶** Pendant le XVIII$^e$ siècle italien on peut remarquer d'une part la tendance à la fuite dans le merveilleux, d'autre part une attitude plus engagée vis-à-vis de la réalité contemporaine.

Nel .......... ......... .. ........

....... .. .. ...... .. ....... ....

.... ... ..........., ......... .....

.. ......... .. ........ ...

......... ...... ...........•

**❷** Le paysage de cette région est moins monotone et uniforme que ce qu'un premier coup d'œil pourrait faire croire.

.. ........ ...... . ....

........ ...... ...... ...

..... ....... .. .......•

**❸** L'Italie de la Renaissance donna le jour à des artistes exemplaires et à d'illustres hommes de lettres.

......... ....... ..... ....

.... ....... ...... . .......

........•

## Corrigé de l'exercice 1

❶ Bien qu'il se soit tenu à l'écart dans le débat littéraire de son temps, il reste toujours un très grand homme de lettres. ❷ Je te lirai quelques passages de cette anthologie de la lyrique provençale, à condition que tu ne commences pas aussitôt à bâiller, comme d'habitude. ❸ L'Italie de la Renaissance comptait d'innombrables lettrés, parmi les plus illustres d'Europe. ❹ Celle-ci est en effet une période plus glorieuse que toute autre pour la culture italienne. ❺ La plupart des intellectuels du Moyen Âge appartenaient au milieu monastique, parfois ils étaient d'anciens moines devenus des ménestrels.

❹ Bien qu'elle lui eût dit qu'elle n'y irait pour rien au monde, il la vit arriver, ponctuelle et souriante comme d'habitude.

. . . . . . . . . . . . . . . . . . . . . . . . . . . . . . . . . . .
. . . . . . . . . . . . . . . . . . . . . . . . . . . . . ., . .
. . . . . . . . . . . ., . . . . . . . . . . . . . . . . . . . . .
. . . . . . . . . . . . . •

❺ L'attitude qui prévalut chez les gens de lettres fut la démarche de critique sociale et politique.

. . . . . . . . . . . . . . . . . . . . . . . . . . . . . . . .
. . . . . . . . . . . . . . . . . . . . . . . . . . . . . . . . . .
. . . . . . . . . . . . . . . . . . •

## Corrigé de l'exercice 2

❶ – Settecento italiano si possono notare da un canto la tendenza alla fuga nel fantastico, dall'altro canto un atteggiamento più impegnato nei confronti della realtà contemporanea ❷ Il paesaggio di questa regione è meno monotono e uniforme di quanto una prima occhiata possa far credere ❸ L'Italia rinascimentale diede alla luce insigni artisti e letterati illustri ❹ Nonostante gli avesse detto che non ci sarebbe andata per niente al mondo, la vide arrivare, puntuale e sorridente come al solito ❺ L'atteggiamento che prevalse nei letterati fu l'impostazione di critica sociale e politica

**58** | *Quelques précisions supplémentaires sur les auteurs cités : Léonard de Vinci et Michel-Ange n'étaient pas seulement de grands artistes peintres et sculpteurs : tous les deux ont laissé des écrits, le premier de la prose, le second des poèmes. De Machiavel vous pourrez lire* **Il Principe,** *d'Arioste* **Orlando Furioso,** *de Campanella* **La città del sole,** *de Bruno* **Il candelaio,** *de Marino* **L'Adone,** *de Métastase les nombreux livrets d'opéra, parmi lesquels* **La Clemenza di Tito** *composé pour l'opéra de Mozart. Parmi la grande moisson*

## 58    Cinquantottesima lezione

### Il sistema politico dell'Italia

**1 –** Chiediamo al Premier ① dell'Italia, l'Onorevole Bacaloni, di illustrare per i nostri ascoltatori le caratteristiche del sistema politico italiano.

**2 –** Innanzitutto tengo a ringraziarla per avermi offerto questa opportunità e spero che le mie spiegazioni permetteranno ai suoi connazionali di capire le caratteristiche della nostra Repubblica democratica,

**3**    che è del resto un sistema piuttosto recente, poiché data della fine della seconda guerra mondiale e del regime fascista;

**Notes**

① On utilise le mot **Premier** pour indiquer le *chef du gouvernement* italien, qui n'est jamais appelé, par ailleurs, **Primo Ministro**, mais plutôt **Presidente del Consiglio**.

*de comédies de Gozzi et de Goldoni, les plus accessibles au lecteur* **58**
*étranger sont* **L'augellin belverde** *du premier,* **La locandiera** *du*
*second (dont vous trouverez quelques extraits dans la leçon 69...*
*vous n'êtes pas au bout de vos surprises !). Les œuvres de Galilée*
*sont de caractère moins littéraire que philosophique, le plus célèbre*
*est le* **Dialogo sui massimi sistemi**, *alors que le chef-d'œuvre de*
*Parini est* **Il giorno**. *Vous avez le choix !*

---

## Cinquante-huitième leçon    58

### L'organisation politique de l'Italie

**1 –**   Nous demandons au premier [ministre] italien,
         Monsieur *(l'honorable)* Bacaloni, d'illustrer
         pour nos auditeurs les caractéristiques de
         l'organisation politique de l'Italie.
**2 –**   Tout d'abord je tiens à vous remercier de
         m'avoir offert cette opportunité, et j'espère que
         mes explications permettront à vos compatriotes
         de comprendre les caractéristiques de notre
         république démocratique,
**3**     qui d'ailleurs est un système plutôt récent,
         puisqu'elle date de la fin de la deuxième guerre
         mondiale et du régime fasciste.

NON PERDIAMOCI IN DIATRIBE PARTITICHE CHE NON INTERESSANO GLI ELETTORI.

**4**    risale cioè al 1948, anno di entrata in vigore della nostra costituzione, pur ② promulgata l'anno precedente.

**5 –**  Si sente spesso parlare però di una seconda repubblica, nata in tempi più vicini a noi.

**6 –**  Per quanto se ne parli molto, la crisi dell'assetto politico del biennio ③ 1992-1994 ha costituito più un cambiamento di scenario a livello partitico ④ e un conseguente ricambio dei suoi esponenti che una trasformazione sistemica.

**7**    La vecchia costituzione è rimasta invariata e soltanto la legge elettorale ha subito una riforma, passando da un sistema proporzionale ad un sistema maggioritario,

**8**    con il ripristino tuttavia successivamente di elementi proporzionali – pur su liste bloccate con premio di maggioranza.

**9**    Tale adozione intendeva promuovere il bipolarismo e l'alternanza, la cui mancanza aveva fortemente indebolito i governi della cosiddetta prima repubblica, causandone l'instabilità,

**Notes**

② **pur** introduit des formules concessives et précède tantôt un participe passé, tantôt un adjectif, tantôt un gérondif : **Pur adulto, giocava ancora come un bambino**, *Bien qu'adulte, il jouait toujours come un enfant* ; **Pur essendosi impegnato negli studi, non riuscì a conseguire alcun diploma**, *Malgré son assiduité dans les études, il n'arriva à obtenir aucun diplôme.* ▸

**4** Elle remonte donc à 1948, année d'entrée en vigueur de notre Constitution, bien que promulguée l'année précédente.

**5** – Pourtant on entend souvent parler d'une deuxième république, née à une époque plus proche *(de nous)*.

**6** – Bien qu'on en parle beaucoup, la crise de l'organisation politique des *(deux)* années 1992-1994 a représenté moins une transformation du système qu'un changement de décor au niveau des partis politiques et par conséquent un changement de ses représentants.

**7** La vieille constitution est restée inchangée et seule la loi électorale a subi une réforme, en passant d'un mode proportionnel à un mode majoritaire,

**8** avec cependant le rétablissement ensuite d'éléments de la proportionnelle – bien qu'avec listes bloquées et prime majoritaire.

**9** Cette adoption voulait promouvoir la bipolarité et l'alternance, dont l'absence avait beaucoup affaibli les gouvernements de ce que l'on appelle *(ainsi dite)* la Première République, en causant leur instabilité,

▸ ③ **il biennio** est une durée de *deux années*. Selon la même construction, on dira **il triennio, il quadriennio, il quinquennio**, etc. pour *trois, quatre, cinq ans…* **Un piano quinquennale** est *un plan quinquennal*.

④ On indique souvent par l'adjectif **partitico** le côté partisan de la vie politique, lié aux partis, en indiquant plus volontiers par **politico** son aspect intéressant tous les citoyens, en somme la vie de la Cité.

**58**  **10**  analogamente a ciò che accadde in Francia quando si passò dalla quarta alla quinta repubblica grazie a Charles de Gaulle.

**11 –** Ci può illustrare brevemente quali sono le istituzioni principali che ne permettono il funzionamento?

**12 –** La Repubblica italiana è un sistema bicamerale in cui il potere legislativo è conferito alla Camera dei Deputati ed al Senato, entrambi eletti a suffragio universale con modalità diverse.

**13** Eccezionalmente esso può essere esercitato direttamente dal popolo sovrano tramite il referendum,

**14** o in caso d'urgenza dal governo in forma di decreti legge, che devono però essere approvati dal Parlamento entro sessanta giorni dalla loro emanazione.

**15** Garanti della costituzionalità delle leggi sono in prima istanza il Presidente della Repubblica, che può esercitare il diritto di veto e rinviarle al Parlamento per la riesamina,

**16** e soprattutto la Corte Costituzionale, che anche dopo la loro approvazione ha il diritto di bocciarle ed espungerle dall'ordinamento.

**17 –** Al Presidente della Repubblica è dunque conferito un potere notevole!

**18 –** No, in realtà il Presidente ha soprattutto un ruolo di garante delle istituzioni e di controllo sulla vita politica e la sua posizione deve essere di assoluta neutralità.

**10** de façon analogue à ce qui arriva en France 58
quand on passa de la Quatrième à la Cinquième
république grâce à Charles de Gaulle.

**11 –** Pouvez-vous nous expliquer *(illustrer)*
brièvement quels sont les organes
*(institutions)* principaux qui en permettent le
fonctionnement ?

**12 –** La République italienne est un système
bicaméral, où le pouvoir législatif est confié à la
Chambre des Députés et au Sénat, tous les deux
élus au suffrage universel avec des modalités
différentes.

**13** Exceptionnellement, [ce pouvoir] *(cela)* peut
être exercé directement par le peuple souverain
par le biais du référendum,

**14** ou en cas d'urgence par le gouvernement
sous forme de "décrets-lois", qui doivent être
pourtant approuvés par le Parlement au plus
tard soixante jours après leur promulgation.

**15** [Sont] garants de la constitutionnalité des lois
tout d'abord le Président de la République, qui
peut exercer son droit de veto et les renvoyer au
Parlement pour qu'elles soient réexaminées,

**16** et surtout la Cour constitutionnelle, qui a le
droit de les repousser et de les supprimer du
corpus des lois même après leur approbation.

**17 –** C'est donc un pouvoir important [celui] qui est
confié au Président de la République !

**18 –** Non, en réalité le Président a surtout le rôle
de garant des institutions et de contrôle de la
vie politique, et sa position doit être d'une
neutralité absolue.

**19** Gran parte delle sue attribuzioni, pur derivate dall'istituto della monarchia sabauda ⑤, sono soltanto onorifiche; per esempio, il diritto di veto può essere esercitato sulla medesima legge una sola volta.

**20** La Repubblica italiana è tutt'altro che presidenziale, e colui che dirige il paese è il Presidente del Consiglio dei Ministri, capo del governo e detentore dunque del potere esecutivo.

**21** Il potere giudiziario è invece appannaggio della Magistratura, istituzione autonoma, che non dipende cioè da alcuno degli altri poteri dello Stato,

**22** il che differenzia il sistema italiano da quello di altri paesi, in cui essa dipende, per esempio, dal guardasigilli, il ministro di grazia e giustizia.

**23** Globalmente, possiamo dire che il sistema italiano è ottimo e che quando non funziona, non dipende dalla sua struttura,

**24** ma, come accade spesso, dagli uomini che la animano. Per dirla con Henry Kissinger, noto segretario di stato americano,

**25** "Quando verrò a Roma, andrò a pranzo con il Presidente ma non parlerò di politica: la politica italiana è per me troppo difficile da capire !" □

## Note

⑤ **monarchia sabauda** : Les origines de la dynastie des rois d'Italie se situent en Savoie, et les monarques de la péninsule, ▸

**19** Une grande partie de ses attributions, bien qu'elles lui soient conférées par la monarchie de la famille de Savoie, ne sont qu'honorifiques et, par exemple, le droit de veto ne peut être exercé sur la même loi qu'une seule fois.

**20** La République italienne n'est pas du tout présidentielle, et celui qui dirige le pays est le Président du Conseil des ministres, chef du gouvernement et détenteur donc du pouvoir exécutif.

**21** Le pouvoir judiciaire est, lui, l'apanage de la magistrature, institution autonome, c'est-à-dire qu'elle ne dépend d'aucun des pouvoirs de l'état ;

**22** [c'est] ce qui différencie le système italien de celui d'autres pays où elle dépend par exemple du Garde des Sceaux, le ministre de *(grâce et de)* la Justice.

**23** Globalement, nous pouvons dire que le système italien est excellent, et que quand il ne fonctionne pas cela ne dépend pas de sa structure,

**24** mais, comme il arrive souvent, des hommes qui l'animent, et on peut *(pour la)* dire, comme le disait *(avec)* Henry Kissinger, célèbre secrétaire d'état américain :

**25** "Quand je viendrai à Rome j'irai déjeuner avec le Président mais je ne parlerai pas politique : la politique italienne est trop difficile à comprendre pour moi !"

▶ qui vivaient à Turin (première capitale d'Italie de 1861 à 1865) avant leur transfert à Rome en 1871, parlaient entre eux le piémontais et… le français !

**58    Esercizio 1 – Traducete**

❶ Non perdiamoci in diatribe partitiche che non interessano gli elettori e diamoci da fare per risolvere i problemi del paese. ❷ Pur essendo durato fino a notte fonda, il consiglio dei ministri si risolse con un nulla di fatto. ❸ Il decreto legge sulla riforma del sistema giudiziario, pur promulgato dal Parlamento, fu bocciato dalla Corte Costituzionale, che lo espunse dall'ordinamento. ❹ Senato e Camera dei Deputati approvarono il piano quinquennale di lotta contro l'inflazione proposto dal Consiglio dei ministri. ❺ Il ripristino del vecchio sistema elettorale provocò un certo malcontento nei partiti di opposizione.

❶ Ne nous perdons pas dans des diatribes partisanes qui n'intéressent pas les électeurs et activons-nous à résoudre les problèmes du pays. ❷ Bien qu'il ait duré jusqu'à tard dans la nuit, le Conseil des ministres s'est terminé sur un échec. ❸ Le décret-loi sur la réforme du système judiciaire, bien qu'il ait été promulgué par le Parlement, fut repoussé par la Cour constitutionnelle, qui le supprima du corpus des lois. ❹ Le sénat et la Chambre des députés approuvèrent le plan quinquennal de lutte contre l'inflation proposé par le Conseil des ministres. ❺ Le rétablissement de l'ancien système électoral provoqua un certain mécontentement chez les partis de l'opposition.

**Esercizio 2 – Completate**

❶ Bien qu'il eût travaillé toute sa vie, mon grand-père mourut très pauvre et il ne nous laissa même pas un sou en héritage.

. . . . . . . . . . . . . . . . . . . . . . . . . . . . . . . . , . . .
. . . . . . . . . . . . . . . . . . . . . . . . . . . . . . . . . . . .
. . . . . . . . . . . . . . . eredità.

❷ On dit qu'il aurait participé à la naissance de la République italienne, et qu'étant jeune il se serait même présenté aux élections pour devenir député.

. . . . . . . . . . . . . . . . . . . . . . . . . . . . . . . . . . . .
. . . . . . . . . . . . . . . . . . . . . . . . . . . .
. . . . . . . . . . . . . . . . . . . . . . . . . . . .
. . . . . . . . . . . . . . . . . . . . . . . . .

❸ S'il avait réussi à entrer en politique, il serait certainement devenu plus riche qu'il n'était à la fin de sa vie.

. . . . . . . . . . . . . . . . . . . . . . . . . . . . . . .
. . . . . . . . . , di quanto . . . . . . . . . . . . . . .
. . . . . . . . di quanto . . . . . . . . . . . . .
. . . . . . . . . . . . . . . .

❹ L'université italienne est organisée avec des licences brèves, qui durent trois ans, et des licences longues, de deux années supplémentaires (*qui y ajoutent un deux-ans*) pour faire une maîtrise en cinq ans (*quinquennale*).

. . . . . . . . . . . . . . . . . . . . . . . . . . . . . . . . . .
lauree brevi, . . . . . . . . . . . . . . . . . . , e lauree
. . . . . . , . . . . . . . . . . . . . . . . . . . . . . . . . . .
. . . . . . . . . . . . . . . . . . . . . .

❺ La monarchie de la famille de Savoie s'est terminée en 1946 suite au référendum par lequel les Italiens optèrent pour la république.

.. . . . . . . . . .   . . . . . . .   .   . . . . . .   . . .
1946, .. . . . . . . . .   .. . . . . . . . . . . .   . . .   . .
. . . . .   . . .   . . . . . . . . .   . . . . . . . .   . . .   . .
. . . . . . . . . . •

## Corrigé de l'exercice 2

❶ Pur avendo lavorato tutta la vita, mio nonno morì poverissimo e non ci lasciò neanche un soldo in – ❷ Dicono che abbia partecipato alla nascita della Repubblica italiana e che da giovane si sia addirittura presentato alle elezioni per diventare deputato ❸ Se fosse riuscito ad entrare in politica, sarebbe certamente diventato più ricco – non fosse alla fine della propria vita ❹ L'università italiana è organizzata in – che durano un triennio – lunghe, che vi aggiungono un biennio per fare una laurea quinquennale ❺ La monarchia sabauda è finita nel – in seguito al referendum con il quale gli italiani optarono per la repubblica

## Il design italiano

**1 –** Un campo in cui la produzione italiana eccelle è il cosiddetto design industriale, soprattutto per quanto riguarda l'arredamento.

**2 –** Sì, ne ho sentito parlare, si tratta di quegli interni strampalati ① in cui non si sa dove mettersi! Ed esiste da molto tempo?

**3 –** Fin dall'immediato ② secondo dopoguerra ③ la tecnologia è balzata in avanti in questo ramo, dimostrando un'inesausta ④ creatività,

**4** con modelli allora avveniristici ⑤ che incontrarono dapprima una certa ostilità, come sembra trasparire anche dal suo punto di vista.

## Notes

① **strampalato** est un adjectif d'origine toscane, né peut-être de la rencontre entre **strambo**, *bizarre* (altération populaire du latin *strabus*, *louche*, en italien **strabico**) et de **trampolo**, *échasse*, contamination due à l'étrangeté de la démarche sur des échasses ? On dit aussi **la stramberia**, *l'extravagance*, et plus rarement **la strampalateria**, dans le même sens.

② **immediato** correspond bien sûr à *immédiat* dans toutes ses significations, mais ici le sens de **immediato dopoguerra** est celui de la période qui suit directement la guerre. De même, **immediatamente prima** signifie *juste avant* et **immediatamente dopo**, *tout de suite après*.

③ **il secondo dopoguerra** est *l'après-deuxième guerre mondiale*, pour le distinguer, bien sûr du **primo dopoguerra**, *l'après-guerre de 14-18* (qui en fait est de 15-18 pour l'Italie, qui est entrée en guerre au bout d'un an de neutralité). Malheureusement les guerres du XXᵉ siècle sont numérotées… ▸

## Le design italien

**1** – Un domaine dans lequel la production italienne est supérieure a toutes les autres *(excelle)* est celui du *(l'ainsi-dit)* design industriel, surtout en ce qui concerne l'ameublement.

**2** – Oui, j'en ai entendu parler, il s'agit de ces intérieurs farfelus dans lesquels on ne sait pas où se mettre ! Et ça existe depuis longtemps ?

**3** – Dès la fin de la deuxième guerre mondiale *(Jusque de-l'immédiat deuxième après-guerre)*, la technologie italienne a fait un bond en avant dans ce secteur, en démontrant une créativité inépuisable,

**4** par *(avec)* des modèles *(alors)* d'avant-garde pour l'époque, qui rencontrèrent d'abord une certaine hostilité… que vous semblez a priori partager d'ailleurs *(comment cela semble transparaître même de votre point de vue)*.

▶ ④ **inesausto** est le contraire de **esausto**, qui signifie *épuisé*, et qui dérive du verbe **esaurire**. **Una persona esaurita** est *une personne à bout de forces*, et par **esaurimento** (parfois accompagné de l'adjectif **nervoso**) on indique souvent *un état dépressif*. Bien sûr, si au guichet d'un théâtre vous voyez la pancarte **tutto esaurito**, cela n'indique pas l'état nerveux du guichetier, mais qu'il n'y plus de places !

⑤ L'adjectif **avveniristico** (de **l'avvenire**, *l'avenir*) indique ce qui est *avant-coureur* de valeurs ou d'attitudes nouvelles, et en général un comportement visionnaire et tourné vers le futur. On l'a parfois utilisé pour indiquer la science-fiction, et l'on a donc entendu parler de **film avveniristici** et de **romanzi avveniristici**, quand l'action se déroulait dans le futur. Dans ce cas, il ne s'agit pas, bien sûr, de films d'avant-garde !

**5** In definitiva ebbero però la meglio sia sul mobile "in stile", sia su quelli "scandinavi", che furono presto soppiantati dalle coraggiose innovazioni peninsulari.

**6** Lo spirito del design italiano infatti non è un mero futurismo estetico, una volontà senza remore e fine a se stessa di rompere con la tradizione:

**7** ad una fantasiosità forse unica, alla sua eccezionalità progettativa, il mobile italiano contemporaneo unisce un livello tecnico del tutto ⑥ competitivo sui mercati d'oltralpe.

**8** – Per dire la verità, io non ho molta voglia di riempirmi la casa di sedie di plastica…

**9** – Dal punto di vista dei materiali, se il design fa largo uso di materie plastiche di fabbricazione industriale:

**10** polistirolo espanso, fibre di vetro, poliuretano, resine poliestere, laminato plastico, gomma piuma,

**11** non per questo tralascia materiali più tradizionali: giunco e vimini e tutte le varietà di legno (compensato e truciolato, frassino, palissandro, noce, faggio, betulla, lastronato di teck).

**Note**

⑥ Faites attention au sens de la locution **del tutto**, qui est un faux ami : elle veut dire *complètement*, *tout à fait*, dans les phrases affirmatives aussi bien que dans les négatives : **Non mi ha del tutto convinto**, *Il ne m'a pas tout à fait convaincu*. Pour dire *pas du tout*, on emploie l'adverbe **affatto** : **Non mi ha affatto** ▸

**5**   Finalement ils l'emportèrent *(eurent la mieux)* pourtant et *(soit)* sur le meuble "de style" et *(soit)* sur le *(celui)* "scandinave", qui furent bientôt supplantés par les courageuses innovations [venant] de la péninsule.

**6**   L'esprit du design italien, en effet, n'est pas un simple futurisme esthétique, une volonté effrénée *(sans hésitations)* de rompre avec le passé constituant une fin en *(à)* soi*(-même)* :

**7**   le mobilier *(le meuble)* italien allie *(unit)* une fantaisie sans doute unique et des projets exceptionnels avec un niveau technique tout à fait *(du tout)* compétitif sur les marchés transalpins.

**8** –   À vrai dire, je n'ai pas très envie de remplir ma maison *(me remplir la maison)* de chaîses en plastique…

**9** –   Du point de vue des matériaux, si le design fait un large usage des matières plastiques de fabrication industrielle :

**10**   mousse de polystyrène, fibre de verre, polyuréthane, résines de polyester, lamifié *(plastique)*, mousse de latex *(gomme-plume)*,

**11**   il ne néglige pas pour autant *(non pas pour cela il néglige)* les matériaux plus traditionnels : rotin et osier, et toutes les espèces de bois (bois plaqué et aggloméré, frêne, palissandre, noyer, hêtre, bouleau, teck plaqué).

▸   **convinto**, *Il ne m'a pas du tout convaincu.* Cependant, dans des phrases affirmatives, **affatto** est aussi un synonyme de **del tutto** : **Sono affatto convinto**, *Je suis tout à fait convaincu* (tournure rare) ; retenez les expressions : **non del tutto**, *pas tout à fait* ; **nient'affatto**, *pas du tout.*

**12 –** Sono mobili adatti anche a case piccole come la mia?

**13 –** I mobili tipicamente design non solo rispecchiano un'idea estetica, ma rispondono anche alle nuove esigenze abitative odierne:

**14** mobili di minimo ingombro e di massima funzionalità, quasi sempre polivalenti, da collocare in monolocali ⑦ o in spazi ridotti;

**15** mobili contenitori, componibili e agganciabili, pannelli ed elementi divisori a ripiani, tavoli allungabili,

**16** piani ribaltabili o sfilabili, elementi estraibili, ad incastro o incernierati, pensili, sedie pieghevoli.

**17 –** Mamma mia, mi sembra la descrizione di una navicella spaziale!

**18 –** Può darsi, ma il design ha anche attualizzato alcuni mobili classici, variandone forme e materiali.

**19** Pensi solo all'invenzione delle poltrone gonfiabili, o a quelle girevoli, dotate di nuovi sistemi di molleggio e di particolari linee curve per lo schienale o per i braccioli;

**Note**

⑦ **Il monolocale** est un appartement à une pièce, le correspondant du *studio* (alors que **lo studio** est *le bureau* ou *le cabinet* ; **lo studio notarile** est *le cabinet de notaire*) ; il existe aussi **il miniappartamento**, qui est un peu plus grand… **Il locale** est aussi bien *le local* que *la pièce* (**un appartamento di quattro locali**, *un appartement de quatre pièces*) ou *la salle* (**un locale da ballo**, *une salle de bal*) **un locale notturno** est *une boîte de nuit, un night-club*.

**12 –** Ce sont des meubles adaptés même à des maisons petites comme la mienne ?

**13 –** Les meubles typiquement design ne reflètent pas seulement une idée esthétique, *(mais)* ils répondent aussi aux nouvelles exigences d'habitation actuelle :

**14** [Ce sont les] meubles les moins encombrants *(d'encombrement minimum)* et les plus fonctionnels possible *(de fonctionnalité maximale)*, presque toujours polyvalents, à placer dans des studios *(monopièces)* ou dans des espaces réduits :

**15** des meubles de rangement *(conteneurs)* à éléments combinés juxtaposables et à accrocher, des panneaux et des cloisons *(éléments diviseurs)* à tablettes, des tables à rallonges,

**16** des plateaux avec abattant ou escamotables, des éléments amovibles, par emboîtement ou reliés par des charnières, [des éléments] suspendus, des chaises pliantes.

**17 –** Mamma mia, ça ressemble à la description d'une navette spatiale !

**18 –** Peut-être, mais le design a aussi actualisé quelques[-uns des] meubles classiques, en en transformant [les] formes et [les] matériaux :

**19** pensez seulement à l'invention des fauteuils gonflables, ou tournants, pourvus *(doués)* de nouveaux systèmes de suspension et de lignes courbes particulières pour le dossier et pour les accoudoirs ;

**20** ha così reso più consono ai gusti di
oggi un mobile spesso troppo austero e
impegnativo ⑧ negli appartamenti moderni.

**21** Vere e proprie invenzioni italiane sono
anche i tavolini da telefono e le poltrone
sofà a serie illimitate,

**22** usufruibili ⑨ anche in locali pubblici
(aereoporti, stazioni, eccetera), costruiti a
partire dall'idea del mobile modulare.

**23** – Ma io non abito mica in un aeroporto!

**24** – Ho capito, lei è proprio un irriducibile,
meglio lasciare perdere il design e tenersi i
mobili della nonna! ☐

### Notes

⑧ Littéralement, **impegnativo** veut dire *engageant* ; dit d'un objet, cet adjectif indique que cet objet possède des caractéristiques telles qu'il engage les personnes concernées par lui à toutes sortes de contraintes : par exemple, **un vestito impegnativo** est une robe qui oblige la personne qui la porte à avoir un certain comportement, en général rigide ; **un mobile** ▸

---

### Esercizio 1 – Traducete

❶ Nelle statistiche di vendite di mobili, il design viene immediatamente dopo il cosiddetto stile scandinavo. ❷ Dopo l'iniziale resistenza di chi lo trovava troppo avveniristico, il design ebbe la meglio sul mobile in stile. ❸ Lavorare con quel tipo strambo gli ha fatto venire l'esaurimento! ❹ Quando lavoravo per le filiali estere della mia ditta, usufruivo di un appartamento, spesso un monolocale o un bilocale, senza pagare l'affitto. ❺ Poi andai in pensione e dovetti ritornare in patria e cercarmi una casa a mie spese.

**20** il a ainsi rendu ce *(un)* meuble, souvent trop austère et contraignant *(engageant)* dans les appartements modernes, plus adapté au*(x)* goût*(s)* du jour.

**21** [Parmi] les véritables *(et propres)* inventions italiennes, [il y a] les tables *(de)* téléphone et les divans-fauteuils en *(à)* séries illimitées

**22** que l'on peut même employer *(utilisables)* pour *(dans)* [les grands] locaux publics (aéroports, gares, etc.), et construits à partir de l'idée du meuble modulaire.

**23** – Mais je n'habite pas dans un aéroport, moi !

**24** – J'ai compris, vous êtes vraiment un irréductible, il vaut mieux laisser tomber le design et *(se)* garder les meubles de la grand-mère !

▶ **impegnativo** est donc un meuble qui demande obligatoirement un certain décor précis et un certain espace, et qui est donc difficile à associer à d'autres meubles. Dit d'une activité, **impegnativo** veut dire *prenant*, *absorbant* : **un lavoro impegnativo** est *un travail absorbant*, ou même *contraignant*.

⑨ **usufruibile** vient du verbe **usufruire**, *bénéficier, jouir de quelque chose* : **Usufruisco di una riduzione ferroviaria**, *Je bénéficie d'une réduction sur les tarifs de chemin de fer*. Les mots **usufrutto** et **usufruttuario** ont leurs correspondants dans le langage juridique français : *usufruit* et *usufruitier*.

## Corrigé de l'exercice 1

❶ Dans les statistiques de ventes de meubles, le design vient tout de suite après le style dit scandinave. ❷ Après la résistance initiale de ceux qui le trouvaient trop futuriste, le design l'emporta sur le meuble de style. ❸ Travailler avec ce type farfelu lui a provoqué une dépression ! ❹ Quand je travaillais pour les filiales de mon entreprise à l'étranger, je jouissais d'un appartement, souvent un studio ou un deux-pièces, sans payer de loyer. ❺ Ensuite j'ai pris ma retraite et j'ai dû rentrer dans mon pays et chercher une maison à mes frais.

❶ Si je n'avais pas profité de réductions sur les tarifs de chemin
de fer *(réductions ferroviaires)* pendant tant d'années, je
n'aurais jamais pu faire autant de voyages.

.. ... ... ......... .. ........
.......... per ..... ...., ... ....
... ...... ..... ........•

❷ Et même, je dirais que je n'aurais pas voyagé du tout.

...., .... . .... ..... .....
.......•

❸ Je viens de finir un travail très prenant et je suis complètement
épuisé, il me faut vraiment des vacances.

.. ...... ....... .. .......
.......... . .... .. .... ......,
.. .. ...... ..... .. ......•

❹ Nous nous étions assis *(assîmes)* sur des chaises pliantes parce
que nous étions trop nombreux et [que] dans sa maison ultra-
moderne *(d'avant-garde)* il n'y en avait pas assez.

.. ....... .. ...... ...
...... ....... in ..... . .... ...
..... ........ .. .. ......
.........•

❺ Il nous avait dit *(passé simple)* qu'il n'aurait jamais pu aller
vivre dans une maison moderne, et au contraire quelques
années après, nous sommes allés *(allâmes)* le voir dans une
villa design dernier cri.

.. ..... ... ... ..... ... ....
...... . ..... . .. .. ...... ..,
...... ...... .. ... ... ... .
...... .. .... .... .. .......
.....•

❶ Se non avessi usufruito di riduzioni ferroviarie – tanti anni, non avrei mai potuto fare tanti viaggi ❷ Anzi, direi che non avrei viaggiato affatto ❸ Ho appena finito un lavoro molto impegnativo e sono del tutto esausto, mi ci vuole proprio una vacanza ❹ Ci sedemmo su sedie pieghevoli perché eravamo – troppi e nella sua casa avveniristica non ce n'erano abastanza ❺ Ci disse che non sarebbe mai potuto andare a vivere in una casa moderna, invece qualche anno dopo lo andammo a trovare in una villa design all'ultimo grido

# 60 Sessantesima lezione

*Le texte qui suit est tiré d'un célèbre roman pour la jeunesse, "Cuore", écrit en 1884 par Edmondo De Amicis (1846-1908).*

## I miei compagni

1 Il ragazzo che mi piace più di tutti, si chiama Garrone, è il più grande della classe, ha quattordici anni, la testa grossa, le spalle larghe;

2 è buono, si vede quando sorride; ma pare che pensi sempre, come un uomo.

3 Ora ne conosco già molti dei miei compagni.

4 Un altro mi piace pure ①, che ha nome Coretti, e porta una maglia color cioccolata e un berretto di pelo di gatto:

5 sempre allegro, figliuolo ② d'un rivenditore di legna, che è stato soldato nella guerra del '66, nel quadrato del principe Umberto, e dicono che ha tre medaglie ③.

## Notes

① Remarquez l'adverbe **pure** (synonyme ici de **anche**), *aussi* : **Vuoi venire pure tu?**, *Veux-tu venir aussi ?* **Pure** recouvre encore une autre signification, celle de *donc*, d'exhortation, d'encouragement, avec l'impératif : **Entri pure, signore!**, *Entrez donc, Monsieur!*

② **figliuolo**, *un fils tout petit* ; et plus loin **un gobbino**, *un petit bossu* ; **il muratorino**, *le petit maçon* ; **un signorino**, *un petit monsieur* ; **pallidino**, *petit et pâle* ; **un grugnone**, *un gros rustre* ; **un malatino**, *un petit malade*. L'emploi de diminutifs gracieux est assez courant dans la littérature du xixᵉ siècle, surtout celle destinée à la jeunesse, d'autant plus que De ▶

## Mes camarades

**1**   Le garçon que j'aime le mieux *(qui me plaît plus de tous)* s'appelle Garrone. C'est le plus grand de la classe, il a 14 ans, une *(la)* grosse tête et les épaules larges.

**2**   Il est bon, cela se voit quand il sourit, mais il paraît qu'il pense tout le temps *(toujours)* comme un homme.

**3**   Maintenant, je *(en)* connais déjà plusieurs de mes camarades.

**4**   [Il y en a] un autre [que] j'aime bien *(me plaît)* aussi, il s'appelle *(qui a nom)* Coretti, il porte un chandail marron *(couleur chocolat)* et un béret en poils de chat.

**5**   [Il est] toujours gai ; [c'est le] *(petit)* fils d'un marchand de bois qui a fait *(a été soldat dans)* la guerre de 1866 *(du 66)*, dans l'armée *(dans le carré)* du Prince Umberto ; on dit *(ils disent)* qu'il a [reçu] trois médailles.

▶   Amicis cherche souvent à reproduire le style un peu enfantin d'un jeune écolier. Dans la langue courante actuelle, ces mots sont beaucoup moins courants, voire… un peu ridicules !

③ **dicono che ha tre medaglie**, et plus loin, phrase 21, **dicono che suo padre lo batte**, sont deux exemples de discours indirects, où l'on sous-entend un sujet générique (les gens) ; cette forme correspond au français *on dit* (on peut dire aussi **si dice**). Puisque ici **dicono** exprime une opinion et non pas un fait certain, on pourrait avoir aussi un subjonctif (ce qui serait, d'ailleurs, préférable, mais l'auteur veut reproduire le style d'un enfant) : **dicono che abbia tre medaglie** et **dicono che suo padre lo batta**.

6   C'è il piccolo Nelli, un povero gobbino, gracile e col viso smunto.

7   C'è un molto ben vestito, che si leva sempre i peluzzi dai panni, e si chiama Votini.

8   Nel banco davanti al mio c'è un ragazzo che chiamano il muratorino, perché suo padre è muratore; una faccia tonda come una mela, con un naso a pallottola:

9   egli ha un'abilità particolare, sa fare il muso di lepre, e tutti gli fanno fare il muso di lepre, e ridono;

10  porta un piccolo cappello a cencio che tiene appallottato in tasca come un fazzoletto.

11  Accanto al muratorino c'è Garoffi, un coso ④ lungo e magro, col naso a becco di civetta e gli occhi molto piccoli,

12  che traffica sempre con pennini, immagini e scatole di fiammiferi, e si scrive la lezione sulle unghie, per leggerla di nascosto.

13  C'è poi un signorino, Carlo Nobis, che sembra molto superbo, ed è in mezzo a due ragazzi che mi son simpatici:

14  il figliuolo d'un fabbro ferraio, insaccato in una giacchetta che gli arriva al ginocchio, pallidino che par malato e ha sempre l'aria spaventata e non ride mai,

**Note**

④  **un coso** est un mot propre à la langue familière qui correspond au français *un machin*, *un truc*. Vous imaginez bien qu'il est très fréquemment utilisé !

**6** Il y a [aussi] le petit Nelli, un pauvre *(petit)* bossu, **60**
tout maigre *(grêle)*, *(et)* au visage décharné.

**7** Il y [en] a un très bien habillé, *(qui est)* toujours
en train d'*(s')* enlever un cheveu *(les petits
poils)* de [ses] vêtements ; il s'appelle Votini.

**8** Dans la rangée *(le banc)* devant moi *(le mien)*,
est assis *(il y a)* un garçon que [tous] appellent
"le petit maçon", parce que son père est maçon ;
[il a] un visage rond comme une pomme, et
*(avec un)* son nez [a l'air] d'une *(à)* bille.

**9** Il a un don *(une habileté)* particulier, il sait
faire le bec de canard *(le museau de lièvre)*, et
tous lui demandent de *(lui font)* faire le bec de
canard *(lièvre)*, et rient.

**10** Il porte un petit chapeau mou *(à chiffon)*, qu'il
tient roulé en boule dans sa *(en)* poche, comme
un mouchoir.

**11** À côté du petit maçon, Garoffi est un type *(un
"chose")* long et maigre avec un *(le)* nez en
[forme de] bec de chouette et de *(les)* tout petits
yeux.

**12** Il *(qui)* joue *(trafique)* continuellement
*(toujours)* avec des plumes, des images et des
boîtes d'allumettes ; il inscrit ses leçons *(la
leçon)* sur ses *(les)* ongles, pour les *(la)* lire en
cachette.

**13** Il y a aussi *(puis)* un "petit Monsieur", Carlo
Nobis, qui paraît très fier. *(Et)* Il est [assis]
entre deux garçons que j'aime bien *(qui me sont
sympathiques)*.

**14** [L'un est] le *(petit)* fils d'un maréchal-ferrant,
fagoté dans une veste qui lui arrive au[x]
genou[x] ; il est [si] pâle qu'il paraît malade, a
toujours l'air épouvanté et ne rit jamais ;

**60** **15** e uno coi capelli rossi, che ha un braccio morto, e lo porta appeso al collo: – suo padre è andato in America e sua madre va attorno a vendere erbaggi.

**16** È anche un tipo curioso il mio vicino di sinistra, – Stardi, – piccolo e tozzo, senza collo, un grugnone che non parla con nessuno, e pare che capisca poco, ma sta attento al maestro senza batter palpebra, con la fronte corrugata e coi denti stretti:

**17** e se lo interrogano quando il maestro parla, la prima e la seconda volta non risponde, la terza volta tira un calcio.

**18** E ha daccanto una faccia tosta e trista, uno che si chiama Franti, che fu già espulso da un'altra sezione.

**19** Ci sono anche due fratelli, vestiti eguali, che si somigliano a pennello, e portano tutti e due un cappello alla calabrese, con una penna di fagiano.

**20** Ma il più bello di tutti, quello che ha più ingegno, che sarà il primo di sicuro anche quest'anno, è Derossi ; e il maestro, che l'ha già capito, lo interroga sempre.

**15** l'autre a *(et un avec)* les cheveux roux [et] *(qui)* a un bras paralysé *(mort)* qu'il porte en écharpe *(suspendu au cou)* ; son père est parti pour *(est allé en)* l'Amérique et sa mère est marchande de légumes *(va autour vendre des herbages)*.

**16** Mon voisin de gauche est aussi un type curieux, Stardi, petit et trapu, sans cou, [il semble] *(un)* grognon, *(qui)* ne parle à *(avec)* personne et paraît ne rien comprendre *(qu'il comprenne peu)*, mais [prête] *(fait)* attention au maître sans sourciller *(sans battre paupière)*, avec le front plissé et les dents serrées.

**17** Si on l'interpelle *(interroge)* pendant que *(quand)* le maître est en train de parler, les deux premières fois *(la première et la deuxième fois)*, il ne répond pas, la troisième *(fois)*, il donne *(tire)* un coup de pied.

**18** À côté de lui, il y a *(il a à ses côtés)* [un garçon au] *(un)* visage impudent et triste, *(un)* qui s'appelle Franti, il a déjà été *(fut)* renvoyé *(expulsé)* d'une autre classe *(section)*.

**19** Il y a encore *(aussi)* deux frères, [qui sont] habillés de la même façon *(pareillement)* et *(qui)* se ressemblent comme deux gouttes d'eau *(à pinceau)* ; ils portent tous les *(et)* deux un chapeau à la calabraise, avec une plume de faisan.

**20** Mais le plus beau de tous, le plus intelligent *(celui qui a plus d'intelligence)*, celui qui sera certainement le premier cette année encore, c'est Derossi, et le maître, [qui] l'a déjà compris, l'interroge toujours.

**60**  **21** Io però voglio bene a Precossi, il figliuolo
del fabbro ferraio, quello della giacchetta
lunga, che pare un malatino; dicono che suo
padre lo batte;

**22** è molto timido, e ogni volta che interroga o
tocca qualcuno dice: – Scusami, – e guarda
con gli occhi buoni e tristi.

(Tratto da E. De Amicis, *Cuore*)  ☐

## Esercizio 1 – Traducete

*Nous vous proposons, en guise d'exercice pour cette leçon, de
poursuivre l'étude des textes de ce grand classique de la littérature
italienne. En voici donc quelques autres extraits.*

❶ "Bevevano e discorrevano dei loro viaggi e dei
paesi che avevan veduti, e di discorso in discorso,
vennero a ragionare dell'Italia. ❷ Cominciò uno
a lagnarsi degli alberghi, un altro delle strade
ferrate, e poi tutti insieme, infervorandosi, presero
a dir male di ogni cosa. ❸ Uno avrebbe preferito
viaggiare in Lapponia, un altro diceva di non
aver trovato in Italia che truffatori e briganti, il
terzo, che gl'impiegati italiani non sanno leggere.
❹ – Un popolo ignorante, ripeté il primo. – Sudicio,
aggiunse il secondo. – La… – esclamò il terzo; e
voleva dir ladro, ma non poté finir la parola: ❺ una
tempesta di soldi e di mezze lire si rovesciò sulle loro
teste, e saltellò sul tavolo con un fracasso d'inferno.
❻ – Ripigliatevi i vostri soldi, disse con disprezzo il
ragazzo, affacciato fuor della tenda della cabina, – io
non accetto l'elemosina da chi insulta il mio paese."

(Tratto da E. De Amicis, *Cuore*)

**21** Pourtant, c'est Precossi que j'aime bien, le *(petit)* fils du maréchal-ferrant, celui à la veste [trop] longue, qui semble un peu malade ; on dit que son père le bat ;

**22** il est très timide, et chaque fois qu'il s'adresse à *(interroge)* quelqu'un, ou qu'il [le] touche, il dit : "Pardon" *(excuse-moi)*, et [le] regarde avec ses *(les)* yeux bons et tristes.

(Tiré de E. De Amicis, *[Grand] Cœur*)

## Corrigé de l'exercice 1

❶ "Ils buvaient et causaient au sujet de leurs voyages et des pays qu'ils avaient vus, et de fil en aiguille ils commencèrent à parler de l'Italie. ❷ L'un commença à se plaindre des hôtels, un autre des voies ferrées, et puis tous ensemble, en s'échauffant, commencèrent à dire du mal de tout. ❸ L'un aurait préféré voyager en Laponie, un autre disait n'avoir rencontré en Italie que des arnaqueurs et des brigands, le troisième affirmait que les fonctionnaires italiens ne savent pas lire. ❹ – Un peuple ignorant !, répéta le premier. – Sale !, ajouta le deuxième. – Vo… !, s'exclama le troisième ; il voulait dire "voleur", mais il ne pût terminer le mot : ❺ Une tempête de pièces et de demi-lires se renversa sur leur têtes, et roula sur la table avec un vacarme d'enfer. ❻ – Reprenez votre argent, dit avec mépris le garçon, en sortant la tête du rideau de la cabine, je n'accepte pas l'aumône de ceux qui insultent mon pays."

(Tiré de E. De Amicis, *[Grand] Cœur*)

È BUONO, SI VEDE QUANDO SORRIDE.

**Esercizio 2 – Completate**

① On dit que ce livre a été lu par des milliers de personnes, il eut à l'époque un grand succès.

. . . . . . . . . . . . . . . . . . . . . . . . . . . . . . . . .
. . . . . . . . . . . . . . . . . . . . . , . . . . . . . . . . . .
. . . . . . . . . . . . . . . . .

② Tout en venant d'une famille très pauvre, il fut toujours le premier de la classe et remporta tous les premiers prix à l'école.

. . . . . . . . . . . . . . . . . . . . . . . . . . . . . . .
. . . . . . , . . . . . . . . . . . . . . . . . . . . .
. . . . . . . . . . . . . . . . . . . . . . . . . . . . .
. . . . . . .

③ Si nous avions pu lui parler personnellement, nous lui aurions dit que nous pensions qu'il ne s'était pas bien comporté.

. . . . . . . . . . . . . . . . . . . . . . . . . . .
. . . . . . . . . . . . , . . . . . . . . . . . . . . . . . .
. . . . . . . . . . . . . . . . . . . . . . . . . . . . . . . .
. . . . .

④ C'était son meilleur ami et il l'aimait beaucoup, et en ville tout le monde croyait qu'ils étaient frères.

. . . . . . . . . . . . . . . . . . . . . . . . . . . . . .
. . . . . . . . . . . . . succès, . . . . . . . . . . . .
. . . . . . . . . . . . . . . . . . . . . . . . . .

⑤ Un jour il s'en alla et personne ne le vit plus, et l'on ne sut jamais pourquoi il était parti.

. . . . . . . . . . . . . . . . . . . . . . . . . . . . . . .
. . . , . . . . . . . . . . . . . . . . . . . . . . . .
. . . . . . . .

## Corrigé de l'exercice 2

❶ Dicono che quel libro sia stato letto da migliaia di persone, ebbe all'epoca un gran successo ❷ Pur venendo da una famiglia molto povera, fu sempre il primo della classe e vinse tutti i primi premi a scuola ❸ Se avessimo potuto parlargli personalmente, gli avremmo detto che pensavamo che non si fosse comportato bene ❹ Era il suo migliore amico e lui gli voleva molto bene, e in città tutti credevano che fossero fratelli ❺ Un giorno se ne andò e nessuno lo vide più, e non si seppe mai perché fosse partito

*Le livre dont cette leçon est extraite est organisé comme le journal d'un écolier, qui enregistre les épisodes de la vie de sa classe et en décrit les personnages. Une fois par mois, le protagoniste écrit une petite nouvelle, une aventure dont le protagoniste est toujours un adolescent, qui fait régulièrement preuve d'un esprit vertueux et hautement patriotique (voir* **Esercizi***). En effet, E. De Amicis est un des hommes de culture qui participèrent activement au* **Risorgimento***, la lutte d'indépendance nationale de l'Italie (il suivit l'entreprise de Garibaldi de libération de l'Italie du Sud en qualité de journaliste). Ecrit peu de temps après l'unification de l'Italie (1861, bien que l'annexion de la capitale Rome n'ait eu lieu qu'en 1870), "Cuore" est donc un livre de morale par l'exemple à l'usage des jeunes générations de cette nation qui vient de se former (voir, dans ce passage, la référence faite à la guerre d'indépendance de 1866).*

# 61 Sessantunesima lezione

*Le roman "Pinocchio", écrit en 1883 par Carlo Lorenzini, dit Collodi (1826-1890), est un autre classique de la littérature pour la jeunesse, comme "Cuore".*

## Storia di un pezzo di legno

1 In quel punto fu bussato alla porta ①.
2 – Passate pure – disse il falegname, senza aver la forza di rizzarsi in piedi.
3 Allora entrò in bottega un vecchietto tutto arzillo, il quale aveva nome Geppetto;
4 ma i ragazzi del vicinato, quando lo volevano far montare su tutte le furie, lo chiamavano col soprannome di Polendina,
5 a motivo della sua parrucca gialla che somigliava moltissimo alla polendina di granturco.
6 Geppetto era bizzosissimo ②. Guai a chiamarlo Polendina! Diventava subito una bestia e non c'era più verso di tenerlo.

## Notes

① **fu bussato alla porta**, *on frappa à la porte* ; du fait que Carlo Lorenzini était toscan (Collodi, son pseudonyme, est le nom de son village natal, près de Florence), on trouve dans "Pinocchio" plusieurs locutions régionales qui sont assez rares en italien courant : ici, par exemple, le verbe **bussare**, *frapper* (à la porte uniquement), est à la forme passive impersonnelle. On trouvera plus normalement : **bussarono**, *ils frappèrent* (= *on frappa*) ou **qualcuno bussò**, *quelqu'un frappa*.

② **bizzoso**, *susceptible*, *irascible*, vient du mot **bizza**, *caprice*, *colère*. **Far le bizze**, *faire un caprice*. **Un cavallo imbizzarrito**, *un cheval qui s'est emballé*.

# Soixante-et-unième leçon 61

## Histoire d'un morceau de bois

1 À cet instant, *(en ce point)* on frappa *(fut frappé)* à la porte.
2 "Entrez *(passez)* donc !" dit le menuisier, sans avoir la force de se relever *(se dresser en pieds)*.
3 Alors dans [la] boutique entra un petit vieux tout guilleret qui se nommait *(avait nom)* Geppetto ;
4 mais quand les enfants du voisinage voulaient le voir se fâcher tout rouge, *(le faire monter sur toutes les furies)*, ils le surnommaient *(l'appelaient avec le surnom de)* "Polendina",
5 à cause de sa perruque jaune qui ressemblait énormément à [de] la polenta de maïs.
6 Geppetto était très susceptible. Gare à qui l'appelait *(à l'appeler)* "Polendina" ! Il devenait aussitôt fou de rage *(une bête)* et il n'y avait plus moyen de le tenir.

7 – Buon giorno mastr'Antonio – disse
Geppetto, – Che cosa fate ③ costì ④ per
terra?

8 – Insegno l'abbaco alle formicole.

9 – Buon pro vi faccia!

10 – Chi vi ha portato da me, compar
Geppetto?

11 – Le gambe. Sappiate, mastr'Antonio, che
son venuto da voi per chiedervi un favore.

12 – Eccomi qui, pronto a servirvi – replicò il
falegname, rizzandosi su i ginocchi.

13 – Stamani m'è piovuta nel cervello un'idea.

14 – Sentiamola.

15 – Ho pensato di fabbricarmi da me un bel
burattino maraviglioso, che sappia ballare,
tirare di scherma e fare i salti mortali.

16 Con questo burattino voglio girare il
mondo, per buscarmi ⑤ un tozzo di pane e
un bicchier di vino; che ve ne pare?

## Notes

③ **Che cosa fate… ?** Remarquez l'emploi de la 2ᵉ personne du
pluriel comme forme de politesse : ce fut longtemps un usage
courant parmi les gens du peuple, alors que la 3ᵉ personne du
singulier, se référant à un **Vossignoria**, *Votre Seigneurie*, était
réservée aux relations où il existait une infériorité hiérarchique.
Cet usage du **voi** de politesse, resté vivant encore pendant
quelques temps au xxᵉ siècle, a totalement disparu aujourd'hui.
Il persiste dans plusieurs dialectes du Sud de l'Italie.

④ **costì** est un adverbe de lieu qui indique l'endroit où se trouve
la personne a qui l'on parle. Il se différencie ainsi de **qui**, **qua**,
près de celui qui parle, et de **lì**, **là**, loin et du locuteur et de
celui à qui il s'adresse. Le même système se reproduit dans les
démonstratifs **questo**, *celui-ci*, près de moi qui parle, **codesto**, ▶

7    "Bonjour, Maître Antonio !, dit Geppetto. Que faites-vous [donc], là, par terre?

8    – J'apprends le calcul aux fourmis.

9    – Grand bien *(bon pour)* vous fasse !

10   – Qui vous a amené *(porté)* chez moi, Père *(compère)* Geppetto ?

11   – Mes *(les)* jambes !… Sachez, Maître Antonio, que je suis venu chez vous pour vous demander un service.

12   – Me voici, prêt à vous être utile *(servir)*, répliqua le menuisier en se dressant sur ses *(les)* genoux.

13   – Ce matin *(m'a plu)* une idée a jailli dans ma cervelle.

14   – Voyons ça ! *(Écoutons-la)*

15   – J'ai pensé me fabriquer *(de)* moi[-même] un beau pantin de bois ; *(mais)* oui, un pantin merveilleux qui sache danser, faire *(tirer)* de [l'] escrime et des *(les)* sauts périlleux *(mortels)*.

16   Et avec ce pantin, je veux faire le tour du monde pour gagner mon *(un)* bout de pain et mon *(un)* verre de vin. Qu'est-ce que vous en pensez ? *(Que vous en semble-t-il ?)*

▸    près de toi à qui je parle, **quello**, loin de moi qui parle et de toi qui écoutes, dans les pronoms **questi**, **costui** et **colui**, etc. Vous objecterez sans doute qu'on ne vous a parlé ni de **costì**, ni de **codesto** dans l'étude des démonstratifs : la raison en est que ce système à trois éléments, encore valable au début du siècle dernier, n'existe plus aujourd'hui, et il ne reste plus que l'opposition entre **questo/qui**, *proche*, et **quello/lì**, *loin*. Vous trouverez pourtant **codesto** et ses dérivés dans la littérature, surtout dans les "classiques"!

⑤    **Buscare** est employé ici pour *gagner*. Ce verbe propre au langage familier peut aussi se trouver dans d'autres locutions, telles que **buscarsi un raffreddore**, *attraper un rhume*, ou **buscarsi uno scappellotto**, *prendre une calotte derrière la tête*. **Se non la smetti, le buschi!**, *Si tu n'arrêtes pas, tu vas en recevoir (des gifles)* ! Ne craignez rien pour le pauvre Geppetto : lui, il ne va **buscare** que… **un bicchier di vino** !

17    – Bravo Polendina! – gridò la solita vocina, che non si capiva di dove uscisse.

18    A sentirsi chiamar Polendina, compar Geppetto diventò rosso come un peperone dalla bizza, e voltandosi verso il falegname, gli disse imbestialito ⑥:

19    – Perché mi offendete?

20    – Chi vi offende?

21    – Mi avete detto Polendina! …

22    – Non sono stato io.

23    – Sta un po' a vedere che sarò stato io! Io dico che siete stato voi.

24    – No! – Sì! – No! – Sì!

25    E riscaldandosi sempre più, vennero dalle parole ai fatti, e acciuffatisi fra di loro, si graffiarono, si morsero e si sbertucciarono ⑦.

26    Finito il combattimento, mastr'Antonio si trovò fra le mani la parrucca gialla di Geppetto, e Geppetto si accorse di avere in bocca la parrucca brizzolata del falegname.

27    – Rendimi la mia parrucca – disse mastro Antonio.

28    – E tu rendimi la mia, e rifacciamo la pace.

29    I due vecchietti, dopo aver ripreso ognuno di loro la propria parrucca, si strinsero la mano e giurarono di rimanere buoni amici per tutta la vita.

(Tratto da C. COLLODI, *Pinocchio*)     □

### Notes

⑥ **Imbestialire** signifie *sortir de ses gonds*, ou, comme le montre bien la racine du mot **bestia** contenue dans le verbe, *se fâcher comme une bête…*   ▸

**17**   – Bravo, Polendina !" [s']écria la même petite voix qui sortait on ne savait d'où.

**18**   En s'entendant *(à s'entendre)* appeler Polendina, le père Geppetto, de *(la)* colère, devint rouge comme une pivoine *(un poivron)* et, se tournant vers le menuisier, fou de rage, lui dit :

**19**   "Pourquoi m'insultez-vous ?

**20**   – Qui vous insulte ?

**21**   – Vous m'avez appelé *(dit)* Polendina !

**22**   – Ce n'est pas moi !

**23**   – Vous n'allez tout de même pas dire que c'est moi ! *(Reste voir un peu que ce doit avoir été moi)* Moi, je dis que c'est vous !

**24**   – Non! – Si ! – Non! – Si !"

**25**   Et, s'échauffant de plus en plus, *(toujours plus)* des paroles, ils [en] vinrent aux coups *(faits)* et, s'étant attrapés l'un l'autre *(entre eux)*, ils se griffèrent, se mordirent et se mirent en piteux état.

**26**   Le combat fini, Maître Antonio se retrouva [avec,] dans les mains, la perruque jaune de Geppetto, et Geppetto s'aperçut qu'il tenait entre ses dents *(d'avoir en bouche)* la perruque poivre et sel du menuisier.

**27**   "Rends-moi ma perruque ! cria Maître Antonio.

**28**   – Et toi, rends-moi la mienne, et refaisons la paix."

**29**   Les deux petits vieux, après avoir repris chacun *(d'eux)* [sa] propre perruque, se serrèrent la main et jurèrent de rester *(bons)* amis pour *(toute)* la vie.

(Tiré de C. Collodi, *Pinocchio*)

▸ ⑦ **Sbertucciare** vient du mot **bertuccia**, *petit singe*, et, peut-être à partir de l'attitude taquine de certains primates, signifie *se moquer* de quelqu'un, mais aussi, par extension, *maltraiter*, *abîmer* un objet ou, comme c'est comiquement le cas ici, une personne au cours d'une bagarre !

**Esercizio 1 – Traducete**

*Ici encore, nous vous proposons de continuer l'étude de l'œuvre de C. Collodi.*

❶ "Dopo andò a guardarsi allo specchio, e gli parve d'essere un altro. ❷ Non vide più riflessa la solita immagine della marionetta di legno, ❸ ma vide l'immagine vispa e intelligente di un bel fanciullo coi capelli castagni, cogli occhi celesti e con un'aria allegra e festosa come una pasqua di rose. ❹ – Levatemi una curiosità, babbino: ma come si spiega tutto questo cambiamento improvviso? – gli domandò Pinocchio saltandogli al collo e coprendolo di baci. ❺ – E il vecchio Pinocchio di legno dove si sarà nascosto? ❻ – Eccolo là! – rispose Geppetto ❼ E gli accennò un grosso burattino appoggiato a una seggiola, col capo girato da una parte, ❽ con le braccia ciondoloni e con le gambe incrocicchiate e ripiegate a mezzo, da parere un miracolo se stava ritto. ❾ – Com'ero buffo quand'ero burattino! e come ora son contento di esser diventato un ragazzino perbene!…"

(Tratto da C. Collodi, *Pinocchio*)

❶ "Puis il alla se regarder dans la glace et il se crut un autre. ❷ Il ne vit plus s'y réfléchir l'habituelle image de la marionnette de bois, ❸ mais il y vit l'image vive et intelligente d'un bel enfant aux cheveux châtains et aux yeux bleus, l'air gai et heureux comme un roi *(une pâque de roses)*. ❹ – Je serais curieux de savoir, mon petit Papa, comment s'explique tout ce changement soudain ? lui demanda Pinocchio en lui sautant au cou et en le couvrant de baisers. ❺ – Et le vieux Pinocchio en bois, où peut-il bien s'être caché ? ❻ – Le voilà, là-bas ! répondit Geppetto. ❼ Et il lui montra un gros pantin appuyé à une chaise, la tête renversée d'un côté, ❽ les bras pendants et les jambes croisées, à moitié repliées, de sorte qu'il paraissait tenir debout par miracle. ❾ – Comme j'étais drôle quand j'étais un pantin ! Et comme je suis content maintenant d'être un petit garçon comme il faut !"

(Tiré de C. Collodi, *Pinocchio*)

**Esercizio 2 – Completate**

❶ "Des mensonges, mon garçon, il y en a de deux espèces : il y a les mensonges qui ont les jambes courtes, et les mensonges qui ont le nez long.

"Le . . . . . , . . . . . . . . . , . . . . . . . . . . . . . . . . . . . . . . . : . . . . . . . . . . . . . . . . . . . . . . . . . . . . . . . , . . . . . . . . . . . . . . . . . . . . . . . . . •

❷ Pinocchio, ne sachant plus où se cacher à cause de la honte, essaya de s'enfuir de la chambre, mais cela ne lui réussit pas.

Pinocchio, . . . . . . . . . . . . . . . . . . . . . . . . . . per la . . . . . . . . , . . . . . . . . . . . . . di . . . . . . , . . . . . . . . . . . . . •

❸ Son nez avait tellement grandi, qu'il ne passait plus par la porte.

. . . . . . . . . . . . . . . . . . . . . . . . . . . . . , . . . . . . . . . . . . . . . . . . . . . . •

❹ Comme vous pouvez vous l'imaginer, la Fée laissa le pantin pleurer et hurler une bonne demi-heure.

. . . . . . . . . . . . . . . . . . . . . . . . , . . . . . . . . . . . . . . . . . . . . . . . . . . . . . . . . . . . . . . . . . . . . . . . . . . . •

❺ Elle le fit pour lui donner une sévère leçon et pour qu'il se corrige du mauvais vice de dire des mensonges, le plus mauvais vice qu'un garçon puisse avoir."

.. ... ... ... .. ..... ..... ......
. ..... .. ............ ... ......
..... .. .... .. ....., .. ... .....
..... ... ..... ..... un ragazzo ."

(Tiré de C. Collodi, *Pinocchio*)

## Corrigé de l'exercice 2

❶ – bugie, ragazzo mio, ce ne sono di due specie – ci sono le bugie che hanno le gambe corte, e le bugie che hanno il naso lungo ❷ – non sapendo più dove nascondersi – vergogna, provò a fuggire – camera, ma non gli riuscì ❸ Il suo naso era cresciuto tanto, che non passava più dalla porta ❹ Come potete immaginarvelo, la Fata lasciò che il burattino piangesse e urlasse una buona mezz'ora ❺ Lo fece per dargli una severa lezione e perché si correggesse dal brutto vizio di dire le bugie, il più brutto vizio che possa avere –

# 62  Sessantaduesima lezione

## La letteratura italiana II

1   Negare che la letteratura italiana
    dell'Ottocento abbia sofferto di una crisi di
    provincialismo sarebbe difficile, specie se la
    si confronta col romanticismo d'oltralpe.

2   D'altronde, questa crisi era cominciata già
    da due secoli:

3   a mano a mano che l'Italia perdeva
    l'indipendenza politica, caduta com'era
    sotto la dominazione dei sovrani stranieri,

4   anche l'ispirazione letteraria, sopravvissuta
    a fatica ① alle persecuzioni burrascose della
    Contro-Riforma, entrava in una fase di crisi
    profonda.

5   I letterati si trovarono così isolati dal
    dibattito culturale europeo, spesso a causa
    dell'oscurantismo dei regimi in vigore nella
    penisola.

6   Fu proprio la ricerca di un'identità
    nazionale e dell'indipendenza dalla
    dominazione straniera il terreno privilegiato
    su cui romanzieri e poeti italiani si
    espressero.

## Note

① La locution adverbiale **a fatica**, *avec peine*, peut être remplacée par plusieurs expressions qui ont le même sens : **a stento**,
**a mala pena** : **Quel vecchietto stava in piedi a mala pena**, *Ce
petit vieux se tenait debout avec peine.*

## La littérature italienne II

**1** Il serait difficile [de] nier que la littérature italienne du siècle dernier a *(ait)* souffert d'une crise de provincialisme, surtout si on la compare au *(avec le)* romantisme transalpin.

**2** D'ailleurs, cette crise avait *(était)* déjà commencé*(e)* deux siècles auparavant :

**3** au fur et à mesure *(à main à main)* que l'Italie perdait son indépendance politique, [car] elle était tombée *(tombée comme elle était)* sous la domination des souverains étrangers,

**4** l'inspiration littéraire aussi entrait dans une phase de crise profonde, [bien qu'elle eut pourtant] survécu*(e)* avec peine *(à fatigue)* aux persécutions orageuses de la Contre-réforme.

**5** Les gens de lettres *(les lettrés)* se trouvèrent ainsi isolés du débat culturel européen, souvent à cause de l'obscurantisme des régimes en vigueur dans la péninsule.

**6** La recherche d'une identité nationale et de l'indépendance par rapport à la domination étrangère fut justement le thème d'expression privilégié [des] romanciers et [des] poètes italiens *(sur lequel romanciers et poètes italiens s'exprimèrent)*.

7    La poetica romantica dello "Sturm und Drang" ② trova così in Italia un filone originale nell'intreccio tra vicenda ③ personale e vita nazionale, fra individuo e storia,

8    in scrittori che vivono con la medesima passione estrema ed eroica, la rivolta interiore e l'impegno politico.

9    Punto di partenza della riflessione di molti di questi letterati è il trattato di Campoformio

10   con il quale nel 1797 Napoleone Bonaparte, cedendo una parte dell'Italia Settentrionale all'Austria,

11   tradì le aspettative di quanti lo avevano visto non soltanto come il messaggero della Rivoluzione Francese, portatore di libertà e di indipendenza,

12   ma come l'eroe romantico per eccellenza.

13   Così fu per Ugo Foscolo, autore delle *Ultime Lettere di Jacopo Ortis* e del poemetto ④ *I Sepolcri*.

14   Lo stesso Giacomo Leopardi, interpretato spesso come il poeta della sensibilità e di un'intima quanto astratta angoscia del vivere,

**Notes**

② *"Sturm und Drang"* signifie, en allemand, quelque chose comme *assaut et fougue* ; c'était la devise des romantiques allemands, et elle exprime bien l'attitude intellectuelle de passion et de révolte des gens de culture de cette période. On apprend même l'allemand, dans le ***Perfectionnement Italien*** ! ▸

**7** La poétique romantique du "Sturm und Drang" **62** trouve ainsi en Italie une voie *(filon)* originale dans l'enchevêtrement des *(entre)* vicissitude[s] personnelle[s] et de la vie nationale, *(entre)* de l'individu et de l'histoire,

**8** chez des écrivains qui vivent avec la même passion extrême et héroïque, la révolte intérieure et l'engagement politique.

**9** [Le] point de départ de la réflexion de bon nombre *(beaucoup)* de ces hommes de lettres est le Traité de Campoformio (1797),

**10** par lequel Napoléon Bonaparte, en cédant une partie de l'Italie du Nord à l'Autriche,

**11** trahit les attentes de tous ceux qui *(combien)* l'avaient vu non seulement comme le messager de la Révolution française, porteur de liberté et d'indépendance,

**12** mais aussi comme le héros romantique par excellence.

**13** Il [en] fut ainsi pour Ugo Foscolo, l'auteur des "Dernières Lettres de Jacopo Ortis" et du *(petit)* poème "Les Sépulcres".

**14** *(Le)* Même Giacomo Leopardi, considéré *(interprété)* souvent comme le poète de la sensibilité et d'une angoisse de *(du)* vivre aussi intime qu'abstraite,

▸ ③ **la vicenda** (utilisé dans ce sens au singulier ou au pluriel **le vicende**) indique une suite d'événements ; à partir de l'idée de l'alternance de ces faits, il existe la locution **a vicenda**, au sens de *l'un l'autre, chacun à son tour* : **Ci aiutiamo a vicenda**, *Nous nous aidons les uns les autres.*

④ *Le poème* s'appelle, en italien, **la poesia**, qui veut dire aussi *la poésie*, dans le sens général de l'Art Poétique. **Il poema**, par contre, est un poème très long, souvent à caractère épique, comme l'Iliade et l'Odysée. **Il poemetto** est donc **un piccolo poema**, c'est-à-dire… *un long poème* !

15   prende le mosse ⑤ in realtà da una profonda e lucida riflessione filosofica e storica.

16   Il problema politico non è assente nemmeno dall'opera di Manzoni, nelle sue tragedie a tema storico e nella celebre ode funebre a Napoleone,

17   ma nei *Promessi Sposi* egli lo trascende per una più ampia visione religiosa, ove la storia è determinata dalla provvidenza divina.

18   Tale riflessione è invece del tutto assente dalla poetica della Scapigliatura ⑥,

19   la sola corrente dell'Ottocento italiano che, rifiutando la letteratura risorgimentale, si lega all'esperienza romantica del "maledettismo".

20   Come superamento del romanticismo si pone il "Verismo" di Verga e di Capuana,

21   primo esempio di corrente letteraria "postunitaria", in gran parte ispirata al realismo francese di Zola.

22   Con la grave situazione in cui la penisola versa dopo l'unità (1861), il provincialismo letterario ne risulta oltremodo aggravato;

**Notes**

⑤ **la mossa** est *le mouvement* et aussi *le geste* (**mosso** est le participe passé du verbe **muovere**, *bouger* ou *mouvoir*, **un mare mosso** est *une mer agitée*) : **fare una mossa brusca**, *faire un mouvement brusque*, **non ha fatto una mossa**, *il n'a pas bougé*. Le mot est utilisé aussi dans les échecs : **Gli ha dato scacco matto in tre mosse**, *Il lui a fait mat en trois coups*, et dans les sports de combat : **la mossa di judo**, *la prise de judo*. **Prendere le mosse** signifie *prendre son départ*, et **fare la prima mossa**, *faire le premier pas*. ▸

**15** prend son départ *(les mouvements)* d'une
profonde et lucide réflexion philosophique et
historique.

**16** Le problème politique n'est pas [non plus]
absent de l'œuvre de Manzoni, [tant] dans ses
tragédies à sujet *(thème)* historique que *(et)*
dans la célèbre "Ode funèbre à Napoléon",

**17** mais dans "Les Fiancés" *("Les Époux Promis")*,
il transcende ce *(tel)* problème dans *(pour)* une
vision religieuse plus ample, où l'histoire est
déterminée par la providence divine.

**18** Cette *(telle)* réflexion est absente, au contraire,
de la poétique de la "Scapigliatura" *("Bohème")*,

**19** le seul courant du XIX^e siècle italien qui, en
refusant la littérature du "Risorgimento", se lie
à l'expérience romantique des "poètes maudits"
*(du "mauditisme")*.

**20** [C'est] en tant *(comme)* [que] dépassement du
romantisme que se pose le "Vérisme" de Verga
et de Capuana,

**21** le premier exemple de courant littéraire de
la période qui suit l'unité de l'Italie *("post-
unitaire")*, en grande partie inspiré du réalisme
français de Zola.

**22** Dans la grave situation dans laquelle la
péninsule se trouve après l'unité (1861),
le provincialisme littéraire *(en)* ressort
extrêmement *(outre manière)* affaibli *(empiré)* ;

▸ ⑥ **Scapigliatura** est dérivé de **capigliatura**, *la chevelure.*
**Scapigliato** signifie donc *décoiffé*, et par extension du sens
de désordre physique le mot a acquis celui de désordre moral,
*dévoyé*, *dissipé*. **La scapigliatura** indique ainsi *la vie de
bohème*, est dans ce sens il est devenu le nom du mouvement
littéraire. Le mot **scarmigliato** a le même sens propre mais il
n'a pas pris le même sens figuré.

**23**  l'esperienza più significativa e originale dei primi del Novecento è il futurismo, il cui manifesto programmatico è pubblicato nel 1909… a Parigi!

**24**  Mentre in Europa si sviluppa la grande stagione delle avanguardie artistico-letterarie, con la crisi del romanzo e la scoperta dell'io,

**25**  in Italia Pascoli descrive teneri paesaggi rurali e d'Annunzio scimmiotta grottescamente i letterati decadenti d'oltralpe.

**26**  Solo Svevo e Pirandello assurgono ad una statura europea, facendo tesoro della loro conoscenza delle grandi idee del secolo:

**27**  la psicanalisi e l'opera di Joyce per il primo, la filosofia di Bergson e il teatro espressionista per il secondo.

**28**  Bisognerà aspettare la caduta del regime fascista e il dopoguerra per assistere ad una ripresa del fermento letterario,

**29**  con scrittori come Moravia, Calvino, Pasolini, ancora una volta molto attenti alla realtà politica del loro tempo.

**30**  Gli ultimi decenni del ventesimo secolo, benché segnati da una crisi della lettura e dal trionfo degli audiovisivi, conoscono alcuni letterati di rilievo:

**31**  si ricordino ⑦ Erri de Luca, Antonio Tabucchi, Alessandro Baricco.  □

**Note**

⑦ Le subjonctif **si ricordino** a ici un sens d'exhortation : *que l'on rappelle*, on invite le lecteur à retenir les noms de ces écri- ▸

**23** l'expérience la plus marquante et originale des premières années du xx<sup>e</sup> siècle est le futurisme, dont le manifeste-programme est publié en 1909… à Paris !

**24** Pendant qu'en Europe se développe la grande saison des avant-gardes artistiques et littéraires, avec la crise du roman et la découverte du "Moi",

**25** en Italie, Pascoli décrit [de] tendres paysages ruraux et D'Annunzio singe de façon grotesque les lettrés décadents transalpins.

**26** Seuls *(seulement)*, Svevo et Pirandello s'élèvent [au point d'atteindre] *(à)* une stature européenne, en faisant profit de leur connaissance des grandes idées du siècle :

**27** la psychanalyse et l'œuvre de Joyce pour le premier, la philosophie de Bergson et le théâtre expressionniste pour le second.

**28** Il faudra attendre la chute du régime fasciste et l'après-guerre pour assister à une reprise de l'activité littéraire,

**29** avec des écrivains comme Moravia, Calvino, Pasolini, encore une fois très attentifs à la réalité politique de leur temps.

**30** Les dernières décennies du xx<sup>e</sup> siècle, bien que marquées par une crise de la lecture et par le triomphe de l'audiovisuel, connaissent quelques importants gens de lettres :

**31** on peut citer *(se rappellent)* Erri de Luca, Antonio Tabucchi, Alessandro Baricco.

▸ vains. C'est un emploi fréquent de ce mode : **Si pensi a quanto ha fatto per il paese**, *Que l'on pense (il faut penser) à tout ce qu'il a fait pour le pays.*

**Esercizio 1 – Traducete**

❶ C'è mare mosso, è meglio lasciare perdere e tornare a casa. ❷ Se ci si vuole rendere conto dei progressi che ha fatto in italiano, si consideri che solo un anno fa riusciva a mala pena a dire una frase, ed ora lo parla correntemente. ❸ Se ci si fosse aiutati un po' a vicenda, si sarebbe già finito quello che c'era da fare. ❹ Il film narra la vicenda di un letterato in cerca di ispirazione durante il periodo risorgimentale. ❺ Non ci fu niente da fare, lui non ne volle sapere e se ne andò.

---

## Esercizio 2 – Completate

❶ Si on la compare avec d'autres pays européens, il est clair que l'Italie possède un patrimoine artistique exceptionnel.

.. .. .. ¡........ ... ..... ....
......., . ....... ... .......
........ .. ............ .......
...........•

❷ Bien qu'on en ait beaucoup parlé, l'originalité de cet homme de lettres est moins grande que ce qu'on a dit.

Per ...... .. .. ... ....... .....,
............. .. ... ....... . ....
...... .. ..... .. ... .....•

❸ Au fur et à mesure que le temps passe, on se rend compte qu'une importance excessive lui avait été attribuée par les critiques de l'époque.

. .... .· ...... .. ...... .....,
.. ........ .... .. ... ... .....
........ ....... ..... .. ... ...
....... ... .....•

❶ La mer est agitée, il vaut mieux laisser tomber et rentrer à la maison. ❷ Si l'on veut se rendre compte des progrès qu'il a faits en italien, il faut considérer qu'il y a une année seulement il arrivait à peine à dire une phrase, et maintenant il le parle couramment. ❸ Si l'on s'était aidé un peu les uns les autres, on aurait déjà fini ce qu'il y avait à faire. ❹ Le film raconte l'histoire d'un homme de lettres en quête d'inspiration pendant la période du *Risorgimento*. ❺ Il n'y eut rien à faire, il ne voulut rien en savoir et s'en alla.

❹ Peut-être sera-t-il rappelé davantage pour les vicissitudes orageuses de sa vie que pour ses œuvres, comme parfois il arrive même aujourd'hui.

. . . . . . . . . . . . . . . . . . . . . . . . . . . . .
. . . . . . . . . . . . . . . . . . . . . . . . . . . . . . . .
. . . . . . . . . , . . . . . . . . . . . . . . . . .
. . . . . . . . . .

❺ Si l'on s'aide les uns les autres on fait plus vite, quel que soit le travail à faire, tu ne crois pas ?

. . . . . . . . . . . . . . . . . . . . . . . . . . . . . . . . . ,
. . . . . . . . . . . . . . . ci sia . . . . . . . , . . . . . . . . ?

## Corrigé de l'exercice 2

❶ Se la si confronta con altri paesi europei, è chiaro che l'Italia possiede un patrimonio artistico eccezionale ❷ – quanto se ne sia parlato molto, l'originalità di quel letterato è meno grande di quanto si sia detto ❸ A mano a mano che il tempo passa, ci si rende conto che gli era stata attribuita un'importanza eccessiva dai critici del tempo ❹ Forse verrà ricordato più per le vicende burrascose della sua vita che per le sue opere, come a volte accade anche oggi ❺ Se ci si aiuta a vicenda si fa prima, qualsiasi lavoro – da fare, non credi

*Faites attention à ne pas confondre* **il Rinascimento**, *la Renaissance du XVᵉ et du XVIᵉ siècles, phénomène en grande partie lié à l'humanisme des hommes de lettres et des artistes, et* **il Risorgimento**, *mouvement de libération nationale du XIXᵉ siècle essentiellement de nature politique, même si les gens de culture y ont souvent participé. Les deux mots ont pourtant une étymologie très proche, le premier dérivé du verbe* **nascere**, *naître et le deuxième de* **sorgere**,

# 63  Sessantatreesima lezione

## Revisione – Révision

### 1 Syntaxe du subjonctif (suite)

Nous avons analysé plusieurs fois l'emploi du subjonctif, mais toujours dans des propositions subordonnées. Voyons maintenant dans quels cas on l'utilise dans des propositions principales indépendantes :

#### 1.1 Politesse

Le cas le plus fréquent et le plus important est l'impératif de la forme de politesse, 3ᵉ personne du singulier ou du pluriel (cette dernière est réservée à des relations de subordination "formelle" telles que celle du garçon de café envers plusieurs clients, etc.) :
**scusi**, **signore**, ou **scusino**, **signori**.

#### 1.2 Hypothèse

On peut exprimer par le subjonctif une hypothèse dans une phrase interrogative :
**Suo figlio è un po' pallido: che sia malato?**
*Votre fils est un peu pâle : serait-il malade ?*

#### 1.3 Exhortation

Dans des tournures exhortatives :
**Cosa? C'è il signor Biagetti che aspetta fuori da un'ora? Ma che entri pure!**
*Quoi ? Monsieur Biagetti attend dehors depuis une heure? Mais qu'il entre, donc !*

prendre sa naissance, surgir *: l'idée de la nécessité d'une nouvelle naissance qui rétablirait une ancienne grandeur perdue, souvent associée à l'Antiquité romaine, est une véritable obsession historique dans la culture italienne, et le fascisme a su habilement s'en servir au xxᵉ siècle dans sa propagande, se rattachant à l'Empire romain.*

## Soixante-troisième leçon   63

### 1.4 Souhait

Dans des expressions de souhait, souvent dans des phrases exclamatives :
**Magari fosse già domenica!**
*Ce serait beau si nous étions déjà dimanche !*
**Non l'avessi mai detto!**
*Oh, si seulement je ne l'avais jamais dit !*
**Che Dio ce la mandi buona!**
*Que Dieu nous protège!* (litt. : "que Dieu nous l'envoie bonne !").

## 2 Tournure négatives particulières

Voici quelques adverbes et locutions adverbiales qui introduisent des phrases négatives, et leur emploi dans des tournures particulières :

• **se no**, ou (rare) **sennò**, correspondant à *sinon* :
**Paga i tuoi debiti, se no andrai nei guai.**
*Paye tes dettes, sinon tu auras des problèmes.*
(à ne pas confondre avec la tournure : **Se non paghi i tuoi debiti, andrai nelle grane**, *Si tu ne payes pas tes dettes, tu auras des ennuis*).

• **affatto** signifie, dans les phrases négatives, *pas du tout*, alors que dans les propositions affirmatives il a la valeur de *tout à fait* :
**Non sono affatto soddisfatto**, *Je ne suis pas du tout satisfait* ;
**Sono affatto soddisfatto**, *Je suis tout à fait satisfait*.
Il ne faut pas confondre **nient'affatto**, *pas du tout*, et **non del tutto**, *pas tout à fait* :

**Non sono del tutto soddisfatto**, *Je ne suis pas tout à fait satisfait.*

• **mai** veut dire *jamais* et peut tenir plusieurs places dans la phrase :
**Non sono mai andato a Roma**, *Je ne suis jamais allé à Rome* ;
**Non sia mai!** ou bien **giammai!**, *Jamais de la vie !* ;
Cependant, **mai** peut contenir aussi une idée de doute dans des expressions telles que :
**Come mai?**, *Comment cela ?*
**Perché mai?**, *Pourquoi donc ?*
**Chi sarà mai?**, *Qui pourrait-ce bien être ?*

• **neppure**, **neanche**, **nemmeno**, *même pas*, *non plus*
Si ces adverbes précèdent le verbe, ils ne sont jamais accompagnés de **non** :
**Neanche tu sei cambiato**, *Toi non plus tu n'as pas changé.*
Par contre, **non** est obligatoire s'ils sont après le verbe :
**Non posso venire neppure un giorno.**
*Je ne peux pas venir même pour un jour.*

• La négation explétive n'existe pas en italien : évitez donc de mettre **non** après les verbes de crainte (**temo che venga**, *je crains qu'il ne vienne*), sauf si l'objet de la crainte est une proposition dont le sens est réellement négatif :
**Temo che non venga**, *Je crains qu'il ne vienne pas.*
Il faut également omettre **non** après **prima** :
**Prima che venga**, *Avant qu'il ne vienne.*
et après **nessuno**, **niente**, **nulla** :
**Niente lo spaventa**, *Rien ne lui fait peur.*
**Nessuno sa il suo nome**, *Personne ne sait son nom.*

## 3 L'accord du participe passé dans les temps composés

Les règles de l'accord du participe passé avec le sujet et avec le complément d'objet direct ne sont pas très différentes du français :

### 3.1 Accord avec le sujet

Le participe passé ne s'accorde jamais avec le sujet quand l'auxiliaire est **avere** :

**Mia sorella ha comprato un vestito nuovo.**
*Ma sœur a acheté une nouvelle robe.*
Par contre, quand l'auxiliaire est **essere**, le participe passé s'accorde toujours avec le sujet,

• à la forme active :
**Mia sorella è andata al mare**, *Ma sœur est allée à la mer.*

• à la forme passive :
**Mia sorella è stata promossa**, *Ma sœur a été reçue.*

• ou à la forme réfléchie :
**Mia sorella si è pettinata**, *Ma sœur s'est coiffée.*

• le participe passé "absolu", en tant qu'apposition du sujet, s'accorde aussi avec lui :
**Arrivata mia sorella, ci mettemmo in cammino.**
*Après que ma sœur fût arrivée, nous nous mîmes en marche.*

## 3.2 Accord avec le complément d'objet direct

Le participe passé ne s'accorde en aucun cas avec le complément d'objet direct représenté par un nom situé après le verbe : **ho mangiato il pane** ; **ho mangiato la frutta**.

• Quand le complément d'objet direct est représenté par un pronom relatif placé avant le verbe, l'accord du participe passé est <u>facultatif</u> avec les verbes non-pronominaux : **la ragazza che hai visto** ou **la ragazza che hai vista**.

• Avec les verbes pronominaux, souvent des "faux réfléchis", l'accord se fait avec le sujet et jamais avec le pronom relatif COD antéposé : un homme dira donc **la macchina che mi sono comprato**, alors qu'une femme dira **la macchina che mi sono comprata**.

• Quand le complément d'objet direct antéposé est représenté par un des pronoms personnels **lo, la, li, le**, l'accord du participe passé se fait obligatoirement : **tua sorella, l'ho vista ieri** ; **tuo fratello, l'ho visto oggi**.

• Avec **mi**, **ti**, **ci**, **vi**, (formes faibles), l'accord du participe passé est facultatif :

**Scusami se non ti ho salutata, quando ti ho visto per strada, ma non ti avevo proprio riconosciuta.**

*Excuse-moi si je ne t'ai pas saluée, quand je t'ai vue dans la rue, mais je ne t'ai vraiment pas reconnue.*

• Avec **ne** l'accord du participe passé est obligatoire :

**Avete fatto delle foto? –Sì, ne abbiamo fatte molte.**

*Avez-vous fait des photos ? – Oui, nous en avons fait beaucoup.*

Si **ne** partitif est associé à un complément de quantité, l'accord se fait facultativement ou bien avec le complément d'objet direct, ou bien avec le complément de quantité :

**Avete fatto delle foto? Sì, ne abbiamo fatte una dozzina** ou bien **ne abbiamo fatta una dozzina.**

Attention : quand **ne** est complément du nom, dans ce cas-là l'accord ne se fait plus :

**Hai visto il film? No, ne ho visto degli spezzoni, ma non mi sono piaciuti.**

*As-tu vu le film ? Non j'en ai vu des extraits, mais je ne les ai pas aimés.*

• Le participe passé "absolu", apposition du complément d'objet direct, s'accorde obligatoirement avec lui, de même que le participe passé employé comme adjectif :

**Letto l'annuncio, corsi all'indirizzo indicato sul giornale.**

*[Une fois] l'annonce lue, je courus à l'adresse indiquée dans le journal.*

## 4 La préposition *su*

La préposition **su** correspond en général à *sur*, mais il est nécessaire de retenir quelques utilisations particulières :

• dans certaines expressions temporelles, **su** est employé avec le sens d'*environ* :

**sul mezzogiorno**, *vers midi, aux environs de midi* ;

• on peut également trouver cet emploi dans des expressions qui indiquent l'âge :

**un signore sui cinquant'anni**, *un monsieur d'environ 50 ans*

ou le prix :
**Quella macchina costerà sul milione.**
*Cette voiture doit coûter le million, autour d'un million.*
ou toute estimation approximative d'une quantité :
**Peserà sui dieci chili,** *Il doit peser dans les dix kilos.*


• On trouve cette préposition dans plusieurs locatifs :
**sul giornale,** *dans le journal* ;
**sul treno,** *dans le train* ;
**sul lago,** *au bord du lac* ;
**una villa sul mare,** *une villa au bord de la mer* ;


• Retenez aussi les expressions idiomatiques suivantes :
**credere a qualcuno sulla parola,** *croire quelqu'un sur parole* ;
**comandare su qualcuno,** *commander quelqu'un* :
**Il generale comanda su tutti i soldati.**
*Le général commande tous les soldats* ;
**puntare su qualcuno,** *miser sur quelqu'un* :
**Ha puntato sul cavallo vincente.**
*Il a misé sur le cheval gagnant* ;
**Puoi contare su di me, su di lui, su di noi,** etc.,
*Tu peux compter sur moi, sur lui, sur nous.*


• **Su** est employé également en tant qu'adverbe, dans le sens *d'en haut* ou *dessus* :
**guardare (in) su,** *regarder en haut* ;
**Il direttore è su, nel suo ufficio.**
*Le directeur est en haut, dans son bureau* ;
**Non sente il frastuono che viene da su?**
*Vous n'entendez pas le vacarme qui vient d'en haut ?*
**Venga su!,** *Montez* ("venez en haut") *!*
**Posso appoggiarlo lassù (ou là su)? – No, è meglio che tu lo metta qui su,**
*Je peux le poser là ? – Non, il vaut mieux que tu le mettes ici* ("dessus").


• Et aussi les expressions :
**pensarci su,** *y penser* ;
**andare su e giù,** *faire les cent pas* ;
**Le persone dai diciotto anni in su sono maggiorenni.**
*Les personnes de plus de 18 ans sont majeures* ;

Il recouvre de nombreuses significations, qui peuvent être très différentes selon les prépositions ou les adverbes qui l'accompagnent :

• **tirare su** peut vouloir dire aussi bien :
– *lever* (**tira su la testa**, *lève la tête*) ;

– *relever*, voir aussi **tirarsi su**, *se relever* :
**Tirai su io quel povero vecchio, che non riusciva a tirarsi su da solo,**
*Je relevai ce pauvre vieux qui n'arrivait pas à se relever tout seul.*

– *ramasser* :
**Non tirare su tutto quello che trovi per terra!**
*Ne ramasse pas tout ce que tu trouves par terre !*

– *retrousser* :
**le maniche tirate su**, *les manches retroussées* ;

– *remonter* :
**Quel film mi ha proprio tirato su il morale.**
*Ce film m'a vraiment remonté le moral.*

– voir aussi l'expression **tirare su col naso**, *renifler* :
**Soffiati il naso, invece di tirare su continuamente!**
*Mouche-toi, au lieu de renifler tout le temps !*

• **tirare giù** est employé dans le sens de :
– *descendre* (emploi transitif : **Tira giù quel vaso da lassù**, *Descends ce vase de là-haut*.)

– et de *baisser* : **Tira giù il finestrino**, *Baisse la vitre.*

• **tirare avanti** est employé au sens de :
– *avoir du mal à joindre les deux bouts* :
**Con quel che guadagno, faccio fatica a tirare avanti.**
*Avec ce que je gagne, j'ai du mal à joindre les deux bouts.*
ou **Come va? – Si tira avanti!**, *Comment ça va ? – On fait aller !*

– au propre, on dira **tirare (in) avanti qualcosa**, *avancer quelque chose* :

**Tira avanti il tuo sedile, così ci sto anch'io.**
*Avance ton siège, pour qu'il y ait de la place pour moi aussi.*

• **tirare indietro**, par contre, signifie :
– *reculer* (emploi transitif) :
**No, non così tanto, tiralo pure più indietro.**
*Non, pas tant que ça, tu peux le reculer un peu.*

– *reculer* (emploi intransitif) : on utilise alors le réfléchi **tirarsi indietro** :
**Non si tira indietro davanti a nessuno.**
*Il ne recule devant personne.*

• **tirarsi dietro** veut dire :
– *traîner quelque chose derrière soi* :
**Si tira dietro il complesso di essere basso.**
*Il traîne derrière lui le complexe d'être petit.*

– ou *entraîner quelqu'un* :
**Con la sua dialettica, si tira dietro chi vuole.**
*Avec son éloquence, il entraîne avec lui qui il veut.*

• **tirare dentro**, *rentrer* (sens transitif) :
**tirare dentro il bucato**, *rentrer le linge*

• **tirare fuori**, *sortir* :
**Ha tirato fuori un sacco di cose da quella borsetta.**
*Elle a sorti un tas de choses de ce petit sac à main.*
Retenez aussi :

• **tirare in qua**, **tirare in là**, *déplacer d'un côté, de l'autre* :
**Tira in qua quel mobile... no, non così tanto: tiralo un po' più in là, adesso.**
*Déplace ce meuble de ce côté-ci... non, pas tant que ça : déplace-le plus par là, maintenant ;*

• **tirarsi in là**, *s'écarter* (**tirati in là**, *écarte-toi*),

• **tirarsi via** :
**Tirati via da lì, non vedo niente.**
*Éloigne-toi de là, je ne vois rien.*

• **tirare via** signifie *enlever,* ou même *arracher* :
**Tira via quel quadro da lì: è orrendo!**
*Enlève ce tableau de là : il est horrible !*

• **tirare diritto,** *continuer son chemin* :
**Se incontri di quella gentaglia, tu tira diritto e non ascoltare.**
*Si tu rencontres cette racaille, continue ton chemin et ne l'écoute pas.*

## 6 Le discours indirect

Il existe deux manières de relater le discours de quelqu'un :

• L'une directe, qui reproduit textuellement ce qui a été dit :
**Ha detto: – Non importa,** *Il a dit : – Ce n'est pas important* ;

• L'autre indirecte : **Ha detto che non importava,** *Il a dit que ce n'était pas important.*

Les formes des verbes changent entre le discours direct et le discours indirect, et l'étude de ces transformations nous donne l'occasion, dans cette dernière leçon de révision, de faire un dernier point sur la concordance des temps et des modes en italien.

### 6.1 Proposition principale au présent ou au futur de l'indicatif

Les modes et les temps des verbes du discours indirect sont alors ceux du discours direct :
**Dice: – Vado via** devient **Dice che va via** ;
**Dice: – Se avessi avuto i soldi, sarei andato in vacanza** devient **Dice che se avesse avuto i soldi sarebbe andato in vacanza,**
sauf l'impératif, qui devient infinitif présent (avec **di**) ou subjonctif présent (avec **che**) dans le discours indirect :
**Gli dice: – Vattene** devient **Gli dice che se ne vada** ou **gli dice di andarsene.**

### 6.2 Proposition principale au passé

Les verbes de la proposition subordonnée complétive-discours indirect suivent les règles de l'accord des temps au passé, c'est-à-dire :

• le présent de l'indicatif ou du subjonctif dans le discours direct devient imparfait indicatif ou subjonctif dans le discours indirect :
**Disse: – Posso farlo io** devient **Disse che poteva farlo lui** ;
**Mi disse: – Non so se tu possa farlo** devient **Mi disse che non sapeva se io potessi farlo** ;

• le futur devient conditionnel passé :
**Disse: – Non potrò farlo io** devient **Disse che non avrebbe potuto farlo lui** ;

• le passé composé, ainsi que le passé simple deviennent plus-que-parfait de l'indicatif :
**Disse: – Non sono potuto arrivare prima** devient **Disse che non era potuto arrivare prima** ;

• le conditionnel présent devient conditionnel passé :
**Disse: – Vorrei mangiare** devient **Disse che avrebbe voluto mangiare** ;

• l'impératif devient infinitif (avec **di**) ou imparfait du subjonctif :
**Gli disse: – Vattene** devient **Gli disse di andarsene** ou bien **Gli disse che se ne andasse.**

## 6.3 La proposition principale exprime une question

• verbe exprimant la question au présent ou au futur : verbe au présent ou au subjonctif passé dans la proposition subordonnée (mais on y trouve parfois l'indicatif aussi) :
**Mi chiede: – Hai visto quel ragazzo?** devient **Mi chiede se io abbia visto quel ragazzo**, etc.

• verbe exprimant la question au passé : subjonctif imparfait (discours direct à l'indicatif présent) ou plus-que-parfait (discours direct au passé composé ou simple) dans la subordonnée :
**Mi chiese: – Vedi quel ragazzo?** devient **Mi chiese se io vedessi** (aussi **se vedevo**) **quel ragazzo** ;
**Mi chiese: – Hai visto quel ragazzo?** devient **Mi chiese se io avessi visto quel ragazzo**.

La phrase hypothétique (verbe au passé dans la proposition principale dans le discours direct) se réduit à une seule forme dans le discours indirect, avec le subjonctif plus-que-parfait dans la protase (proposition contenant le **se**) et le conditionnel passé dans l'apodose (proposition principale) :
**Disse: – Se avrò i soldi, andrò in vacanza ;**
**Disse: – Se avessi i soldi, andrei in vacanza ;**
**Disse: – Se avessi avuto i soldi, sarei andato in vacanza ;**
deviennent toutes les trois :
**Disse che se avesse avuto i soldi, sarebbe andato in vacanza.**

## 6.5 Temps invariables

L'imparfait de l'indicatif et du subjonctif, le plus-que-parfait et l'infinitif, le gérondif et les participes, ne changent pas dans le passage du discours direct au discours indirect :
**Disse: – Credevo di essere in ritardo** devient **Disse che credeva di essere in ritardo** ;
**Disse: – Non sapevo che fosse così tardi. Me ne sono accorto passando davanti all'orologio del municipio** devient
**Disse che non sapeva che fosse così tardi e che se ne era accorto passando davanti all'orologio del municipio.**

Bien sûr, dans le passage du discours direct au discours indirect, il faut aussi tenir compte de la distance que l'on prend vis-à-vis du locuteur qui a prononcé le discours, dans le choix des démonstratifs (**questo** deviendra **quello**), des pronoms, des possessifs, des adverbes de lieu (**qui** et **qua** deviennent **lì** et **là**) et de temps (**domani** devient **l'indomani** ou **il giorno dopo**, **oggi** devient **quel giorno**, **ieri** devient **il giorno prima**, etc.) :
**Disse: – Io sono nato qua, qua c'è la mia casa, e di qua non mi muovo** devient **Disse che lui era nato là, che là c'era la sua casa e che di là non si muoveva.**

**Trasformate il discorso diretto in discorso indiretto**

*Voici un exercice un peu différent pour cette leçon de révision : il s'agit de mettre au discours indirect les phrases qui sont en discours direct ci-dessous.*

❶ Gli disse: – Se avessi i soldi, domani verrei in vacanza con te.

❷ Guardando il suo C.V., il direttore gli chiese: – Perche lei è stato così spesso licenziato dalle altre ditte per cui ha lavorato?

❸ Il portiere dell'albergo confermò: – Qui non c'è nessuna prenotazione a suo nome, signore.

❹ Inferocito, quell'uomo mi disse: – Avrà presto mie notizie, tramite il mio avvocato, che le scriverà oggi stesso!

❺ Allora il tassista mi rispose: – Non abbia paura, anche se non ho la patente: oggi non c'è molto traffico!

## Corrigé de l'exercice de révision

❶ Gli disse che se avesse avuto i soldi, l'indomani sarebbe andato in vacanza con lui. ❷ Guardando il suo C.V., il direttore gli chiese perché fosse stato così spesso licenziato dalle altre ditte per cui aveva lavorato. ❸ Il portiere dell'albergo confermò al signore che lì non c'era nessuna prenotazione a suo nome. ❹ Inferocito, quell'uomo mi disse che avrei avuto presto sue notizie, tramite il suo avvocato, che mi avrebbe scritto quel giorno stesso. ❺ Allora il tassista mi rispose che non dovevo avere paura, anche se non aveva la patente, che quel giorno non c'era molto traffico!

## Il carnevale

1   "A Carnevale, ogni scherzo vale!"
2   Questo proverbio illustra bene lo spirito del Carnevale, ricorrenza che precede il periodo della Quaresima,
3   fase di sacrificio e di meditazione che a sua volta prepara la Pasqua nel calendario cristiano.
4   Carnevale, dunque, è da sempre la valvola di sfogo, il momento di festa sfrenata, di liberazione collettiva prima dei sacrifici.
5   Lo dice il nome stesso: "Carnevale" viene da *carne levare*, espressione tardolatina che avvertiva che il divieto di mangiare carne sarebbe sopraggiunto di lì a poco, con la Quaresima.
6   Altri pensano che la parola "Carnevale" derivi piuttosto dal "carro navale",
7   un carro pieno di maschere allegoriche che rappresentavano re, potenti, vizi e virtù della società dell'epoca.
8   Questo carro veniva incendiato e lanciato in mare – perciò era detto "navale" –,
9   e tale rituale, che costituiva il culmine della festa popolare, era un vero e proprio esorcismo, un modo per eliminare, almeno per finta, tutti i problemi.

## Le carnaval

1    "Pendant *(à)* le Carnaval, toute plaisanterie est permise *(vaut)* !"
2    Ce proverbe illustre bien l'esprit du Carnaval, fête qui précède la période du carême,
3    phase de sacrifice et de méditation qui prépare Pâques dans le calendrier chrétien.
4    le Carnaval est donc depuis toujours la "soupape de sécurité" *(de défoulement)*, un moment de fête effrénée, de libération collective, avant *(de)* les sacrifices.
5    Le nom même le dit : "Carnaval" vient de *carne levare (viande enlever)*, expression du latin tardif pour avertir que l'interdiction de manger [de la] viande allait venir prochainement *(de là à peu)*, avec le carême.
6    D'autres pensent que le mot "Carnaval" viendrait plutôt de "char naval",
7    un char plein de masques allégoriques représentant *(qui représentaient)* rois, puissants, vices et vertus de la société de l'époque.
8    Ce char était lancé en flammes *(incendié et lancé)* dans la mer – c'est pour cela qu'il était appelé "naval" –,
9    et ce rituel, qui constituait le clou de la fête populaire, était un véritable *(et propre)* exorcisme, une manière d'*(pour)*éliminer, au moins en fiction *(par feinte)*, tous les problèmes !

**10** La tradizione dei carri mascherati in Italia è viva ancora oggi: la sfilata del carnevale di Viareggio ne è la testimonianza più illustre ed anche a Venezia ha luogo un' importante manifestazione.

**11** Una volta all'anno, tutta la società rinuncia alle sue regole; gli antichi Romani dicevano: "una volta all'anno è lecito impazzire".

**12** I ceti si mescolano, ruoli e rapporti gerarchici si cancellano sotto l'artificio della maschera.

**13** È il mondo a rovescio ①: nel medioevo, uno straccione ② veniva incoronato re durante una cerimonia esilarante;

**14** la permissività era tale e tanta che ③ si organizzava persino una messa dove tutti i misteri della fede erano messi in berlina!

## Notes

① Il existe deux locutions pour dire *à l'envers* : **a rovescio** et **alla rovescia**, mais la première est plutôt utilisée au sens figuré : on dira donc **il conto alla rovescia**, *le compte à rebours* ; **Si è messo il maglione alla rovescia**, *Il a mis son pull à l'envers*, mais **il mondo a rovescio** ou **Oggi mi va tutto a rovescio**, *Aujourd'hui tout va de travers*.

② **Straccione** vient de **straccio**, *chiffon* mais aussi *haillon*, par allusion aux vêtements usés qu'il porte. **Straccio** est utilisé également comme adjectif dans la locution **carta straccia**, *papier de rebut*, ou comme nom avec le sens de *loque* : **Stamattina mi sento uno straccio**. On le dit aussi pour indiquer quelque chose d'une si mauvaise qualité qu'il s'agirait du minimum auquel on pourrait aspirer : **Non ha trovato uno straccio di** ▸

**10** Aujourd'hui encore la tradition des chars masqués
est vivante en Italie : le défilé du carnaval de
Viareggio en est le témoignage le plus illustre
et à Venise a lieu également une importante
manifestation.

**11** Une fois *(à)* l'an, toute la société renonce à ses
règles ; les anciens Romains disaient : "une fois
*(à)* l'an, il est permis de devenir fou" ;

**12** les couches [sociales] se mélangent, les rôles
et les rapports hiérarchiques s'effacent sous
l'artifice du masque.

**13** C'est le monde à [l']envers : au *(dans le)*
Moyen Âge, un gueux était couronné roi
pendant *(dans)* une cérémonie hilarante,

**14** et la complaisance était telle et si grande qu'on
organisait même une messe où tous les mystères
de la foi étaient tournés en ridicule !

---

▶   **lavoro**, *Il n'a trouvé l'ombre d'un boulot*. **Stracciare** veut dire
*déchirer*, et l'excellent parfum de glace **stracciatella** est donc
de la crème contenant des morceaux de chocolat… déchiré !

③ La proposition subordonnée de conséquence se forme sou-
vent à l'aide des adjectifs **tale** ou **tanto** ou **siffatto** (littéraire),
ou encore des adverbes **talmente**, **così**, **tanto** placés devant un
adjectif ou devant un nom, suivis de **che** et d'un verbe à l'indicatif : **Quel quadro era talmente bello che sono rimasto un'ora
ad ammirarlo**, *Ce tableau était tellement beau que je suis resté
une heure à l'admirer* ; **Aveva tanti soldi che non sapeva dove
metterli**, *Il avait tellement d'argent qu'il ne savait où le mettre* ;
**Era tanto bella che tutti gli uomini le facevano la corte**, *Elle
était si belle que tous les hommes lui faisaient la cour.*

**15** I nobili veneziani del Settecento amavano
uscire mascherati, per potere introdursi
in ogni tipo di ambiente senza essere
riconosciuti,

**16** o sedurre, senza compromettersi, la dama o
il cavaliere altrui...

**17** Quindi, "a carnevale, ogni scherzo vale",
purché si tenga conto anche dell'altro detto:

**18** "lo scherzo è bello quando è corto"! ☐

## Esercizio 1 – Traducete

❶ Per carnevale, Paolo si è travestito da Jack lo squartatore ed ha seguito una vecchietta per i vicoli del centro. ❷ Tutt'a un tratto, la nonnina si è messa a gridare, facendo un tal baccano che dopo due minuti è arrivata la polizia. ❸ Figurati un po' quanto è stato difficile per Paolo spiegare ai poliziotti che aveva fatto tutto per finta. ❹ Certo non avrebbe mai immaginato che il suo scherzo sarebbe finito in Questura. ❺ Alla fine la vecchietta ci ha riso sopra, dicendo che "a carnevale ogni scherzo vale", ❻ ed ha accettato di non sporgere denuncia, purché Paolo la accompagnasse a casa, portando tutti i suoi pacchi della spesa!

**15** Les nobles vénitiens du XVIII<sup>e</sup> siècle aimaient
sortir masqués, pour pouvoir s'introduire dans
toutes sortes de milieux sans être reconnus,

**16** ou [pour pouvoir] séduire, sans se compromettre,
la "dame" ou le chevalier [d']autrui…

**17** Ainsi : "pendant *(à)* [le] Carnaval, toute
plaisanterie est permise *(vaut)*", à condition que
l'on tienne également compte d'un autre dicton :

**18** "les plaisanteries les plus courtes sont les
meilleures" *(la plaisanterie est belle quand elle
est courte)*!

### Corrigé de l'exercice 1

❶ Au carnaval, Paolo s'est déguisé en Jack l'éventreur, et il a suivi une petite vieille dans les ruelles du centre-ville. ❷ Tout à coup, la petite grand-mère s'est mise à crier, en faisant un tel vacarme que deux minutes après la police est arrivée. ❸ Tu imagines un peu combien il a été difficile pour Paolo d'expliquer aux agents que c'était pour plaisanter. ❹ Certes, il n'aurait jamais imaginé que sa blague finirait au poste de police. ❺ Finalement la petite vieille s'est mise à rire en disant que pendant le Carnaval toute plaisanterie est permise, ❻ et elle a accepté de ne pas déposer de plainte, à condition que Paolo l'accompagne chez elle, en portant tous ses sacs à provisions !

**Esercizio 2 – Trasformate il discorso diretto in discorso indiretto**

*(Transformez le discours direct en discours indirect)*

❶ Il bambino chiese alla madre: — È già l'ora della merenda?

❷ La madre gli rispose: — Quando sarà ora di fare merenda, te lo dirò io.

❸ Il bambino allora replicò: — Ma io ho fame subito!

❹ E la madre gli disse: — Abbi un po' di pazienza, adesso non ho tempo.

---

## 65 Sessantacinquesima lezione

### La commedia dell'arte

1 La commedia dell'arte è una forma teatrale molto antica che si sviluppò soprattutto a Venezia fino al Settecento, allorché fu sostituita dalla riforma goldoniana del teatro scritto.

2 Essa consisteva infatti in spettacoli in gran parte improvvisati a partire da un canovaccio, una traccia narrativa sulla quale gli attori "ricamavano" dialoghi e lazzi ①.

3 Incerte sono le origini sia storiche sia geografiche di questo teatro:

4 certuni le situano in Oriente, dove esisteva un tipo di spettacolo nel quale gli attori portavano grottesche maschere di cuoio come quelle della commedia dell'arte.

**Note**

① **il lazzo** indique un numéro de mime comique et viendrait du latin *actio*, *l'action*, contracté avec l'article défini (*l'actio*) et ▸

❶ Il bambino chiese alla madre se fosse già l'ora della merenda.
❷ La madre gli rispose che quando sarebbe stata ora di fare
merenda, gliel'avrebbe detto lei. ❸ Il bambino allora replicò che
lui aveva fame subito. ❹ E la madre gli disse di avere un po' di
pazienza, che in quel momento non aveva tempo.

---

*Comme vous l'avez vu, déjà en leçon 63, nous avons introduit
un nouvel exercice sur le passage du discours direct au discours
indirect, qui vous permet de faire une révision de l'accord des
temps et des modes. C'est une petite difficulté en partie inédite,
mais qui vous permet de faire quelques pas de plus dans votre
**Perfectionnement Italien** : bon courage !*

---

## Soixante-cinquième leçon    65

### La "commedia dell'arte"

1    La "Commedia dell'arte" est une forme
théâtrale très ancienne, qui se développa
surtout à Venise jusqu'au XVIII<sup>e</sup> siècle, quand
*(alors que)* elle fut remplacée par la réforme
goldonienne du théâtre écrit.

2    Elle consistait en effet en des spectacles en
grande partie improvisés, à partir d'un canevas,
une trame narrative sur laquelle les acteurs
"brodaient" des dialogues et des "lazzis".

3    Les origines, tant *(soit)* historiques que *(soit)*
géographiques, de ce théâtre, sont incertaines :

4    quelques-uns les situent en Orient, où il existait
un type de spectacle dans lequel les acteurs
portaient de grotesques masques de cuir comme
ceux de la "commedia dell'arte".

▸    devenu un mot lié à la commedia dell'arte, mais désignant parfois avec mépris un comportement bouffon et de mauvais goût.

5   Sarebbe stata la caduta dell'impero romano
    d'oriente, alla metà del Quattrocento, a far
    emigrare questi attori nelle città italiane sul
    Mediterraneo, come Venezia,

6   e ad obbligarli a recitare davanti a pubblici
    di cui non conoscevano la lingua.

7   Per questo motivo le loro rappresentazioni
    furono basate, fin dall'inizio, soprattutto
    sul mimo, sulle acrobazie e su lazzi
    corporali non sempre d'irreprensibile
    costumatezza ②.

8   Anche quando questo teatro ebbe il dono
    della parola, diventando così la commedia
    dell'arte vera e propria,

9   la sua fu una parola alterata dal gioco
    continuo dei doppi sensi e dei motti di spirito,

10  con il gusto di scomporre e di ridicolizzare
    il linguaggio, soprattutto quello più nobile
    e colto, arte dissacratoria e iconoclasta che
    così spesso appartiene ai meteci ③.

## Notes

② **la costumatezza** est à la fois *la décence* et *la bienséance*. Le mot
vient du verbe (rare) **costumare** qui signifie *bien élever*. L'adjectif
**costumato**, *poli*, *bien élevé*, est également rare, alors que son
contraire, **scostumato**, est plus fréquemment utilisé : serait-il plus
rare de rencontrer quelqu'un de poli qu'**uno scostumato**… ?

③ **meteco** vient du grec ancien (de la fusion du préfixe
***meta-***, indiquant *la transformation*, *le changement*, et de
***oikos***, *la maison*, c'est en somme "celui qui a changé de maison"), et désignait l'étranger vivant dans la cité sans jouir des
droits politiques. En italien le mot est utilisé dans sa signification ancienne et littéraire, d'étranger partiellement intégré
dans la culture locale. Il n'y a bien sûr aucune nuance raciste
dans le sens de ce mot plutôt élégant en italien…

**5**     Ce serait *(aurait été)* la chute de l'Empire
romain d'Orient, à la moitié du xve siècle, qui
aurait fait *(à faire)* émigrer ces acteurs dans les
villes italiennes sur la Méditerranée, comme
Venise,

**6**     et qui les aurait obligés *(à les obliger)* à
jouer devant un public *(publics)* dont ils ne
connaissaient pas la langue.

**7**     Pour cette raison leurs représentations furent-
elles basées, dès le début, essentiellement
sur le mime, sur les acrobaties, sur des
"lazzis" corporels d'une décence pas toujours
irréprochable.

**8**     Même quand ce théâtre eut le don de la parole,
en devenant ainsi la "commedia dell'arte"
proprement dite *(vraie et propre)*,

**9**     la sienne fut une parole altérée par le jeu
continu de doubles sens et de mots d'esprit,

**10**    avec ce goût de décomposer et de ridiculiser
le langage, surtout le langage *(celui)* noble et
cultivé, art désacralisant et iconoclaste qui est
celui propre *(qui appartient si souvent)* aux
"métèques".

SFONDÒ SUI PALCOSCENICI DELL' ITALIA INTERA.

**11** Così, si legge in un canovaccio che Pulcinella, incaricato da un bel cicisbeo di dire a una damigella che sarebbe stata una "barbara" se non avesse accettato la sua corte,

**12** le presentò la cosa dicendo: – Ha detto il signore che lei si faccia la barba!

**13** La psicologia era assente da questo teatro di maschere, in cui i diversi personaggi rappresentavano più delle caricature di vizi e di pregi che dei tipi umani reali ④:

**14** Arlecchino, il servo goloso, semplice ma astuto; Brighella, il paesano un po' tonto ma dal cuor d'oro; Pantalone De' Bisognosi, il mercante avaro e burbero;

**15** Colombina, la servetta svelta e furbetta; Pulcinella, povero, sempre affamato e sfortunato; il dottor Balanzone, che si finge molto dotto ma è solo un sapientone.

**16** Ognuna di queste maschere parla il dialetto di una città d'Italia, rappresentando così i difetti che ogni Italiano attribuisce... alla città vicina alla sua!

**17** Arlecchino e Brighella sono bergamaschi, Pantalone è veneziano, Pulcinella di Napoli e Balanzone di Bologna.

**Note**

④ Remarquez que la comparaison est construite en italien en commençant par **più**, alors que le français la commencera par *moins* : **Nonostante quello che si dice spesso, la gente lavora** ▸

**11** Ainsi, lit-on dans un scénario *(canevas)* que
Polichinelle, chargé par un beau sigisbée de
dire à une demoiselle qu'elle aurait été une
"barbare" si elle n'avait pas accepté sa cour,

**12** lui présenta la chose en [lui] disant : – Le
monsieur a dit que vous vous rasiez *(vous vous
fassiez la barbe)* !

**13** La psychologie était absente de ce théâtre
de masques, où les divers personnages
représentaient moins des types humains réels
que des caricatures de vices et de qualités :

**14** Arlequin, le servant gourmand, simple mais
futé ; Brighella, le campagnard un peu étourdi
mais au cœur d'or ; Pantalon De Bisognosi, le
marchand avare et bourru ;

**15** Colombine, la petite servante svelte et rusée ;
Polichinelle, pauvre, toujours affamé et
malchanceux ; le docteur Balanzone, qui feint
d'être *(se feint)* docte mais n'est que pédant.

**16** Chacun de ces masques s'exprime dans *(parle)*
le dialecte d'une ville d'Italie, en représentant
ainsi les défauts que chaque Italien attribue… à
la ville voisine de la sienne !

**17** Arlequin et Brighella sont de Bergame,
Pantalon est Vénitien, Polichinelle de Naples et
Balanzone de Bologne.

▸ **più per passare il tempo che per guadagnarsi da vivere**,
*Quoiqu'on en dise, souvent les gens travaillent moins pour
gagner leur vie que pour passer le temps.*

**18** Fu il commediografo ⑤ veneziano Carlo Goldoni a rinnovare questo genere, fino a sostituirlo con un tipo di teatro più moderno, interamente scritto.

**19** Gli attori della commedia dell'arte si allontanavano infatti sempre di più dai canovacci originali per basare i loro spettacoli unicamente su facili istrionismi ⑥,

**20** su ciò che Goldoni chiamava "le parole sconce e i lazzi sporchi", e alla lunga stancarono le platee.

**21** Il pubblico del secolo dei lumi era pronto per la nascita del teatro borghese, fatto più di idee che di… pernacchie ⑦, che sfondò così sui palcoscenici di Venezia e dell'Italia intera. □

## Notes

⑤ On distingue, parmi les auteurs de théâtre, ceux qui écrivent des comédies, **i commediografi**, et ceux qui écrivent des tragédies, **i tragediografi** ; on les appelle tous, génériquement, **i drammaturghi**.

⑥ **l'istrione** est un mot d'origine étrusque qui indiquait *l'acteur* dans le théâtre latin, et qui désigne aujourd'hui à la fois un *comédien* et un quelconque individu qui exagérerait ses effets pour obtenir un certain résultat émotionnel sur l'assistance, en somme… *un cabotin* ! On dit aussi, dans le même sens, **fare il gigione**.

⑦ **la pernacchia** est un bruit vulgaire fait avec la bouche, en faisant vibrer la langue entre les lèvres, la traduction par *grimace* (qui correspondrait plutôt à **smorfia**) est donc assez impropre ; cependant, un mot exactement correspondant n'existe pas en français : faut-il en déduire que les Français sont plus **costumati** que les Italiens…? Pour en avoir un excellent exemple "audiovisuel", il est question de **pernacchie** et de leur usage "politique" dans le dernier épisode du film **L'Oro di Napoli** de Vittorio De Sica, avec Eduardo De Filippo.

**18** Ce fut le dramaturge Carlo Goldoni qui rénova
*(à rénover)* ce genre, jusqu'à le remplacer
par *(avec)* un type de théâtre plus moderne,
entièrement écrit.

**19** En effet, les acteurs de la "commedia dell'arte"
s'éloignaient des scénarios d'origine pour
fournir des spectacles basés essentiellement sur
le cabotinage facile,

**20** sur ce que Goldoni appelait "les mots vulgaires
et les lazzi sales", et avec le temps *(à la longue)*
ils fatiguèrent le public *(les parterres)*.

**21** Le public du siècle des Lumières était prêt pour
la naissance du théâtre bourgeois, plus rempli
*(fait plus)* d'idées que de… grimaces, qui perça
*(défonça)* ainsi sur les scènes de Venise et de
l'Italie [tout] entière.

*Carlo Goldoni, né à Venise en 1707 et mort à Paris en 1793, est
un des plus grands auteurs de théâtre italiens ; travailleur acharné
(il écrivit 16 comédies dans la même saison 1750/1751 !), il a
laissé une œuvre gigantesque tant en dialecte vénitien qu'en langue
italienne. Son nom est lié à la naissance, en Italie, d'un théâtre
moderne, psychologique et philosophique, qui soutenait les idées
des philosophes du siècle des lumières sans pour autant négliger
sa fonction de divertissement. Ses "Mémoires", écrites en français,
représentent un des plus beaux témoignages de l'histoire du théâtre
moderne. Vous trouverez un extrait d'une de ses œuvres dans la
leçon 69.*

**Esercizio 1 – Traducete**

❶ Numerose le ipotesi formulate riguardo le influenze culturali sul teatro delle maschere; scarse, per ora, le certezze. ❷ Certuni le individuano nel teatro popolare latino della "palliata", in cui le maschere avrebbero trovato alcuni dei loro caratteri. ❸ Gli attori della commedia dell'arte erano istrioni sempre alla ricerca di nuove trovate, miranti più a far ridere il pubblico che a farlo riflettere. ❹ Quella damigella, che fu sempre nota per i suoi costumi irreprensibili, fu un giorno sedotta da un bel cicisbeo. ❺ Gli ho fatto una di quelle pernacchie che se la ricorderà per un bel pezzo.

---

**Esercizio 2 – Completate**

❶ Ce serait le taux de pollution très élevé qui aurait endommagé irrémédiablement quelques-uns des monuments du centre-ville.

. . . . . . . . . . . . . . . . . . . . . . . . . . . . . . . . . . . . . . . . . . . .
. . . . . . . . . . . . . . . . . . . . . . . . . . . . . . . . . . . . . .
. . . . . . . . . . . . . . . . . . . . . . . . . .

❷ La Commedia dell'Arte était fondée moins sur la psychologie des personnages que sur des cabotinages faciles.

. . . . . . . . . . . . . . . . . . . . . . . . . . . . . .
. . . . . . . . . . . . . . . . . . . . . . . . . . . . . . . .
. . . . . . . . . . . . . . . . . . . . . . . .

❸ Il nous a promis qu'il viendra nous voir demain, mais il ne sait pas à quelle heure arrive le train.

. . . . . . . . . . . . . . . . . . . . . . . . . . . . . . .
. . . . . . . , . . . . . . . . . . . . . . . . . . . . . . .
. . . . . .

## Corrigé de l'exercice 1

❶ Les hypothèses formulées à propos des influences culturelles sur le théâtre des masques sont nombreuses ; les certitudes, pour l'instant, sont rares. ❷ Quelques-uns les trouvent dans le théâtre populaire latin de la "palliata", où les masques auraient pris quelques-uns de leurs caractères. ❸ Les comédiens de la "commedia dell'arte" étaient des cabotins toujours à la recherche de nouvelles trouvailles qui visaient moins à faire réfléchir le public qu'à le faire rire. ❹ Cette damoiselle, qui fut toujours connue pour ses mœurs irréprochables, fut un jour séduite par un beau sigisbée. ❺ Je lui ai fait une de ces "pernacchie" dont il se souviendra pendant un bon bout de temps.

❹ Il nous promit qu'il viendrait nous voir le lendemain, mais il ne savait pas à quelle heure arrivait le train.

.. ....... ... ....... ...... a
........ .........., .. ... ...... .
... ... ......... .. .....•

❺ S'il en avait été sûr, il n'aurait pas eu autant de tergiversations.

.. .. ..... ..... ......, ... .......
fatto ..... tiramolla.

## Corrigé de l'exercice 2

❶ Sarebbe stato l'alto tasso di inquinamento a danneggiare irrimediabilmente alcuni monumenti del centro storico ❷ La commedia dell'arte era basata più su facili istrionismi che sulla psicologia dei personaggi ❸ Ci ha promesso che verrà a trovarci domani, ma non sa a che ora arrivi il treno ❹ Ci promise che sarebbe venuto – trovarci l'indomani, ma non sapeva a che ora arrivasse il treno ❺ Se ne fosse stato sicuro, non avrebbe – tanti –

*Le dialogue qui suit est tiré d'un canevas de* **commedia dell'arte**
*du XVIII<sup>e</sup> siècle. Les personnages en sont Colombine et Arlequin,*
*qui exposent à leur manière l'esthétique de cette forme de théâtre.*

## Un prologo di commedia dell'arte

**1** –  Chi è Vossignoria ①?
**2** –  Sono un "comédien chef d'une troupe de
         comédiens" ②.
**3** –  Vossignoria è un commediante? E quando
         commedierete? Muoio dalla voglia di
         vedervi.
**4** –  Commedierò quando avrò dei commedianti
         per commediare ③.
**5** –  Che personaggio fate?
**6** –  Il personaggio principale.
**7** –  Ma quale sarà il primo lavoro?

## Notes

① Notez que Colombine commence en appelant Arlequin à la
3<sup>e</sup> personne de politesse, ensuite elle le vouvoie en utilisant
la 2<sup>e</sup> personne du pluriel, et c'est dans cette dernière forme
qu'elle mène tout le reste de la conversation. En effet, pendant
longtemps et jusqu'au début du XX<sup>e</sup> siècle, la 3<sup>e</sup> personne de
politesse était une marque de respect, réservée à des personnes
d'un rang social élevé (**Vossignoria**), alors que la 2<sup>e</sup> personne
du pluriel était employée normalement dans les couches populaires. Colombine ne tarde pas à comprendre qu'elle n'a pas
affaire à un grand seigneur, et elle change vite de registre !

② Vous voyez que le français était considéré comme une langue
noble et cultivée, et qu'on plaçait volontiers une phrase en
français au beau milieu d'un discours pour se donner de l'impor- ▶

### Un prologue de commédia dell'arte

**1 –** Qui est Votre Seigneurie ?

**2 –** Je suis un "comédien chef d'une troupe de comédiens".

**3 –** Votre Seigneurie est un comédien ? Et quand "comédierez"-vous ? Je meurs d'envie de vous voir.

**4 –** Je "comédierai" quand j'aurai trouvé des comédiens pour "comédier".

**5 –** Quel personnage jouez *(faites)*-vous?

**6 –** Le personnage principal.

**7 –** Mais quel sera le premier travail ?

▶ tance. Dans certains milieux intellectuels, encore aujourd'hui on aime les citations en français : une bonne occasion vous est ici offerte de montrer une excellente prononciation !

③ Remarquez cette série de jeux de mots sur **commediante** et sur le verbe **commediare**, mal employé par les deux personnages, qui lui donnent le sens de *jouer* (qui serait plutôt **recitare**), alors qu'il voulait dire au XVIIᵉ siècle *composer des comédies*. Ce verbe n'existe plus dans l'italien actuel, et **commediante** est aussi devenu rare au sens de *comédien* (on dit **attore**, pour le cinéma aussi bien que pour le théâtre), et il a surtout la valeur imagée de *simulateur* : **Rossi se ne è andato un'ora prima della fine del lavoro, in preda a un terribile mal di testa; – Che commediante!**, *Rossi s'en est allé une heure avant la fin du travail, en proie à un terrible mal de tête ; – Quel comédien !*

**8** – Cominceremo stasera con "L'incendio di Troia".

**9** – Mi piace il soggetto. E voi che personaggio fate?

**10** – Il personaggio principale: il Cavallo di Troia.

**11** – Ditemi per favore la storia di questo incendio di Troia.

**12** – Volentieri: si tratta… si tratta… Ma tutti sanno di che si tratta!

**13** – Io non lo so e vorrei saperlo.

**14** – Ecco di che si tratta. L'incendio si era azzuffato ④ con Troia per via del pagamento di certe uova.

**15** Un giorno non ne poté più e andò per bastonarla, ma nello stesso tempo la pioggia venne in soccorso della povera Troia

**16** e bagnò furiosamente l'incendio, il quale, arrabbiato, si ritirò e la cosa finì in fumo, un grande fumo…

**17** – No, non mi piace, è una commedia che farebbe male agli occhi e farebbe piangere tutti.

**18** Bisogna trovare un soggetto "plus élevé". Per esempio le liti fra gli uomini e le donne.

**19** – Preferisco la tragedia.

**20** – Avete torto. Nulla è più divertente della commedia.

**Note**

④ **Azzuffarsi**, *se bagarrer*. **Che teppisti! Stanno sempre in strada ad azzuffarsi e ad attaccar briga**, *Quels voyous ! Ils sont tout le temps dans la rue en train de se bagarrer et de* ▸

8 –   Nous commencerons ce soir avec "L'incendie de Troie".

9 –   Le sujet me plaît. Et vous, quel personnage jouez *(faites)*-vous ?

10 –  Le personnage principal : le Cheval de Troie.

11 –  Racontez *(dites)*-moi, s'il vous plaît, l'histoire de cet incendie de Troie.

12 –  Volontiers : il s'agit… il s'agit… Mais tout le monde sait de quoi il s'agit !

13 –  Moi, je ne le sais pas et je voudrais le savoir.

14 –  Voilà de quoi il s'agit. L'incendie s'était querellé avec Troie à cause *(par voie)* du paiement de certains œufs ;

15    un jour il n'en put plus et alla *(pour)* la battre *(bastonner)*, mais en même temps la pluie vint au *(en)* secours de la pauvre Troie ;

16    et elle baigna furieusement l'incendie, lequel se retira fâché et la chose finit dans la fumée, une grande fumée…

17 –  Non, je n'aime pas ça, c'est une comédie qui ferait mal aux yeux et ferait pleurer tout le monde.

18    Il faut trouver un sujet "plus élevé". Par exemple les litiges entre les hommes et les femmes.

19 –  Je préfère la tragédie.

20 –  Vous avez tort. Rien n'est plus amusant que *(de)* la comédie.

---

▸    *chercher querelle.* L'origine du mot **la zuffa**, *la bagarre*, est le terme ancien lombard *zupfa* qui a donné **il ciuffo**, *la mèche* de cheveux, et aussi le verbe **acciuffarsi**, synonyme de **azzuffarsi** (voir leçon 61, phrase 25) : c'est en somme *s'attraper par les cheveux* !

**21 –** Volete aver ragione per il solo fatto di esser donna ⑤?

**22 –** Chiediamo a questi signori ⑥. Io sostengo con Aristotele che l'uomo è un animale che ride…

**23 –** … e io sostengo con Platone che l'uomo è un animale che fischia… Ergo ⑦, il fischiare è più proprio dell'uomo che il ridere.

**24 –** Questo può esser vero; ma l'uomo è il solo animale che ride e invece la facoltà di fischiare ce l'ha in comune con i serpenti.

**25 –** O signori non abbiate nulla in comune con quei brutti animali…

**26 –** Benissimo. Io pregherò questi signori di ridere per tutta la commedia e tu li pregherai di fischiare.

**27 –** Sì, ma al primo fischio perdi la scommessa.

**28 –** Signori, pensate che ho scommesso tutto quello che posseggo ⑧.

**29** Se farete un fischio solamente, avrò perduto tutto. Sono in mano vostra. □

**Notes**

⑤ **esser donna**, et, phrase 24, **può esser vero** : il n'y a pas de règle précise pour ce genre d'élisions appelé **troncamento** (*troncation*) (**devi far presto**, **mi piace mangiar bene**) : vous les formerez tout seul quand vous aurez une "oreille italienne" ! Ces mots tronqués peuvent aussi être autre chose que des verbes : phrase 28 : **quel** (pour **quello**) **che posseggo**.

⑥ Quand Arlequin et Colombine s'adressent aux **Signori**, cela ne veut pas dire qu'il n'y a que des hommes dans la salle : souvenez-vous qu'en italien le masculin **signori** résume masculin et féminin : **i signori Rossi**, *Madame et Monsieur Rossi.* ▸

**21** – Voulez-vous avoir raison, par le seul fait d'être [une] femme ?

**22** – Demandons [à ces dames et] à ces messieurs. Je soutiens avec Aristote que l'homme est un animal qui rit…

**23** – … et moi, je soutiens avec Platon que l'homme est un animal qui siffle… Donc *("ergo")*, le [fait de] siffler est plus propre à l'homme que le [fait de] rire.

**24** – Cela peut être vrai ; mais l'homme est le seul animal qui rit, alors que *(et au contraire)* la faculté de siffler, il l'a en commun avec les serpents.

**25** – Oh [Mesdames et] Messieurs, n'ayez rien en commun avec ces horribles animaux…

**26** – Très bien. Moi, je prierai [ces dames et] ces messieurs de rire pendant *(pour)* toute la comédie, et toi, tu les prieras de siffler.

**27** – Oui, mais au premier sifflet, tu auras perdu *(tu perds)* le pari.

**28** – [Mesdames et] Messieurs, pensez que j'ai parié tout ce que je possède.

**29** Si vous sifflez ne serait-ce qu'une fois *(ferez seulement un sifflet)*, j'aurai tout perdu. Je suis entre vos mains *(dans votre main)*.

▸ ⑦ Remarquez qu'Arlequin veut se rendre intéressant en utilisant *ergo*, le mot latin pour *donc*, qui n'est pas utilisé en italien courant.

⑧ Le verbe **possedere** a deux formes possibles, toutes les deux irrégulières : **possiedo** et **posseggo**, **possiedono** et **posseggono**. Cela est valable aussi pour le verbe **sedere / sedersi** : **mi siedo / mi seggo** ; **si siedono / si seggono** (la deuxième forme est la moins fréquente).

**Esercizio 1 – Traducete**

❶ Se da giovane tu non fossi stato un attaccabrighe, adesso forse non ti ritroveresti disoccupato e senza amici. ❷ Al bar di fronte c'è stata una zuffa: sono stati di nuovo quei teppisti che gironzolano qua attorno dalla mattina alla sera. ❸ Un giorno non ne poté più e andò per bastonarla, ma la cosa finì in fumo. ❹ Recitare è una vera e propria valvola di sfogo per quell'attore, che ama tanto il suo lavoro da sentire il bisogno di salire sulla ribalta almeno una volta al giorno. ❺ Disse che avrebbe partecipato alla giuria del concorso teatrale, purché non ci fossero rappresentazioni di commedia dell'arte.

**Esercizio 2 – Trasformate il discorso diretto in discorso indiretto**

❶ Carlo aveva promesso: – Studierò tutto il pomeriggio!

❷ Mia madre mi disse: – Se non ti calmi un po', stasera non ti porterò al cinema e ti metterò a letto senza cena.

❸ Lo sportivo sosteneva: – Sono io il più forte e batterò di sicuro il mio avversario.

❹ Il presidente disse alla folla: – Abbiate pazienza ancora qualche mese, e poi le tasse saranno diminuite e ci sarà lavoro per tutti.

❺ Il bambino disse alla madre: – Se non mi aumenti la razione di marmellata a colazione, faccio sciopero!

## Corrigé de l'exercice 1

❶ Si quand tu étais jeune tu n'avais pas été un querelleur, tu ne te retrouverais peut-être pas maintenant au chômage et sans amis. ❷ Au café d'en face il y a eu une bagarre : ce sont encore ces voyous qui rôdent dans les parages du matin au soir. ❸ Un jour il n'en put plus et alla la battre, mais la chose finit en fumée. ❹ Le fait de jouer est une véritable soupape de sécurité pour ce comédien, qui aime tellement son travail qu'il sent le besoin de monter sur la scène au moins une fois par jour. ❺ Il dit qu'il participerait au jury du concours théâtral, à condition qu'il n'y ait pas de représentations de commedia dell'arte.

## Corrigé de l'exercice 2

❶ Carlo aveva promesso che avrebbe studiato tutto il pomeriggio. ❷ Mia madre mi disse che se non mi calmavo (mi fossi calmato) un po', quella sera non mi avrebbe portato al cinema e mi avrebbe messo a letto senza cena ❸ Lo sportivo sosteneva che era lui il più forte e che avrebbe battuto di sicuro il suo avversario. ❹ Il presidente disse alla folla di avere pazienza ancora qualche mese, e poi le tasse sarebbero state diminuite e ci sarebbe stato lavoro per tutti. ❺ Il bambino disse alla madre che, se non gli aumentava (ou avesse aumentato) la razione di marmellata a colazione, faceva (ou avrebbe fatto) sciopero.

*Voici un texte extrait de l'ouvrage de Giovanni Verga "Les Malavoglia" publié en 1881 (voir note culturelle en fin de leçon)*

## Una partenza

**1**   Nel dicembre 1863, 'Ntoni, il maggiore dei nipoti, era stato chiamato per la leva di mare.

**2**   Padron 'Ntoni allora era corso dai pezzi grossi del paese, che son quelli che possono aiutarci ①.

**3**   Ma don Giammaria, il vicario, gli aveva risposto che gli stava bene, ②

**4**   e questo era il frutto di quella rivoluzione di satanasso che avevano fatto collo sciorinare il fazzoletto tricolore dal campanile.

**5**   Invece don Franco lo speziale si metteva a ridere fra i peli della barbona,

**6**   e gli giurava fregandosi le mani che se arrivavano a mettere assieme un po' di repubblica, tutti quelli della leva li avrebbero presi a calci nel sedere,

## Notes

① **che son quelli che possono aiutarci** : dans le style que Verga a adopté pour ce roman, on assiste à l'intervention constante d'une sorte de voix collective du peuple dans le récit, pour exprimer une opinion, pour faire un commentaire sur l'action ou sur un personnage (voir aussi, phrase 14 : **come se ne fabbricano ancora ad Aci Trezza**). Le jugement de l'auteur est ainsi remplacé par les commentaires d'une imaginaire "voix" du peuple.

## Un départ

1  Au [mois de] décembre 1863, Ntoni, l'aîné
   des petits-enfants, avait été appelé au service
   militaire [et versé dans les équipages] de la
   Flotte *(de mer)*.

2  Alors Patron Ntoni s'était précipité *(était couru)*
   chez les notables *(grosses pièces)* du village,
   qui sont ceux qui peuvent nous aider.

3  Mais Don Giammaria, le Vicaire, lui avait
   répondu que c'était bien fait pour lui *(ça lui
   était bien)*,

4  que c'était le résultat *(le fruit)* de cette
   révolution de Satanas qu'ils avaient fait[e] avec
   ce chiffon *(mouchoir)* tricolore qui claquait
   *(avec ce déployer le mouchoir tricolore)* [en
   haut] du clocher !

5  Tout au contraire, don Franco l'apothicaire
   s'était mis *(se mettait)* à rire dans *(parmi les
   poils de)* sa grosse barbe,

6  et lui avait juré *(et lui jurait)* en se frottant
   les mains que si l'on arrivait à mettre debout
   *(ensemble)* un peu de République, tous ceux du
   recrutement, on les traiterait *(ils les auraient
   pris)* à coups de pied dans le derrière,

▶ ② Vous trouverez de nombreux discours indirects dans ce texte ;
   en cas de doute, vérifiez l'accord des temps et des modes verbaux dans la leçon de révision 63, paragraphe 6, et testez ainsi
   vos connaissances !

7 che soldati non ce ne sarebbero stati più, e invece tutti sarebbero andati alla guerra, se bisognava.

8 Allora padron 'Ntoni lo pregava e lo strapregava per l'amor di Dio di fargliela presto la repubblica,

9 prima che suo nipote 'Ntoni andasse soldato, come se don Franco ce l'avesse in tasca;

10 tanto che lo speziale finì coll'andare in collera.

11 Allora don Silvestro il segretario si smascellava dalle risa a quei discorsi,

12 e finalmente disse lui che con un certo gruzzoletto fatto scivolare in tasca a tale e tal altra persona che sapeva lui,

13 avrebbero saputo trovare a suo nipote un difetto da riformarlo.

14 Per disgrazia il ragazzo era fatto con coscienza, come se ne fabbricano ancora ad Aci Trezza,

15 e il dottore della leva, quando si vide dinanzi quel pezzo di giovanotto,

16 gli disse che aveva il difetto di esser piantato come un pilastro su quei piedacci che sembravano pale di ficodindia;

17 ma i piedi fatti a pala di ficodindia ci stanno meglio degli stivalini stretti sul ponte di una corazzata, in certe giornatacce;

7   [parce] qu'on n'aurait plus besoin de soldats
    *(des soldats, il n'y en aurait plus)*, et s'il [le]
    fallait, tout le monde serait appelé *(serait allé à
    la guerre)*.

8   Alors, Patron Ntoni le priait et le suppliait
    *(l'archi-suppliait)*, pour l'amour de Dieu, de la
    lui faire vite, cette *(la)* République,

9   avant que son petit-fils Ntoni [s'en] aille *(allât)*
    au service *(soldat)*… Comme si don Franco
    l'avait *(y l'eût)* dans [sa] poche !

10  Si bien *(tant)* que l'apothicaire finit par se
    mettre *(avec l'aller)* en colère.

11  [Alors] don Silvestro, le secrétaire, riait à s'en
    décrocher la mâchoire *(se décrochait la mâchoire
    de rires)* [en entendant] *(à)* ces discours,

12  et [ce fut] lui [qui] finit par dire *(dit à la fin)*
    qu'avec une *(certaine)* petite somme glissée
    *(faite glisser)* dans [la] poche de telle ou *(de)*
    telle *(autre)* personne qu'il connaissait *(savait)*,

13  on trouverait *(ils auraient su trouver)* [bien] à son
    petit-fils, un défaut qui le ferait *(à le)* réformer.

14  Par malheur, le garçon était fait au moule *(avec
    conscience)*, comme on en fabrique encore à
    Aci-Trezza,

15  et quand le médecin du conseil de révision *(se)*
    vit devant [lui] ce beau gaillard *(ce morceau de
    grand garçon)*,

16  il dit qu'il avait le "défaut" d'être planté
    comme un pilier, sur ses *(ces)* grosses pattes qui
    semblaient [des] raquettes *(palettes)* de figuier
    de Barbarie *(d'Inde)*.

17  Or *(mais)*, des pieds qui ont l'air de *(faits à)*
    raquettes de figuier de Barbarie *(y)* sont plus
    à leur place *(mieux)* que des bottines étroites
    sur le pont d'un cuirassé, par gros temps *(dans
    certaines mauvaises journées)* ;

**18** e perciò si presero 'Ntoni senza dire "permettete".

**19** La Longa, mentre i coscritti erano condotti in quartiere, trottando trafelata accanto al passo lungo del figliuolo,

**20** gli andava raccomandando di tenersi sempre sul petto l'abitino della Madonna,

**21** e di mandare le notizie ogni volta che tornava qualche conoscente dalla città, che poi gli avrebbero mandati i soldi per la carta.

**22** Il nonno, da uomo, non diceva nulla;

**23** ma si sentiva un groppo nella gola anch'esso ed evitava di guardare in faccia la nuora, quasi ce l'avesse con lei.

**24** Così se ne tornarono ad Aci Trezza zitti zitti e a capo chino.

(tratto da: Giovanni VERGA, *I Malavoglia*)

pour cela on leur prit *(ils se prirent)* Ntoni sans
[même leur] dire pardon.

19 Pendant [que] les conscrits étaient conduits
[dans leur] *(en)* quartier, la Longue trottait *(en
trottant)* à en perdre le souffle *(essoufflée)* à côté
des enjambées *(du pas long)* de [son] *(petit)* fils,

20 et elle ne cessait de lui recommander *(elle allait
en lui recommandant)* de *(se)* garder toujours
sur [sa] poitrine l'image *(la petite robe)* de la
Sainte Vierge,

21 et d'envoyer de ses *(les)* nouvelles toutes les
fois qu'une de leurs connaissances reviendrait
*(revenait de la ville)* au pays. Quant à eux, ils
lui enverraient *(auraient envoyé)* l'argent pour
le papier.

22 Le grand-père, en homme, ne disait rien,

23 mais il se sentait un nœud à la gorge, lui aussi,
et il évitait de regarder sa *(la)* belle-fille en face,
comme *(presque)* s'il lui en voulait *(il y l'eût
avec elle).*

24 Ils s'en retournèrent ainsi à Aci-Trezza, sans
mot dire *(silencieux silencieux)* et *(à)* [la] tête
basse.

(tiré de : Giovanni Verga, *Les Malavoglia*)

*Pour rester dans la littérature, nous vous présentons dans l'exercice de traduction un texte de Giacomo Leopardi (1798-1837), poète et penseur dont l'œuvre est trop complexe pour pouvoir l'illustrer en quelques lignes. Sa riche pensée philosophique, de nature matérialiste et d'un humanisme absolument laïque, en butte à toutes les idées de son siècle, n'a pas cessé de susciter des polémiques jusqu'à nos jours.*

❶ "Gli uomini sono in generale come i mariti. I mariti, se voglion viver tranquilli, è necessario che credan le mogli fedeli, ciascuno la sua; ❷ e così fanno; anche quando la metà del mondo sa che il vero è tutt'altro. ❸ Chi vuole o dee vivere in un paese, convien che lo creda uno dei migliori della terra abitabile; e lo crede tale. ❹ Gli uomini universalmente, volendo vivere, conviene che credano la vita bella e pregevole; ❺ e tale la credono; e si adirano contro chi pensa altrimenti. ❻ Perché in sostanza il genere umano crede sempre, non il vero, ma quello che è, o pare che sia, più a proposito suo. ❼ Se questi sentimenti nascano da malattia, non so: ❽ so che, malato o sano, calpesto la vigliaccheria degli uomini, rifiuto ogni consolazione e ogn'inganno puerile, ❾ ed ho il coraggio di (…) non dissimularmi nessuna parte dell'infelicità umana, ❿ ed accettare tutte le conseguenze di una filosofia dolorosa, ma vera."

(tratto da G. Leopardi, *Dialogo di Tristano e un amico*, in *Operette morali*)

❶ "Les hommes sont en général comme les maris. Les maris, s'ils veulent vivre tranquillement, doivent nécessairement croire que leurs femmes leur sont fidèles ; chacun doit le croire de la sienne ; ❷ c'est ce qu'ils font ; même quand la moitié du monde sait que la vérité est tout autre. ❸ Si quelqu'un veut ou doit vivre dans un pays, il a intérêt à le croire un des meilleurs qui soient sur la partie habitable de la terre ; et c'est ce qu'il croit. ❹ En général les hommes, s'ils veulent vivre, ont intérêt à croire la vie belle et précieuse ; ❺ et c'est ce qu'ils croient ; et ils se fâchent contre ceux qui pensent différemment d'eux. ❻ Parce que le genre humain croit toujours, finalement, non pas le vrai, mais ce qui est, ou qui lui paraît être plus dans son intérêt. ❼ Je ne sais pas si ces sentiments naissent de ma maladie : ❽ je sais seulement que, malade ou sain, je piétine la lâcheté des hommes, je refuse toutes consolations et toutes duperies puériles, ❾ et j'ai le courage de ne me dissimuler aucune partie du malheur humain, ❿ et d'accepter toutes les conséquences d'une philosophie douloureuse, mais vraie".

(tiré de G. LEOPARDI, *Dialogue entre Tristan et un ami* dans *Petites œuvres morales*)

❶ Ils disaient que les supporters de cette équipe, ils les auraient traités à coups de pieds dans le derrière.

. . . . . . . .   . . .   .   . . . . . .   . .   . . . . . .
. . . . . . . ,   . .   . . . . . . . . .   . . . .   .   . . . . .
. . .   . . . . . . . •

❷ Il leur jurait que s'ils avaient voté pour son parti, de ces problèmes il n'y en aurait plus.

. . . . . . . .   . . . .   . . .   . . .   . . . . . . .   . .
. . .   . . .   . . . . . . ,   . .   . . . .   . . . . . . .   .
. . .   . . .   . .   . . . . . . . .   . . . .   . . . •

❸ Nous avons ri à nous en décrocher la mâchoire en entendant ses histoires drôles.

. . .   . . . . . .   . . . . . . . . .   . . .   . . . .   . . . . . . . .
. .   . . .   . . . . . . . . . . •

❹ Il a glissé une petite somme dans la poche d'un notable et son fils a été réformé.

Ha fatto . . . . . . . . .   . .   . . . . . . . . . .   . .
. . . . .   .   . .   . . . . . .   . . . . . . . .   . . . .   .
. . . . .   . . . . . . . . . •

❺ Il lui demanda avec un nœud à la gorge s'il lui en voulait, et l'autre finit par se mettre en colère.

. . .   . . . . . . .   . . .   . . . . . . . .   . .   . . . .   . .
. .   . . . . . . . .   . . .   . . . ,   .   . . . . . . .   . . . .
. . . . . . . . . .   . .   . . . . . . . •

---

*Vous remarquerez qu'il y a peu de notes dans cette leçon, car vous maîtrisez à présent bien toutes les notions grammaticales qu'elle contient ; nous avons surtout voulu mettre l'accent sur le style littéraire de cet auteur dont vous savourez toute la finesse et la maestria dans l'écriture !*

❶ Dicevano che i tifosi di quella squadra, li avrebbero presi a calci nel sedere ❷ Giurava loro che se avessero votato per il suo partito, di quei problemi non ce ne sarebbero stati più ❸ Ci siamo smascellati di risa sentendo le sue barzellette ❹ – scivolare un gruzzoletto in tasca a un pezzo grosso e suo figlio è stato riformato ❺ Gli chiese con un groppo in gola se ce l'avesse con lui, e l'altro finì coll'andare in collera

*Giovanni Verga (1840 – 1922) est le principal représentant du* **Verismo**, *le courant littéraire italien proche du naturalisme français d'Emile Zola. Les* **Veristi**, *et Verga en premier lieu, déclaraient que leur intention était de décrire des personnages dans leur cadre social en "étudiant" les rapports entre les conditions matérielles de vie et les passions humaines, sans aucun jugement sur l'action.* **"Chi osserva questo spettacolo non ha il diritto di giudicarlo; è già molto se riesce a trarsi un istante fuori del campo della lotta per studiarla senza passione"** *(G. Verga, préface de* **I Malavoglia**).

*Verga étant sicilien, ses principaux romans ont pour cadre la Sicile (***I Malavoglia**, **Mastro Don Gesualdo**, *ainsi que les très nombreuses nouvelles).*

**I Malavoglia** *raconte la vie d'une famille de pêcheurs du village d'Aci-Trezza, qui, même accablée par l'infortune, ne renonce jamais, ne perd jamais son infatigable volonté de sortir de sa condition par le dur travail : aussi le sobriquet* **Malavoglia** *– mauvaise volonté (***fare una cosa di malavoglia**, *faire une chose à contre-cœur) – est-il ironique.*

*L'histoire a lieu le lendemain de l'unité de l'Italie (1861), atteinte grâce à la conquête de l'Italie du Sud par Garibaldi, qui chassa les Bourbon, famille d'origine espagnole : c'est* **la rivoluzione** *dont on parle dans le texte. Luchino Visconti s'est inspiré de ce roman pour réaliser en 1948 son célèbre film* **La terra trema**, *classique du néoréalisme italien.*

*Ce texte est extrait de l'ouvrage de Italo Svevo,* **La Coscienza di Zeno** *publié en 1923 (voir note culturelle de fin de leçon).*

## Ultime sigarette

1   Il dottore al quale ne parlai mi disse d'iniziare il mio lavoro con un'analisi storica della mia propensione al fumo ①:

2   – Scriva! Scriva! Vedrà come arriverà a vedersi intero.

3   Credo anzi che del fumo posso scrivere qui al mio tavolo senza andare a sognare su quella poltrona.

4   Non so come cominciare e invoco l'assistenza delle sigarette tutte tanto somiglianti a quella che ho in mano.

5   […] Ricordo di aver fumato molto, celato in tutti i luoghi possibili.

6   Perché seguito da un forte disgusto fisico, ricordo un soggiorno prolungato per una mezz'ora in una cantina oscura insieme a due altri fanciulli;

7   avevamo molte sigarette e volevamo vedere chi ne sapesse bruciare di più nel breve tempo.

### Note

① Comme vous l'avez remarqué dans le texte, **il fumo**, *la fumée,* indique également et de façon générique le tabac et tout ce qui est lié à cette habitude : **Le dà noia il fumo?**, *Cela vous dérange si l'on fume* (littéralement "la fumée vous donne ennui") ? **Troppo fumo fa male**, *Trop fumer, c'est mauvais pour la santé.*

### Dernières cigarettes

**1** Le docteur à qui *(auquel)* j'en ai parlé *(j'en parlai)* m'a conseillé *(me dit)* de commencer mon travail par *(avec)* une analyse historique de mon goût pour le tabac *(la fumée)*.

**2** "Ecrivez ! Ecrivez ! Vous verrez comme vous arriverez à vous voir [tout] entier !"

**3** Je crois *(au contraire)* que sur [ce sujet] – le tabac *(la fumée)* –, je puis écrire ici à mon bureau sans aller rêver sur le *(ce)* fauteuil.

**4** Je ne sais par où *(comment)* commencer et j'invoque l'assistance des cigarettes, toutes si semblables à celle que j'ai aux lèvres *(en main)*.

**5** Je me rappelle *(d')* avoir beaucoup fumé, caché dans tous les endroits possibles.

**6** Puisque [cet épisode fut] suivi d'une forte [sensation de] dégoût *(physique)*, je me rappelle un séjour long *(prolongé)* [d']une demi-heure dans une cave obscure *(ensemble à)* avec deux autres enfants ;

**7** Nous avions une grande quantité de cigarettes et nous voulions voir qui en fumerait *(qui en sût brûler)* le *(de)* plus dans un bref laps de temps *(dans le bref temps)*.

**8** Io vinsi, ed eroicamente celai il malessere che mi derivò dallo strano esercizio.

**9** Poi uscimmo al sole e all'aria. Dovetti chiudere gli occhi per non cadere stordito.

**10** Mi rimisi e mi vantai della vittoria. Uno dei due piccoli omini mi disse allora:

**11** – A me non importa di aver perduto perché io non fumo che quanto ② mi occorre.

**12** Ricordo la parola sana e non la faccina certamente sana anch'essa che a me doveva essere rivolta in quel momento.

**13** […] A vent'anni circa soffersi per qualche settimana di un violento male di gola accompagnato da febbre.

**14** Il dottore prescrisse il letto e l'assoluta astensione dal fumo.

**15** Ricordo questa parola assoluta! Mi ferì e la febbre la colorì: un vuoto grande e niente per resistere all'enorme pressione che subito si produce intorno ad un vuoto.

**16** Quando il dottore mi lasciò, mio padre […] con tanto ③ di sigaro in bocca restò ancora per qualche tempo a farmi compagnia.

## Notes

② **quanto** est un pronom aussi bien interrogatif qu'indéfini indiquant une quantité : **quanto guadagni? – Quanto basta**, *Combien gagnes-tu ? – Ce qu'il faut.*

③ **con tanto di sigaro in bocca** : vous avez vu que **tanto** ne se traduit pas ; en effet, cet adverbe suivi de la préposition **di** et d'un nom n'a que la fonction de mettre un accent stylistique et ironique sur celui-ci ; ici, par exemple, sur le fait que son père lui tient compagnie à son chevet et lui recommande de ne pas fumer, tout cela le cigare à la bouche ! On peut aussi ▸

**8**   Je sortis vainqueur *(je gagnai)* [de l'épreuve], et dissimulai héroïquement le malaise que cette étrange gageure m'avait procuré *(qui me dériva de l'étrange exercice)*.

**9**   Nous sortîmes ensuite au soleil et à l'air. Pour éviter un étourdissement *(pour ne pas tomber étourdi)*, je dus fermer les yeux.

**10**   Un peu remis, je *(me)* vantai ma *(de la)* victoire. Un de [mes] petits compagnons *(petits hommes)* me dit alors :

**11**   "Ça m'est égal d'avoir perdu ; moi, je ne fume que ce dont j'ai envie ! *(combien il me faut)*."

**12**   Je me rappelle cette saine parole, mais [j'ai oublié] *(non pas)* la petite frimousse, saine elle aussi, bien sûr, qui devait être tournée vers *(à)* moi à ce moment-là.

**13**   À vingt ans, environ, je souffris durant *(pour)* plusieurs semaines d'un violent mal de gorge accompagné de fièvre.

**14**   Le docteur [m'] ordonna [de garder] le lit et de m'abstenir de fumer : interdiction absolue *(l'abstention absolue de la fumée)* !

**15**   Je me rappelle ce mot : absolue ! Il m'avait frappé *(il me blessa)*, la fièvre le colora : un vide énorme et rien pour résister à la pression formidable qui se produit tout de suite autour d'un vide.

**16**   Quand le docteur fut parti *(me quitta)*, mon père me tint compagnie *(resta encore pour quelque temps me faire compagnie)* un moment, le cigare aux lèvres *(avec tant de cigare en bouche)*.

▸   trouver d'autres expressions avec **tanto di** : **Facciamo tanto di cappello a questo giovane autore!**, *Chapeau bas pour ce jeune auteur !* ; **Sono rimasto con tanto di naso,** *J'ai été bien attrapé* (litt. "… avec tant de nez").

**17** Andandosene, dopo di ④ aver passata dolcemente la sua mano sulla mia fronte scottante, mi disse: – Non fumare, veh! ⑤

**18** Mi colse un'inquietudine enorme. Pensai "Giacché mi fa male non fumerò mai più, ma prima voglio farlo per l'ultima volta."

**19** Accesi une sigaretta e mi sentii subito liberato dall'inquietudine.

**20** […] Le mie giornate finirono coll'essere piene di sigarette e di propositi di non fumare più e, per dire subito tutto, di tempo in tempo sono ancora tali.

**21** […] Penso che la sigaretta abbia un gusto più intenso quand'è l'ultima.

**22** Molti avvenimenti, anzi tutti, dalla morte di Pio IX alla nascita di mio figlio, mi parvero degni di essere festeggiati dal solito ferreo ⑥ proposito.

**23** Tutti in famiglia si stupiscono della mia memoria per gli anniversari tristi e lieti nostri e mi credono tanto buono!

(tratto da : Italo SVEVO, *La Coscienza di Zeno*)  ☐

## Notes

④ Du fait qu'Italo Svevo était de Trieste, où l'on parlait moins l'italien que la langue locale, on trouve de temps en temps des "bizarreries" dans son style : ici, dans **dopo di aver passata dolcemente la sua mano**, le **di** est tout à fait superflu (voire incorrect…), et **di tempo in tempo** (phrase 20) est rare en italien, on lui préfère **di tanto in tanto**.

⑤ **veh!** est une exclamation que l'on place assez souvent après les impératifs dans la langue parlée ; elle correspond au français ▸

**17** En me quittant *(en s'en allant)*, il passa *(après avoir passé)* doucement sa main sur mon front brûlant et me dit : "Défense de fumer *(ne fume pas)*, hein !"

**18** Une affreuse inquiétude s'empara de moi. Je pensais : "Puisque [tout cela] me fait [du] mal, je ne fumerai *(jamais)* plus, mais d'abord je veux fumer *(le faire)* une dernière fois".

**19** J'allumai une cigarette et mon inquiétude s'envola *(je me sentis tout de suite libéré de l'inquiétude)*.

**20** Mes journées finirent par être remplies *(pleines)* de cigarettes et de décisions de ne plus fumer, et, pour tout dire *(tout de suite)*, de temps à autre il en est encore ainsi *(sont encore telles)*.

**21** J'estime *(je pense)* qu'une cigarette a une saveur *(un goût)* plus intense quand c'est la dernière.

**22** De nombreux événements, que dis-je *(au contraire)*, tout les événements [sans exception], depuis la mort de Pie IX jusqu'à la naissance de mon fils, me parurent dignes d'être consacrés *(fêtés)* par ma ferme volonté *(propos)* habituelle d'arrêter de fumer.

**23** Tout le monde dans [la] famille est émerveillé *(tous s'étonnent)* de ma mémoire des anniversaires joyeux ou tristes et j'en tire une réputation de grande bonté *(et ils me croient si bon)* !

(tiré de : I. Svevo, *La Conscience de Zeno*)

▸ *hein !* et accentue le caractère d'exhortation d'un ordre, avec aussi une pointe de menace si l'ordre n'est pas suivi : *ne fume pas, sinon... !*

⑥ L'adjectif **ferreo** veut dire *ferme* ; littéralement, il a le sens de "en fer" et dérive de **il ferro**. On voit bien que les fermes propos de Zeno sont... de fer !

❶ "La vita attuale è inquinata alle radici. L'uomo s'è messo al posto degli alberi e delle bestie ed ha inquinata l'aria, ha impedito il libero spazio. Può avvenire di peggio. ❷ Il triste e attivo animale potrebbe scoprire e mettere al proprio servizio delle altre forze. V'è una minaccia di questo genere in aria. ❸ Allorché la rondinella comprese che per essa non c'era altra possibile vita fuori dell'emigrazione, essa ingrossò il muscolo che muove le sue ali e che divenne la parte più considerevole del suo organismo. ❹ Ma l'occhialuto uomo, invece, inventa gli ordigni fuori del suo corpo e se c'è stata salute e nobiltà in chi li inventò, quasi sempre manca in chi li usa. ❺ Un uomo fatto come tutti gli altri, nel segreto di una stanza di questo mondo, inventerà un esplosivo incomparabile, in confronto al quale gli esplosivi attualmente esistenti saranno considerati quali innocui giocattoli. ❻ Ed un altro uomo fatto anche lui come tutti gli altri, ma degli altri un po' più ammalato, ruberà tale esplosivo ❼ e si arrampicherà al centro della terra per porlo nel punto ove il suo effetto potrà essere il massimo. ❽ Ci sarà un'esplosione enorme che nessuno udrà e la terra ritornata alla forma di nebulosa errerà nei cieli priva di parassiti e di malattie".

(tratto da: Italo Svevo, *La Coscienza di Zeno*)

———————

## Esercizio 2 – Trasformi il discorso diretto in discorso indiretto

❶ Il dottore mi disse: – Scriva! Vedrà come arriverà a vedersi intero!

❷ Uno dei due piccoli omini mi disse allora: – A me non importa di aver perduto perché io non fumo che quanto mi occorre.

❶ "La vie actuelle est polluée aux racines. L'homme s'est mis à la place des arbres et des bêtes. Il a pollué l'air, il a limité le libre espace. Il peut arriver quelque chose d'encore pire. ❷ Cet animal actif et triste pourrait encore découvrir et asservir d'autres forces. Il y a une menace de ce genre dans l'air. ❸ Quand l'hirondelle eut compris que pour elle il n'y avait pas d'autre chance de vie que dans la migration, elle renforça le muscle moteur de ses ailes, qui devint la partie la plus considérable de son corps. ❹ Tout au contraire, l'homme à lunettes invente des engins étrangers à son corps et s'il y eut, chez qui les inventa, santé et noblesse, [ces qualités] manquent presque toujours à qui en fait usage. ❺ Un homme fait comme tous les autres inventera, dans le secret d'une chambre de ce monde, un explosif en comparaison duquel ceux qui existent actuellement seront considérés comme des jouets. ❻ Et un autre homme, fait comme les autres, lui aussi, mais un peu plus malade que les autres, dérobera l'explosif ❼ et rampera au centre de la Terre, pour le placer dans le point d'où son effet pourra être le plus grand. ❽ Il y aura une détonation formidable que nul n'entendra, et la Terre, revenue à l'état de nébuleuse, errera dans les cieux, sans parasites, sans maladies".

(tiré de : Italo Svevo, *La Conscience de Zeno*)

---

❸ **Mio padre mi disse: – Non fumare!**
❹ **Pensai "Giacché mi fa male non fumerò mai più, ma prima voglio farlo per l'ultima volta."**
❺ **Penso: "La sigaretta ha un gusto più intenso quand'è l'ultima"**

## Corrigé de l'exercice 2

❶ Il dottore mi disse di scrivere, e che avrei visto come sarei arrivato a vedermi intero. ❷ Uno dei due piccoli omini mi disse allora che non gli importava di aver perduto perché lui non fumava che quanto gli occorreva. ❸ Mio padre mi disse di non fumare. ❹ Pensai che giacché mi faceva male non avrei fumato mai più, ma che prima volevo farlo per l'ultima volta. ❺ Penso che la sigaretta abbia un gusto più intenso quand'è l'ultima.

*Italo Svevo, pseudonyme d'Ettore Schmidt, naquit et vécut à Trieste de 1861 à 1928. Il est l'auteur de trois romans, **Una Vita**, **Senilità** et **La Coscienza di Zeno**, dont le passage ci-dessous est tiré. C'est un écrivain d'une grande originalité par rapport à la culture italienne de son époque, en partie grâce à la condition de ville frontalière de Trieste, au carrefour entre la culture latine et l'aire "mittel-euro-péenne" dont la capitale intellectuelle était Vienne. Le choix de son pseudonyme allait dans ce sens : Italo Svevo signifie "l'italien germanique" ! Svevo fut ainsi parmi les premiers hommes de culture*

## 69   Sessantanovesima lezione

*Cette leçon est assez longue, mais vous êtes tout de même à la fin de votre volume de perfectionnement de l'italien ! De plus, y a peu de notes grammaticales et elle contient peu de vocabulaire que vous ne connaissiez déjà ! Profitez donc bien de ce texte plein de joie et de truculence !*

*Voici un extrait de **La Locandiera** de Carlo Goldoni, dont la première représentation a été donnée en 1753. Cet extrait met en scène Mirandolina, le Marquis de Forlimpopoli, le Comte d'Albafiorita et le Chevalier de Ripafratta (voir note culturelle en fin de leçon).*

### La locandiera

1   *Mirandolina* – M'inchino a questi cavalieri. Chi mi domanda di lor signori?

2   *Marchese* – Io vi domando, ma non qui.

3   *Mirandolina* – Dove mi vuole, eccellenza?

4   *Marchese* – Nella mia camera.

5   *Mirandolina* – Nella sua camera? Se ha bisogno di qualche cosa, verrà il cameriere a servirla.

6   *Marchese* – (Che dite di quel contegno?) ① (*al Cavaliere*)

italiens qui connurent la psychanalyse, la littérature de Kafka, de Proust, de Joyce, avec lequel il se lia d'amitié. Ce fut ce dernier, d'ailleurs, qui fit connaître Svevo au public européen, en publiant quelques-uns de ses écrits dans une revue française. Son roman le plus célèbre, **La Coscienza di Zeno**, est le journal imaginaire que le protagoniste Zeno Cosini écrit pour son psychanalyste. Grâce à cet artifice génial, Svevo sort des limites étroites du roman réaliste, en accordant une grande place à l'introspection et au point de vue subjectif dans ce roman écrit à la première personne.

## Soixante-neuvième leçon   69

### La locandiera *(l'aubergiste)*

**1** *Mirandoline* – Je salue humblement *(je m'incline à)* Vos Seigneuries *(ces chevaliers)* ! Lequel de ces messieurs me demande ?

**2** *Le Marquis* – C'est moi qui vous demande, mais pas ici.

**3** *Mirandoline* – Où Votre Excellence me voudrait-elle *(me veux)* ?

**4** *Le Marquis* – Dans ma chambre.

**5** *Mirandoline* – Dans votre chambre ? Si vous avez besoin de quelque chose, c'est le valet de chambre qui viendra vous servir.

**6** *Le Marquis, au chevalier* – Que dites-vous de cette réserve ?

## Note

① Goldoni met entre parenthèses les répliques que deux personnages échangent entre eux, sans se faire entendre par un troisième, comme ici, où il spécifie à qui on s'adresse (**al Cavaliere**) et celles qu'un personnage se dit à lui même (phrase 17, **da sé**, *à part* en français).

**7** *Cavaliere* – (Quello che voi chiamate contegno, io lo chiamerei temerità, impertinenza) (*al Marchese*)

**8** *Conte* – Cara Mirandolina, io vi parlerò in pubblico, non vi darò l'incomodo di venire nella mia camera. Osservate questi orecchini. Vi piacciono?

**9** *Mirandolina* – Belli.

**10** *Conte* – Sono diamanti, sapete?

**11** *Mirandolina* – Oh, li conosco. Me ne intendo anch'io dei diamanti.

**12** *Conte* – E sono al vostro comando.

**13** *Cavaliere* – (Caro amico, voi li buttate via) (*piano al Conte*)

**14** *Mirandolina* – Perché mi vuol ella ② donare quegli orecchini?

**15** *Marchese* – Veramente sarebbe un gran regalo! Ella ne ha de' più belli al doppio.

**16** *Conte* – Questi sono legati alla moda. Vi prego riceverli per amor mio.

**17** *Cavaliere* – (Oh che pazzo!) (*da sé*)

**18** *Mirandolina* – No, davvero, signore…

**19** *Conte* – Se non li prendete, mi disgustate ③.

## Notes

② Remarquez le pronom **ella** dans la forme de politesse, remplacé ensuite par **lei**, qui est la forme qui, comme vous le savez, demeure dans l'italien d'aujourd'hui.

③ Dans le texte se trouvent plusieurs mots dont la signification a changé depuis le XVIIIᵉ siècle, et que vous ne pourrez donc pas utiliser de la même manière aujourd'hui dans une conversation (à moins de vouloir paraître très cultivé… et ridicule !). Le verbe **disgustare** (phrase 20) signifiait *fâcher* quelqu'un, lui *faire tort*, et aujourd'hui veut dire *dégoûter* : **Il suo comportamento mi disgusta**, *Son comportement me dégoûte*. D'autre part, **gustare** ne veut plus dire *plaire*, mais *goûter*. **Regalare** avec une construction directe (phrase ▶

**7** *Le Chevalier, au Marquis* – Ce que vous nommez réserve, moi, je le nommerais plutôt effronterie et impertinence.

**8** *Le Comte* – Chère Mirandolina, moi, je vous parlerai en public, je ne vous donnerai pas le dérangement de venir dans ma chambre. Observez ces boucles d'oreilles : vous plaisent-elles ?

**9** *Mirandoline* – [Elles sont] belles.

**10** *Le Comte* – Vous savez, ce sont des diamants.

**11** *Mirandoline* – Oh, je les reconnais. Je m'y connais, moi aussi, en diamants.

**12** *Le Comte* – Elles sont à vous *(à votre service)*.

**13** *Le Chevalier, à mi-voix, au Comte* – Cher ami, c'est du gaspillage *(vous les jetez)* !

**14** *Mirandoline* – Pourquoi voulez-vous me donner ces boucles d'oreilles ?

**15** *Le Marquis* – *(Ce serait un)* Beau cadeau, vraiment ! Elle en a *(des)* [qui sont] deux fois *(au double)* plus belles !

**16** *Le Comte* – La monture de celles-ci est [plus] à la mode *(celles-ci sont liées à la mode)*. Je vous prie [de] les accepter *(les recevoir)* pour [l'] amour de moi.

**17** *Le Chevalier, à part* – Quel insensé !

**18** *Mirandoline* – Non, vraiment, Monsieur…

**19** *Le Comte* – Vous me fâcherez *(me dégoûtez)* si vous ne les prenez pas.

▸ 24) et ne veut plus dire *faire un cadeau* (à quelqu'un), mais *offrir* (quelque chose) : **regalare una donna** signifierait donc aujourd'hui non pas *offrir (quelque chose) à une femme* mais *offrir une femme en cadeau* ! **Esibire** veut dire *exhiber*, et non plus *offrir, proposer*. On n'écrit plus **a dirittura** (phrase 31), mais **addirittura**, *carrément*, ou *même*. Enfin, remarquez la forme du futur **anderò** (phrase 25), aujourd'hui remplacée par **andrò**.

*Mirandolina* – Non so che dire… mi preme tenermi amici gli avventori della mia locanda. Per non disgustare il signor conte, li prenderò.

**21** *Cavaliere* – (Oh che forza!) (*da sè*)

**22** *Conte* – (Che dite di quella prontezza di spirito?) (*al Cavaliere*)

**23** *Cavaliere* – (Bella prontezza! Ve li mangia, e non vi ringrazia nemmeno) (*al Conte*)

**24** *Marchese* – Veramente, signor Conte, vi siete acquistato un gran merito. Regalare una donna in pubblico, per vanità! Mirandolina, vi ho da parlare a quattr'occhi, fra voi e me: son cavaliere.

**25** *Mirandolina* – (Che arsura! Non gliene cascano) (*da sè*). Se altro non mi comandano, io me ne anderò.

**26** *Cavaliere* – Ehi! Padrona. La biancheria che mi avete dato, non mi gusta. Se non ne avete di meglio, mi provvederò. (*con disprezzo*)

**27** *Mirandolina* – Signore, ve ne sarà di meglio. Sarà servita, ma mi pare che la potrebbe chiedere con un poco di gentilezza.

**20** *Mirandoline* – Je ne sais que dire… Je tiens
à cœur *(il m'importe)* [de] me garder l'amitié
des clients *(amis les clients)* de mon auberge.
Pour ne pas fâcher Monsieur le Comte, je les
prendrai.

**21** *Le Chevalier, à part* – Oh ! La fine mouche
*(quelle potence)* !

**22** *Le Comte, [à mi-voix] au Chevalier* – Que
dites-vous de cette grâce dans la répartie *(de
cette présence d'esprit)* ?

**23** *Le Chevalier, au comte* – Ah, oui, vous
pouvez parler de grâce dans la répartie *(belle
promptitude)* ! Elle croque vos diamants *(elle
vous les mange)* et ne vous remercie même pas.

**24** *Le Marquis* – Vraiment, Monsieur le Comte,
vous pouvez être fier de vous *(vous vous êtes
acheté un grand mérite)*. Faire un cadeau [à] une
femme en public, par vanité ! Mirandolina, je
dois *(j'ai à)* vous parler entre *(à)* quat'-z-yeux :
je suis un gentilhomme *(Chevalier)*, [moi]!

**25** *Mirandoline, à part* – Quelle sécheresse ! Ce
n'est pas de sa part que je risque de recevoir
des cadeaux *(Ils ne lui en tombent pas)* ! *À
tous :* – Puisque *(si)* [Vos Seigneuries] ne me
commandent [rien d'] autre, je m'en irai.

**26** *Le Chevalier* – Hé, patronne ! Le linge que vous
m'avez donné ne me plaît pas. (*Avec mépris :*)
– Si vous n'en avez pas de meilleur *(mieux)*, je
m'en achèterai *(je me pourvoirai)*.

**27** *Mirandoline* – Monsieur, vous en aurez *(il y en
aura)* du meilleur *(de mieux)*. Vous serez servi,
mais il me semble que vous pourriez réclamer
*(le demander)* avec un peu de gentillesse.

**28** *Cavaliere* – Dove spendo il mio denaro, non ho bisogno di far complimenti.

**29** *Conte* – Compatitelo. Egli è nemico capitale delle donne. (*a Mirandolina*)

**30** *Mirandolina* (*sola*) – Uh, che mai ha detto! L'eccellentissimo signor marchese Arsura mi sposerebbe? Eppure, se mi volesse sposare, vi sarebbe una piccola difficoltà. Io non lo vorrei. Mi piace l'arrosto, e del fumo non so che farne.

**31** Se avessi sposati tutti quelli che hanno detto volermi, oh, avrei pure tanti mariti! Quanti arrivano a questa locanda, tutti di me s'innamorano, tutti mi fanno i cascamorti; e tanti e tanti mi esibiscono di sposarmi a dirittura.

**32** E questo signor cavaliere, rustico come un orso, mi tratta sì bruscamente? Questi è il primo forestiere capitato alla mia locanda, il quale non abbia avuto piacere di trattare con me.

**33** Non dico che tutti in un salto s'abbiano a innamorare: ma disprezzarmi così? È una cosa che mi muove la bile terribilmente.

**28**  *Le Chevalier* – Là où je dépense mon argent, je n'ai pas besoin de faire des cérémonies *(des compliments)*.

**29**  *Le Comte, à Mirandoline* – Ayez de l'indulgence pour lui, c'est [l']ennemi juré *(capital)* des femmes !

**30**  *Mirandoline, seule* – Eh bien, qu'est-ce qu'il a dit *(jamais)* ! L'excellentissime M. le Marquis Sécheresse serait prêt à m'épouser *(m'épouserait)* ? Cependant, s'il voulait [vraiment] m'épouser, il y aurait une petite difficulté : moi, je ne voudrais pas [de] lui. J'aime le rôti, et je ne sais pas que faire de [son] fumet.

**31**  Si j'avais épousé tous ceux qui me l'ont demandé *(ont dit me vouloir)*, oh, j'[en] aurais bien, des maris ! Autant il en vient *(viennent)* ici, autant *(tous)* [qui] s'éprennent de moi, *(tous)* [qui] me jouent les amoureux transis, et encore plus *(tant et tant)* [qui] m'offrent même de m'épouser.

**32**  Et ce *(Monsieur)* Chevalier, aussi rustre qu'un ours, me traiterait *(me traite)* avec un tel dédain *(si brusquement)* ? C'est [bien] le premier voyageur étranger descendu à mon auberge qui n'ait pas pris *(eu)* plaisir à commercer *(traiter)* avec moi.

**33**  Je ne dis pas que tous [les hommes] doivent *(aient)* [tout] d'un coup *(d'un saut à)* s'amouracher [de moi], mais être méprisée *(me mépriser)* ainsi, cela *(c'est une chose qui)* me remue terriblement la bile.

**34** È nemico delle donne? Non le può vedere? Povero pazzo! Non avrà ancora trovato quella che sappia fare. Ma la troverà. La troverà.

**35** E chi sa che non l'abbia trovata? Con questi per l'appunto mi ci metto di picca. Quei che mi corrono dietro, presto presto mi annoiano.

**36** La nobiltà non fa per me. La ricchezza la stimo e non la stimo. Tutto il mio piacere consiste in vedermi servita, vagheggiata, adorata. Questa è la mia debolezza, e questa è la debolezza di quasi tutte le donne.

**37** A maritarmi non ci penso nemmeno; non ho bisogno di nessuno; vivo onestamente, e godo la mia libertà.

**38** Tratto con tutti, ma non m'innamoro mai di nessuno. Voglio burlarmi di tante caricature di amanti spasimati;

**39** voglio usar tutta l'arte per vincere, abbattere e sconquassare quei cuori barbari e duri che son nemici di noi,

**40** che siamo la miglior cosa che abbia prodotto al mondo la bella madre natura.

(tratto da: Carlo GOLDONI, *La Locandiera*, Atto I, Scene 5 e 9) ☐

**34** Il est [l']ennemi des femmes ? Il ne peut pas les voir ? Pauvre fou ! [Sans doute] n'a-t-il pas *(il n'aura pas)* encore rencontré *(trouvé)* celle qui saura [y] faire. Mais il la rencontrera. Il la rencontrera.

**35** Et qui sait s'*(qu')*il ne l'a *(ait)* pas déjà rencontrée ? C'est précisément avec les hommes comme lui *(ceux-ci)* que je me pique au jeu *(je m'y mets de pique)*. Ceux qui me courent après *(derrière)* m'ennuient très vite.

**36** La noblesse, je n'en ai cure *(ne fait pas pour moi)*. [Quant à] la richesse, je l'estime mais sans plus *(et je ne l'estime pas)*. Tout mon plaisir, c'est d'être *(consiste en me voir)* servie, désirée, adorée. C'est là *(celle-ci est)* mon faible *(ma faiblesse)*, et c'est celui de presque toutes les femmes.

**37** *(À)* Me marier, je n'y pense même pas ; je n'ai besoin de personne ; je vis honnêtement et je jouis [de] ma liberté.

**38** Je badine *(je traite)* avec tous, mais je ne m'éprends jamais de personne. Je veux me moquer de toutes ces *(tant de)* caricatures d'amoureux transis ;

**39** et je veux faire usage *(user)* [de] tout [mon] art pour vaincre, abattre et briser les cœurs barbares et durs qui sont [les] ennemis des femmes,

**40** nous qui sommes la meilleure chose que la belle Mère Nature ait produite au monde !

(Tiré de : C. GOLDONI, *La Locandiera*, acte I, scènes 5 et 9)

**Esercizio 1 – Traducete**

❶ "*Cavaliere*: Ella mi ha vinto con tanta civiltà, che mi trovo obbligato quasi ad amarla. Ma è donna: non me ne voglio fidare. Voglio andar via. ❷ Eppur è vero. Io sento nel partire di qui una dispiacenza nuova, che non ho mai provata. Tanto più presto mi convien partire. ❸ Sì, donne, sempre più dirò male di voi; sì, voi ci fate del male, ancora quando ci volete fare del bene. ❹ *Mirandolina*: L'impresa è fatta. Il di lui cuore è in fuoco, in fiamma, in cenere. ❺ Restami solo, per compiere la mia vittoria, che si renda pubblico il mio trionfo, a scorno degli uomini presuntuosi, e ad onore del nostro sesso".

(tratto da: C. GOLDONI, *La locandiera*, Atto II, Scene 14 e 19)

---

**Esercizio 2 – Completate**

❶ Quelle que soit votre nécessité, vous pourrez toujours compter sur nous.

Di . . . . . . . . . . . . . voi . . . . . . . bisogno,

. . . . . . . . . . . . . . . . . . . . . . . . . .

❷ Il y a pensé un bon bout de temps, mais ensuite il a pris sa décision.

. . . . . . . . . . . . . . . . . . . . . . . . , . . . . . . . .

. . . . . . . . . . . . . . . . . . . . .

❸ D'aller voir ce vieil ami m'a vraiment remonté le moral.

. . . . . . . . . . . . . . . . . . . . . . . . . . . . . . . . .

. . . . . . . . . . . . . . . . . . . . . . . . . .

❶ *"Le Chevalier* : Elle m'a vaincu avec une telle urbanité, que je me sens presque obligé de l'aimer. Mais c'est une femme : je ne veux pas lui faire confiance. Je veux m'en aller. ❷ Et pourtant, c'est vrai que je sens, en partant d'ici, une sorte de souffrance que je n'avais jamais éprouvée auparavant. Il est d'autant plus nécessaire que je parte au plus vite. ❸ Oui, femmes, je parlerai de plus en plus mal de vous ; oui, vous nous faites du mal, même quand vous voulez nous faire du bien. ❹ *Mirandolina* : L'entreprise est accomplie. Son cœur est en feu, en flammes, en cendres. ❺ Pour que ma victoire soit totale, il ne me reste plus qu'à rendre public mon triomphe, pour la honte des hommes présomptueux et pour l'honneur de notre sexe."
(tiré de : C. GOLDONI, *La locandiera*, Acte II, Scènes 14 et 19)

———

❹ Si je n'avais pas été là à marchander pendant plus d'une heure, nous l'aurions payé les yeux de la tête.

. . . . . . . . . . . . . . . . . . . . . . . . . . . . .
. . . . . . . . . . . . . . . . . . . . , . . . . . . . .
. . . . . . . . . . . . . . . . . . . . . •

❺ Il me demanda si je connaissais son adresse et je lui répondis que non.

. . . . . . . . . . . . . . . . . . . . . . . . .
. . . . . . . . . . . . . . . . . . . . . . •

## Corrigé de l'exercice 2

❶ – qualsiasi cosa – abbiate – potrete sempre contare su di noi ❷ Ci ha pensato su un pezzo, ma poi ha preso la sua decisione ❸ Andare a trovare quel vecchio amico mi ha proprio tirato su il morale ❹ Se non ci fossi stato io a tirare sul prezzo per più di un'ora, l'avremmo pagato un occhio della testa ❺ Mi chiese se conoscessi il suo indirizzo e io gli risposi di no

*Nous avons déjà parlé de Carlo Goldoni (1707-1793) et de son rôle fondamental dans la "réforme" du théâtre moderne dans la leçon 65 sur la commedia dell'arte. Dans le dialogue de cette leçon, vous avez deux extraits, plus un troisième dans l'exercice 1, de sa comédie la plus célèbre, qui a l'avantage, en plus, d'être une des rares comédies de Goldoni écrite presque entièrement en italien, alors que les autres sont en vénitien. Mirandolina, la belle **locandiera** (aubergiste, de **la locanda**, l'auberge) est courtisée par le Marquis*

## 70 Settantesima lezione

### "Se vi è piaciuto…"

1 Eccoci giunti infine al termine di questa passeggiata attraverso l'italiano:

2 passeggiata sempre più accidentata a mano a mano che ci si spingeva nelle profondità e negli anfratti della lingua,

3 ma che l'ha armata di tanti e tali strumenti per vincerne le difficoltà,

4 che quella che sarebbe potuta essere una terribile esplorazione in terra ignota e selvaggia

5 si è risolta per lei in una gita turistica, istruttiva e – speriamo – divertente.

6 Metafore a parte, le auguriamo con tutto il cuore di poter fare tesoro di tutte le conoscenze fin qui acquisite,

7 sia a livello lessicale che per quanto riguarda le strutture sintattiche e le regole grammaticali.

*de Forlimpopoli, représentant de la noblesse sans argent dont Goldoni se moque très souvent (Mirandolina l'appelle* **il Marchese Arsura**, *le Marquis Sécheresse), et par le Comte d'Albafiorita, qui est, lui, un bourgeois parvenu qui a acheté son titre de noblesse. De cette catégorie, Goldoni ne se moque pas moins que de l'autre… Le Chevalier de Ripafratta, nouveau venu dans l'auberge, ne tardera pas, malgré sa misogynie, à tomber lui aussi amoureux (voir l'extrait de l'exercice 1).*

## Soixante-dixième leçon    70

### "Si cela vous a plu…"

1  Nous voilà enfin arrivés au bout de cette promenade à travers l'italien :
2  une promenade de plus en plus accidentée à mesure que nous avancions *(on se poussait)* dans les profondeurs et dans les anfractuosités de la langue ;
3  pourtant *(mais)* cette promenade vous a armé d'outils *(instruments)* nombreux et importants *(tants et tels)* pour vaincre les difficultés
4  *(que)* de ce qui aurait pu être une terrible exploration dans une terre inconnue et sauvage,
5  [et qui] est désormais devenu pour vous une excursion touristique, instructive et – nous l'espérons! – amusante.
6  [Les] métaphores [mises] à part, nous vous souhaitons de *(avec)* tout *(le)* cœur de pouvoir tirer profit *(faire trésor)* de toutes les connaissances acquises jusqu'ici,
7  tant *(soit)* au niveau du vocabulaire qu'en ce qui concerne les structures syntaxiques et les règles grammaticales.

**8** Quanti argomenti sono stati affrontati!
L'arte, la scienza, l'informatica, e "chi più
ne ha più ne metta"…

**9** Se ha studiato regolarmente le lezioni,
ascoltato i dialoghi, fatto gli esercizi,
ripassato costantemente i verbi regolari ed
irregolari,

**10** ora lei ha senz'altro tutte le carte in regola
per intraprendere una conversazione con
italiani e farci – modestia a parte – un
figurone!

**11** E non solo: anche la corrispondenza, lo stile
giornalistico e persino la letteratura non
dovrebbero più avere segreti per lei.

**12** Insomma, non le resta altro che indossare
un capo firmato da uno stilista milanese e
vistosi occhiali da sole,

**13** al volante di una splendida macchina
sportiva rossa fiammante, e tutti la
prenderanno per "un italiano vero"!

**14** Ma attenzione: lo studio dell'italiano
deve continuare con un lavoro di
approfondimento personale e di
mantenimento delle conoscenze.

**15** Si tenga in contatto con la lingua italiana,
leggendo giornali, riviste e magari i libri
di cui abbiamo presentato alcuni brani in
questo metodo.

**16** Ogni volta che le è possibile, guardi film in
versione originale, e soprattutto… frequenti
gli italiani:

**8** Que de domaines *(d'arguments)* ont été abordés 70 *(affrontés)* ! L'art, la science, l'informatique, et ainsi de suite *("qui en a plus, qu'il en mette")*…

**9** Si vous avez étudié régulièrement les leçons, écouté les dialogues, fait les exercices, révisé constamment les verbes réguliers et irréguliers,

**10** sans aucun doute *(sans autre)* vous avez maintenant tout ce qu'il faut *(tous les papiers en règle)* pour entreprendre une conversation avec [des] Italiens et *(y)* faire ainsi – modestie [mise] à part – bonne figure !

**11** Et non seulement la correspondance, [mais aussi] le style journalistique et même la littérature ne devraient plus non plus avoir *(aucun)* de secret pour vous maintenant.

**12** Bref *(en somme)*, il ne vous reste plus *(autre)* qu'à mettre un vêtement griffé *(signé)* d'un styliste milanais et de voyantes lunettes de soleil,

**13** au volant d'une splendide voiture sportive rouge feu, et tout le monde vous prendra pour "un vrai Italien"!

**14** Mais attention : l'étude de l'italien doit continuer par un travail d'approfondissement personnel et d'entretien des connaissances.

**15** Restez *(tenez-vous)* en contact avec la langue italienne en lisant des journaux, des revues et même les livres dont nous avons présenté quelques extraits dans cette méthode.

**16** Chaque fois que cela vous est possible, regardez des films en V.O., et surtout… frequentez des Italiens !

17 Insomma, tutte cose più che piacevoli!

18 Per concludere, dato che siamo in atmosfera teatrale, diremo come gli attori della commedia dell'arte alla fine delle loro rappresentazioni:

19 "Se vi è piaciuto, battete le mani; se non vi è piaciuto, tenete buoni gli applausi per la prossima volta"!

20 Arrivederci! □

**17** Bref, toutes des choses plus qu'agréables !

**18** En conclusion *(pour conclure)*, [étant] donné *(que nous sommes dans)* [l']atmosphère théâtrale, nous dirons, comme les comédiens de la Commedia dell'Arte à la fin de leurs représentations :

**19** "Si cela vous a plu, applaudissez *(battez les mains)* ; si cela ne vous a pas plu, gardez *(tenez bon)* vos applaudissements pour la prochaine fois"!

**20** Au revoir !

**Un italiano vero** *(expression rencontrée à la phrase 13 de cette leçon) au sens d'un Italien authentique, "plus vrai que nature", est devenue une expression presque proverbiale depuis la célèbre chanson de Toto Cutugno (1983) qui énumérait de façon amusante et ironique les qualités et les défauts de l'Italie de l'époque, en équilibre entre la tradition et la transformation en cours, qui en a fait le pays moderne et plein de contradictions que nous connaissons aujourd'hui... et qui fait son cachet et sa sympathie !*

**Buona continuazione e... in bocca al lupo!**

# Index grammatical

*Le premier chiffre renvoie au numéro de la leçon, le second à la note de la leçon ou au paragraphe d'une leçon de révision. Les nombres en gras correspondent à des leçons de révision.*

verbes (emploi particulier des ~) :
    **andare** 8,10 ; 9,13 ; 12,3
    **bisognare 21,4**
    **capitare** 18,5
    **dare 21,6** ; 48,4 ; 57,2
    **dovere** 24,12
    **essere** 8,11
    **fare** 10,4 ; 12,3 ; **49,6**
    **guardare** 13,1
    **mettere 35,5**
    **occorrere 21,4**
    **parere** 13,2
    **piacere** 17,3
    **portare 42,3**
    **potere 28,5**
    **prendere** 3,6 ; 30,5
    **riuscire** 25,1
    **sapere** 25,1
    **sentire** 12,8
    **succedere** 18,5
    **suonare** 20,6
    **stare 7,6**
    **tirare 63,5**
    **trovare** 5,6
    **venire** 10,8 ; **56,6**
    **volere** 8,8 ; 10,2 ; **21,4**

verbes auxiliaires **56,2**
    ~ semi-auxiliaires 19,5 ; **56,3**

# Bibliographie

*Vous trouverez ci-dessous une liste d'ouvrages que vous nous conseillons pour aller plus loin dans vos connaissances sur l'Italie, ainsi que pour garder le contact avec la langue (pour ceux qui sont en italien) et avec la civilisation de la péninsule.*

## Dictionnaires, grammaires et manuels de référence

• Tout d'abord, deux bons **dictionnaires** :
Unilingue, vous avez le choix entre *Zingarelli, Devoto-Oli* ou *Garzanti* , tous très bons ;
Français/italien *vs* italien/français : le *Nuovo Boch*, Éd. Zanichelli.
• Pour la **grammaire** et le **vocabulaire**, trois textes classiques :
ULYSSE (G.&O.), *Précis de grammaire italienne*, Paris Hachette, 1988 (nombreuses rééditions).
CAMUGLI (S.) / ULYSSE (G.), *Les mots italiens*, Paris, Hachette, 1969 (nombreuses rééditions).
CAPPELLETTI (L.), *Bescherelle. 8000 verbes italiens*, Paris, Hatier, 1990.
Si vous préférez un texte en italien, celui-ci est indispensable :
SENSINI (M.), *La grammatica della lingua italiana*, Milano, Mondadori, 1988 (nombreuses rééditions).

## Guides touristiques

De nombreux **guides** d'Italie, nous n'en citerons que deux en français :
*Guide Voir Italie*, Guides Voir, Hachette Tourisme, Paris, 2008.
*Guide Gallimard Italie*, Bibliothèque du voyageur, Gallimard, Paris, 2007.
Et en italien, nous vous recommandons les guides régionaux du Touring Club Italiano, ainsi que la Guida Rapida d'Italia, du même éditeur.

## Ouvrages généraux

• Sur l'**histoire** de l'Italie :
MILZA (Pierre), *Histoire de l'Italie des origines à nos jours*, Paris, Fayard, 2005.

Attal (F.), *Histoire de l'Italie de 1943 à nos jours*, Paris, A. Colin, 2004.

Procacci (G.), *Storia degli italiani, Roma-Bari*, Laterza, 1998 (en langue italienne).

• Le point sur la **géographie**, mais aussi un bon aperçu de civilisation :

Riviere (D.), *L'Italie. Des régions à l'Europe*, Paris, A. Colin, 2004.

• Pour les amateurs d'**art**, un "incontournable" :

Chastel (André), *L'art italien*, Paris, Flammarion, 1999.

• Sur le **cinéma** :

Schifano (Laurence), *Le cinéma italien de 1945 à nos jours*, Paris, A.Colin, 2007 (3ᵉ édition).

• Sur la **musique** :

Collectif, *Dictionnaire de la Musique Italienne*, Paris, Larousse, 1991.

## Ouvrages sur la littérature

Livi (François) et Bec (Christian), *La littérature italienne*, Que sais-je ?, Paris, PUF, 3ᵉ édition, 2003.

Livi (François), *La littérature italienne contemporaine*, Que sais-je ?, Paris, PUF, 1995.

Pazzaglia (M.), *Scrittori e critici della letteratura italiana*, Bologna, Zanichelli, nombreuses éditions (une anthologie de textes).

## Littérature

*En ce qui concerne vos lectures d'œuvres littéraires, nous vous conseillons quelques auteurs, dont ceux qui vous ont mis en appétit – nous l'espérons – dans les dernières leçons de cet ouvrage :*

Collodi (C.), *Le Avventure di Pinocchio*, Éd. bilingue J.C. Zancarini, Paris, GF, 2001.

De Amicis (E.), *Cuore*, Torino, Einaudi, 1992.

Leopardi, *Canti/Chants*, éd. bilingue M. Orcel, Paris, GF, 2005.

Sciascia (L.), *Todo modo / Il giorno della civetta*, Milano, Adelphi, 2003.

Tabucchi (A.), *Piazza d'Italia*, Milano, Feltrinelli, 2001.

Bassani (G.), *Il giardino dei Finzi-Contini*, Milano, Mondadori, 1991.

Calvino (I.), *Il barone rampante, Il visconte dimezzato, Il cavaliere inesistente*, Milano, Mondadori, 2005 (3 vol.).

Tomasi Di Lampedusa (G.), *Il Gattopardo*, Milano, Feltrinelli, nombreuses rééditions.

Pour finir, un petit bijoux, à moitié entre le guide et l'œuvre littéraire :

Hersant (Yves), *Italies, anthologie des voyageurs français aux XVIIᵉ et XIXᵉ siècles*, Bouquins Robert Laffont, Paris, 1988.

*Bonne lecture !*

## Italien - Français

### A

| | |
|---|---|
| abbaco | calcul 61 |
| abbagliante | phare 26 |
| abbagliare | éblouir 26 |
| abbaglio | bévue 26 |
| abbioccarsi | avoir "le coup de barre" 29 |
| abitativo | d'habitation 59 |
| accattivarsi | s'attirer la sympathie 22 |
| accetta | hache 55 |
| acciuffarsi | s'attraper 61 |
| accluso | ci-joint 32 |
| accostare | se ranger près du trottoir (voiture) 26 |
| adagiarsi | s'étendre 39 |
| addirittura | même *(adv.)* 57 |
| adenoide | végétation (méd.) 16 |
| afa | chaleur étouffante 6 |
| affermazione | succès 46 |
| affiancamento | formation interne (être sous la tutelle de formation d'un collègue) 31 |
| affiatato | intégré (à un groupe) 11 |
| affievolirsi | faiblir 44 |
| agganciabile | à accrocher 59 |
| aggetto | saillie 47 |
| aggiustare | réparer 8 |
| aggravamento | aggravation 22 |
| agonistico | de compétition 11 |
| agriturismo | gîte rural 54 |
| ahimè | hélas 15 |
| alberato | bordé d'arbres 10 |
| allacciare | attacher 26 |
| allagato | inondé 2 |
| allargamento | élargissement 44 |
| allenamento | entraînement 11 |
| allestimento | préparation (d'un spectacle) 19 |
| allettare | séduire 50 |
| allevamento | élevage 38, 45 |

| | |
|---|---|
| alloro | laurier 12 |
| allungabile | à rallonges 59 |
| altrettanto | autant 56 |
| ambiente | milieu 31 |
| ambito | convoité, domaine 24 |
| ambulatorio | cabinet (médical) 15 |
| ammassare | entasser 44 |
| anabbagliante | phare-code 26 |
| anagrafe | registre d'état civil 37 |
| andirivieni | mouvement d'allées et venues 27 |
| anfratto | recoin 39 ; anfractuosité 70 |
| anteprima | avant-première 27 |
| anticato | vieilli 46 |
| anticipatamente | par avance 32 |
| anticipo | avance 13, 19 |
| antifurto | antivol 25 |
| anziano | âgé 5 |
| applauso | applaudissement 19 |
| appuntamento | rendez-vous 13, 15 |
| arazzo | tapisserie (d'art) 50 |
| architettonico | architectural 47 |
| arrampicarsi | grimper 21 |
| arretratezza | sous-développement 40 |
| arretrato | arriéré 45 |
| arricchire | enrichir 40 |
| arrosto | rôti 9 |
| arruolare | enrôler 41 |
| arsura | sècheresse 69 |
| artefice | auteur 51 |
| arzillo | guilleret 61 |
| asciugamano | serviette de plage 2 |
| ascoltatore | auditeur 24 |
| aspro | âpre 40 |
| assembleare | d'assemblée 47 |
| assessore | adjoint 37 |
| assetto | organisation 47, 58 ; aménagement 51 |
| assomigliare | ressembler 13 |
| assunzione | embauche 6 |
| assurgere | s'élever (au figuré) 38, 62 |
| asta | vente aux enchères 53 |
| astioso | hargneux 23 |
| astruso | incompréhensible 17 ; obscur 48 |
| astuccio | trousse 52 |

| | |
|---|---|
| astuto | futé 65 |
| atrofizzare | atrophier 34 |
| attuare | réaliser 37 |
| augurarsi | souhaiter 21 |
| aulico | pompeux 46 |
| autista | chauffeur 53 |
| automunito | motorisé 31 |
| autotrasportatore | routier 22 |
| avulso | déconnecté 51 |
| avveniristico | avant-coureur, d'avant-garde 59 |
| avventore | client 69 |
| azienda | entreprise 25 |
| azionista | actionnaire 9 |
| azzeccarci | deviner 30 |
| azzuffarsi | se quereller 66 |

# B

| | |
|---|---|
| baccano | boucan, vacarme 18 |
| bacheca | panneau d'affichage 25 |
| badante | garde-malade 5 |
| baleno | éclair 35 |
| balla | bobard *(fam.)* 29 |
| ballista *(fam.)* | menteur 29 |
| bancarella | stand (de marchand) 9 |
| bancomat | carte bancaire 19 |
| bando | avis (de concours) 43 |
| barbiere | coiffeur 5 |
| baricentro | centre de gravité 51 |
| barzelletta | histoire drôle 41 |
| bassista | bassiste 20 |
| batterista | batteur 20 |
| bazzecola | bagatelle 53 |
| beccare | choper *(fam.)* 10 |
| beffardo | narquois 41 |
| bersaglio | cible 41 |
| bertuccia | petit singe 61 |
| betulla | bouleau 59 |
| biancheria | linge 69 |
| bibita | soda 12 |
| biennio | deux ans (biennale) 58 |
| binario | rail, voie 13 |
| biologo | biologiste 24 |
| bisnonno | arrière grand-père 5 |

| | |
|---|---|
| bizza | colère 61 |
| bizzoso | susceptible 61 |
| blasonato | noble 46 |
| bocciare | repousser 58 |
| bonifico | virement 19 |
| bovino | bovin 45 |
| bracciolo | accoudoir 59 |
| brace | braise 24 |
| braciola | côte de porc 9 |
| braga | pantalon 29 |
| brano | morceau (de musique) 20 |
| briga | querelle 66 |
| brivido | frisson 35 |
| brizzolato | grisonnant 30 ; poivre et sel 61 |
| buongoverno | bon gouvernement 50 |
| burattino | pantin 61 |
| burbero | bourru 65 |
| burino | péquenot / plouc 30 |
| burlarsi | se moquer 69 |
| burrascoso | orageux 62 |
| buscare | gagner 61 |
| busta paga | fiche de paye 6 |
| buttare via | jeter (à la poubelle) 11 |

## C

| | |
|---|---|
| calare | encrer 27 |
| caldarrosta | marron grillé 56 |
| calo | baisse 24 |
| cambio | levier des vitesses 26 |
| camionista | camionneur 22 |
| cammeo | camée 50 |
| camper | camping-car 54 |
| canovaccio | canevas 65 |
| cantautore | auteur-compositeur-interprète 20 |
| capienza | capacité 19 |
| capitare | arriver (pour un événement) 18 |
| capitello | chapiteau 47 |
| capo | tenue (vêtement) 46 |
| capofamiglia | chef de famille 3 |
| capogiro | tournis 2 |
| capoluogo | chef-lieu 38 |
| cappa | hotte 53 |
| caprino | caprin 45 |

| | |
|---|---|
| capufficio | chef de bureau 6 |
| cardiologo | cardiologue 15 |
| carme | poème 34 |
| carovita | vie chère 3 |
| cartella | cartable 52 |
| casalinga | ménagère 3 |
| cascamorto | amoureux transi 69 |
| casella | boîte (postale) 25 |
| cassa | enceinte (musique) 20 |
| cassaforte | coffre-fort 3 |
| cassapanca | coffre 53 |
| cassettone | commode (meuble) 53 |
| catapecchia | taudis 34 |
| catorcio | ruine (chose vieille) 32 |
| cattedra | chaire 24 |
| cavare | enlever 29 |
| cavarsela | se débrouiller 1 |
| cavo | câble 18 |
| cedolino | coupon 6 |
| celare | cacher 68 |
| cellulare | téléphone portable 1 |
| cencio | chiffon 60 |
| cenno | notion 36 |
| ceto | couche sociale 64 |
| checché | quoi que 46 |
| chiacchiera | bavardage 3 |
| chicca | "cerise sur le gâteau" 30 |
| chicchessia | qui que ce soit 56 |
| chimico | chimiste 24 |
| chiocciola | arrobase, colimaçon 25 |
| chitarrista | guitariste 20 |
| ciberspazio | cyberespace 25 |
| cicisbeo | sigisbée 65 |
| ciliegia | cerise 9 |
| cingere | entourer 47 |
| cipolla | oignon 12 |
| circuire | circonvenir, séduire 55 |
| ciuffo | mèche 66 |
| clamoroso | éclatant 24 |
| cliccare | cliquer 25 |
| coinvolto | engagé (impliqué) 22 |
| colf | femme de ménage 3 |
| colletto | col 46 |

| | |
|---|---|
| colloquio | entretien (conversation) 33 |
| colmo | comble 41 |
| colonnato | colonnade 47 |
| colorito | teint (couleur de peau) 39 |
| committente | commanditaire 50 |
| committenza | commande (à un artiste) 51 |
| comodino | table de nuit 53 |
| comparsa | figurant 19, 27 |
| compensato | bois plaqué 59 |
| componente | composant 25 |
| componibile | à éléments 59 |
| comprovato | attesté 31 |
| condono | amnistie 44 |
| conferire | donner 50 ; confier 58 |
| confine | frontière 37 |
| congratularsi | se féliciter 23 |
| connazionale | compatriote 45 |
| connubio | mariage 53 |
| conseguire | remporter 24, 58 ; obtenir 58 |
| consono | adapté 59 |
| consueto (di ~) | d'habitude 22 |
| contadino | paysan 17, 45 |
| contante | liquide (espèces) 19 |
| contegno | réserve 69 |
| contenitore | conteneur 59 |
| contrapposizione | opposition 24 |
| contrastante | discordant 23 |
| contrattempo | imprévu 15 |
| contributo | retenue (sur salaire) 6 |
| controbilanciare | rééquilibrer 37 |
| coppola | casquette 46 |
| corinzio | corinthien 47 |
| corista | choriste 19 |
| cornetta | combiné (du téléphone) 33 |
| cornicione | corniche 47 |
| corrugato | plissé 60 |
| corso | avenue 10 |
| costruttivo | de construction 47 |
| costumatezza | décence 65 |
| costumato | bien élevé 65 |
| costume (da bagno) | maillot de bain 2 |
| costumista | costumier 19 |
| cotechino | saucisson à cuire 9 |

| | |
|---|---|
| covo | tanière 27 |
| credenza | buffet 53 |
| credenziale | référence (recommandation professionnelle) 31 |
| crescere | augmenter 22 |
| crusca | son 55 |
| cruscotto | tableau de bord 10, 26 |
| cuffia | casque (musique) 20 |
| culmine | clou 64 |
| curare | soigner 15 |

## D

| | |
|---|---|
| danaroso | argenté 50 |
| danno | dommage 40 |
| datore di lavoro | employeur 32 |
| decentramento | décentralisation 37 |
| derrata | denrée 45 |
| dettato | dictée, texte de loi 37 |
| diaria | indemnité journalière 52 |
| diario | cahier de textes 52 |
| dimesso | sorti (d'hôpital) 16 |
| dimestichezza | familiarité 50 |
| dirigente | cadre 6 |
| disagio | désagrément 22 |
| discutere | contester 46 |
| disoccupato | chômeur 13 |
| dispiegamento | déploiement 27 |
| dissacratorio | désacralisant 65 |
| districare | démêler 54 |
| districarsi | se dépatouiller 31 |
| divieto di sosta | stationnement interdit 10 |
| divulgazione | vulgarisation 24 |
| domestica | bonne 3 |
| donna di servizio | femme de ménage 3 |
| dotto | savant 38 |
| doveroso | indispensable 45 |
| download | téléchargement 20 |
| dubitare | douter 7 |

## E

| | |
|---|---|
| eccepire | redire 53 |
| edicola | kiosque à journaux 10 |

| | |
|---|---|
| edificio | bâtiment 47 |
| edile | de bâtiment 43 |
| elettrodomestico | électroménager 3 |
| emanare | promulguer (une loi) 37 |
| emanazione | promulgation 58 |
| emergente | émergent 45 |
| emergenza | urgence 16 |
| ennesimo | énième 23 |
| ente | organisme 19 |
| entrambe | les deux 23 |
| epocale | historique 27 |
| erede | héritier 41 |
| ergastolo | prison à perpétuité 17 |
| esauriente | exhaustif 43 |
| esaurire | épuiser 59 |
| esaurito | épuisé 16 ; complet (pour des places de spectacle) 19 |
| esausto | épuisé 59 |
| esilarante | hilarant 64 |
| esito | résultat 47 |
| esordiente | débutant 34 |
| espletamento | accomplissement 43 |
| espletarsi | s'exprimer 37 |
| esponente | représentant 58 |
| espungere | supprimer 58 |
| esternalizzare | confier la production à un tiers 45 |
| estero | étranger 23 |
| estraibile | amovible 59 |
| estraneo | inconnu 23 |
| excursus | digression 45 |
| extracomunitario | extracommunautaire 44 |

## F

| | |
|---|---|
| faccende | ménage 3 |
| faggio | hêtre 59 |
| fagiolo | haricot 4 |
| falciatrice | tondeuse à gazon 8 |
| fallimento | échec 22 |
| falsario | faussaire 27 |
| fanale | feux 26 |
| farcela | arriver 26 |
| farmaco | médicament 16 |
| fattoria | ferme 17 |

| | |
|---|---|
| fede | foi 24 |
| felpa | coton molletonné 46 |
| ferie | congés 22 |
| fermarsi | s'arrêter 9 |
| fermezza | fermeté 22 |
| ferreo | ferme *(adj.)* 68 |
| fesa | noix (de viande) 9 |
| fiammifero | allumette 60 |
| fiancheggiare | border 47 |
| ficodindia | figuier de Barbarie 67 |
| figo | super-mec 29 |
| fio *(littéraire)* | tribut 57 |
| fioccare | fuser 10 |
| fiorire | naissance 46 |
| fisico | physicien 24 |
| foce | embouchure (d'un fleuve) 36 |
| folgorare | foudroyer 27 |
| fondere | fondre, fusionner 39 |
| fonte | source 23 ; source (au figuré) 36 |
| forestiere *(ancien)* | étranger 69 |
| fosco | sombre 23, 40 ; foncé 40 |
| fradicio | trempé 12 |
| fragola | fraise 9 |
| frangente | moment 23 |
| frassino | frêne 59 |
| frastagliato | découpé 36 |
| frastuono | vacarme 63 |
| freccia | clignotant 26 |
| freddura | mot d'esprit 41 |
| fregatura *(fam.)* | escroquerie 54 |
| fretta (avere ~) | être pressé 13 |
| frizione | embrayage 26 |
| fruttivendolo | marchand de fruits 9 |
| fulcro | point d'appui 47 |

## G

| | |
|---|---|
| galleggiare | flotter 41 |
| galleria | galerie (théâtre) 19 |
| gara | compétition 8 |
| genero | gendre 5 |
| gentaglia | racaille 63 |
| giacca | veste 46 |
| girevole | tournant 59 |

| | |
|---|---|
| giubbotto | blouson 46 |
| giullare | ménestrel 57 |
| giunco | rotin 59 |
| giunta | commission exécutive 37 |
| giurisprudenza | droit 31 |
| globalizzato | mondialisé 1 |
| globalizzazione | mondialisation 45 |
| gola | gorge 16, 68 |
| golfo mistico | fosse d'orchestre 19 |
| goloso | gourmand 65 |
| governativo | gouvernemental 22 |
| gracile | grêle 60 |
| grana *(fam.)* | ennui 63 |
| grandinare | grêler 56 |
| granturco | maïs 61 |
| grinta | "punch", mordant 46 |
| groppo | nœud 67 |
| gruzzoletto | petite somme 67 |
| guanciale | oreiller 56 |
| guardasigilli | Garde des Sceaux 58 |
| guarnizione | joint 8 |
| guastafeste | trouble-fête 2 |

# I

| | |
|---|---|
| ideare | concevoir 50 |
| idraulico | plombier 2 |
| iella | malheur 32 ; poisse *(fam.)* 40 |
| imbestialito | fou de rage 61 |
| imbizzarrito | emballé 61 |
| imboccare | prendre (une route) 10 |
| imboscare | planquer *(fam.)* 29 |
| imbranato | empoté 30 |
| imbroccare | deviner 29 |
| immortalare | immortaliser 48 |
| immutato | inchangé 39 |
| impartire | donner (des ordres) 25 |
| impegnativa | prescription (pour une visite ou un examen médical) 16 |
| impegnativo | pesant 59 |
| impegnato | engagé 57 |
| impegno | engagement 27 |
| imperare | triompher 34 |
| impianto | installation 6 |

| | |
|---|---|
| impianto audio | sono (sonorisation) 20 |
| impostazione | démarche 57 |
| improntare | inspirer 22 |
| incarico | poste de chargé de cours 24 |
| incastro | emboîtement 59 |
| inceppare | se bloquer 25 |
| incernierato | relié par des charnières 59 |
| incollare | coller 20 |
| incomodo | dérangement 69 |
| incremento | augmentation 44 |
| incubo | cauchemar 15 |
| indagare | enquêter, sonder 34 |
| indebolimento | affaiblissement 37 |
| indebolire | affaiblir 58 |
| indice di gradimento | audimat 18 |
| indire | proclamer (pour une grève) 22 |
| indispettire | irriter 22 |
| indossare | porter (un vêtement) 46 |
| indovinello | devinette 55 |
| inesausto | inépuisable 59 |
| infarinatura | passage dans la farine, notions générales (fam.) 36 |
| infastidire | agacer 23 |
| infisso | cadre de fenêtre 8 |
| influenza | grippe 16 |
| ingorgo | embouteillage 10 |
| ingozzarsi | s'empiffrer 29 |
| ingranare | passer (une vitesse) 26 |
| ingrassare | grossir 56 |
| innamorarsi | tomber amoureux 21 |
| inoltrarsi | avancer 40 |
| inquadratura | cadrage 48 |
| inquinato | pollué 38 |
| insalata | salade 4 |
| inserto | empiècement 46 |
| insigne | remarquable 50 |
| insignire | décorer (d'une distinction) 24 |
| intarsiare | marqueter 50 |
| intavolare | entamer (une discussion) 22 |
| intento | intention 22 |
| interfaccia | interface 25 |
| interinale | d'intérim 43 |
| intermezzo | intermède 18 |

| | |
|---|---|
| interscambio | échange 34 |
| intersecarsi | s'entrecouper 47 |
| intervistare | interviewer 8 |
| intonacare | enduire 34 |
| intramontabile | indémodable 46 |
| intrecciarsi | s'entrelacer 57 |
| inversione di marcia | demi-tour 26 |
| iosa | profusion 43 |
| ira | colère 23 |
| irreprensibile | irréprochable 65 |
| irriducibile | irréductible 59 |
| istrionismo | cabotinage 65 |

## L

| | |
|---|---|
| laminato | lamifié 59 |
| lampeggiante | feu de détresse (voiture) 26 |
| lampeggiare | clignoter, faire des éclairs 26 |
| lampo | éclair 26 |
| laureando | étudiant en maîtrise 31 |
| laureato | diplômé 24 |
| lavagna | tableau noir (d'ardoise) 46 |
| lavastoviglie | lave-vaisselle 3 |
| lavatrice | lave-linge 3 |
| lecchino | lèche-bottes 29 |
| leccornia | gourmandise 38 |
| lecito | permis (autorisé) 64 |
| lenzuolo | drap 21 |
| leva | levier 26 ; service militaire 67 |
| lite | litige 66 |
| locanda | auberge 69 |
| loggione | paradis (théâtre) 19 |
| logorare | user 23 |
| lonza | échine 9 |
| losco | louche (fam.) 29 |
| lucidare | cirer/lustrer (des chaussures) 15 |
| lunario | calendrier 44 |
| lungaggine | longueur administrative 37 |
| lungomare | bord de mer 3 |
| lustro | éclat 51 |

## M

| | |
|---|---|
| macellaio | boucher 9 |
| madia | maie 53 |

| | |
|---|---|
| maglieria | bonneterie 46 |
| maglione | pull 46 |
| maiale | cochon 9 |
| malavitoso | patibulaire 29 |
| malavoglia | contrecœur 67 |
| malgoverno | mauvais gouvernement 50 |
| malocchio | malheur / poisse 32 ; mauvais œil 40 |
| manico | manche 29 |
| manzo | bœuf (comestible) 9 |
| massiccio | massif 45 |
| masterizzare | graver (un CD ou un DVD) 20 |
| matematico | mathématicien 24 |
| maturità | baccalauréat 32 |
| meccanico | garagiste 10 |
| mecenatismo | mécénat 50 |
| medicazione | pansement 16 |
| medicina | médecine, médicament 16 |
| medio evo | Moyen Âge 24 |
| mela | pomme 9 |
| melanzana | aubergine 12 |
| mensola | étagère 53 |
| meridione | sud 23 |
| merluzzo | morue 25 |
| mero | simple 59 |
| mescolare | mélanger 41 |
| messaggino | SMS (texto) 29 |
| meta | destination 38 |
| mezzo | moyen 27 |
| miniaturizzazione | miniaturisation 25 |
| mira | visée 41 |
| mirare | viser 22 |
| mite | doux 52 |
| modulare | modulaire 59 |
| modulistica | recherche de formulaires 43 |
| molleggio | suspension 59 |
| mollica | mie de pain 38 |
| monello | fripon 3 |
| monolocale | studio (d'appartement) 59 |
| monomandatario | à mandat unique 31 |
| monopattino | trottinette 31 |
| monouso | à usage unique 17 |
| montone | mouton 28 |
| morbido | souple 46 |

| | |
|---|---|
| mossa | mouvement 62 |
| moto | mouvement 11 |
| motorino | mobylette 52 |
| multa | contravention 10 |
| multisala | cinéma à plusieurs salles 17 |
| muoversi | bouger 17 |
| muratore | maçon 43 |
| museruola | muselière 41 |
| musica leggera | variétés 20 |
| musone | boudeur 2 |
| mutuabile | remboursable (pour un médicament) 16 |

## N

| | |
|---|---|
| natali | naissance 39 |
| navicella | navette 59 |
| negare | nier 23 |
| negoziato | négociation 22 |
| neurologo | neurologue 15 |
| nido (asilo-~) | crèche 3 |
| ninnananna | berceuse 3 |
| nitido | net 48 |
| nobiltà | noblesse 11 |
| noce | noyer (arbre ou bois) 53 |
| nonostante | malgré 22 |
| normativa | réglementation 6 ; l'ensemble des normes 37 |
| notarile | notarial 31 |
| nubile | célibataire *(f.)* 30 |
| nulla osta | autorisation (administration) 17 |
| nuocere | nuire 37 |
| nuora | belle-fille 5 |
| nuoto | natation 11 |

## O

| | |
|---|---|
| occhiata | coup d'œil 18, 23 |
| occorrere | falloir 19 |
| oculista | oculiste 15 |
| odiare | détester 17 |
| odierno | actuel 59 |
| odio | haine 56 |
| officina | atelier 50 |
| oltralpe | au-delà des Alpes 46 |
| oltre tutto | en plus 19 |

| | |
|---|---|
| oltremodo | extrêmement 62 |
| oltrepassare | dépasser 10 |
| onoreficienza | titre d'honneur 24 |
| operativo | opérationnel 25 |
| operatore ecologico | technicien de surface 3 |
| operistico | d'opéra 19 |
| orchestrale | musicien d'orchestre 19 |
| ordinamento | corpus de lois 58 |
| ordinario | professeur titulaire d'université 24 |
| oreficeria | orfèvrerie 50 |
| ortaggio | légume 45 |
| oste | aubergiste 28 |
| osteopata | ostéopathe 15 |
| ostico | impénétrable 48 |
| otorinolaringoiatra | oto-rhino-laryngologiste 15 |
| ottocentesco | du xixᵉ siècle 38 |
| ovino | ovin 45 |

## P

| | |
|---|---|
| pacco *(fam.)* | escroquerie 29 |
| pacificazione | l'acte de pacifier 22 |
| padella | poêle 24 |
| pagella | bulletin scolaire 52 |
| paladino | champion 51 |
| palco | loge (théâtre) 19 |
| palesemente | ouvertement 47 |
| palestra | gymnase 3 |
| palissandro | palissandre 59 |
| palla | balle 29 |
| palla *(fam.)* | chose ennuyeuse 29 |
| pallacanestro | basket-ball 11 |
| pallamano | hand-ball 11 |
| pallanuoto | water-polo 11 |
| pallavolo | volley-ball 11 |
| pallino | marotte 4 |
| pallottola | bille 60 |
| palo | poteau 39 |
| palpebra | paupière 60 |
| pancetta | lard 9 ; ventre 30 |
| pannello | panneau 59 |
| panno | drap 46 |
| pannolino | couche-culotte 3 |
| parcheggiare | garer 10 |

| | |
|---|---|
| parete | parois 8 |
| parolaccia | gros mot 3 |
| parrucchiere | coiffeur 3, 19 |
| particella | particule 24 |
| partitico | politicien *(adj.)* 23 ; des partis politiques 58 |
| passata | purée (de tomates) 12 |
| passeggino | poussette 3 |
| pastore | berger 45 |
| patente | permis de conduire 26 |
| patito | passionné 38 |
| patrizio | patricien 46 |
| pazzo | fou 9 |
| pecora | brebis 28 |
| peculiare | spécifique 45 |
| pelle | cuir 46 |
| pendolare | travailleur faisant la navette d'une ville à l'autre 43 |
| pennino | plume 60 |
| pensile | suspendu 59 |
| pensionabile | apte à la retraite 22 |
| peperone | poivron 2, 61 |
| percorrenza | temps de parcours 23 |
| perito | diplômé de lycée technique 32 |
| permeato | imprégné 50 |
| pernottamento | nuit (à l'hôtel) 54 |
| peschereccio | de la pêche 45 |
| pescivendolo | poissonnier 9 |
| piazzista | représentant 31 |
| picca | pique 69 |
| pieghevole | pliant 59 |
| pionieristico | de pionnier 25 |
| piumino | duvet 46 |
| pizzo | dentelle 46 |
| platea | parterre (théâtre) 19 |
| plateale | ostentatoire 51 |
| plissettato | plissé 46 |
| plurisecolare | de plusieurs siècles 47 |
| polacco | polonais 44 |
| polsino | manchette 46 |
| portacenere | cendrier 26 |
| portale | portail, site internet 54 |
| portavoce | porte-parole 22 |

| | |
|---|---|
| portico | portique 47 |
| portuale | portuaire 38 |
| postura | attitude 51 |
| pregevole | de valeur 47 |
| pregiato | de grande qualité 38 |
| pregio | valeur 53 |
| prendersela | s'en faire (se fâcher) 30 |
| prenotare | réserver 19 |
| prenotazione | réservation 13 |
| pressione | tension (artérielle) 16 |
| pretesa | prétention 36 |
| prevendita | pré-vente 19 |
| preventivo | devis 6 |
| previo | préalable 31 |
| prezzemolo | persil 12 |
| profe | prof *(fam.)* 29 |
| proffia | prof *(au féminin)* 29 |
| pronto soccorso | urgences (hospitalières) 15 |
| propensione | goût (propension) 68 |
| prosciutto | jambon 9, 28 |
| provvedere | pourvoir 37 |
| provvedimento | mesure (décision) 37 |
| provvigione | commission 31 |
| psicologo | psychologue 15 |
| punta | rencart *(fam.)* 29 |
| puntare | miser 63 |
| puntura | piqûre 16 |
| puzza | puanteur 12 |

## Q

| | |
|---|---|
| quadriennio | quatre ans 58 |
| qualora | au cas où 33 |
| qualsiasi | quelconque 50 |
| quantistico | quantique 24 |
| quaresima | carême 64 |
| quinquennio | cinq ans 58 |
| quinta | coulisse (théâtre) 19 |

## R

| | |
|---|---|
| raccapezzarsi | s'y retrouver 55 |
| raccomandarsi | recommander 21 |
| raffreddato | enrhumé 12 |

| | |
|---|---|
| raffreddore | rhume 16 |
| raga | gars *(fam.)* 29 |
| rallegrarsi | se réjouir 7 |
| rappacificare | pacifier 22 |
| raso | satin 46 |
| recensione | critique (d'un film, d'un livre…) 17 |
| reddito | revenu 23 |
| reggia | palais royal 47 |
| regista | réalisateur 27 |
| remora | hésitation 34, 59 |
| reparto | rayon (de supermarché) 9 |
| replicare | répondre 23 |
| requisito | qualité requise 31 |
| retaggio | héritage 40 |
| rete | chaîne de télévision, filet, toile (internet) 18 ; réseau 23 |
| retroscena | arrière-scène 19 |
| retroterra | arrière-pays 3 |
| ribalta | avant-scène, rampe 19 |
| ribaltabile | avec abattant 59 |
| ricamare | broder 46, 65 |
| ricambio | changement 58 |
| ricetta | ordonnance 16 |
| ricorrenza | fête qui revient régulièrement 46 |
| ridente | riant *(adj.)* 36 |
| ridimensionamento | réduction 45 |
| rifarsi | se rattraper 54 |
| rifiuto | déchet 37 |
| rigato | rayé 46 |
| rimorchiare | draguer *(fam.)* 29 |
| rincasare | rentrer (à la maison) 6 |
| rinnovo | renouveau 6 |
| rintracciare | retrouver 47 |
| ripiano | tablette 59 |
| ripristino | rétablissement 58 |
| risanare | assainir 51 |
| rispecchiare | refléter 59 |
| risvolto | revers 46 |
| rivolgersi | s'adresser 26 |
| rizzarsi | se dresser 61 |
| roba | camelote, truc/ machin 20 |
| rogo | bûcher 57 |
| rosmarino | romarin 12 |

| | |
|---|---|
| rosolare | rissoler 12 |
| rotatoria | sens giratoire 10 |
| rotocalco | magazine 46 |
| rottamare | démolir (un véhicule) 10 |
| roulotte | caravane 54 |
| rovescio | envers 64 |
| rozzo | fruste 57 |
| rubrica | répertoire 38 |
| rumeno | roumain 44 |

## S

| | |
|---|---|
| sabaudo | de la famille des Savoie 58 |
| sabbioso | sablonneux 36 |
| salame | saucisson 9 |
| salumiere | charcutier 9 |
| salvia | sauge 12 |
| sanatoria | décret de régularisation 44 |
| sanitario | de la santé *(adj.)* 37 |
| sapientone | pédant 65 |
| saracinesca | rideau de fer 31 |
| sbagliare | se tromper 10 |
| sballo | déballage 29 |
| sbattersi | se bouger (au travail) 29 |
| sbertucciare *(ancien)* | maltraiter 61 |
| sbiellare | couler une bielle *(fam.)* 29 |
| sbizzarrirsi | donner libre cours à sa fantaisie 45 |
| sboccare | déboucher (pour un fleuve) 36 |
| scalare | rétrograder 26 ; escalader 54 |
| scalogna | poisse *(fam.)* 32 ; guigne *(fam.)* 40 |
| scalpore | sensation 46 |
| scambio | échange 22 |
| scampagnata | promenade à la campagne 11 |
| scandire | marquer 47 |
| scanzonato | désinvolte 46 |
| scapigliato | dévoyé 62 |
| scapolo | célibataire endurci (vieux garçon) 30 |
| scappata | échappée 30 |
| scaricare | télécharger 20 |
| scatenare | déchaîner 23 |
| scatto | déclic 48 |
| scemenza | bêtise 34 |
| scemo | idiot 5 |
| scenario | décor 58 |

| | | |
|---|---|---|
| sceneggiatore | scénariste | 27 |
| scherma | escrime | 61 |
| schermo al plasma | écran plat | 18 |
| schiattare *(fam.)* | éclater | 30 |
| schienale | dossier | 59 |
| schiera | rang | 51 |
| schizzinoso | chichiteux, difficile | 43 |
| sciarpa | écharpe | 46 |
| sciistico | de ski *(adj.)* | 38 |
| scimmiottare | singer | 62 |
| scioglilingua | virelangue | 41 |
| scioperante | gréviste | 22 |
| scioperato | fainéant | 22 |
| sciopero | grève | 4 |
| sciorinare | déployer | 67 |
| sclerare | être fou de rage | 29 |
| scollato | décollé, décolleté | 41 |
| scollatura | décolleté | 46 |
| scommessa | pari | 66 |
| scomporre | décomposer | 65 |
| sconcio | vulgaire | 65 |
| sconfiggere | vaincre (quelqu'un) | 8 |
| sconquassare | briser | 69 |
| scontro | affrontement | 23 |
| scontroso | ombrageux | 51 |
| sconvolgere | bouleverser | 27 |
| scopo | but | 36 |
| scorcio | fin (d'une période) | 45 |
| scorfano | rascasse | 30 |
| scostumato | mal élevé | 65 |
| scovare | débusquer | 27 |
| screditare | décrier | 24 |
| scrigno | écrin | 47 |
| scrofa | truie | 28 |
| scuola guida | école de conduite | 3, 26 |
| seccare | importuner | 20 |
| secchia | seau | 29 |
| secchione | bosseur (à l'école) | 29 |
| sedano | céleri | 12 |
| sedile | siège | 63 |
| semaforo | feu tricolore | 10 |
| sensore | capteur | 48 |
| seppellire | enterrer | 57 |

| | |
|---|---|
| sequenza | séquence 27 |
| serale | du soir 23 |
| serramento | fermeture 31 |
| serranda | rideau de fer 31 |
| serrata | lock-out / grève patronale 31 |
| seta | soie 46 |
| settentrione | nord 23 |
| sfasare | décaler 34 |
| sfida | défi 27 |
| sfilabile | escamotable 59 |
| sfilata | défilé 64 |
| sfociare | déboucher (pour un fleuve) 36 |
| sfoderato | sans doublure 46 |
| sfogo | défoulement 64 |
| sfondare | défoncer, percer (avoir du succès) 19 |
| sforzo | effort 27 |
| sfottere | se moquer 30 ; se moquer de 48 |
| sfrenato | effréné 64 |
| sfruttatore | exploiteur 4 |
| sfuocato | flou 48 |
| sgamare | choper *(fam.)* 29 |
| sganciare | décrocher 30 |
| sgobbare | bosser (travailler) *(fam.)* 29 |
| sgombro | maquereau 25 |
| siccità | sécheresse 36 |
| sicurezza | sécurité 22 |
| sigillare | cacheter 35 |
| sigla | générique 18 |
| silicio | silicium 25 |
| sincerarsi | s'assurer 54 |
| sindaco | maire 21, 37 |
| sistemico | de système 58 |
| sito | site 20 |
| slancio | élan 47 |
| smaltimento | élimination 37 |
| smarrirsi | s'égarer 34 |
| smascellarsi | se décrocher la mâchoire 67 |
| smunto | décharné 60 |
| snodo | articulation 37 |
| socio | associé 23 |
| soffitto | plafond 8 |
| soffritto | légumes rissolés (base pour une sauce) 12 |
| soggettista | auteur de script 27 |

| | |
|---|---|
| solcare | sillonner 36 |
| soldo | argent, sou 20 |
| solere | avoir l'habitude de 27, 54 |
| sommo | très haut/grand (sens figuré) 57 |
| sopraggiungere | survenir 22 |
| sorgente | source 36 |
| sorgere | jaillir (pour un cours d'eau), se lever (pour le soleil) 36 |
| sovrastare | dominer, être supérieur 45 |
| spacco | fente 46 |
| spaparanzarsi | se vautrer 2 |
| spasso | amusement 39 |
| spataccarsi | s'éclater *(fam.)* 29 |
| spazzino | balayeur 3 |
| specchiera | coiffeuse (meuble) 53 |
| spensieratezza | insouciance 52 |
| sperimentale | expérimental 27 |
| spettabile | respectable (dans la correspondance) 32 |
| spettare | revenir de droit 35 |
| speziale | apothicaire 67 |
| spia | voyant (nom) 26 |
| spiccare | se distinguer 24 |
| spiccato | marqué 37 |
| spicchio | gousse (ou quartier pour un fruit) 1 |
| spiffero | courant d'air 8 |
| spigato | à chevrons 46 |
| spingere | pousser 25 |
| spinotto | prise (électrique) 18 |
| spioncino | judas (d'une porte) 26 |
| sportello | guichet 13 |
| sprezzante | méprisant 41 |
| sprofondare | s'affaler, s'effondrer 34 |
| sproposito | énormité 32 |
| spulciare | éplucher 54 |
| squadra | équipe 11 |
| squadrato | équarri (partagé en carreaux) 39 |
| squillare | sonner 33 |
| stabile | immeuble 47 |
| staccare | décrocher (du travail) 3 ; arrêter de travailler, décrocher 17 ; débrancher 18 |
| staccarsi | se détacher 36 |
| stampa | presse 22 |
| stesura | rédaction 43 |

| | |
|---|---|
| stipendio | salaire 24 |
| stoffa | étoffe 46 |
| stordire | étourdir 68 |
| storto | de travers 34 |
| strabico | louche 59 |
| stracciare | déchirer 64 |
| straccio | chiffon 64 |
| straccione | gueux 64 |
| strafalcione | perle (erreur / gaffe) 32 |
| stramberia | extravagance 59 |
| strambo | bizarre 59 |
| strampalato | farfelu 59 |
| straripamento | débordement 37 |
| straripare | déborder 37 |
| strizza | trouille *(fam.)* 29 |
| strumentalizzare | manipuler 23 |
| studio | bureau, cabinet 59 |
| stufare | fatiguer 20 |
| succedere | arriver (pour un évenement) 18 |
| sugo | sauce 12 |
| suino | porcin 45 |
| suocero | beau-père 5 |
| suonatore di tromba | trompettiste 20 |
| sussidio | indemnité 32 |
| svalvolare | débloquer *(fam.)* 29 |
| svelto | rapide 26 |

## T

| | |
|---|---|
| tabulato | tableau 6 |
| tacchino | dinde 9 |
| tamarro | ringard *(fam.)* 29 |
| tappa | étape 38 |
| tastierista | joueur de clavier 20 |
| temere | craindre 7 |
| teppista | voyou 66 |
| tergicristallo | essuie-glaces 26 |
| terremoto | tremblement de terre 46 |
| terziarizzazione | tertiairisation 45 |
| tinozza | baquet 3 |
| tinta | couleur 39 |
| tintarella | bronzage 39 |

| | |
|---|---|
| tinteggiare | peindre (un mur / une pièce) 8 ; peindre (un bâtiment) 39 |
| tirocinio | apprentissage 34 |
| titolare | propriétaire 25 |
| togo *(fam.)* | chouette 29 |
| tonno | thon 25 |
| tonsillite | amygdalite 16 |
| tonto | sot 30 ; étourdi 65 |
| tozzo *(adj.)* | trapu 60 |
| tozzo *(nom)* | bout 61 |
| trafelato | essoufflé 67 |
| tragitto | trajet 13 |
| tralasciare | négliger 59 |
| tramandare | transmettre (dans le temps) 39 |
| trampolo | échasse 59 |
| trascurare | négliger 40 |
| trasferta | déplacement 31 |
| trasloco | déménagement 54 |
| trasmissione | émission 18 |
| trattativa | négociation 22 |
| trattenere | retenir 37 |
| travalicare | franchir 37 |
| traversa | rue transversale 10 |
| triennio | trois ans 58 |
| trincare | picoler 29 |
| trisavolo | arrière-arrière grand-père 5 |
| trombettista | trompettiste (jazz) 20 |
| trota | truite 25 |
| trovarobe | accessoiriste 19 |
| truccatore | maquilleur 19 |
| truce | sinistre 50 |
| truciolato | bois aggloméré 59 |
| tuta | survêtement (sportif) 11 |

## U

| | |
|---|---|
| uopo | obligation 40 |
| usufruibile | utilisable 59 |
| utensile | outil 45 |
| utente | usagers 23 |

# V

| | |
|---|---|
| vagheggiare | désirer 69 |
| vagito | vagissement 57 |
| vaglia | mandat postal 19 |
| valvola | soupape 64 |
| vantaggio | profit 45 |
| velluto | velours 46 |
| verdeggiante | verdoyant 36 |
| verdura | légumes 9 |
| vergognarsi | avoir honte 21 |
| versare | se trouver 62 |
| vertenza | conflit (syndical) 22 |
| vertice | sommet 22 |
| viabilità | voirie 37 |
| viale | boulevard 10 |
| vicenda | affaire 23 ; vicissitude 57 |
| videogioco | jeu-vidéo 18 |
| vigile | agent de police municipale 37 |
| villetta | pavillon 5 |
| vimine | osier 59 |
| visita | consultation (médicale) 15 |
| visitare | examiner (médical) 15 |
| voce | rumeur 27 |

# Z

| | |
|---|---|
| zavorra | lest 30 |
| zecca | hôtel de la monnaie 32 |
| zecca (nuovo di) | flambant neuf 32 |
| zeppo | bondé 24 ; regorgeant 39 |
| zimbello | "tête de turc" 41 |
| zip | fermeture éclair 46 |
| zitella | vieille fille 30 |
| zucchina | courgette 12 |
| zuffa | bagarre 66 |